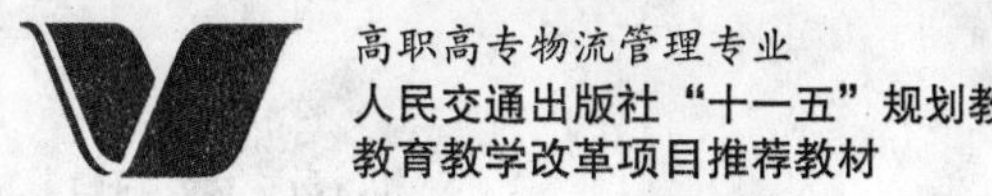

高职高专物流管理专业
人民交通出版社“十一五”规划教材
教育教学改革项目推荐教材

物流法律法规知识

主　编　高慧云　关　键
副主编　王成芬　孙　霞　吕秀辉
主　审　周艳军

人民交通出版社

内 容 提 要

依托**教育部高职高专物流管理专业教育教学改革研究项目**，由项目负责人上海第二工业大学黄中鼎教授牵头，组织多所院校的专家编写了本套推荐教材。本书为其中之一。

本书介绍了物流行业常用的基础性法律法规，主要包括：物流法基础知识、物权法、合同法、货物运输法律法规、仓储配送法律法规、支付结算法律法规、保险法、对外贸易法、海商法、物流争议解决等内容。本教材采取了非常务实的写作方法，语言通俗易懂，案例丰富。选用的案例不仅有理解性案例，而且融进了很多实际发生的真实性案例以供读者学习和参考。本书还编写了大量的物流业务中常用的法律文书格式文本，使物流法律理论与实践更紧密结合，为了加强高职高专学生的实训教学，本书还专门编写了实训指导内容。本书可供物流专业高职高专学生使用，也可成为物流行业从业人员的参考书。

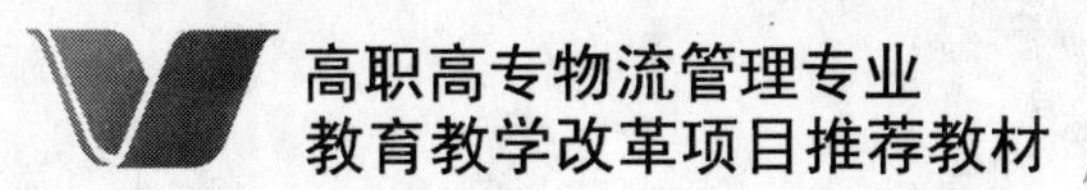

编委会 BIAN WEI HUI

前言 QIAN YAN

依托**教育部高职高专物流管理专业教育教学改革研究项目**，由项目负责人上海第二工业大学黄中鼎教授牵头，组织多所院校的专家编写了本套推荐教材。本书为其中之一。

随着高职高专教育的发展，高职高专教材逐渐从普及走向深入，即首先解决了有无问题，然后要解决的就是有无特色的问题。教材要体现出高职高专的教改成果，要符合高职高专的发展动态和特点，要根据学生的心理特点和接受能力来编排教材内容，让学生对教材更有兴趣，能够培养学生的实践能力和综合素质。对于长期坚持在高职高专教学主战场的教师而言，让高职高专物流专业学生手中拥有一本合适的教材，也是作者的愿望。

本书的编写是配合教育部高职高专物流管理专业教育教学改革项目而进行的。随着经济全球化和信息技术的迅速发展，物流作为新兴的产业和一门新兴的学科，在我国广泛兴起并将成为21世纪中国的黄金产业之一。为了加强物流人才的培养，促进物流管理专业的建设，物流管理专业教材建设是非常必要的。本书的编写思路吸收了北京信息职业技术学院《经济法》精品课程的教学改革思想，具有较强的高职高专教学改革理念，本书具有以下特点。

1.编写人员的组合重视了学校与企业的结合

在本书编写人员安排上，第一主编具有较强的双师素质，既是教师，又具有律师资格和高级国际物流师资格，有律师从业经历，从而保证了本书在结构安排上的务实性。第二主编则完全来自于实业，具有物流行业丰富的法律从业经验，从而确保了本书实践性内容的实用性和准确性。

2.实践性内容与理论性内容平分秋色

本书采取理论中穿插小知识和案例的写法，共插进了50个案例。在小知识中，包含了丰富的实践性内容，在课后训练题中，有案例分析题供学生练习，同时还有相应的实训项目供学生训练。在实训项目中，配备了相应的案例支撑性材料，从而使本书实践性内容非常丰富，能够达到促进理论学习，提高应用能力和综合素质的目的。

3.注意了教材的深度和培养学生的可持续发展能力

在重视高职高专实践性的同时，本书也没有忽视高职高专的理论基础和案例的深度问题。在案例的选取中既有简单案例，又有带一定理论分析高度的实训性指导案例，而且在各章练习中加进了课外阅读提示性内容，以方便读者更好更深入地学习。充分体现了高职高专教学“理论够用为度”的特点，也体现了“高”和“职”的巧妙结合。

4.重视实训指导

实践教学训练（简称实训）一直是高职高专改革的重点方向，但对文科科目的教学而言，如何克服纸上谈兵而与实践充分接轨的确是一个值得探讨的问题。实践教学的考核标准也是一个难题。本书在实践教学指导和考核标准的设计方面进行了尝试，以方便读者更好地进行实践训练。

本书编写人员分工如下：

北京信息职业技术学院副教授、律师、高级国际物流师高慧云负责编写第六章、第七章和各章实训指导中教学指导部分；

北京大成律师事务所律师、高级物流师关键负责编写各章实训指导中实践案例阅读部分；

辽宁科技学院副教授王成芬负责编写第二章和第八章；

营口职业技术学院副教授孙霞负责编写第三章、第四章；

辽宁商贸职业学院副教授吕秀辉负责编写第一章、第五章；

本书由高慧云对全书篇章结构进行设计、修改和整理，由关键负责全书的实践性内容指导及审定。上海第二工业大学周艳军老师担任主审。

在编写本书过程中北京信息职业技术学院副院长孙福清、北京君泽君律师事务所主任律师张韶华、《律师文摘》编辑部的主编孙国栋、北京汇佳职业学院国际商务专业学生赵丽、河北大学电子商务学生申娜也为资料的搜集及文档的校对等工作提供了很大帮助，在此表示感谢。

当然，本书仅仅是在高职高专教学改革过程中向前走的一小步，该教材离以案例为中心、以学生为中心的教学模式还差得很远，需要教师们进一步转变观念，不断进行教学改革，从而使我们的教材更有特色并更受学生的欢迎。

真诚地希望读者能够提出宝贵的建议和意见，电子邮箱为：gaohuiyun@vip.sina.com；对于一些具体的法律问题，也欢迎随时探讨，电子邮箱：guan_lawyer@126.com，或登录中国物流法律网（www.wuliulaw.com）网站进行讨论。

编者

2007 年 6 月

学习导言

【本课程学习目标与学习要求】

物流法律法规知识是从事物流经济活动的必备知识，也是物流师考试的重要内容。物流法律法规内容很庞大，需要读者抓住主线掌握基本的物流法律问题。物流以物为基础，以代理为纽带，因此在学习物流法律基础知识时要重点学习物权法和代理法；在物流活动中，总是离不开合同，合同法是物流活动的重要基础。在运输、仓储、配送、保险过程中都离不开合同。因此本书以合同为主线贯穿了第二章、第三章、第四章、第五章、第七章。在这几章的学习中要以合同双方当事人的权利和义务为重点。物流活动中的每个单位和个人都要遵守法律，履行合同，一旦出现问题随时协商解决，但要注意维护自己的权利。合同中的纠纷可以通过仲裁和诉讼解决(第八章)，物流中的产业性损害问题可以通过贸易救济措施解决(第七章)。

知识目标

1. 掌握物流法律法规的基本规定。
2. 知道运用何种法律途径维护企业的权益。

能力目标

1. 能够运用物流法律法规分析相关案例，培养一定的综合分析问题的能力。
2. 能够看懂相关物流合同和各种法律凭证，并能判断其合法性。

素质目标

1. 培养在物流经济活动中自觉守法的意识。
2. 培养以法律为手段维护本单位利益的意识。

学习要求

1. 认真阅读课本，掌握物流法律规定。
2. 独立完成课后训练题，合作完成实训任务。
3. 根据教材指示和教师指示，阅读相关参考书籍，查阅相关网站。

目录 MU LU

第一章 物流法律基础知识

本章学习目标与学习要求

本章主要介绍物流法的基础知识，包括物流法的概念、特点、调整对象、法的表现形式和法的适用；物流法律关系、物权与所有权、代理等法律规定，这些内容作为物流法律的基础，在物流活动中是非常实用的基本法律知识。

知识目标：了解法的概念、特征，掌握物流法律关系，明确其主体、客体及内容三大要素；理解物权和所有权的概念、种类及变动等；明确代理的相关法律规定。

能力目标：通过对本章的学习，使非法律专业的学生对法的基本知识有所了解，能够根据物权法和代理法，分析简单的案例，进而为后面物流法律制度的学习打下一定的基础。

素质目标：对物流法律有初步认识，培养在物流活动中的基本法律意识。

学习要求：本章的重点和难点是法的渊源和法的适用、物流法律关系中的主体要素、物权和所有权的变动及代理的法律后果，要求学生重点学习并阅读相关法条。

第一节 法律基础知识

物流活动涉及采购、运输、仓储、生产、流通加工、配送、销售等物品流动环节的各个方面，从法律层面调整物流活动，是物流发展的必然要求和必然结果。但到目前为止，所有与物流直接相关的法律规范都是散见于各个部门法之中，并没有形成一个独立的法律部门——物流法。物流法只能是一个基本行为的法律规范的集合。要想学习物流法律法规，首先要从法的基本知识入手。

一、法律的概念与特点

(一)法律的概念

在我国当代的法学理论中，法律有广义和狭义之分。广义的法律是指法的整体，是指由国家制定或认可的，体现统治阶级意志的，以规定人们权利和义务为主要内容，并由国家强制力保证实施的社会规范的总称。其中包括法律、有法律效力的解释及其行政机关为执行法律而制定的规范性文件。而狭义的法律专指拥有立法权的国家机关根据立法权限和立法程序制定的规范性文件，如《中华人民共和国物权法》。

(二)法律的特点

1. 法律是一种特殊的社会规范

社会规范是调整人们在社会生活中相互关系的行为规则，如道德、宗教、政策、社会习惯、法律等，法律是一种特殊的社会规范，它在形式上具有规范性、一般性或概括性的特征，也就是说，它适用的对象不是特定的人，而是一般的人，它不是一次适用，而在其生效期间内反复适用。

2. 法律是由国家制定或认可的社会规范

社会规范只有经过国家的制定或认可，才有可能成为法律。制定或认可是国家创制法律的两种途径。制定是指有关国家机关按照一定的程序制定新的法律规范；认可是指有关国家机关赋予社会上已经存在的某种行为规范以法律效力。

3. 法律是以权利义务为内容的社会规范

法律是通过规定人们的权利义务，来调整社会关系的。这种调整机制使它区别于道德等其他社会规范。道德是以人对人的义务来调整社会关系的，而法律的内容主要表现为权利和义务。

4. 法律是由国家强制力保证实施的社会规范

法律是以暴力手段做后盾，这种强制性表现为通过国家执法机关的执法活动，对违法行为予以制裁或强制人们履行法定义务。虽然其他社会规范也有一定的强制性，但其强制性在性质、范围、程序和方式等方面都不能与法律的强制性相比。

二、法的渊源

法的渊源，即法的表现形式，是指不同国家机关依法制定或认可的具有不同法律效力的各种规范性文件。由于制定规范性文件的国家机关不同，法律名称、地位和效力也不同。我国法的渊源主要有如下几种形式。

(一)宪法

宪法是国家的根本大法，它是规定国家性质、各阶级在国家中的地位、国家制度的根本原则、公民的基本权利和义务、国家机构的组织和活动原则等根本性问题。它由全国人民代表大会制定和修改，是其他一切法律的立法依据，具有最高的法律效力。

(二)法律

法律是指由全国人民代表大会及其常务委员会按照立法程序制定和颁布的规范性文件。在有关物流法律制度的各种表现形式中，法律具有最重要的地位，如《中华人民共和国物权法》、《中华人民共和国公司法》、《中华人民共和国合同法》、《中华人民共和国对外贸易法》等。

(三)行政法规

行政法规是国务院根据宪法和法律而发布的决定、命令、条例、办法、规定、规则、执行细则等规范性文件的总称。国务院是我国最高的国家行政机关,它所发布的决定和命令等规范性文件,其法律效力和法律地位仅次于宪法和法律。目前我国执行的有关物流方面的行政法规包括直接规范物流活动或者与物流有关的法规,从内容和行业管理上看,包括采购,海、陆、空的运输管理,仓储、销售等多方面。

(四)地方性法规

地方性法规指地方国家权力机关及其常设机关为保证宪法、法律和行政法规的遵守和执行,结合本行政区内的具体情况和实际,依照法律规定的权限,通过和发布的规范性法律文件。但地方性法规仅在制定机关所辖区域内有效。

(五)国际条约

国际条约是指两个或两个以上的国家所签订的关于政治、经济、文化、贸易、法律以及军事等方面规定其相互之间权利和义务的各种协议的总称,国际条约只对其签订的成员国有效,所以只有经过我国政府签署、批准或加入的有关物流的国际条约,才对我国具有法律效力,成为我国物流法律规范的渊源。

(六)国际惯例

国际惯例是指在国际关系中,因对同一性质的问题所采取的类似行为,经过长期反复实践逐渐形成的,为大多数国家所接受的,具有法律约束力的不成文的行为规则。国际惯例作为物流法律的一种表现形式,可以弥补我国国内立法、国际条约的不足。但是适用国际惯例不得违背中华人民共和国的社会公共利益。

此外,自治条例和单行条例、地方和部门规章以及国家有权机关的法律解释等,也是我国法律规范的表现形式。

【小知识 1-1】 法律、法规、规章有什么区别?

根据《中华人民共和国立法法》的规定,法律体系框架主要分为三层:第一层为法律,由全国人大通过。第二层为行政法规,行政法规分为国务院行政法规和地方性法规,由国务院通过的是国务院行政法规;由地方人大常委会通过的是地方性法规。第三层为规章,规章分为国务院部门规章和地方政府规章,由国务院组成部门以部长令形式发布的是国务院部门规章,由地方政府以政府令形式发布的是地方政府规章。地方性法规和地方政府规章由有立法权的地方人大和地方政府发布。

三、法律体系和法律部门

(一)法律体系

法律体系是指由一国各个法律部门的现行法律规范所组成的有机统一整体。根据法律规范调整对象的性质以及调整方法不同,法律规范可划分为若干个法律部门,这些法律部门互相配合，协调一致，从而形成了一个有机统一的法律体系。

(二)法律部门

法律部门是根据一定的标准对一国各种法律所作的类别划分。目前我国法律部门划分的主要标准仍然是按照法律所调整的对象和调整方法来划分的。现行我国法律体系的宏观框架主要包括以下几种。

1. 宪法

宪法在法律体系中居于主导地位，是整个法律体系的核心。它不单指《中华人民共和国宪法》，还包括所有宪法性质的法律，如《中华人民共和国组织法》等。这一部门法中包括一系列关于国家基本制度、原则、方针、公民基本权利和义务的规范性文件，还包括一系列关于国家机构的组织、地位、职权和职责的其他规范性法律文件。

2. 行政法

行政法是指有关调整国家行政管理活动中形成的社会关系的法律规范的总和。如规定行政机关的组织、职责权限、活动原则、管理制度和工作秩序等。我国行政法没有一部成文法典，而是由许多单行的法律、法规、规章等构成。

3. 民法

民法是调整平等主体的公民之间、法人之间以及公民和法人之间的财产关系和人身关系的法律规范的总和。它包括财产所有权关系、债权关系、遗产继承关系、知识产权关系等，我国目前还没有一部较为完善的民法典，现阶段民法部门的法律规范主要由《中华人民共和国民法通则》和大量单行的民事法律组成。

4. 商法

商法是指调整商事法律关系和商业活动的法律规范的总称。属于商法部门的主要规范性法律文件有《中华人民共和国公司法》、《中华人民共和国票据法》、《中华人民共和国保险法》、《中华人民共和国担保法》、《中华人民共和国海商法》等。

5. 经济法

经济法是调整国民经济管理活动中和各种经济组织之间的活动中所发生的经济关系的法律规范的总称。该法律部门没有一部轴心法典，由大量的单行的经济法规组合而成。如“对外贸易法”、“产品质量法”。

6. 刑法

刑法指有关犯罪和刑罚的法律规范的总称。它是以调整方法作为划分法律部门的根据，其最主要的法律规范是 1997 年通过的《中华人民共和国刑法》，还包括一些散见于经济法规、行政法规中关于追究刑事责任的规定等。

7. 诉讼法

诉讼法是关于诉讼制度和诉讼程序的法律规范的总称。我国诉讼法分为刑事诉讼法、民事诉讼法、行政诉讼法。

8. 劳动法

劳动法是调整劳动关系以及与劳动关系密切联系的其他关系的法律规范的总称。

目前物流法律法规还不是一个独立的法律部门，其所涉及的法律主要体现在民法、商法、经济法三大法律部门中。

四、法的适用

(一)适用的含义

法律适用，就是国家机关及其工作人员，依照法定的职权和程序，把法律运用于具体的案件，使法律在现实生活中得到实现的专门活动。在我国，公安机关、检察机关和人民法院是主要的执法和司法机关，它们在法律适用的过程中，起着重要的作用。

(二)适用范围

适用范围即法律的效力范围，是指法律规范在什么时间、什么地点、对什么人发生法律效力的问题。也就是法律规范在时间、空间以及对人的效力问题。

1. 时间效力

我国法律生效时间通常有两种情况：一种是公布之日起生效；一种是单独规定生效日期，如《中华人民共和国刑法》。我国法律终止生效的情况一般有以下几种：一是新法公布后，凡与新法有抵触的法律、法令一律失去效力；二是新的立法公布后，相应的旧法即失去效力；三是国家颁布特别的决议、命令，宣布废除某项法律，该项法律就从宣布之日起终止生效。

法律的溯及力是指法律对它生效以前所发生的事件和行为是否适用的问题，如果适用，就是有溯及力，如果不适用，就是没有溯及力。我国法律在溯及力的问题上，采用的是从旧兼从轻的原则。就是法律一般不溯及既往，但新法规定较旧法轻时，可以适用新法。

【案例 1-1】

李某因倒卖外汇于 1995 年 9 月被法院以投机倒把罪判处有期徒刑 5 年。1997 年修改后的新刑法实施后，李某提出申诉，理由是现行刑法并没有这个罪名，要求改判无罪。

思考：法院会支持他的申诉吗？为什么？

分析：不会支持。因为根据法律的溯及力的原则，我国法律采取从旧兼从轻原则，但仅限于人民法院还没有做最后判决的案件，李某已经依据旧刑法被定罪，因此不能根据新刑法来处理。

【案例 1-2】

《中华人民共和国合同法》(以下简称《合同法》)是 1999 年 3 月 15 日通过的，于

1999年10月1日施行，而某甲、某乙双方于1999年6月30日签订了合同，1999年10月2日双方发生纠纷诉至法院。

思考：解决此纠纷是否适用1999年通过的合同法？说明理由。

分析：解决此纠纷不能适用1999年通过的合同法，根据我国法律的适用一般不溯及既往的原则，该合同的订立是发生在新合同法还没有生效之前，因此只能使用原来的合同法规定，不能适用新合同法规定。

2.空间效力

空间效力是指法律在什么地方有效，即生效的地域。法律一经公布就适用于我国的全部领域。包括我国主权范围内的领陆、领水、领空和领海，还包括我国驻外使馆和我国航行或停泊在国境外的船舶或航空器等。

3.对象效力

对象效力即法律对人的适用范围，是指法律对哪些人有效。由于法律调整的社会关系不同，法律对人的效力范围也有所不同，有的法律适用于全国公民，有的只适用于部分公民，有的则适用于外国人，这些一般在法律中都有明确的规定。

（三）法律解释

法律解释是指有关机关或个人对法律规范的内容、涵义、精神和技术要求等所作的说明。由于社会生活在不断变化，加之人们对法律条文的理解往往也有很大差别，要想法律规范能够被正确适用于社会各个方面，就必须有法律解释。

法律解释按照主体效力不同，可分为法定解释和学理解释两大类。法定解释，是指有法律解释权的国家机关依照宪法和法律赋予的职权和程序，对法律规范进行的解释。它同法律条文一样具有同等的法律效力。法定解释又可分为立法解释、司法解释和行政解释三种。学理解释，一般是指从事法学研究的专家和学者对法律规范所作出的学术性和常识性的解释。这种解释不具有法律约束力，通常不被作为执行法律的法定依据。

【案例1-3】

政府领导人在某些会议上的讲话中谈到自己对法律的理解，并要求下级按照自己的解释执行。该政府领导人的解释是否具有法律效力？

分析：该解释不具有法律效力。根据法律规定，只有法定解释才具有法律效力，法定解释是由相关的国家机关依照职权和程序进行的解释。而该政府领导人的解释不是法定解释，因而不具有法律效力。

第二节　物流法律关系

物流法律关系即物流法律规范所调整的具有权利义务内容的具体社会关系。物流法律关系包括主体、内容和客体三个要素。

物流法律关系的主体是指物流法律关系中权利和义务的承担者。它分为权利主体和义务主体。其中,在物流法律关系中享有权利的一方为权利主体,负有义务的一方为义务主体,权利主体和义务主体包括自然人、个人独资企业、合伙企业、公司以及其他法人组织。

物流法律关系的内容是指物流法律关系主体在物流活动中享有的权利和承担的义务。权利是指权利主体依法能够作为一定行为或不作为一定行为,以及要求他人为或不为一定行为的资格。义务是指义务主体依照法律规定或满足权利主体的要求必须作为或不作为一定行为的责任。例如工商行政管理部门对物流企业设立申请进行审核,这既是其权利,也是其义务。

物流法律关系的客体,即物流法律关系的主体享有的权利和承担的义务所共同指向的对象。物流法律关系的多样性,决定了成为物流法律关系的客体的广泛性。物、智力成果和行为可以成为物流法律关系的客体。

本节主要介绍物流法律关系的主体。

一、自然人

自然人是指基于出生这一自然状态而作为民事主体的人。包括本国公民、外国人和无国籍的人。自然人作为物流法律关系主体必须注意以下两点:

(1)由于物流是商业活动,并且法律对一些物流行业的主体有特殊规定,因此,一般而言,自然人成为物流服务的提供者将受到很大的限制。

(2)现代物流涉及的领域较为广泛,自然人在一些情况下可以通过接受物流服务,而成为物流法律关系的主体。

自然人的民事权利能力,是指自然人依法享有民事权利、承担民事义务的资格。根据《中华人民共和国民法通则》(以下简称《民法通则》)第 9 条的规定,自然人的民事权利能力开始于出生,终止于死亡。自然人的民事行为能力,是指自然人能够以自己的行为独立地取得民事权利、承担民事义务的资格。《民法通则》根据自然人的精神状态情况,将自然人的民事行为能力分为三种,即完全民事行为能力、限制民事行为能力、无民事行为能力。

【小知识 1-2】 根据《民法通则》的规定,18 周岁以上的成年人,是完全民事行为能力人,能够独立进行民事活动,独立行使民事权利,承担民事义务;16 周岁以上未满 18 周岁,以自己的劳动收入作为主要生活来源的人,视为完全民事行为能力人;10 周岁以上不满 18 周岁的未成年人和不能完全辨认自己行为的精神病人,是限制民事行为能力人,能够进行与自己年龄、智力和精神状态相适应的民事活动,其他民事活动由他的法定代理人代理或征得法定代理人的同意才能进行;不满 10 周岁的未成年人和完全不能辨认自己行为的精神病人是无民事行为能力人,其民事活动由他的法定代理人代理。

二、法人

(一)法人的概念、条件和种类

法人是指具有民事权利能力和民事行为能力，依法独立享有民事权利和承担民事义务的社会组织。法人是相对自然人而言的另一种主要的民事主体，是社会组织在法律上的人格化。

根据《民法通则》的规定，法人应当具有的条件为：

1. 依法成立

主要是指法人成立必须符合宪法和有关法律、法规的具体规定和要求，法人必须依照法定的程序成立。

2. 法人拥有独立的财产或经费

拥有独立的财产或经费，是法人作为一个独立民事主体的前提和条件，也是法人独立享有民事权利和承担民事义务的基础。

3. 法人具有自己的名称、组织机构和场所

法人的名称是拥有独立人格的标志，也是区别于其他法人的标志。法人的组织机构是法人开展正常活动的必要条件，具有完备的组织机构才可以成为法人。如在股份有限公司中，应设股东大会、董事会、监事会三个组织机构。法人的住所是法人的主要办事机构所在地。

4. 法人独立承担民事责任

是指法人仅以自身的财产对外承担债务或其他民事责任。由于法人的财产是独立的，故其民事责任也由其独立承担。

法人具体包括企业法人、事业法人、机关法人和社会团体法人。其中，事业法人、机关法人和社会团体法人通常是作为物流服务的需求方出现在物流活动中的，而企业法人则是物流法律关系的最主要的参与者。随着国际物流、区域物流和国内物流活动的广泛开展，企业法人在物流法律关系中占有越来越重要的地位。

依照《中华人民共和国公司法》(以下简称《公司法》)和相关企业法的规定，企业法人包括有限责任公司和股份有限公司、中外合资经营企业、一部分中外合作经营企业、外资企业。下面主要介绍有限责任公司和股份有限公司。

(二)有限责任公司

有限责任公司是由法定人数的股东组成的，股东以其所认缴的出资额对公司承担有限责任，公司以其全部资产对其债务承担责任的公司。其法律特征是：

第一，股东人数有法定限制，一般都有最高人数限制。《公司法》规定有限责任公司必须有50个以下股东出资设立。

第二，股东仅以其出资额为限对公司负责。有限责任公司是以股东出资为基础建立起来的法人组织，每一个股东仅以出资额为限对公司负责，而不直接对公司的债权人负责,公司以其全部资产对公司的债权人负责。

第三,资本不分为等额股份。证明股东出资份额的权利证书称为出资证明书,而不是股票。

第四,公司在设立、组织机构、财务和经营等方面具有非公开性。有限责任公司的设立程序较简单,财务和经营也无须公开。

根据《公司法》的规定,有限责任公司包括普通的有限责任公司、一人有限责任公司和国有独资公司。普通的有限责任公司一般由两个以上的股东出资设立;一人有限责任公司由一个自然人或一个法人出资设立;国有独资公司由国家出资设立。

1. 有限责任公司的设立条件

设立有限责任公司,应当具备下列条件:

(1)股东符合法定人数。《公司法》第 24 条规定,有限责任公司由 50 个以下股东共同出资设立。

(2)股东出资达到法定资本最低限额。为使公司具有基本的经营能力和责任能力,各国公司法一般规定,设立有限公司必须达到法定最低资本额。《公司法》第 26 条还规定,有限责任公司的注册资本最低限额为人民币 3 万元。由法律、行政法规对有限责任公司注册资本有较高规定的,从其规定。

(3)股东共同制定公司章程。公司章程是公司设立人依法订立的规定公司组织及活动的基本规则的重要法律文件。有限责任公司章程应当载明下列事项:①公司名称和住所(名称中标明有限责任公司字样;公司以其主要办事机构为住所);②公司经营范围;③公司注册资本;④股东的姓名或者名称;⑤股东的出资方式、出资额和出资时间;⑥公司的机构及其产生办法、职权、议事规则;⑦公司的法定代表人;⑧股东会会议认为需要规定的其他事项。股东应当在公司章程上签名、盖章。

(4)有公司名称,建立符合有限责任公司要求的组织机构。

(5)有公司住所。

2. 设立程序

(1)由出资人制定公司章程。

(2)出资。有限责任公司的注册资本为在公司登记机关登记的全体股东认缴的出资额。公司全体股东的首次出资额不得低于注册资本的 20%,也不得低于法定的注册资本最低限额,其余部分由股东自公司成立之日起 2 年内缴足;其中,投资公司可以在 5 年内缴足。

股东可以用货币出资,也可以用实物、知识产权、土地使用权等可以用货币估价并可以依法转让的非货币财产作价出资;但是,法律、行政法规规定不得作为出资的财产除外。对作为出资的非货币财产应当评估作价,核实财产,不得高估或者低估作价。法律、行政法规对评估作价有规定的,从其规定。全体股东的货币出资金额不得低于有限责任公司注册资本的30%。

股东应当按期足额缴纳公司章程中规定的各自所认缴的出资额。股东以货币出资的,应当将货币出资足额存入有限责任公司在银行开设的账户;以非货币财产出资的,应当依法办理其财产权的转移手续。股东不按照上述规定缴纳出资的,除应当向公司足额缴纳外,还应当向已按期足额缴纳出资的股东承担违约责任。

股东全部缴纳出资后,必须经法定的验资机构验资并出具证明。

(3)设立登记。股东的首次出资经法定的验资机构验资后,由全体股东指定的代表或者共同委托的代理人向公司登记机关申请设立登记,提交公司登记申请书、公司章程、验资证明文件。公司登记机关对符合规定条件的,予以登记,发给公司营业执照;不符合规定条件的,不予登记。公司营业执照签发日期,为有限责任公司成立日期。

【小知识1-3】 你知道有限责任公司的组织机构有哪些规定吗?

我国有限责任公司的组织机构主要分三个层次:一是股东会。它是有限责任公司的决策机关和权力机构,由全体股东组成。股东会对董事会、监事会有制约职能,如董事、监事由股东选举并决定其报酬。二是董事会。董事会是管理公司事务的执行机构,我国公司法规定,有限责任公司的董事会由3人至13人组成,董事会对股东会负责。三是监事会。有限责任公司监事会按规模而设,监事会主要是检查公司财务,以及公司董事、经理执行公司职务时是否有违法行为。

(三)股份有限公司

股份有限公司是指依法由一定人数的股东发起设立,全部资本划分为等额股份,并向社会公开发行股票,股东仅以其所认购的股份为限对公司承担责任,公司以其全部资产对公司的债务承担责任的公司。

股份有限公司有以下特征:第一,它是典型的资合公司。股份有限公司的信用基础在于资本,不在于股东个人,股份可以自由转让;股东不能以信用或劳务出资。第二,股东人数有最低限制。我国规定股东最低人数为2人。第三,公司所有权与经营权相分离。公司股东不直接从事公司的经营管理工作,其管理活动由以董事和经理为中心的专门管理机构进行。第四,公司资本分成均等的股份。这是股份有限公司区别于有限责任公司的重要特征之一。股份有限公司的资本均分为等额股份,既适应了其公开发行股份的需要,也便于股东权利的确定和行使。第五,股份的公开发行和自由转让。股份有限公司采取公开募股的方式来筹集公司资本,股票可以公开自由地买卖,这使得公司股东人数众多,资金来源广泛雄厚。第六,股东承担有限责任。公司股东以其认购的股份金额为限对公司承担责任。第七,财务公开。由于股份有限公司是公开向社会发行股票筹资的,股东人数多,因此为保证持股人、债权人的利益,各国法律都要求股份公司应将其财务公开。

1. 股份有限公司设立方式

股份有限公司的设立，可以采取发起设立或募集设立的方式。发起设立，是指由发起人认购公司应发行的全部股份而设立公司。此种设立方式，由于发行股份总数由发起人自行认足，设立程序简单。募集设立，是指由发起人认购公司应发行股份的一部分，其余部分向社会公开募集而设立公司。此种设立方式的设立程序较发起设立要复杂。股份有限公司的设立，究竟采用哪种设立方式，由发起人约定，并载明于公司章程。

2. 股份有限公司设立程序

(1)要有发起人。股份有限公司的发起人是指按照公司法规定，认购其应认购的股份，制订公司章程，并承担公司筹办事务的人。股份有限公司的设立必须依靠发起人的行为。

《公司法》第 75 条规定，设立股份有限公司，应当有 2 人以上 200 人以下为发起人，其中须有过半数的发起人在中国境内有住所。《公司法》对自然人作发起人及发起人的国籍均没有禁止规定，因此，在我国，无论自然人还是法人，本国人还是外国人，或港、澳、台胞、华侨均可作股份有限公司发起人。法人作发起人，应以营利性法人(即企业法人)为限。

发起人的法律责任。由于发起人的特殊身份，其行为直接关系到债权人、其他股东和即将成立的公司的利益，因此，《公司法》对发起人的法律责任做了规定：①公司不能成立时，对设立行为所产生的债务和费用负连带责任；②公司不能成立时，对认股人已缴纳的股款，负返还股款并加算银行同期存款利息的连带责任；③在公司设立过程中，由于发起人的过失致使公司利益受到损害的，应当对公司承担赔偿责任。

(2)发起人草拟公司章程和其他法律文件。股份有限公司章程是关于股份有限公司的组织及其运作的基本规范，是规定股份有限公司的性质、宗旨、经营范围、组织机构、内部权利义务分配等内容的基本文件。

发起人设立股份有限公司应首先订立公司章程，章程须经创立大会决议通过后，才能作为公司的正式章程。章程应当载明下列事项：公司名称和住所；公司经营范围；公司设立方式；公司股份总数、每股金额和注册资本；发起人的姓名或者名称、认购的股份数、出资方式和出资时间；股东的权利和义务；董事会的组成、职权和议事规则；公司法定代表人；监事会的组成、职权、任期和议事规则；公司利润分配办法；公司的解散事由与清算办法；公司的通知和公告办法；股东大会认为需要规定的其他事项。

(3)办理批准手续。发起人订立设立公司协议后要向国务院授权的部门或省级人民政府请求批准设立股份有限公司。

(4)发起人认股并出资。股份有限公司注册资本的最低限额为人民币 500 万元。法律、行政法规对股份有限公司注册资本的最低限额有较高规定的，从其规定。

股份有限公司采取发起设立方式设立的，注册资本为在公司登记机关登记的全体发起人认购的股本总额。公司全体发起人的首次出资额不得低于注册资本的20％，其余部分由发起人自公司成立之日起2年内缴足；其中，投资公司可以在5年内缴足。在缴足前，不得向他人募集股份。

以发起设立方式设立股份有限公司的，发起人应当书面认足公司章程规定其认购的股份；一次缴纳的，应即缴纳全部出资；分期缴纳的，应即缴纳首期出资。以非货币财产出资的，应当依法办理其财产权的转移手续。发起人不依照上述规定缴纳出资的，应当按照发起人协议承担违约责任。发起人首次缴纳出资后，应当选举董事会和监事会，由董事会向公司登记机关报送公司章程，由依法设定的验资机构出具的验资证明以及法律、行政法规规定的其他文件，申请设立登记。

股份有限公司采取募集方式设立的，注册资本为在公司登记机关登记的实收股本总额。以募集设立方式设立股份有限公司的，发起人认购的股份不得少于公司股份总数的35％；但法律、行政法规另有规定的，从其规定。

(5)发行股份。发起人向社会公开募集股份，必须公告招股说明书，并制作认股书。认股书应当载明《公司法》第87条所列事项，由认股人填写认购股数、金额、住所，并签名、盖章。认股人按照所认购股数缴纳股款。

招股说明书应当附有发起人制订的公司章程，并载明下列事项：①发起人认购的股份数；②每股的票面金额和发行价格；③无记名股票的发行总数；④募集资金的用途；⑤认股人的权利、义务；⑥本次募股的起止期限及逾期未募足时认股人可以撤回所认股份的说明。

发行股份的股款缴足后，必须经依法设立的验资机构验资并出具证明。发起人应当自股款缴足之日起30日内主持召开公司创立大会。创立大会由发起人、认股人组成。

发行的股份超过招股说明书规定的截止期限尚未募足的，或者发行股份的股款缴足后，发起人在30日内未召开创立大会的，认股人可以按照所缴股款并加算银行同期存款利息，要求发起人返还。

(6)召开公司创立大会。发起人应当在创立大会召开15日前将会议日期通知各认股人或者予以公告。创立大会应有代表股份总数过半数的发起人、认股人出席时，方可举行。

创立大会行使下列职权：①审议发起人关于公司筹办情况的报告；②通过公司章程；③选举董事会成员；④选举监事会成员；⑤对公司的设立费用进行审核；⑥对发起人用于抵作股款的作价进行审核；⑦发生不可抗力或者经营条件发生重大变化直接影响公司设立的，可以作出不设立公司的决议。创立大会对以上所列事项作出决议，必须经出席会议的认股人所持表决权过半数通过。

发起人、认股人缴纳股款或者交付抵作股款的出资后，除未按期募足股份、发起人未按期召开创立大会或者创立大会决议不设立公司的情形外，不得抽回其股本。

(7)设立公司的审批和登记。董事会应于创立大会结束后30日内，向公司登记机关报送下列文件，申请设立登记：①公司登记申请书；②创立大会的会议记录；③公司章程；④验资证明；⑤法定代表人、董事、监事的任职文件及其身份证明；⑥发起人的法人资格证明或者自然人身份证明；⑦公司住所证明。以募集方式设立股份有限公司公开发行股票的，还应当向公司登记机关报送国务院证券监督管理机构的核准文件。

股份有限公司成立后，发起人未按照公司章程的规定缴足出资的，应当补缴，其他发起人承担连带责任；发现作为设立公司出资的非货币财产的实际价额显著低于公司章程所定价额的，应当由交付该出资的发起人补足其差额，其他发起人承担连带责任。

三、其他组织

其他组织是指合法成立，有一定的组织机构和财产，但不具备法人资格，不能独立承担民事责任的组织。其他组织不对外进行经营业务时，如其财产能够清偿债务，则由其自身偿付；如其财产不足以偿付债务时，则由其设立人对该债务承担连带清偿责任，这是与法人的主要区别。在我国，其他组织包括：①依法登记领取营业执照的个体工商户、个人独资企业、合伙企业。②依法登记领取我国营业执照的中外合作经营企业、外资企业。③依法设立并领取营业执照的法人分支机构。④经核准登记领取营业执照的乡镇、街道、村办企业。其他组织必须符合法律规定，取得一定的经营资质，才能从事物流业务。

(一)合伙企业

合伙企业是指自然人、法人和其他组织依照《中华人民共和国合伙企业法》(以下简称《合伙企业法》)的规定在中国境内设立的普通合伙企业和有限合伙企业。合伙企业不具有法人资格，它是建立在合伙协议基础上的一种企业，合伙人之间签订合伙协议来规定各合伙人在合伙中的权利和义务，它只是一个“人的组合”。

1.普通合伙企业

普通合伙企业由普通合伙人组成，合伙人对合伙企业债务承担无限连带责任。按照2006年新修订的《合伙企业法》规定，设立合伙企业，应当具备下列条件：

(1)有两个以上合伙人。合伙人为自然人的，应当具有完全民事行为能力。

(2)有书面合伙协议。

(3)有合伙人认缴或者实际缴付的出资。

(4)有合伙企业的名称和生产经营场所。

(5)法律、行政法规规定的其他条件。

合伙企业名称中应当标明“普通合伙”字样。在合伙的出资方面，该法规定合伙人可以用货币、实物、知识产权、土地使用权或者其他财产权利出资，也可以用劳务出资。合伙人以实物、知识产权、土地使用权或者其他财产权利出资，需要评估作价的，可以由全体合伙人协商确定，也可以由全体合伙人委托法定评估机构评估。合伙人以劳务出资的，其评估办法由全体合伙人协商确定，并在合伙协议中载明。

合伙人的出资应当按照合伙协议约定的方式、数额和缴付期限履行出资义务。如果不是以货币财产出资的，依照法律、行政法规的规定，需要办理财产权转移手续的，应当依法办理。

《合伙企业法》中对合伙协议也有明确的规定，合伙协议应当载明下列事项：①合伙企业的名称和主要经营场所的地点；②合伙目的和合伙经营范围；③合伙人的姓名或者名称、住所；④合伙人的出资方式、数额和缴付期限；⑤利润分配、亏损分担方式；⑥合伙事务的执行；⑦入伙与退伙；⑧争议解决办法；⑨合伙企业的解散与清算；⑩违约责任。合伙协议经全体合伙人签名、盖章后生效。合伙人按照合伙协议享有权利，履行义务。修改或者补充合伙协议，应当经全体合伙人一致同意；但是，合伙协议另有约定的除外。合伙协议未约定或者约定不明确的事项，由合伙人协商决定；协商不成的，依照本法和其他有关法律、行政法规的规定处理。

【案例 1-4】

2005 年元月，公民甲、乙、丙共同设立一普通合伙企业，合伙协议约定：三人各出资 1 万元共同购买汽车从事货物运输，共同管理，按出资比例分配利润和承担亏损。三人依约出资买下一台卡车，由甲驾驶，乙、丙负责装卸货物，长期为宏安公司运输货物。某日，甲、乙、丙三人饮酒吃饭后继续运送货物。途中因甲操作失当发生车祸，致使卡车毁坏，所运价值 6 万元的货物全部损坏。宏安公司向三人索赔时，乙、丙称此车祸是甲不慎驾驶所致，发生的损失应由甲全部承担责任；甲辩称该车是三人共同购置，车祸引起损失应由三人共同承担，故不同意承担全部赔偿责任。宏安公司遂向人民法院起诉，要求甲、乙、丙三人共同承担赔偿责任。

思考：宏安公司遭受的损失应由谁负责赔偿？根据何在？

分析：宏安公司遭受的损失应由甲、乙、丙三人负连带赔偿责任。根据合伙企业法的规定，合伙人对合伙企业债务承担无限连带责任，宏安公司要求甲、乙、丙任何一人偿还，三人都有义务对该损失全部偿还。当然，在合伙企业内部由于该损失由甲不慎驾驶所致，甲有过错，甲乙丙三人对宏安公司承担责任以后，可以再按照合伙人过错的大小互相追偿。

2. 有限合伙企业

有限合伙企业由普通合伙人和有限合伙人组成，普通合伙人对合伙企业债务承担无限连带责任，有限合伙人以其认缴的出资额为限对合伙企业债务承担责任。

与普通合伙企业相比，有限合伙企业有以下两个方面特点：首先，在经营管理方面，有限合伙企业中的有限合伙人一般是不参与合伙的具体的经营管理的，而是由普通的合伙人从事企业的经营管理。普通合伙企业的合伙人一般都可以参与合伙企业的经营管理。其次,在风险承担方面,有限合伙企业中不同类型的合伙人所承担的责任是有所不同的。有限合伙人是以他的出资额为限承担有限责任。而普通合伙人之间承担无限连带责任。对于普通合伙企业合伙人之间,他们对合伙债务承担无限连带责任。

有限合伙企业对合伙人的要求有以下几点:

(1)有限合伙企业一般有 2 个以上 50 个以下合伙人设立,但是当特别法律对有限合伙企业的人数做出特别规定的时候,应当依照该特别规定。

(2)有限合伙企业至少应当有一个普通合伙人。有限合伙企业是由普通合伙人和有限合伙人共同组成的企业。缺少任何一种合伙人都是没有成立有限合伙企业。

(3)对有限合伙人的具体要求。按照修订后的《合伙企业法》规定,自然人、法人和其他组织都可以设立有限合伙企业,成为有限合伙企业的有限合伙人。

(4)对普通合伙人的具体要求。在普通合伙人的能力要求方面,有限合伙企业中的普通合伙人和有限合伙人对有限合伙中的经营管理所承担的责任是有区别的。有限合伙人的投资利益通常是建立在普通合伙人的经营管理之上的。所以对于普通合伙人有人数限制的要求。有限合伙企业中至少要有一个普通合伙人,自然人、法人和其他组织可以依照法律规定设立有限合伙企业,但是国有独资公司、国有企业、上市公司、公益性的事业单位、社会团体是不能成为有限合伙企业的普通合伙人的。

有限合伙企业名称当中应当标明"有限合伙"的字样,不能标明"普通合伙"、"特殊普通合伙"或者是"有限公司"或者是"有限责任公司"的字样。

有限合伙人的出资方式可以是货币、实物、知识产权、土地使用权和其他财产权。但不能够以劳务出资,原因就是和普通合伙人不同,有限合伙人并不参与有限合伙企业日常经营管理活动,他的出资可能成为有限合伙企业的最低财产。劳务出资的实质是用未来劳动创造的收入来出资,很难通过市场变现,法律上执行也困难。

有限合伙企业登记事项中要载明有限合伙人的姓名、名称以及认缴的出资数额。有限合伙企业中的有限合伙人的出资原则是认缴制,而不是实缴制。所以有些合伙人的出资可以分期分批交纳。为了保障有限合伙人全面履行出资的义务,在有限合伙协议规定了出资事项的基础上,可以在企业登记的时候,把有限合伙人的出资数额和出资期限进行登记,来进一步强化出资人的义务。

(二)个人独资企业

个人独资企业是指依照《中华人民共和国个人独资企业法》(以下简称《个人独资企业法》)在中国境内设立,由一个自然人投资,财产为投资人个人所有,投资人以其个人财产对企业债务承担无限责任的经营实体。由此可见,个人独资企业由一个自然人投资,个人独资企业的财产归投资人所有,法律对个人独资企业的注册资本没有最低数额限制,在管理上采用灵活的方式,既可自行管理,也可委托他人管理。根据

《个人独资企业法》规定，设立个人独资企业应当具备下列条件：①投资人为一个自然人；②有合法的企业名称；③有投资人申报的出资；④有固定的生产经营场所和必要的生产经营条件；⑤有必要的从业人员。申请设立个人独资企业，应当由投资人或者其委托代理人向个人独资企业所在地的登记机关提交设立申请书、投资人身份证明、生产经营场所使用证明等文件。委托代理人申请设立登记时，应当出具投资人的委托书和代理人的合法证明。个人独资企业的名称应当与其责任形式及从事的营业相符合，如不得含有"有限责任"或者"股份有限"的字样。

【案例 1-5】

万某出资 5000 元成立一食品加工厂，企业性质为个人独资企业。1 年后，万某委托妻弟苏某管理该店，自己整天沉迷于上网。几个月后，债权人相继找上门来，要求万某归还欠债。由于苏某管理不善，该厂财产已所剩无几。万某宣称自己没有能力还债。债权人告上法庭，要求以万某和苏某的家庭共有财产抵偿债务。经法院查明，万某在设立登记时并没有明确以家庭共有财产出资。

思考：(1)万某除用货币出资外，能否以自己的劳务作价出资？

(2)万某能否委托自己的妻弟苏某经营管理其个人独资企业？

(3)对该企业所欠债款，应由谁负责偿还？

分析：(1)万某不能以自己的劳务作价出资。根据个人独资企业法的规定，个人独资企业可以用货币、实物、土地使用权、知识产权作价出资，但不得以劳务作出资。

(2)万某可以委托自己的妻弟经营管理其个人独资企业。根据《个人独资企业法》的规定，个人独资企业的投资人可以自行管理企业事务，也可以委托或聘用其他具有民事行为能力的人负责企业的事务管理。

(3)该企业所欠债款，应由万某以其个人财产偿还，不能以其家庭财产和苏某的财产偿还。根据个人独资企业法的规定，投资人以其个人财产对企业债务承担无限责任，如果在设立登记时以其家庭财产作为个人出资的，应当依法以家庭共有财产对企业债务承担无限责任。而本案中，万某在设立登记时并没有明确以家庭共有财产出资，因此应以万某个人财产来偿还欠债。

第三节　物权和所有权

一、物权

(一)物权的概念

物权是权利人直接支配物并排除他人干涉的权利。它包括所有权、用益物权和担保物权。物权的客体原则上是有体物，但在法律有规定的情况下，权利也可以作为物权的客体。不动产是指土地以及建筑物等土地附着物；动产指不动产以外的物。

包括能够为人力所控制的电、气、光波、磁波等物。我们举个例子，如果你养了一群母牛，你可以用它在农村耕田、拉车；可以挤奶卖钱；也可以出租给他人使用；还可以索性杀掉到集市上卖牛肉。这种支配的权利是排他的，任何人都不能干涉你。这就是你对这群牛拥有的物权。

(二)物权法的种类

1.所有权

所有权是指所有权人对自己的不动产或者动产，依法享有占有、使用、收益和处分的权利。所有权人有权在自己的不动产或者动产上设立用益物权和担保物权。用益物权人、担保物权人行使权利，不得损害所有权人的权益。

2.用益物权

用益物权是指人对他人所有的不动产或者动产，依法享有占有、使用和收益的权利。包括土地承包经营权、建设用地使用权、宅基地使用权、地役权等。

3.担保物权

担保物权是指担保物权人在债务人不履行到期债务或者发生当事人约定的实现担保物权的情形，依法享有就担保财产优先受偿的权利，但法律另有规定的除外。包括抵押权、质押权、留置权。

(三)物权的设立、变更、转让和消灭

1.不动产物权的设立、变更、转让和消灭

所谓不动产是指依其自然性质不能移动，或者一经移动必然毁损其经济价值的物。按照有关法律的规定，不动产包括土地以及房屋、林木等地上定着物。而所谓不动产物权变动，就是指不动产所有权以及在不动产上设立的各种用益物权和担保物权，其设立、变更、转让和消灭的总称。具体来说物权设立就是权利人取得了物权。变更指权利内容及客体发生了变化，比如说一栋房屋其中一间倒塌，显然所有权人的权利客体(房屋)发生了变化，从而使对房屋的所有权发生了变更；再比如，双方在设定一项以“通行”为内容的地役权后，又协商增加了排水的内容。转让则是权利人直接将其权利通过赠与、买卖等方式转移给他人。而消灭则是指由于权利客体的灭失等原因而导致物权的丧失。例如房屋因为火灾被烧毁，房屋所有权自然也就消灭了。《中华人民共和国物权法》(以下简称《物权法》)第 9 条规定，“不动产物权的设立、变更、转让和消灭，经依法登记，发生效力；未经登记，不发生效力，但法律另有规定的除外。”这就是说，第一，对于在不动产上设定的物权来说，原则上其设立、变更、转让和消灭都要进行登记，才能发生设立、变更、转让和消灭物权的效力。例如，老张把一套房屋卖给小李，双方只签订书面的买卖合同，并不能认为小李就取得了房屋的所有权，必须双方到房屋登记部门办理了移转登记，把房屋所有权移转到小李名下，小李才能真正取得房屋的所有权。

第二，没有登记只是不能发生物权变动的效果，但是双方之间的合同仍然是有效的。根据《物权法》第15条规定:"当事人之间订立有关设立、变更、转让和消灭不动产物权的合同,除法律另有规定或者合同另有约定外,自合同成立时生效;未办理物权登记的,不影响合同效力。"比如,上一案例中,虽然小李没有办理移转登记,但是按照《物权法》规定,他只是没有取得所有权,但房屋买卖合同仍然是有效的。小李虽然不能取得房屋的所有权,但也可以通过违约责任,要求老张返还价款、赔偿相应的损失。

第三,不动产物权变动只是法律的一般规定,法律也可能作出另外的规定。这主要体现在:①依法属于国家所有的自然资源,所有权可以不登记。②因人民法院、仲裁委员会的法律文书,人民政府的征收决定等,导致物权设立、变更、转让或者消灭的,自法律文书生效或者人民政府的征收决定等行为生效时发生效力。③因继承或者受遗赠取得物权的,自继承或者受遗赠开始时发生效力。④因合法建造、拆除房屋等事实行为设立和消灭物权的,自事实行为成就时发生效力。之所以如此,是因为登记的功能主要是为了维护交易安全、节约交易成本,而这些情形显然不属于市场交易。

2. 动产物权的设立和转让

根据《物权法》第23条之规定:"动产物权的设立和转让,自交付时发生效力,但法律另有规定的除外。"法律另有规定的情形主要有:

(1)船舶、航空器和机动车等物权的设立、变更、转让和消灭应该登记。未经登记,不得对抗善意第三人。

(2)动产物权设立和转让前,权利人已经依法占有该动产的,物权自法律行为生效时发生效力。例如,甲某于4月6日将乙某的牛借走,后于5月6日两人协商乙某将牛卖给甲某,则牛的物权转移时间为买卖合同生效时。

(3)动产物权设立和转让前,第三人依法占有该动产的,负有交付义务的人可以通过转让请求第三人返还原物的权利代替交付。例如,张三要转让自己的手表给李四,但该手表在转让前已被王五借走,这时张三不能直接将手表交付给李四,但可以将要求王五返还手表的权利转让给李四,也视为交付。

(4)动产物权转让时,双方又约定由出让人继续占有该动产的,物权自该约定生效时发生效力。例如,陈某向某商场买彩电,挑好彩电付款后陈某要求商场妥善保管,第二天再来取,商场同意。此时该彩电的物权自该约定生效时发生效力,该彩电的所有权已经自约定时转移给陈某。

(四)物权的保护

民法对物权的保护,可以依据权利人是否通过诉讼程序而分为物权的自我保护和诉讼保护。

物权的自我保护,是指物权人在其物权受到侵害以后,直接请求侵害人为一定行为或不为一定行为。例如,请求侵害人停止侵害、排除妨害、恢复原状等。物权人采取这种方法,必须享有法律规定的请求权(包括物上请求权和损害赔偿的请求权)。同时,权利人必须以正当的、法律许可的方式行使这些权利,不得滥用权利而加害别人。

物权的诉讼保护,是指物权人在其物权受到侵害以后,依法提起诉讼,请求人民法院确认其物权的存在,责令侵害人承担民事责任。当事人对物权的归属发生争议后,往往需要由人民法院来确认某种物权是否存在,因此物权人必须采取诉讼保护方式。物权人在采取自我保护方法不能保护其权利时,也需要依法提起诉讼,请求人民法院责令不法侵害人停止侵害、排除妨害、恢复原状、返还原物和赔偿损失。当然,物权人也可以不采取自我保护的方法,而直接向人民法院提起诉讼。

【小知识 1-4】 债权的保护方法和物权的保护方法有何不同?

两种方法的主要区别在于:第一是根据不同,物权保护方法以物权的存在为前提,适用民法关于物权的规定,因此又称“物权法的保护方法”。债权保护方法则以债权的存在为前提,它适用于民法关于债的规定,因此又称为“债权法的保护方法”。第二是适用范围不同。物权保护方法只适用于对物权的侵害,不管侵害是否造成实际损失,权利人均可采取这种方法。而损害赔偿的方法既适用于对物权的侵害,又适用于对债权的侵害。在保护物权时,采用损害赔偿方法仅适用于对物权的侵害已造成实际损失的情况。第三是目的不同。物权的保护方法,旨在恢复物权人对物权的客体享有完整的、排他的支配权利,从而使物权的内容得到实现。而损失赔偿的保护方法旨在补偿受害人因不法侵害而遭受的财产损失。一般来说,物权保护方法更能充分地保护物权人所享有的所有权和其他物权,因此在具体运用以上方法时,应当首先考虑适用物权的保护方法。只有当物权的保护方法不能适用时,才适用债权的保护方法。当然,这两种方法是彼此联系、互为补充的,在物权受到侵害时,权利人可以采取一种方法,也可以采取多种方法。

二、所有权

(一)所有权的一般规定

所有权是一种最重要的物权。所有权人对自己的不动产或者动产,依法享有占有、使用、收益和处分的权利。所有权人有权在自己的不动产或者动产上设立用益物权和担保物权。用益物权人、担保物权人行使权利,不得损害所有权人的权益。

所有权作为一项民事权利,分为国家所有权、集体所有权和公民个人所有权。举例来说,如果你有一套房屋,你可以自己居住;也可以出租给别人,收取房租;做买卖需要流动资金,你可以把房屋抵押给银行去贷款;还可以转手赠与或卖给他人。这就是你对这套房屋的所有权。所有权的内容包括四项基本权能:

1. 占有

占有是指所有人对财产的实际控制和管理。在一般情况下,财产归所有人占有,但也可能和所有人脱离而归非所有人占有。这包括两种情形:一是合法占有,即有法律上的依据或经所有人同意的占有；二是非法占有，即无法律依据或未经所有人的同意而占有他人的财产。

2. 使用

使用是指权利主体按照财产的性能和用途加以利用。使用也可分为所有人使用和非所有人使用，非所有人使用又可分为合法使用和非法使用。

3. 收益

收益是指基于使用财产而获得的经济利益。收益在法律上称为孳息。孳息分为天然孳息和法定孳息两种。天然孳息如母畜下崽、果树结果等；法定孳息如利息、租金等。

4. 处分

处分是指所有人在法律许可的范围内，根据自己的意愿处置财产，决定财产在事实上和法律上的命运。对财产进行处分，可以分为事实上的处分和法律上的处分。事实上的处分是财产在自然状态中被消耗；法律上的处分是通过某种民事行为把自己的财产转移给他人所有或使用。处分权是四项权能中最基本的权能，通常只能由所有人行使。

所有权的占有、使用、收益、处分四项权能，可以与所有权适当分离，所有人并不丧失其所有权。国家法律要求所有人正当行使财产所有权，任何组织和个人不得侵犯。但所有人也不得滥用所有权，而必须在法律所许可的范围内进行，否则，同样会受到法律制裁。

(二)所有权的种类

按照主体的不同，所有权可划分为国家所有权、集体所有权和公民个人所有权三种。

1. 国家所有权

国家所有权的主体，具有唯一性；国家所有权的客体，具有统一性和无限广泛性。能够成为国家所有权的财产包括：经营性财产、非经营性财产和资源性财产。

2. 集体所有权

集体所有权的主体。包括：①区域性集体组织，如乡村集体组织。②城镇集体企业联合经济组织，如城镇集体所有制企业、城市商业银行等。③合作社组织，包括农村信用合作社等。④国家机关和国有企业事业单位内部的集体企业(又称大集体企业)。⑤社会团体。

3. 公民个人所有权

公民个人所有权的主体。和客体，其范围具有限定性，但随着社会经济的发展，法律允许公民个人拥有所有权的财产范围越来越广泛。

(三)所有权的取得

(1)原始取得。是指根据法律规定，取得新物、无主物的所有权，或者不以原所有人的权利和意志为根据而取得原物的所有权。具体包括：①生产；②取得原物之孳息；③国家强制取得所有权；④国家取得所有人不明的埋藏物、隐藏物与无人认领的遗失物；⑤国家或集体取得无人继承的财产；⑥无主动产的先占取得；⑦取得添附物。所谓添附，是指不同所有人的物被结合、混合在一起成为一个新物，或者利用他人之物加工成为新物。

(2)继受取得。又称传来取得。是指根据原所有人的意思接受原所有人移转的所有权。包括：买卖、互易、赠与、继承与遗赠、取得法人终止后的财产以及其他继受取得的方法。那么如果一个人将非法取得的动产进行转让，受让人是否能够取得所有权呢？根据《物权法》第106条规定："在无处分权人将不动产或者动产转让给受让人的，所有权人有权追回；除法律另有规定外，符合下列情形的，受让人取得该不动产或者动产的所有权：

①受让人受让该不动产或者动产时是善意的；②以合理的价格转让；③转让的不动产或者动产依照法律规定应当登记的已经登记，不需要登记的已经交付给受让人。

受让人因上述情形取得不动产或者动产的所有权的，原所有权人有权向无处分权人请求赔偿损失。善意受让人取得动产后，该动产上的原有权利消灭，但善意受让人在受让时知道或者应当知道该权利的除外。"

【案例 1-6】

张某因公出国两年，临走时将自己收藏的一幅名画委托朋友赵某保管。在此期间，赵某经常拿出这幅画给客人欣赏，来他家的客人也认为这是赵某自己收藏的画。后来赵某因炒股亏了不少钱，便将该画以5 000元价格出售，徐某不知情，将此画买下。甲回国后，发现自己的画在徐某家中，于是向徐某索要，遭到徐某的拒绝。

思考：(1)本案中，这幅画的所有权应归谁取得？为什么？

(2)赵某是否应该承担赔偿责任？若是，应向谁赔偿损失？

分析：(1)这幅画的所有权应归徐某。根据物权法的规定，对于无处分权人将不动产或动产转让给受让人的，如果受让人受让该不动产时是善意的，且以合理的价格转让，并且转让的不动产或者动产依照法律规定应当登记的已经登记，不需要登记的已经交付给受让人时，则受让人取得该不动产或者动产的所有权。而本案中，赵某无权处分该画，但徐某接受该画时不知情，并且支付了5 000元钱，而且该画也已经交付给徐某，因此徐某取得该画的所有权。

(2)赵某应当承担赔偿责任，应向张某赔偿损失。根据《物权法》规定，受让人善意取得不动产或者动产的所有权的，原所有权人有权向无处分权人请求赔偿损失。

(四)共有

共有是指两个或两个以上的公民、法人对同一项财产共同享有所有权。共有分为共同共有和按份共有。

【小知识 1-5】 你知道对建筑物如何区分所有权吗？

建筑物所有权是对于建筑物的有独立用途的部分的所有和对于共用部分的共同

所有的总称。其包括以下几层含义：

(1)区分所有的标的物须为建筑物，且是以整个建筑物共用设施的用益权为前提的。否则就无区分所有的意义。

(2)区分所有权的标的物须为含有独立胜任的部分的建筑物。如数套商品房的区分所有权。

(3)区分所有权的标的物须为有必要共同设施的建筑物。如高层楼房，须有共同通行的设施。而一排平房的不同房间，虽然有各自的独立使用价值，但由于没有必要的共同设施，则无区分所有权的必要，可成立共有关系。

(4)区分所有权须以共有物的用益权为前提。

(5)区分所有人对于共用设施有使用、管理的权利和义务。

内容：(1)专有所有权。即区分所有人对其专有部分以自由使用、收益及处分的权利。亦即对可供使用的建筑物的空间的所有权。

(2)共有所有权。即建筑物区分所有人依照法律或管理规约的规定，对建筑物的共用部分所享有的占有、使用及收益的权利。(包括承担维护共用设施的义务)

意义：(1)使权利形态细化，发挥建筑物的效用。

(2)协调建筑物各区分所有人的关系。

共同共有是指共有人对共有财产不分份额地平等地享有所有权，共同承担义务。共同共有是基于共同生活、共同劳动产生的，在实际生活中最常见的有夫妻共有财产和家庭共有财产。因此，共同共有的类型包括夫妻共有、家庭共有、遗产分割前的共有。在共同共有关系存续期间，部分共有人要处分共有财产须征得全体共有人同意，否则处分行为无效。但第三人善意有偿取得该财产的，应当维护第三人的合法权益，对其他共有人的损失，由擅自处分共有财产的共有人赔偿。

按份共有是指共有人对共有财产按照各自的份额，对共有财产分享权利和分担义务。如合伙财产一般属于按份共有。对于按份共有财产，按份共有人均有权要求将自己的份额分出或转让。但在出售时其他共有人在同等条件下有优先购买权。

按份共有的产生和消灭。按份共有可因合伙、联营和共同投资而产生，也可因共同购置而产生，还可因共同继承未分割的遗产而产生。按份共有可因共有财产的分割、转让和赠与等而消灭，也可因全体共有人的协议终止而消灭。

第四节　代　　理

一、代理的概念、特点和适用范围

(一)代理的概念

代理是指代理人在代理权限范围内，以被代理人的名义与第三人实施民事法律行为,由此产生的法律后果直接由被代理人承受的一种制度。在代理制度中,以他人名义实施民事法律行为的人,称为代理人;由他人代为实施民事法律行为的人,称为被代理人,也叫本人;与代理人实施民事法律行为的人,称为第三人,也叫相对人。实施代理制度,能扩展民事主体的民事活动能力,有利于提高交易效率、降低交易成本。

(二)代理的特点

1. 代理人必须在代理权限内进行活动

代理人实施的代理行为是对被代理人产生法律效力的,被代理人也对代理人的行为承担责任,代理权是代理人进行代理活动的法律依据,同时又是制约代理活动的法律手段,因此,代理人必须在代理权限范围内进行活动。

2. 代理人必须以被代理人的名义进行活动

由于代理人在授权范围内所进行的行为,与被代理人所作的行为一样,不论是权利还是义务,均属被代理人。因此,代理人必须以被代理人的名义进行活动,否则,就不属于民事代理。

3. 代理人在代理活动中做独立的意思表示

代理人虽是为被代理人的利益进行相应的活动,但代理人在代理权限内,可独立地进行意思表示并以此作为自己的基本职责。正是由于代理人能独立地进行意思表示,就把代理人与使者、中介人区分开来。

4. 代理人进行代理行为的法律后果由被代理人承担

由于代理制度的目的是帮助被代理人顺利地处理有关事务并增进其利益,且代理人在代理活动中是以被代理人的名义进行的,代理人的行为就被视为被代理人的行为,产生与被代理人自己行为相同的法律后果,故代理行为的法律后果就理所当然地由被代理人承担。

(三)代理的适用范围

代理的适用范围是有一定限制的,并非任何行为都可适用代理。严格来说,代理只能适用于民事法律行为,但为了更好地保护民事主体的合法权益,法律允许代理制度适用于民事法律行为之外的其他行为。主要包括以下几种:

1. 民事法律行为

代理制度广泛适用于各类民事法律行为,自然人、法人以及其他组织的民事法律行为除法律另有规定外,一般均可适用代理,如代理被代理人签订合同、履行债务等。

2. 申请行为

申请行为是指请求国家有关部门授予某种资格特许权的行为,如向国家专利局申请专利,向国家工商局申请商标注册等。

3. 申报行为

申报行为是指向国家有关部门履行法定的告知义务或给付义务的行为,如向税务机关申请纳税,向海关申报进出口货物事项等。

4.诉讼行为

诉讼是一种在国家司法机关主持下解决有关争议的活动。在我国,民事诉讼、刑事诉讼、行政诉讼的原告、被告、第三人等当事人,均可聘请律师或法律允许的人员作为代理人参与诉讼。

然而,凡具有严格人身性质的行为不能适用代理。如自然人结婚时,必须双方亲自到婚姻登记机关办理结婚登记手续,不得由他人代为办理。另外,经约定必须由行业人亲自履行的债务,也不得由他人代理。如某著名歌星签约演出,届时就不能由他人代为演出。

二、代理的种类

按照代理权产生的依据不同,将代理分为以下三种:

(一)委托代理

委托代理指基于被代理人的委托授权而发生的代理。委托代理必须经过被代理人的授权,委托授权应采用书面形式,载明代理事项、权限和期限,并经委托人签名盖章。委托代理在社会生活中适用广泛,最为常见。

(二)法定代理

法定代理指根据法律的规定而产生的代理关系。此种代理主要是为无民事行为能力人和限制民事行为能力人设立的。代理人不需要被代理人的授权即享有代理权。如未成年人的父母是未成年人的法定代理人,精神病人的配偶是精神病人的法定代理人。

(三)指定代理

指定代理指根据有指定权的机关的命令或裁定而产生的代理关系。指定代理主要是针对无民事行为能力人和限制民事行为能力人而言的一种代理方式,一般是在其没有法定代理人或法定代理人不适合代理的情况下采用。如受父母虐待的未成年人要起诉父母,就需要指定代理人。有权指定代理人的机关包括:人民法院、未成年人父母所在单位或者精神病人的所在单位,未成年人或精神病人住所地的居民委员会或村民委员会。

三、代理权的行使

代理人取得代理权以后,要正确行使代理权。不得滥用代理权,不得无权代理,也不得违法代理。

滥用代理权是指代理人在代理期间利用代理权去进行损害被代理人利益的活动。一般有三种情况:一是代理人以被代理人名义同自己进行民事法律行为;二是代理人以被代理人名义同自己代理的其他人进行民事法律行为;三是代理人与对方通谋进行损害被代理人利益的法律行为。滥用代理权的行为是无效的,被代理人对该代理所产生的法律后果不承担责任。代理人滥用代理权而给被代理人造成损害的，应当承担民事责任。其中代理人与第三人串通损害被代理人利益的，由代理人与第三人承担连带责任。

无权代理是指没有代理权、超越代理权或代理权终止后而进行的代理活动。被代理人对无权代理不负责任，一切法律后果由无权代理人承担。但无权代理行为一经被代理人追认，即可成为有效的代理；如果被代理人知道而不作否认表示的，视为同意。在无权代理中，如果代理人的行为足以使善意第三人相信无权代理人具有代理权，而与无权代理人进行交易，由此造成的法律后果由被代理人承担。法学理论上将这种代理称为表见代理。表见代理具有与有权代理同样的效力，代理行为的法律后果直接归属于被代理人。被代理人承担表见代理的法律后果，如果因此受有损失，有权向无权代理人请求赔偿。

【案例 1-7】

甲长期担任A公司的业务主管，在A公司有很大的代理权限。在甲的努力下，A公司生意兴隆，新老客户遍及世界。由于A公司的董事长嫉妒甲的才能，无理解雇了甲。甲怀恨在心，于是在遭解雇一个月后，继续假冒A公司的名义从老客户B公司处骗得货物，逃之夭夭。B公司要求A公司付款，A公司则以甲假冒公司名义为由拒绝付款。B公司坚持认为在其与甲做生意期间，他并不知甲已被A公司解雇，并且也未收到关于A公司已解雇甲的任何通知，故B公司是不知情的善意第三人，A公司仍应对甲的无权代理行为负责。双方相持不下，对簿公堂。

思考：A公司是否要为甲的无权代理行为负责？甲是否也要承担责任？

分析：A公司要为甲的无权代理行为负责。根据法律规定，如果代理人的行为足以使善意第三人相信无权代理人具有代理权，而与无权代理人进行交易，由此造成的法律后果由被代理人承担。本案中，甲假冒A公司的名义进行无权代理，但B公司一直是老客户，不知道甲被解雇，完全有理由相信甲有代理权，因此该代理行为的法律后果应由被代理人A公司承担。甲当然也要承担责任，但承担的不是该购买货物的合同责任，而是承担其诈骗行为的法律责任。

违法代理是指委托事项违法或者代理人行为违法而进行的代理活动。代理人知道被委托的事项违法仍然进行代理活动的或者被代理人知道代理人的代理行为违法不表示反对的，由被代理人和代理人负连带责任。

四、代理的终止

代理的终止，又称代理权的消灭。因发生代理权的根据不同，代理终止的原因也不一样。

依据《民法通则》第69条规定，有下列情形之一的，委托代理终止：

(1)代理期间届满或者代理事务完成。

(2)被代理人取消委托或者代理人辞去委托。

(3)代理人死亡。

(4)代理人丧失民事行为能力。

(5)作为被代理人或者代理人的法人终止。

依据《民法通则》第70条规定,有下列情况之一的,法定代理或者指定代理终止:

(1)被代理人取得或者恢复民事行为能力。

(2)被代理人或者代理人死亡。

(3)代理人丧失民事行为能力。

(4)指定代理人的人民法院或者指定单位取消指定。

(5)由其他原因引起的被代理人和代理人之间的监护关系消灭。

S 本章小结

本章从法律基础知识入手,强调法律的核心是权利和义务。法的渊源(即法的表现形式)包括宪法、法律、行政法规、地方性法规、国际条约和国际惯例、自治条例和单行条例、地方和部门规章、法律解释。这些法的表现形式之间是有效力等级划分的。有了各种法的表现形式,我们就要适用法律,法的适用主要是法适用的效力范围,包括时间效力(注意溯及力问题)、空间效力(在哪里生效)、对象效力(对何人生效)。

学习物流法律要理解物流法律关系,其三要素包括主体、内容和客体。重点介绍了主体。物流法律关系的主体主要包括:

自然人	自然人的民事权利能力和民事行为能力
法人	企业法人:主要介绍有限责任公司、股份有限公司
	事业单位法人
	机关法人
	社会团体法人
其他组织	合伙企业:包括普通合伙企业和有限合伙企业
	个人独资企业:由一个自然人投资,承担无限责任

关于物权和所有权,所有权是一种最重要的物权。注意物权的设立和转让,包括动产物权的设立和转让和不动产物权的设立和转让。其中动产物的设立和转让,自交付时发生效力,但法律另有规定的除外,(注意4种另有规定的情形)。所有权的四项权能包括占有、使用、收益和处分。所有权的取得方式主要有买卖、互易、赠与、继承、取得法人终止后的财产、其他方式。特别注意当取得非所有人转让的动产,受让人是否能取得所有权的问题。

代理是物流活动中很普遍的民事法律行为。代理包括委托代理、法定代理、指定代理。重点在于委托代理。在委托代理中,代理人不能滥用代理权、不得无权代理、不得违法代理,否则为无效代理。但无权代理在以下几种情况下可以为有效代理:

无权代理为有效代理的情形	①事后经过被代理人追认
	②被代理人事后知道而不作否认表示
	③第三人有理由相信行为人有代理权(表见代理)

T 课后训练

案例分析

1.孙某有一条水泥船,现因故需出卖该船,在有中间人参与的情况下,孙某与本村王某谈妥将船卖给他,船价是2 000元整。王某当即回家取钱并如数交给了孙某,还说过两天他去孙某家取船,让孙某妥善给予保管。第二天,本村另一农民陈某知道此事后找到孙某,要出2 200元买孙某的船,孙某犹疑再三后同意了,收了他的钱,让他把船撑走了。事后孙某把王某的2 000元船钱退给他,王某说:要退钱不行,我还要船。问:

(1)根据法律,王某是否取得了该水泥船的所有权?

(2)陈某能否以善意取得为由,获得该船的所有权?

2.王甲和刘乙系邻居,两家关系很好。因业务需要,王甲被单位派往设在海口的办事处工作,临走拜托刘乙照看自己的房屋及物品。夏天来临,王甲从海口给刘乙打电话,称其在海口买了一台分体式空调,家里原来的窗式空调不要了,请刘乙帮忙以合适的价格卖掉。刘乙的同事李丙听说此事后,表示想买下这台窗机,但他不愿多出钱,李丙就对刘乙说:"你给王甲打个电话,就说空调的制冷机坏了,要想快点出手就得降低价格。"刘乙觉得自己和李丙是同事,不答应他会影响今后的关系,况且他有许多事要求着李丙,于是就按李丙的意思给王甲打了电话,王甲说既然制冷机坏了,降价就降价吧。于是,刘乙就以500元的价格把空调卖给了李丙。过了一阵,王甲从海口回来,准备把立体空调安装上,听人说了卖掉窗式空调的实事,王甲非常生气,找到李丙,要求李丙返还空调。问:

(1)刘乙、李丙买卖空调的行为是否有效?

(2)本案应如何处理?

E 本章实训指导

一、实践训练

请学生3~5人一组,就近查询法院公告,带着身份证到法庭进行旁听,感受一下法院庭审的气氛和审判过程。

二、实训项目安排——庭审旁听

(一)项目简介

由学生持身份证到法院进行庭审旁听。

(二)项目安排时间

讲完第一章《物流法律基础知识》以后,可以占用两节上课时间,其余利用业余时间。

(三)成果形式

旁听记录(包括时间、地点、主要案情、审理结果等)。

(四)实训目标

1.知识目标:让学生对法律有一个初步的感性认识。

2.能力目标:培养学生的社会交往能力、办事能力、合作精神。

(五)任务内容

1.自愿组合,5人一组,组长带队。

2.就近到法院调查庭审公告或在法院网上查阅,查找公开案件审理的时间、地点、案件名称等信息。

3.根据小组的课余时间安排来确定小组的庭审时间。

4.持身份证办理法院旁听手续。

5.届时学生到法院旁听案件审理,记录庭审的时间、地点基本的审理过程等信息。

6.上交旁听记录。

(六)考核标准

庭审旁听的成绩分为两部分(百分制):

1.教师打分(总分80分)。

(1)庭审记录整齐,记录完整(80分)。

(2)庭审记录不够整齐,但记录项目全面(75分)。

(3)庭审记录整齐,但记录项目有一项缺项(70分)。

(4)庭审记录不整齐,记录项目有缺项(65分)。

(5)庭审记录不整齐,缺项较多(60分以下)。

2.组长打分(总分20分)。

根据小组成员参与的积极程度按20分,15分,10分,5分的等级打分。

三、实践案例阅读

武汉某房地产开发有限公司诉陈××代理案[1]

【案情介绍】

原告:武汉某房地产开发有限公司

被告:陈××

1992年11月18日,武汉某房地产开发有限公司(以下简称房地产公司)与武汉市某拆迁还建开发公司(以下简称拆迁公司)订立联合开发武汉市武昌区徐东路小区的合同。据此合同,房地产公司以6 000万元取得徐东路小区6万m^2商品房的所有权及销售权。为尽快销售此商品房,1993年2月10日,房地产公司与陈某签订委托代理合同。合同约定:陈某以一房地产公司经营部的名义代理销售该公司开发的徐东路小区20栋共6万m^2的商品房;最低售价为每平方米1 160元,期限6个月;房地产公司按实际销售总金额的6‰付给陈××作销售费用;房地产公司付给陈××的报酬分两档:一档从每平方米1 160元至1210元,陈××获30%;二档为每平方米1 210元以上,陈××获60%;整个销售工作由房地产公司总经理全盘控制。销售出的房屋尾款若不能按期到位,由陈××负责催收,房地产公司协助。同日,房地产公司向陈××出具授权委托书称:本公司徐东路小区20栋共6万m^2的商品房全权委托陈××承销,销售以本公司合同专用章并加盖受托人私章为有效,授权期为9个月。房地产公司同时向陈××提供了合同专用章。

陈××接受委托后,即组织人员展开销售活动,并与1993年3月8日代理房地产公司与湖北省某农垦实业公司(以下简称实业公司)签订了联合开发协议,单价为每平方米1 255元。合同由陈××交房地产公司总经理签订。1993年3月15日,陈××又代理房地产公司与湖北省某房屋开发公司(以下简称房屋公司)签订联合经营房屋开发合同,合同单价为1 306元,总价款8 010万余元。此合同亦加盖房地产公司合同专用章及陈某私章。1993年3月22日,陈××将此合同交房地产公司总经理,并按总经理的要求销毁与实业公司签订的合同的全部原件。3月24日,总经理通知陈××前往房屋公司,告之房地产公司、房屋公司和拆迁公司已于3月20日另行签订合同,陈××代理房地产公司与房屋公司于3月15日签订的合同原件被销毁,陈××得到房地产公司的承诺后,将合同专用章交还房地产公司。此后,房地产公司拒付陈××的代理费及报酬,双方发生纠纷,房地产公司向武汉市中级人民法院起诉。

原告房地产公司起诉称:被告利用代理合同和授权委托书赋予的身份,分别与实

---

[1] 根据中国法律教育网 http://www.chinalawedu.com/news/2005/3/li661120381315235002912 0.html“代理常见案例”改编。

业公司、房屋公司订立联合经营房屋开发合同，企图私吞两份合同的差额，侵害了委托人的利益。原告为此与被告及相对人销毁了两份合同，并解除被告的委托代理权。原告与房屋公司重新订立的联合建设合同，与原告代理无关，且原告与被告签订的委托代理合同在被告履行之前已经解除。请求确认双方签订的委托代理合同已经解除，确认被告无权要求原告支付代理费及奖励提成。

被告陈××答辩并反诉称：与被告签订有委托代理合同，所有行为均系依约履行。现原告违约拒付代理费和报酬，故反诉请求判令原告支付代理费及报酬共计496万元。

【焦点问题分析】

本案中，原告和被告所争论的核心和前提也就是委托代理合同是否有效的问题，只有解决了这个问题才能判断原告是否违约、被告是否完成了委托代理事务以及代理行为是否有效。在一般情况下，委托合同是产生委托代理授权的基本原因。本案中法院从合同主体、合同内容的合法性以及合同当事人意思表示的真实性等方面来判断原被告之间的委托代理合同是否有效。在委托代理合同有效的前提下，原告房地产公司在委托代理合同规定的代理期限届满前撤回代理权构成了违约，应当赔偿被告陈××因此而遭受到的损失。

武汉市中级人民法院经审理认为：原告房地产公司与被告陈××双方签订的委托代理合同的主体、内容符合国家法律和政策，且是双方意思一致的表示，故合同有效。被告在代理原告与实业公司订立合同后，又以更高的价格代理原告与房屋公司订立合同，其代理行为并未损害原告的利益。原告得知被告又以其名义与房屋公司签订合同后，不仅未作任何表示，反而要求被告终止与实业公司的合同，应视为对被告代理其与房屋公司订约行为的默认。原告诉称被告利用两份合同私吞差价款及被告与实业公司恶意串通侵犯其利益，查无实据，不能成立。被告依据委托代理合同以原告名义与房屋公司签订的有效合同，已完成部分代理事务。原告在代理期间届满，被告完成全部代理事务之前撤回所授予的代理权，致使被告未能完成全部代理事务，属违约行为，应承担违约责任。对由此给被告造成的经济损失应予赔偿。对被告完成的部分代理事务，原告应当按委托代理合同的约定，以被告代理原告与房屋公司所订合同的价格为标准，向被告支付适当的报酬。根据《中华人民共和国民法通则》第106条、《中华人民共和国民事诉讼法》第128条的规定，法院判决如下：原告房地产公司向被告陈××支付代理费用及报酬1 973 402.99元，并赔偿被告经济损失216 679.65元，限判决生效后10日内付清。

【引申思考】

假如陈××代理房地产公司与湖北省某房屋开发公司（以下简称房屋公司）签订联合经营房屋开发合同，而房地产公司事后认为该行为超越代理权，那么这个联合经营开发合同对房地产开发公司是否有效？

R 课外阅读指导

请阅读以下书籍和法条，法条可以在中国法律资源网上查询。

1.《民法通则》，中华人民共和国第六届全国人民代表大会第四次会议于 1986 年 4 月 12 日通过，现予公布，自 1987 年 1 月 1 日起施行。

2.《中华人民共和国立法法》，中华人民共和国第九届全国人民代表大会第三次会议于 2000 年 3 月 15 日通过，自 2000 年 7 月 1 日起施行。

3.《物权法》，中华人民共和国第十届全国人大第五次会议于 2007 年 3 月 16 日通过，于 2007 年 10 月 1 日起施行。

4.《公司法》，1993 年 12 月 29 日第八届全国人民代表大会常务委员会第五次会议通过，根据 1999 年 12 月 25 日第九届全国人民代表大会常务委员会第十三次会议《关于修改〈中华人民共和国公司法〉的决定》第一次修正，根据 2004 年 8 月 28 日第十届全国人民代表大会常务委员会第十一次会议《关于修改〈中华人民共和国公司法〉的决定》第二次修正，2005 年 10 月 27 日第十届全国人民代表大会常务委员会第十八次会议修订，自 2006 年 1 月 1 日起施行。

5.《个人独资企业法》，1999 年 8 月 30 日第九届全国人民代表大会常务委员会第十一次会议通过，2000 年 1 月 1 日起施行。

6.《合伙企业法》，1997 年 2 月 23 日第八届全国人民代表大会常务委员会第二十四次会议通过，2006 年 8 月 27 日第十届全国人民代表大会常务委员会第二十三次会议修订，2007 年 6 月 1 日起施行。

第二章 合 同 法

本章学习目标与学习要求

合同法是民商事交易使用频率最高的法律。政府、事业单位、公司、企业、个体户乃至个人只要进行民商事交易就离不开合同。显而易见，合同的订立、合同的履行每天都大量地发生着。而确保订立合同、履行合同有效，能产生当事人所期望的利益和结果，这些都离不开合同法的确认和保护。物流企业商事交易频繁且复杂，这就要求从事物流管理的工作人员，应该是个复合型的人才，不仅懂得外语、计算机、公关，还要懂得相关的法律知识，特别是合同法。做到会进行商务谈判，书写合同，并且合同要“咬文嚼字”，没有纰漏。

知识目标：系统地、准确地理解和掌握合同法基本原理、具体的法律制度及相应的规范。

能力目标：能够在实践中灵活应用、分析和处理合同实务问题，能够参照合同范本签订一个合法有效的合同。

素质目标：培养合作精神和守约意识。

学习要求：本章重点在于合同订立、合同效力、合同的主要条款、合同履行、合同担保、合同变更、合同纠纷解决的途径和方法。难点在于合同订立、合同担保、违约责任。要求学生认真学习相关内容并能够解决实际问题。

第一节 合同与合同法概述

一、合同的概念和分类

（一）合同的概念

合同，又称契约。广义上的合同，是指民商法、行政法、劳动法等一切以权利义务为内容的协议。《中华人民共和国合同法》所称合同是指平等主体的自然人、法人、其他组织之间设立、变更、终止民事权利义务关系的协议。合同和其他协议相比，其法律特征如下：

(1)合同是两个或两个以上的当事人就民事权利义务关系所订立的协议。

合同在当事人之间设立、变更、终止某种特定的民事权利义务关系，以实现当事人的特定经济目的。

(2)合同是两个或两个以上当事人意思表示一致的法律行为。

意思表示，是指当事人将其期望发生某种法律效果的内在意愿，以一定方式表现于外部。意思表示一致，也就是“合意”的结果。一个合同的成立，必须先由一方向另一方提出明确的订立合同的意思表示，而另一方经过认真考虑，最后表示完全接受合同各项条款，合同方能成立。

(3)合同是当事人在平等互利、协商一致的基础上签订的，体现了当事人的真实意愿。

在市场经济条件下，合同当事人的主体资格都是平等的，各方都有自己的经济利益。这就决定了在订立合同时，各方当事人都有权充分表达自己的意思。任何一方不得将自己的意志强加给对方，不得以大欺小，以强凌弱，迫使对方接受不公平的条件。只有经过平等协商达成一致意见，才能使合同中约定的权利义务公平合理。

(4)合同是当事人依法订立的、具有法律效力的协议。

合同依法成立、发生法律效力之后，当事人各方必须全面正确履行合同中规定的义务，不得擅自变更或解除。当事人不履行合同时，要依法承担违约责任。

【小知识 2-1】 古代的契约

我国古代的契约主要是债契，它分为单支契和双支契。“契”是刻有表示债权、债务内容的木板或竹简。单支契只刻有一块，由债务人向债权人出具，相当于今天的“借据”，反映借贷之意。双支契，刻有两块，双方各执一块。在履行义务时，就将双契合在一块，表明双方是同一法律关系。故上面刻有“同”字(相当于今天的骑缝章)。到了唐代就有合同，债权人执有的一半是主动契，债务人执有的一半是被动契。债权人有权要求债务人履行债务，今天的“胜券在握”即源于债权人所握之主动契。

(二)合同的分类

合同可以按照不同的标准进行分类。

(1)以法律、法规是否对其名称作出明确规定为标准，分为有名合同与无名合同。

有名合同是指法律、法规规定了具体名称和调整规范的合同；无名合同是指法律、法规尚未规定其名称和相应的调整规范的合同。《中华人民共和国合同法》规定了 15 种有名合同：①买卖合同；②供用电、水、气、热力合同；③赠与合同；④借款合同；⑤租赁合同；⑥融资租赁合同；⑦承揽合同；⑧建设工程合同；⑨运输合同；⑩技术合同；⑪保管合同；⑫仓储合同；⑬委托合同；⑭行纪合同；⑮居间合同。

(2)按照除双方意思表示一致外，是否尚需交付标的物才能成立为标准，分为诺成合同与实践合同。

诺成合同是指双方当事人意思表示一致即告成立的合同，如普通货物买卖合同、委托合同等；实践合同是指除双方当事人意思表示一致外，还须交付标的物才能成立的合同，如没有特殊约定的保管合同，自保管物交付时合同成立，再如质押合同、定金合同等。

(3)按照法律、法规是否特别要求具备特定形式和手续为标准，分为要式合同与不要式合同。

法律、法规要求或当事人约定必须具备特定形式和手续才能成立的合同为要式合同，如城市房地产买卖合同或抵押合同，需到县级以上地方人民政府规定的部门办理过户登记或抵押物登记后合同才告成立；不要式合同是不以特定形式为成立要件的合同，如普通货物买卖合同等。

(4)按照双方是否互负有义务为标准，分为双务合同与单务合同。

双务合同是指当事人双方都享有权利并承担义务的合同。如买卖合同、租赁合同、借贷合同、承揽合同等；单务合同是指当事人一方只享有权利不承担义务，而另一方只承担义务不享有权利的合同，如赠与合同、无偿保管合同、无偿借用合同。

(5)按照当事人权利的获得是否支付代价为标准，分为有偿合同与无偿合同。

有偿合同是指必须支付代价才能享有权利的合同，如买卖合同、借款合同、租赁合同等；无偿合同是指不必支付代价而享有权利的合同，如赠与合同、无偿使用、无偿委托。

(6)按照合同是否具有从属性为标准，分为主合同与从合同。

主合同和从合同是相对而言的，不需要依赖其他合同而能独立存在的合同为主合同，需要依赖其他合同(主合同)才能成立的合同为从合同，如借贷合同为主合同，为借贷所设的抵押合同为从合同。

二、合同法概述

1999 年 3 月 15 日九届全国人大第二次会议审议通过了《中华人民共和国合同法》(以下简称《合同法》)，规定自 1999 年 10 月 1 日起施行，《中华人民共和国经济合同法》、《中华人民共和国涉外经济合同法》、《中华人民共和国技术合同法》同时废止。《合同法》是我国合同法律制度方面的基本法律。

(一)《合同法》的调整范围

(1)调整平等主体之间的民事关系。

(2)调整法人、其他组织之间的经济贸易合同关系，同时还包括自然人之间的买卖、租赁、借贷、赠与等合同关系。

(3)在政府参与的合同中，政府作为平等的主体与对方签订合同时适用《合同法》的规定。

但以下情形不适用《合同法》：

(1)有关婚姻、收养、监护等身份关系的协议,不适用《合同法》的规定,由其他法律调整。

(2)政府的经济管理活动,属于行政管理关系,不是民事关系,不适用《合同法》。

(3)企业、单位内部的管理关系,不是平等主体间的关系,也不适用《合同法》。

(4)其他法律对合同另有规定的,依照其规定,但仍适用《合同法》总则的规定。如我国商标法、专利法、著作权法、保险法、担保法等法律有关合同的特殊性问题,作了具体规定,海商法、铁路法、航空法对海上运输、铁路运输、航空运输合同,专门做了规定。

(5)对无名合同,即《合同法》或者其他法律没有明文规定的合同,适用《合同法》总则的规定,并可以参照《合同法》分则或者其他法律最相类似的规定。

(二)合同法的基本原则

合同法的基本原则是指贯穿于整个合同法律规范之中,当事人在合同活动中应当遵守的基本准则,也是人民法院、仲裁机构在审理、仲裁合同纠纷时应当遵循的原则。

1.平等、自愿原则

《合同法》规定,合同当事人的法律地位平等,一方不得将自己的意志强加给另一方。也就是说,当事人无论具有什么身份,在合同关系中相互之间的法律地位是平等的,都是独立、平等的合同当事人,没有高低、从属之分。平等原则贯穿于合同的全过程。

自愿原则是指合同当事人通过协商,自愿决定和调整相互的权利义务关系,任何单位和个人不得非法干预。自愿原则也贯穿合同活动全过程,包括:订立合同与否;与谁订合同,订立合同的内容和形式以及变更、解除合同和选择解决合同纠纷的途径。这些完全由当事人在不违法的情况下自愿约定。

平等是自愿的前提。如果当事人的法律地位不平等,就谈不上协商一致,谈不上自愿。当然,自愿也不是绝对的,当事人订立、履行合同,应当遵守法律、行政法规,尊重社会公德,不得扰乱社会经济秩序,损害社会公共利益。

2.公平、诚实信用原则

公平、诚实信用原则要求当事人在订立、履行合同,以及合同终止后的全过程中,都要心怀善意,要诚实,讲信用,相互协作,不得滥用权利。具体包括:

(1)在订立合同时,应当遵循公平原则确定双方的权利和义务,不得欺诈,不得假借订立合同恶意进行磋商或有其他违背诚实信用原则的行为。

(2)在履行合同义务时,当事人应当遵循诚实信用的原则,根据合同的性质、目的和交易习惯履行通知、协助、提供必要的条件、防止损失扩大、保密等义务。

(3)合同终止后,当事人也应当遵循诚实信用的原则,根据交易习惯履行通知、协助、保密等义务称为后契约义务。

(4)根据公平原则确定违约责任。

3. 守法、不得损害社会公共利益原则

合同的订立、履行都必须在法律规定的范围内进行，并不得损害社会公共利益。合同的订立和履行，属于合同当事人之间的民事权利义务关系，主要涉及当事人的利益，所以，国家一般不干预，由当事人采取自愿的原则，自主约定。但是，合同绝不仅仅是当事人之间的问题，有时还可能涉及社会公共利益，涉及维护经济秩序，因此，自愿原则也不是绝对的，必须遵守法律、行政法规，不得损害社会公共利益。

4. 恪守合同原则

依法成立的合同对当事人具有约束力。当事人依法订立合同之后，就应当按照合同的约定履行自己的义务，非依法律规定或者取得对方同意，不得擅自变更或者解除；如果不履行合同义务或者履行合同义务不符合约定，就要承担违约责任。

第二节　合同的订立

一、合同订立的形式与内容

（一）合同订立的概念

合同的订立，是指两个或两个以上的当事人，依法就合同的主要条款经过协商一致，达成协议的法律行为，是双方当事人意思表示一致的外在表现。它描述的是缔约各方从接触、洽谈直到达成合意的过程。合同当事人可以是自然人，也可以是法人或者其他组织。订立合同，当事人必须具备与所订立合同相适应的民事权利能力和民事行为能力。当事人也可以依法委托代理人订立合同。因此，在订立合同时，应当注意了解对方是否具有相应的民事权利能力和民事行为能力，是否接受委托以及委托代理的事项、权限等。否则会因主体资格的欠缺而使合同的效力受到影响。例如，甲夫妇二人外出度假，其子乙（高中生）在家将其房屋出租给丙。在该租赁合同中，由于乙是限制民事行为能力的人，订立房屋租赁合同已经超出了其能力范围。其行为如果得到父母的追认则合同有效，反之合同不生效。

（二）订立合同的形式

合同的形式是指合同当事人达成协议的表现形式。《合同法》规定，当事人订立合同可以有三种形式：书面形式、口头形式和其他形式。

1. 书面形式

书面形式是指合同书、信件和数据电文（包括电报、电传、传真、电子数据交换和电子邮件）等可以有形地表现所载内容的形式。

《合同法》规定，法律、行政法规规定采用书面形式的，应当采用书面形式。当事人约定采用书面形式的，应当采用书面形式。书面形式虽没有口头形式迅速、简便，但由于有据可查，有利于保障交易安全、减少纠纷，发生纠纷时也易于分清责任。在实践中,书面形式是当事人普遍采用的一种合同约定形式。

2. 口头形式

口头形式的合同,是指当事人各方就合同内容达成一致的口头协议。口头合同优点是比较简便、迅速,基本上不需要什么交易成本,日常生活中广泛使用。即时清结的交易通常采用这种方式。缺点是发生纠纷时难以取证,不易分清责任。所以对于不即时清结和较重要的合同不宜采用口头形式。

【案例 2-1】

张某和李某是大学同学。一天,张某拿出一款价值 2000 多元的 MP3 请大家欣赏,李某爱不释手,张某见此情形,便说:"你喜欢就便宜一点卖给你,就 1000 元吧。"李某一听非常高兴,欣然答应,并说"钱过一阵子再给你吧。"半个月后,李某听够了,于是找到张某要将 MP3 还给他,张某一听不高兴了:"我不是已经卖给你了吗?你怎么反悔了?"李某说:"那是咱们在宿舍说着玩的,不能算数,我只是想借着听一听。"为此,两人产生了争议。

思考:口头订立的合同是否具有法律效力?

分析:口头约定实际上是合同的一种形式,即口头合同。所谓口头合同,是指双方当事人只用谈话、电话等语言形式对合同内容达成一致的协议。因此,只要口头合同符合合同成立及有效要件,该合同即具有法律效力。李某应当履行义务,向张某支付价款 1000 元。

3. 其他形式

除了书面形式和口头形式,合同还可以以其他形式成立。法律没有列举具体的其他形式。一般认为,其他形式主要是指根据当事人的行为或者特定情形能够推定合同成立的推定形式,例如某商店安装自动售货机,顾客将规定的货币投入机器内,买卖合同即成立。

(三)合同的主要条款

合同的内容,是指合同中经双方当事人协商一致,规定双方当事人权利义务的具体条款。由于合同的类型和性质不同,合同的主要条款也有所不同。一般包括以下条款:

1. 当事人的名称(姓名)和住所

当事人的名称(姓名)和住所,是每一个合同必须具备的条款。当事人是合同法律关系的主体,合同中如果不写明当事人,就无法确定权利的享受者和义务的承担者,因此,订立合同,不仅要把当事人都写到合同中去,而且要把各方当事人名称或者姓名和住所都记载准确、清楚。

2. 标的

标的是指合同当事人双方权利和义务所共同指向的对象。没有标的即没有客体,没有客体的合同关系就会失去目的和意义。因此,标的是合同成立的必备条款。

合同标的可以是物、行为、工作成果、智力成果等。但法律禁止转让的物和禁止的行为不得成为合同的标的。具体的标的有：

(1)有形财产，是指具有价值和使用价值并且法律允许流通的有形物，如生产资料与生活资料、货币与有价证券等。

(2)劳务，是指不以有形财产体现其成果的劳动与服务，如运输、保管、行纪、居间等行为。

(3)工作成果，是指在合同履行过程中产生的、体现履约行为的有形物或者无形物，如承揽合同中承揽人完成的工作成果，建设工程合同中承包人完成的建设工程，技术合同中研究开发人完成的研究开发成果等。

(4)智力成果，是指具有价值和使用价值并且法律允许流通的不以实物形态存在的智力成果，如商标权、专利权、著作权、技术秘密等。

由于标的是合同条款的基础和前提，所以标的必须明确、具体，标的的名称要使用世界或我国通用的规范性称谓。

3. 数量

数量是指标的的数量。在大多数合同中，数量是必备条款。对于有形财产，数量是对单位个数、体积、面积、长度、容积、重量等的计量；对于无形财产，数量是个数、件数、字数以及使用范围等多种量度方法；对于劳务，数量为劳动量；对于工作成果，数量是工作量及成果数量。合同的数量要准确，应选择使用双方当事人共同接受的计量单位、计量方法和计量工具。避免使用不属于任何计量单位的概念，如扎、捆、垛、堆等。根据不同情况要求不同的精确度，如允许的尾差、磅差、超欠幅度、自然耗损率等。

4. 质量

质量是指标的的具体特征，如商品的品种、型号、规格、等级和工程项目的标准等。合同中必须对质量明确加以规定。国家有强制性标准规定的，必须按照规定的标准执行。如有多种质量标准的，应尽可能约定其适用的标准。当事人可以约定质量检验的方法、质量责任的期限和条件、对质量提出异议的条件与期限等。

5. 价款或者报酬

价款一般是指对提供财产的当事人支付的货币，如买卖合同的货款、租赁合同的租金、借款合同中借款人向贷款人支付的本金和利息等。报酬一般是指对提供劳务或者工作成果的当事人支付的货币，如保管合同中的保管费、仓储合同中的仓储费、运输合同中的票款或者运费等。作为主要条款，在合同中应明确规定其数额、计算标准、结算方式和程序。

6. 履行期限、地点和方式

履行的期限，是指合同中规定的一方当事人向对方当事人履行义务的时间界限。它是衡量合同能否按时履行的标准。履行地点，是指合同规定的当事人履行合同义务和对方当事人接受履行的地点。履行地点关系到履行合同的费用、风险由谁承担，有时还是确定所有权是否转移、何时转移的依据，也是发生纠纷后确定由哪一地法院管辖的依据。履行方式，是指合同当事人履行合同义务的具体做法。不同种类的合同，有着不同的履行方式。有的需要以转移一定财产的方式履行，如买卖合同；有的需要以提供某种劳务的方式履行，如运输合同；有的需要以交付一定的工作成果的方式履行，如承揽合同等。履行方式还包括价款或者报酬的支付方式、结算方式等。

7.违约责任

违约责任，是指合同当事人一方或者双方不履行合同义务或者履行合同义务不符合约定时，按照法律或者合同的规定应当承担的法律责任。违约责任是合同具有法律约束力的重要体现，在合同中非常重要，一般有关合同的法律对于违约责任都尽量作出较为详尽的规定。但法律的规定是原则的，不可能面面俱到。因此，当事人为了保证合同义务严格按照约定履行，为了及时地解决合同纠纷，可以在合同中明确规定违约责任条款，如约定定金或违约金，约定赔偿金额以及赔偿金的计算方法等。

8.解决争议的方法

解决争议的方法是指合同当事人对合同的履行发生争议时解决的途径和方式。解决争议的方法主要有：当事人协商和解，第三人调解，仲裁，诉讼。解决争议方法的选择对于纠纷发生后当事人利益的保护是非常重要的，应慎重对待。如果意图通过诉讼解决争议，可以不进行约定。如果选择适用仲裁解决，则要经过事先或者事后约定，还要明确选择的是哪一个仲裁机构，否则将无法确定仲裁条款的效力。

(四)格式条款合同

格式条款合同又称格式合同、定型化合同。是指一方当事人事先制定的，由不特定的第三人所接受的，不允许对方协商变更的条款。换言之，即对方只有完全同意才能成为合同的当事人，不能就合同条款讨价还价，改变已经定型化的合同条款。格式合同的采用可以简化签约程序，加快交易速度，减少交易成本。但是，由于格式合同是单方面拟订的，并且在订立合同时不允许对方协商修改，双方地位是不平等的，其条款内容难免有不公平之处。因此，《合同法》要求提供格式条款的一方应当遵循公平原则确定当事人之间的权利义务，并以合理的方式提请对方注意免除或者限制其责任的条款，按照对方的要求，对该条款予以说明。否则，免责条款无效。提供格式条款的一方免除其责任、加重对方责任、排除对方主要权利的，该条款无效。

此外，对格式条款的理解发生争议的应当按照通常理解予以解释；对格式条款有两种以上解释的应当作出不利于提供格式条款合同一方的解释。

需要注意的是，店堂告示、声明不能一概而论违约或违法。商店的“商品有质量问题，降价处理，售出后概不退换”。你如果发现购买的商品有质量问题，也不能主张退换。只有违反公平原则，免除自己责任，限制顾客的权利的条款是违法的。如酒店的“不能自带酒水，否则收10%的开瓶费”，就限制了顾客的权利，是违法的。

二、合同订立的程序

根据《合同法》的规定，当事人订立合同采取要约、承诺方式。要约、承诺，是当事人双方或多方就合同主要内容进行协商，达成一致意见的过程。当事人意思表示一致时，合同即可成立。

（一）要约

要约是希望和他人订立合同的意思表示。这是一方当事人以缔约合同为目的，向对方提出签订合同的建议和要求。发出要约的当事人称为要约人，要约所指向的对方当事人则称为受要约人。在商业活动及对外贸易中，要约被称之为发盘、出盘、发价、出价或报价等。

1.要约应具备的条件

(1)内容具体确定。要约的内容必须具有足以决定合同内容的主要条款，一经承诺，合同就成立。包括标的、数量、质量、价款或者报酬、履行期限、地点和方式等。

(2)表明经受要约人承诺，要约人即受该意思表示约束。当要约已送达给受要约人后，在要约的有效期限内，要约人不得擅自撤回要约或变更要约内容，也就是说，如对方接受要约，合同即告成立。

2.要约邀请

要约邀请是不以缔结合同为目的而作出的意思表示，其目的是邀请对方向自己发出要约的意思表示。所以要约邀请不属于订立合同的行为，本身不具有法律意义，不受所发邀请的约束。寄送的价目表、拍卖公告、招标公告、招股说明书、商业广告等都是要约邀请。但若商业广告的内容符合要约规定的，如悬赏广告，则视为要约。在实践中，如果一方当事人在发出的缔约提议中附有“以我方最后确认为准”，或者“仅供参考”等字样，则该提议就不是要约，而只能是要约邀请。

3.要约生效时间

要约到达受要约人时生效。采用数据电文形式订立合同，收件人指定特定系统接收电文的，该数据电文进入该特定系统的时间，视为到达时间；未指定特定系统的，该数据电文进入收件人的任何系统的首次时间，视为到达时间。需要注意的是，要约到达受要约人，并不是指要约一定实际送达到受要约人或者其代理人手中，要约只要送达到要约人通常的地址、住所或者能够控制的地方（如信箱等）即为送达。

4.要约的撤回、撤销与失效

要约撤回，是指要约人在发出要约后，要约生效前，使要约不发生法律效力的意思表示。因此撤回要约的通知应当在要约到达受要约人之前或者与要约同时到达受要约人。

要约撤销，是指要约人在要约生效后，使要约丧失法律效力的意思表示。也就是说，要约已经到达受要约人，在受要约人作出承诺之前，要约人可以撤销要约。但法律规定有下列情形之一的，要约不得撤销：

(1)要约人确定了承诺期限或者以其他形式表明要约不可撤销。

(2)受要约人有理由认为要约是不可撤销的，并已经为履行合同作了准备工作。

要约失效，是指要约丧失法律效力，即要约人不再受其约束；有下列情形之一的，要约失效。

(1)拒绝要约的通知到达要约人。

(2)要约人依法撤销要约。

(3)承诺期限届满，受要约人未作出承诺。

(4)受要约人对要约的内容作出实质性变更。

(二)承诺

承诺是受要约人完全同意要约的意思表示。在商业交易中，承诺又称为接盘、接受、受盘。承诺生效时合同成立。

承诺应当具备以下条件：第一，必须由受要约人作出。如由代理人作出承诺，则代理人须有合法的委托手续。第二，必须向要约人作出。第三，承诺的内容应当和要约的内容一致。第四，必须在规定的期限内作出。不符合上述条件的，不能认为是承诺。

1.承诺的方式

承诺方式是指受要约人将其承诺的意思表示传达给要约人所采用的方式。《合同法》规定，承诺应当以通知的方式作出，但根据交易习惯或者要约表明可以通过行为作出承诺的除外。

2.承诺的期限

承诺应当在要约确定的期限内到达要约人。

要约没有确定承诺期限的，承诺应当依据下列规定到达：

(1)要约以对话方式作出的，应当即时作出承诺，但当事人另有约定的除外。

(2)要约以非对话方式作出的，承诺应当在合理期限内到达。

承诺期限的计算，若要约是以信件或者电报作出的，承诺期限自信件载明的日期或者电报交发之日开始计算。信件未载明日期的，自投寄该信件的邮戳日期开始计算。要约以电话、传真等快速通讯方式作出的，承诺期限自要约到达受要约人时开始计算。

3.承诺的生效

承诺通知到达要约人时生效。承诺不需要通知的，根据交易习惯或者要约的要求作出承诺的行为时生效。采用数据电文形式订立合同的，承诺到达的时间同前面所述要约到达时间一样。

4.承诺撤回

承诺人发出承诺后反悔的，可以撤回承诺。撤回承诺的通知应当在承诺通知到达要约人之前或者与承诺通知同时到达要约人。

5. 迟延承诺

受要约人超过承诺期限发出承诺的，除要约人及时通知受要约人该承诺有效的以外，为新要约。

受要约人在承诺期限内发出承诺，按照通常情形能够及时到达要约人，但因其他原因承诺到达要约人时超过承诺期限的，除要约人及时通知受要约人因承诺超过期限不接受该承诺的以外，该承诺有效。

受要约人对要约的内容作出实质性变更的，为新要约。有关合同标的、数量、质量、价款或者报酬、履行期限、履行地点和方式、违约责任和解决争议方法等的变更，是对要约内容的实质性变更。承诺对要约的内容作出非实质性变更的，除要约人及时表示反对或者要约表示承诺不得对要约的内容作出任何变更的以外，该承诺有效，合同的内容以承诺的内容为准。

【案例 2-2】

某公司因建大楼，急需水泥，遂向甲、乙、丙三个水泥厂发出函电，称“我单位急需水泥 500 吨，如有货，速来电，我公司派人前往购买。”三家水泥厂在收到函电后，都先后回复了函电，告知备有现货，并告知了水泥的价格。丙厂在回复函电的同时，派车给该公司送去 500 吨水泥。经过比较，某公司决定购买乙厂的水泥，并向乙厂发出函电，第二天上午，乙厂回电称准备发货，下午，丙厂的货到达。某公司告知丙厂，他已经决定购买乙厂的水泥，所以不能接受送来的货。丙厂认为，公司发出的是要约，他送货行为是承诺，合同因承诺而生效。公司拒绝收货构成违约，应当承担违约责任。

思考：要约未经承诺，合同能否成立？

分析：某公司向甲乙丙水泥厂的发函行为属于要约邀请，没有法律约束力。丙厂对某公司的发函行为属于要约，但没有得到某公司承诺，合同没有成立，某公司不存在承担违约责任的问题。

三、合同成立的时间、地点

合同谈判成立的过程，就是要约、新要约、再要约……一直到承诺的过程。承诺生效时合同成立。

(一)合同成立的时间

一般情况下，承诺生效时合同成立。但当事人采用合同书形式订立合同的，自双方当事人签字或者盖章时合同成立。如双方当事人未同时在合同书上签字或盖章，则以当事人最后一方签字或盖章的时间为合同成立时间。当事人采用信件、数据电文等形式订立合同的，可以在合同成立之前要求签订确认书，签订确认书时合同成立。法律、行政法规规定或者当事人约定采用书面形式订立合同，当事人未采用书面形式但一方已经履行主要义务，对方接受的，该合同成立。采用合同书形式订立合同，在签字或者盖章之前，当事人一方已经履行主要义务，对方接受的，该合同成立。后两种情况都是以"对方接受"的时间为合同成立的时间。

(二)合同成立的地点

承诺生效的地点为合同成立的地点。采用数据电文形式订立合同的，收件人的主营业地为合同成立的地点；没有主营业地的，其经营居住地为合同成立的地点。当事人另有约定的，按照其约定。当事人采用合同书形式订立合同的，双方当事人签字或者盖章的地点为合同成立的地点。

四、缔约过失责任

缔约过失责任，也称之为缔约过错责任。是指当事人在订立合同过程中，因违背诚实信用原则，致使合同未成立，并给对方造成损失，所应承担的损害赔偿责任。

构成缔约过失责任要有三个条件：

(1)当事人有过错。

(2)有损害后果的发生。

(3)当事人的过错行为与造成的损失有因果关系。

一般情况下，当事人根据自愿和诚实信用原则进行协商，决定是否订立合同。协商不成，也无需承担责任。但是如果当事人违背了诚实信用原则，给对方造成损失，就应当承担损害赔偿责任。

《合同法》第 42 条规定："当事人在订立合同过程中有下列情形之一的，给对方造成损失的应当承担损害赔偿责任"：

(1)假借订立合同，恶意进行磋商。

(2)故意隐瞒与订立合同有关的重要事实或者提供虚假情况。

(3)有其他违背诚实信用原则的行为。

【案例 2-3】

甲了解到乙有转让餐馆的意图。甲根本没有购买餐馆的意思，但为了阻止乙将餐馆转让给竞争对手丙，却与乙进行长时间的磋商。当丙购买了另一家餐馆时，甲终止了磋商，乙后来以比丙出价更低的价格将餐馆转让了，乙遭受了价差损失。在此案件中，甲就属于假借订立合同，恶意进行磋商，应承担缔约过失责任。因此甲应当偿付乙的差价的损失。

《合同法》还对当事人保密义务作出规定：当事人在订立合同过程中知悉的商业秘密，无论合同是否成立，不得泄露或者不正当地使用。泄露或者不正当地使用该商业秘密给对方造成损失的，应当承担损害赔偿责任。

缔约过失责任与违约责任的区别：①缔约过失责任发生在合同成立之前；而违约责任产生于合同成立之后；②缔约过失责任以过错为要件，实行过错责任原则，而违约责任不以过错为要件，实行严格责任原则。

第三节　合同的效力

合同的效力是指合同的法律效力，是指依法成立的合同具有法律赋予的约束当事人乃至第三人的强制力。《合同法》对合同的效力规定了四种情况：一是依法成立的合同是有效合同；二是无效合同；三是可撤销合同；四是效力待定合同。

一、合同的生效

1.合同成立与合同生效

合同生效与合同成立既有联系又有区别。合同成立，是指当事人意思表示一致而达成协议。是合同订立过程的完成，是当事人合意的结果。合同的生效，是指依法成立的合同，发生相应的法律效力。它体现的是国家意志，是国家对当事人合同关系的干预。

2.合同的生效要件

一般来说，一个有效的合同，应该具备三个条件：

(1)合同当事人具有相应的民事权利能力和民事行为能力，即主体合格。根据法律规定，缔约能力包括权利能力和行为能力。作为一般的民事行为，推定当事人都有相应的权利能力，但行为能力不是任何人都有的。限制民事行为能力的人及无民事行为能力的人，就需要通过他们的代理人实现缔约目的。对于法人和其他组织来说，原则上在其营业执照核准登记的生产经营和业务范围内订立合同。

【案例 2-4】

甲买了辆卡车，准备搞个体运输。在没有办理营业执照前，甲就以个体户名义与乙厂签订了运输合同。在此案例中，甲不具备缔约能力，即没有缔结合同的法律资格。

(2)意思表示真实。意思表示真实是合同生效的重要条件。合同是双方当事人意思表示一致的结果，但仅有意思表示一致还不够，还要求当事人意思表示必须真实，如果欺诈、胁迫、乘人之危，将使一方当事人意思表示不真实，违背合同自愿原则。因而不能成立有效合同。

(3)不违反法律或者社会公共利益。不违反法律是指合同内容、形式、程序符合法律规定。从本质上讲，合同是合法的民事行为，合同内容如果违反法律规定，则该合同不具有法律效力。如当事人签订买卖走私车、假冒伪劣商品的合同等，都属于无效合同。关于合同形式，在一般情况下当事人可以选择，但如果法律对合同形式有特别规定的，当事人必须遵从法律的规定。关于合同的程序，一般来说，当事人依法就合同的主要条款协商一致，合同就具有法律效力。法律规定或当事人约定对合同生效在程序上有特别要求的，当事人履行了相应的程序后合同才生效，如办理公证、鉴定、审查批准、登记等。

由于法律不能穷尽一切违法现象，因此“不得违反社会公共利益”作为“不违反法律”的补充。但是社会公共利益是一个不确定的概念。凡是我国社会生活的政治基础、公共秩序、道德准则和风俗习惯等，都可以列入其中。

以上三个条件缺一不可，缺少了其中一个或几个条件，就可能导致合同无效或可撤销。

3. 合同生效的时间

(1)依法成立的合同，自成立时生效。

(2)法律、行政法规规定应当办理批准、登记等手续生效的，依照其规定。

(3)当事人对合同的效力可以约定附条件。附生效条件的合同，自条件成就时生效。附解除条件的合同，自条件成就时失效。当事人为自己的利益不正当地阻止条件成就的，视为条件已成就；不正当地促成条件成就的，视为条件不成就。

(4)当事人对合同的效力可以约定附期限。附生效期限的合同，自期限届至时生效。附终止期限的合同，自期限届满时失效。

附条件与附期限的区别在于：附条件是指将来发生事实，将来能否发生不确定。附期限是指必然到来的事实。

【案例 2-5】

孙先生有平房五间，出租给赵先生做生意。后来，赵先生先想买该房屋。孙先生考虑到在外地工作的儿子想要调回本市，这房子可以给他住，但不知道他能不能回来。于是双方定了如下房屋买卖合同：“房价人民币 20 万，在 2003 年 6 月 30 日前，如孙先生的儿子调不回本市，孙先生便将房屋卖给赵先生。”孙先生的儿子在 2003 年 4 月调回本市。5 月赵先生得知城市要扩建，此处的房屋要升值。于是，赵先生找到孙先生，要求其将房屋卖给他。孙先生称，儿子已经调回本市，房子不能卖给你了。赵先生听后不同意：“我们签的是房屋买卖合同，与你儿子有什么关系，你应当履行合同，把房子卖给我。”双方遂起争议。

思考：合同能否附条件？

分析：本案的房屋买卖合同是一个附生效条件的合同。双方约定以孙先生的儿子调不回本市作为条件符合法律规定，为有效合同。该合同中约定的条件由于孙先生的儿子调回了本市而未成就，因此合同不发生法律效力。孙先生没有义务将房屋卖给赵先生。

二、无效合同

无效合同，是指已经订立，但因违反法律、法规要求，国家不予承认和保护的，不发生法律效力的合同。

无效合同分为部分无效合同和全部无效合同两种。部分无效的合同，是指合同的某些条款虽然违反法律规定,但并不影响其他条款法律效力的合同。无效合同自始没有法律约束力。合同部分无效,不影响其他部分效力的,其他部分仍然有效。

根据《合同法》第52条的规定,下列合同无效:

(1)一方以欺诈、胁迫的手段订立合同,损害国家利益。

(2)恶意串通,损害国家、集体或者第三人利益。

(3)以合法形式掩盖非法目的。

(4)损害社会公共利益。

(5)违反法律、行政法规的强制性规定。

《合同法》还就免责条款的无效作了专门的规定,免责条款是指合同当事人在合同中规定的免除或限制一方或双方当事人违反诚实信用原则、违背社会公共利益的法律责任的条款。为此,合同中下列约定的条款无效:①造成对方人身伤害的;②因故意或者重大过失造成对方财产损失的。

合同无效后,因该合同取得的财产,应当予以返还;不能返还或者没有必要返还的,应当折价补偿。有过错的一方应当赔偿对方因此所受到的损失,双方都有过错的,应当各自承担相应的责任。当事人恶意串通,损害国家、集体或者第三人利益的,因此取得的财产收归国家所有或者返还集体、第三人。

【案例2-6】

甲乙双方签订房屋买卖合同,价款50万。房屋买卖办理过户手续时需交纳契税,双方约定各自负担一半。双方为了少交契税,签了两份合同。一份是双方真实意思表示的50万,双方权利义务以此合同为准,另一份为登记而使用的,约定的房价是30万。乙当时付了10万,约定过户手续办完了,再付余款。手续办完后,乙搬进房屋,房款一直拖着不付。甲起诉,要求乙付清房款40万。乙称已经付了10万,还差20万,并拿出了那份登记用的合同。

思考:这两个合同是否有效?

分析:50万的合同是有效的,该合同反映了当事人的真实意思。约定房价为30万的合同是无效的,该合同以合法形式掩盖非法目的的合同,是双方为了规避法律而签订的合同,没有反映当事人的真实意思,因此该合同是无效合同。

三、可撤销或可变更的合同

可撤销或可变更的合同,是指因合同当事人订立合同时意思表示不真实,通过有撤销权的当事人行使撤销权,可使已经生效的合同变更或归于无效的合同。可撤销或可变更的合同主要有以下几种:

1.因重大误解订立的合同

重大误解是指当事人对合同的当事人、性质、标的物的种类、质量、数量等重要事项存在错误认识,违背了其真实意思表示订立的合同。如对合同主体的误解,把甲公司误认为乙公司而与之订立合同；对合同性质的误解，把借贷误认为赠与，把出租误认为出卖；对标的物的误解，把劣质品误认为优质品，把临摹画误认为真迹等。但对订立合同后能否得到经济利益及商业风险大小而产生的错误认识，不属于重大误解。

2. 显失公平订立的合同

显失公平是指一方当事人利用优势或者对方没经验，在订立合同时致使双方的权利与义务明显违反公平、等价有偿原则的行为。

3. 一方以欺诈、胁迫的手段或者乘人之危，使对方在违背真实意思的情况下订立的合同

有撤销权的当事人是指有权请示人民法院或者仲裁机构变更或者撤销合同的当事人。对于因重大误解订立的合同和在订立时显失公平的合同，当事人任何一方均有权请求变更或者撤销合同，主要是误解方或受害方行使请求权；对于一方以欺诈、胁迫的手段或者乘人之危，使对方在违背真实意思的情况下订立的合同，则只有受损害方当事人才可以行使请求权。

当事人请求变更合同的，人民法院或者仲裁机构不得撤销。

撤销权的行使是有限制的。有下列情形之一的，撤销权消灭：

(1)具有撤销权的当事人自知道或者应当知道撤销事由之日起 1 年内没有行使撤销权。

(2)具有撤销权的当事人知道撤销事由后明确表示或者以自己的行为放弃撤销权。

可撤销的合同不同于无效合同。其一，无效合同是指欠缺合同的生效要件，因而无效合同是自始无效的，并且无效的确认权在国家而不在当事人。而可撤销的合同的效力取决于受害人，充分尊重受害人的意思表示。如果受害人仍然让合同有效，愿意履行其义务，则法律承认并给予保护；其二，无效合同与可撤销合同都属于不符合合同生效要件的合同，但具体情形不尽相同。对于无效合同而言，无效的原因可能来自主体不合格、意思表示不真实、内容违法等；而可撤销合同的原因主要是意思表示有瑕疵，突出表现是意思表示不真实。

被撤销的合同，同无效合同一样，自始没有法律约束力。对因该合同取得的财产，当事人应承担三种形式的民事责任：

(1)返还财产。合同被撤销，就意味着双方当事人之间没有任何合同关系存在，那么就应该让双方当事人的财产状况恢复到如同没有订立合同时的状态，取得财产的一方应当将财产返还对方。

(2)折价补偿。这是在财产不能返还或者没有必要返还的情况下对对方当事人的经济补偿办法。

(3)赔偿损失。有过错的一方应当赔偿对方因此所受到的损失，双方都有过错的，应当各自承担相应的责任。

四、效力待定合同

(一)效力待定合同的概念

效力待定合同是指合同已经成立,但因合同当事人主体资格的瑕疵而使合同效力处于不确定状态需要权利人作出承认或拒绝的意思表示才能确定其效力的合同。

(二)效力待定合同的种类

1. 限制民事行为能力人订立的合同

限制民事行为能力人不能独立订立合同,应由其法定代理人代为订立。即使独立订立了合同,也需经法定代理人追认后,该合同有效。但如果是获纯利益的合同(如接受奖励、赠与、报酬等)或者是与其年龄、智力、精神健康状况相适应而订立的合同,不必经法定代理人追认,合同当然有效。

限制民事行为能力人订立合同,相对人可以催告法定代理人在一个月内予以追认。法定代理人未作表示的,视为拒绝追认。合同被追认之前,善意相对人有撤销的权利。撤销应当以通知的方式作出。所谓"善意",这里是指合同的相对人在签订合同时并不知道或者也不可能知道对方当事人是限制民事行为能力人。

2. 行为人没有代理权、超越代理权或者代理权终止后以被代理人名义订立的合同

这种合同未经被代理人追认,对被代理人不发生效力,由行为人承担责任。相对人可以催告被代理人在一个月内予以追认。被代理人未作表示的,视为拒绝追认。合同被追认之前,善意相对人有撤销的权利。撤销应当以通知的方式作出。

行为人没有代理权、超越代理权或者代理权终止后以被代理人名义订立合同,相对人有理由相信行为人有代理权的,该代理行为有效。法人或者其他组织的法定代表人、负责人超越权限订立的合同,除相对人知道或者应当知道其超越权限的以外,该代表行为有效。

3. 无处分权的人处分他人财产而订立的合同

这种合同经权利人追认或者无处分权的人订立合同后取得处分权的,该合同有效。

效力待定合同不同于可撤销合同。其一,效力待定合同是指合同虽然成立,但其效力能否发生尚未确定,须经有关权利人表示承认,才有效。而可撤销合同是具有不完全效力的合同,在撤销之前是有效的,在撤销之后则自始无效。其二,效力待定合同中权利人行使的是追认权,一旦被追认,效力待定合同就成为合法有效的合同;而可撤销合同中权利人行使的是撤销权,一旦权利人行使撤销权,可撤销合同就自始无效。

第四节 合同的履行

一、合同履行的概念

合同的履行，是指合同生效后，双方当事人按照合同规定的各项条款，本着诚实信用原则完成各自承担的义务，并实现各自应有的权利。合同的履行是合同法律约束力的首要表现。当事人应当按照约定全面履行自己的义务。合同生效后，当事人不得因姓名、名称的变更或者法定代表人、负责人、承办人的变动而不履行合同义务。

二、合同履行的规则

(一)合同履行的原则

1.全面履行原则

全面履行原则又称正确履行原则或适当履行原则是指当事人按照合同规定的标的及其数量、质量在适当的履行期限、履行地点，以适当的履行方式，全面完成合同义务的履行原则。

2.协作履行原则

协作履行原则是指合同依法成立后，当事人应当在团结协作、互相帮助、相互促进的基础上共同完成合同规定的各自义务。

3.经济合理原则

经济合理原则是指对当事人合同行为在效益上的要求，各方当事人依据该原则都应讲求经济效益，维护对方利益，以最小的合理成本实现最大的合同利益。

4.情事变更原则

情事变更原则是指合同依法成立后，因不可归责于双方当事人的原因发生了不可预见的情事变更，致使合同基础丧失，如继续维持合同原有效力则显失公平，允许变更或解除合同的原则。

(二)当事人就有关合同内容约定不明确时的确定规则

合同生效后，当事人就质量、价款或者报酬、履行地点等内容没有约定或者约定不明确的，可以协议补充；不能达成补充协议的，按照合同有关条款或者交易习惯确定，仍不能确定的，按下列规则确定：

(1)质量要求不明确的，按照国家标准、行业标准履行；没有国家标准、行业标准的，按照通常标准或者符合合同目的的特定标准履行。

(2)价款或者报酬不明确的，按照订立合同时履行地的市场价格履行；依法应当执行政府定价或者政府指导价的，按照规定履行。

(3)履行地点不明确，给付货币的，在接受货币一方所在地履行；交付不动产的，在不动产所在地履行;其他标的,在履行义务一方所在地履行。

(4)履行期限不明确的,债务人可以随时履行,债权人也可以随时要求履行,但应给对方必要的准备时间。

(5)履行方式不明确的,按照有利于实现合同目的的方式履行。

(6)履行费用的负担不明确的,由履行义务一方负担。

(三)执行政府定价或者政府指导价的合同价格履行规则

执行政府定价或者政府指导价的,在合同约定的交付期限内政府价格调整时,按照交付时的价格计价。逾期交付标的物的,遇价格上涨时,按照原价格执行;价格下降时,按照新价格执行。逾期提取标的物或者逾期付款的,遇价格上涨时,按照新价格执行;价格下降时,按照原价格执行。

三、抗辩权的行使

抗辩权就是指在双务合同中,一方当事人有依法对抗对方要求或否认对方权利主张的权利。《合同法》规定了同时履行抗辩权、后履行抗辩权和不安(先履行)抗辩权三种。

(一)同时履行抗辩权

同时履行抗辩权,是指当事人互负义务,没有先后履行顺序的,应同时履行。一方在对方履行之前有权拒绝其履行要求,一方在对方履行债务不符合约定时,有权拒绝其相应的履行要求。

(二)后履行抗辩权

后履行抗辩权,是指合同当事人互负义务,有先后履行顺序,先履行一方未履行的,后履行一方有权拒绝其履行要求;先履行一方履行债务不符合约定的,后履行一方有权拒绝其相应的履行要求。

【案例 2-7】

甲乙两公司签订一份买卖合同,合同约定买方甲公司应在合同生效后 15 日内向卖方乙公司支付 40%的预付款,乙公司收到预付款后 3 日内发货到甲公司,甲公司收到货物验收后即结清余款。乙公司收到预付款后发货至甲公司,甲公司经验收发现货物质量不符合合同约定。根据《合同法》关于后履行抗辩权的规定,甲公司有权拒付余款。

(三)不安抗辩权

不安抗辩权,又称先履行抗辩权,是指双务合同成立后,应当先履行债务的当事人,有确切证据证明对方不能履行债务或者有不能履行债务的可能时,在对方没有履行或者没有提供担保之前,有权中止履行合同义务。

行使不安抗辩权的法定事由是,应当先履行债务的当事人,有确切证据证明对方有下列情形之一的,可以中止履行:

(1)经营状况严重恶化。

(2)转移财产、抽逃资金,以逃避债务。

(3)丧失商业信誉。

(4)有丧失或者可能丧失履行债务能力的其他情形。

值得注意的是,当事人没有确切的证据而中止履行的,应当承担违约责任。

当事人中止履行合同的,应当及时通知对方。对方提供适当的担保时,应当恢复履行。中止履行后,对方在合理的期限内未恢复履行能力并且未提供适当担保的,中止履行一方可以解除合同。

【案例 2-8】

某画家甲与顾客乙约定,由甲为乙画像,乙应先预给酬金 1 万元。合同生效后,甲患重病卧床不起,极有可能无法再为乙画像。鉴于此种情形,乙行使不安抗辩权,通知对方其中止履行先行支付酬金的义务。甲接到通知后,向乙提出,如果自己在 15 日内病情好转能够作画,乙仍应先行支付酬金。15 日后,甲的病情无好转迹象。于是乙主张解除合同。

思考:乙行使的是什么权利?

分析:乙行使的是不安抗辩权。在该合同中,乙是先履行合同义务的一方,当有确切证据证明甲很有可能不能履行作画义务时,行使了中止履行的权利。中止履行后,甲在合理的期限内未恢复履行能力并且未提供适当担保,甲可以解除合同。

四、保全措施

为防止因债务人的财产不当减少而给债权人的债权带来危害,法律允许债权人为保全其债权的实现而采取的法律措施,称作合同的保全措施。保全措施包括代位权和撤销权两种。

(一)代位权

代位权是指因债务人怠于行使其到期债权,对债权人造成损害,债权人可以请求人民法院以自己的名义代位行使债务人的债权的权利。但该债权专属于债务人自身的除外。

【案例 2-9】

甲与乙订有货物买卖合同,甲交付了货物,乙应当履行向甲支付货款的义务。另外,丙向乙借了一笔款项,丙应向乙偿还本金和利息。如果丙不还乙的借款,就可能影响乙向甲支付货款。在这种情况下,乙应当积极向丙追索到期借款,以便向甲支付货款。如果乙怠于向丙追索到期债权,就会对甲造成损害。在这种情况下甲可以请求人民法院准许甲以自己的名义向丙行使债权。

代位权的适用对象是债务人的消极行为,即债务人危及债权人利益的怠于行使其权利的行为。代位权的行使范围以债权人的债权为限。债权人行使代位权的必要费用，由债务人负担。

(二)撤销权

撤销权是指因债务人放弃其到期债权或者无偿转让财产，对债权人造成损害的，或者债务人以明显不合理的低价转让财产，对债权人造成损害，并且受让人知道该情形的，债权人可以请求人民法院撤销债务人的行为。

撤销权的适用对象是债务人的积极行为，撤销权行使的结果是恢复债务人相应的财产与权利。撤销权的行使范围以债权人的债权为限。债权人行使撤销权的必要的费用，由债务人负担。

【案例 2-10】

某餐馆老板欠债权人的钱，其用以还债的主要财产是一辆桑塔纳轿车，但该餐馆老板却将桑塔纳轿车无偿赠与其亲属，致使自己无法偿还债务。

思考：该债权人如何维护自己的权益？

分析：该债权人可请求人民法院撤销债务人的无偿赠与桑塔纳轿车的行为。

撤销权的行使是有时效限制的。撤销权自债权人知道或者应当知道撤销事由之日起 1 年内行使。自债务人的行为发生之日起 5 年内没有行使撤销权的，该撤销权消灭。

第五节 合同的担保

一、担保的概述

(一)担保的概念与特征

合同的担保，是指为保障合同债权的实现，由当事人双方依照法律规定，经过协商一致而设定的法律措施。设定担保的根本目的，是保证合同的切实履行，既保障合同债权人实现其债权，也促使合同债务人履行其债务。《中华人民共和国担保法》规定的担保方式有保证、抵押、质押、留置和定金等五种方式的担保。担保具有以下法律特征：

(1)从属性。担保合同是从属于主合同的从合同，主合同无效，担保合同无效。

(2)补充性。担保对债权人权利的实现具有补充作用，当所担保的债务得不到履行时，可以行使担保权利。

(二)反担保

为保证担保人的利益，第三人为债务人向债权人提供担保时，可以要求债务人提供反担保。反担保可以是债务人，也可以是债务人之外的其他人。反担保方式可以是债务人提供的抵押或质押，也可以是其他人提供的保证、抵押或质押。反担保适用担保的规定。

二、保证

(一)保证的概念与保证人

保证是指保证人和债权人约定，当债务人不履行债务时，保证人按照约定履行债务或者承担责任的行为。在保证担保的法律关系中，其中保证人是以自己的财产为债务人提供保证的第三人，被保证人是债务人，而债权人既是主合同关系中的债权人，又是保证合同关系中的债权人。

根据《担保法》的规定，担任保证人须有一定的资格。具有代为清偿债务能力的法人、其他组织或者自然人，可以作保证人。“具有代为清偿债务能力”是取得保证人资格的法定条件。对于保证人来说，这种代为清偿债务的能力主要表现在其应当拥有足以承担保证责任的财产。

国家机关、学校、幼儿园、医院等以公益为目的的事业单位、社会团体，企业法人的分支机构、职能部门，不得作保证人。但是，经国务院批准为使用外国政府或者国际经济组织贷款进行转贷的情况下，国家机关可以作保证人；企业法人的分支机构有法人书面授权的，可以在授权范围内提供保证。

(二)保证合同

保证合同应当以书面形式订立。保证人与债权人可以单独书写保证合同，也可以在主合同中订立保证条款。保证合同应当包括如下内容：(1)被保证的主债权的种类、数额；(2)债务人履行债务的期限；(3)保证的方式；(4)保证担保的范围；(5)保证的期间；(6)双方认为需要约定的其他事项。保证合同不完全具备以上规定内容的，可以补正。

(三)保证的方式

1.一般保证

当事人在保证合同中约定，债务人不能履行债务时，由保证人承担保证责任的，为一般保证，又称为补充责任保证。一般保证的保证人在主合同纠纷未经审判或者仲裁，并就债务人财产依法强制执行仍不能履行债务前，对债权人可以拒绝承担保证责任。这就是保证人所享有的先诉抗辩权。

【案例 2-11】

天益公司因缺乏周转资金，拟向银行贷款 10 万元。天意公司找到个体户王某为其提供担保。之后，天意公司与银行签订了贷款协议：银行为天意公司贷款 10 万元，期限 2 个月，天意公司应于 2002 年 12 月 31 日之前还本付息。银行也与王某签订了一般保证协议：王某为天意公司的 10 万元贷款提供一般保证，保证期限为 6 个月。12 月 31 日，天意公司由于资金紧张不能还本付息，银行多次催还无果，遂于 2003 年 2 月 15 日以王某为被告向法院提起诉讼，要求王某还本付息。

思考：天益公司能否起诉王某？

分析:不能。由于王某的保证是一般保证,王某享有先诉抗辩权。也就是说,银行在没有对债务人天意公司提起诉讼的情况下,无权直接以王某为被告提起诉讼,要求其清偿债务。

2.连带责任保证

当事人在保证合同中约定保证人与债务人对债务承担连带责任的,为连带责任保证。连带责任保证的债务人在主合同规定的债务履行期届满没有履行债务的,债权人可以要求债务人履行债务,也可以要求保证人在其保证范围内承担保证责任。

当事人对保证方式没有约定或者约定不明确的,按照连带责任保证承担保证责任。

(四)保证责任

1.保证责任范围

保证人在约定的保证担保范围内承担保证责任。保证担保的范围包括主债权及利息、违约金、损害赔偿和实现债权的费用。保证合同对责任范围另有约定的,按照约定执行。当事人对保证担保的范围没有约定或者约定不明确的,保证人应当对全部债务承担责任。

同一债务有两个以上保证人的,保证人应当按照保证合同约定的保证份额,承担保证责任。没有约定保证份额的,保证人承担连带责任,债权人可以要求任何一个保证人承担全部保证责任,保证人都负有担保全部债权实现的义务。已经承担保证责任的保证人,有权向债务人追偿,或者要求承担连带责任的其他保证人清偿其应当承担的份额。

2.保证责任免除

根据《中华人民共和国担保法》和《最高人民法院关于适用〈中华人民共和国担保法〉若干问题的解释》(以下简称《担保法解释》)的规定,在出现下列情形时,保证人可以免除保证责任。

(1)主合同当事人双方串通,骗取保证人提供保证的。

(2)合同债权人采取欺诈、胁迫等手段,使保证人在违背真实意思的情况下提供保证的。

(3)主合同当事人双方协议以新贷偿还旧贷,除保证人知道或者应当知道的外,保证人不承担民事责任。

(4)同一债权既有保证又有物的担保的,保证人对物的担保以外的债权承担保证责任;债权人放弃物的担保的,保证人在债权人放弃权利的范围内免除保证责任。

(5)保证期间,债权人许可债务人转让债务的,应当取得保证人书面同意,保证人对未经其同意转让的债务,不再承担保证责任。

(6)债权人与债务人协议变更主合同的,应当取得保证人书面同意,未经保证人书面同意的,保证人不再承担保证责任。但在实践中,应根据主合同变更对保证人利益的影响公平确定其是否对变更后的合同承担保证责任。未经保证人同意的主合同变更,如果减轻债务人的债务的,保证人仍应当对变更后的合同承担保证责任;如果加重债务人的债务的,保证人对加重部分不承担保证责任。

(7)一般保证的保证人在主债权履行期届满后,向债权人提供了债务人可供执行财产的真实情况,债权人放弃或者怠于行使权利致使该财产不能被执行,保证人可以请求人民法院在其提供的可执行财产的实际价值范围内免除保证责任。

(五)保证期间

保证期间是指当事人约定的或者法律规定的保证人承担保证责任的时间期限。保证人与债权人约定保证期间的,按照约定。保证人与债权人未约定保证期间的,法律规定的保证期间为主债务履行期届满之日起 6 个月。在合同约定的保证期间或者法律规定的保证期间,债权人未对债务人提起诉讼或者申请仲裁的,或者债权人未要求保证人承担保证责任的,保证人免除保证责任。债权人与债务人对主合同履行期限作了变动,未经保证人同意的,保证期间为原合同约定的或者法律规定的期间。

保证人承担保证责任后,有权向债务人追偿。

【小知识 2-2】 历史上的保证

保证作为一项债的担保制度可以追溯到罗马。在古罗马法上最早的保证是"允诺保证""诚意保证",保证人与主债务人负有相同的义务,债权人可以直接请求保证人履行。后来又产生了"诚意负责保证",规定保证人死后,保证债务转移给继承人。我国古代的保证,保证人的责任多限于在债务人逃亡时负代偿责任,也有的保证人只负责督促债务人还债而不代偿。

三、抵押

(一)抵押和抵押物

1. 抵押的概念

抵押是指债务人或者第三人不转移对特定财产的占有,将该财产作为债权的担保。当债务人不履行债务时,债权人有权依照法律规定,以该财产折价或者以拍卖、变卖该财产的价款优先受偿。在抵押担保的法律关系中,提供财产担保的债务人或者第三人为抵押人,债权人为抵押权人,提供担保的财产为抵押物。

2. 抵押的财产

根据《中华人民共和国担保法》的规定,下列财产可以抵押:①抵押人所有的房屋和其他地上定着物;②抵押人所有的机器、交通运输工具和其他财产;③抵押人依有权处分的国有的土地使用权、房屋和其他地上定着物;④抵押人依法有权处分的国有的机器、交通运输工具和其他财产;⑤抵押人依法承包并经发包方同意抵押的荒山、荒沟、荒丘、荒滩等荒地的土地使用权;⑥依法可以抵押的其他财产。

通常,抵押物应该是现存之物,但有时,未来肯定可以取得之物也可以设定抵押。例如,用贷款购买的出租车作抵押,双方签订了抵押贷款合同,抵押有效。根据《担保法解释》规定,以依法获准尚未建造的或者正在建造中的房屋或者其他建筑物抵押的,当事人办理抵押物登记的,抵押有效。

3.禁止抵押的财产

根据《担保法》的规定,下列财产不得抵押:①土地所有权;②耕地、宅基地、自留地、自留山等集体所有的土地使用权(但法律另有规定的除外);③学校、幼儿园、医院等以公益为目的的事业单位、社会团体的教育设施、医疗卫生设施和其他社会公益设施;④所有权、使用权不明或者有争议的财产;⑤依法被查封、扣押、监管的财产;⑥依法不得抵押的其他财产。

4.抵押担保中的房地产关系

对房地产抵押的规定:乡(镇)、村企业的土地使用权不得单独抵押。以乡(镇)、村企业的厂房等建筑物抵押的,其占用范围内的土地使用权同时抵押。同样,以依法取得的国有土地上的房屋抵押的,该房屋占用范围内国有土地使用权同时抵押。以出让方式取得的国有土地使用权抵押的,应当将抵押时该国有土地上的房屋同时抵押。

企业对其以划拨方式取得的国有土地使用权无处分权,以该土地使用权为标的物设定抵押,除依法办理抵押登记手续外,还应经具有审批权限的人民政府或土地行政管理部门批准。否则,应认定抵押无效。如果企业对以划拨方式取得的国有土地使用权设定抵押时,履行了法定的审批手续,并依法办理了抵押登记,应认定抵押有效。抵押权人只有在以抵押标的物折价或拍卖、变卖所得价款缴纳相当于土地使用权出让金的款项后,对剩余部分可享有优先受偿权。

企业以建筑物设定抵押的效力问题,区分两种情况处理:如果建筑物附着于以划拨方式取得的国有土地使用权之上,将该建筑物与土地使用权一并设定抵押的,对土地使用权的抵押需要履行法定审批手续,否则,应认定无效;如果建筑物附着于以出让、转让取得国有土地使用权之上,将该建筑物与土地使用权一并设定抵押,即使未经过有关部门批准,亦应认定抵押有效。

(二)抵押合同

抵押人和抵押权人应当以书面形式订立抵押合同。抵押合同包括以下内容:①被担保的主债权种类、数额;②债务人履行债务的期限;③抵押物的名称、数量、质量、状况、所在地、所有权权属或者使用权权属;④抵押担保的范围;⑤当事人认为需要约定的其他事项。订立抵押合同时,抵押权人和抵押人不得约定在债务履行期届满抵押权人未经受偿时,抵押物的所有权转移为债权人所有。这主要是为了确保抵押活动在平等、公平的原则下进行而规定的,避免出现损害合同双方当事人利益的情况。如何允许当事人双方作出上述约定,在抵押物的价值高于债务额时,就会损害抵押人的合法权益；如果抵押物严重贬值时，也会对抵押权人的利益造成损害。

抵押人所担保的债权不得超出其抵押物的价值。财产抵押后，该财产的价值大于所担保债权的余额部分，可以再次抵押，但不能超出其余额部分。

(三)抵押物登记

1.抵押物登记的范围和抵押物登记部门

当事人以法律规定需要办理抵押物登记的财产作抵押的，应当向有关部门办理抵押物登记，抵押合同自登记之日起生效。应当办理登记的财产有：①土地使用权；②城市房地产或乡(镇)、村企业的厂房等建筑物；③林木；④航空器、船舶、车辆；⑤企业的设备和其他动产。

抵押物登记一般由抵押物的产权管理部门或者证照登记核发部门负责。具体规定如下：①以无地上定着物的土地使用权抵押的，为核发土地使用证书的土地管理部门；②以城市房地产或者乡(镇)、村企业的厂房等建筑物抵押的，为县级以上地方人民政府规定的部门；③以林木抵押的，为县级以上林木主管部门；④以航空器、船舶、车辆抵押的，为运输工具的登记部门；⑤以企业的设备和其他动产抵押的，为财产所在地的工商行政管理部门。

以其他财产抵押的，可以自愿办理抵押物登记，登记部门为抵押人所在地的公证部门。当事人是否办理抵押物登记，不影响抵押合同的生效，抵押合同自签订之日起生效。

办理抵押物登记，应当向登记机关提供主合同和抵押合同、抵押物的所有权或者使用权证书的原件或者复印件。

2.抵押物登记的作用

设立抵押担保的目的是为了保证债权人无论债务人的财产状况发生多大变化都能保障其债权的实现。为此，《担保法》规定，同一价值只能设立一个抵押权，当事人就同一价值重复抵押无效。例如，某个体户周某有一座房屋，价值30万元。周某先以该房屋作抵押从工商行借款20万元，后又以该房屋作抵押从城市信用社借款30万元。在工商行的贷款快到期的前夕，周某又以该房作抵押与某电器商场签订买卖40万元的电器合同。这样，周某以同一财产的同一价值为三笔不同的债务向三个当事人设立了三个不同的抵押权，不仅造成了纠纷，也损害了债权人的利益。为防止类似情况发生，各国都对抵押登记做了规定。

抵押物登记对于保护债权人的利益，防止纠纷的发生，有着十分重要的作用。其一，通过抵押物登记，可以使抵押担保关系公之于众，抵押权人在实现抵押权时可以优先于其他人；其二，抵押物登记便于债权人了解抵押财产是否已经抵押过以及其与担保债权在价值上的关系，以决定是否接受该财产作为抵押；其三，抵押物登记，有助于与债务人进行交易的其他人了解抵押财产的状况，以便审慎地决定是否接受该财产；最后，抵押物登记，对抵押合同的效力有重要影响，法律要求必须办理抵押物登记的，抵押合同自登记之日起生效。

（四）抵押担保的范围和效力

1. 抵押担保的范围

抵押担保的范围包括主债权及利息、违约金、损害赔偿金和实现抵押权的费用。抵押合同另有约定的，按照约定执行。

2. 抵押期间转让抵押物的限制

担保法规定，在抵押期间，抵押人对抵押物仍享有依法处分的权利。抵押人可以将抵押物转让。但对这种转让也做了必要的限制，主要表现在：抵押期间，抵押人转让已办理登记的抵押物的，应当通知抵押权人并告知受让人转让物已经抵押的情况；抵押人未通知抵押权人或者未告知受让人的，转让行为无效。转让抵押物的价款明显低于其价值的，抵押权人可以要求抵押人提供相应的担保；抵押人不提供的，不得转让抵押物。抵押人转让抵押物所得的价款，应当向抵押权人提前清偿所担保的债权，或者向与抵押权人约定的第三人提存。

3. 抵押对租赁关系的影响

抵押对租赁的影响，在实践中表现为两种情况：一是租赁在先，抵押在后；二是抵押在先，租赁在后。租赁在先是指抵押人将已经出租的财产用于抵押。这时，抵押人应当书面通知承租人，抵押权实现后，租赁合同在有效期内对抵押物的受让人继续有效。抵押在先，租赁在后，是指抵押人将已经抵押的财产用于出租。在这种情况下，抵押权实现后，租赁合同对受让人不具有约束力。

（五）抵押权的实现

债务履行期届满，债务人未履行债务即抵押权人未受清偿的，抵押权人可以与抵押人协议以抵押物折价或者以拍卖、变卖该抵押物所得的价款受偿；协议不成的，抵押权人可以向人民法院提起诉讼。这里所说的折价，是指抵押权人与抵押人通过协商，按照双方确定的价值将抵押物的所有权转让给抵押权人，以实现所担保的债权。拍卖，是指以公开竞价的方式将抵押物卖给出价最高的竞买者。这种方式可以最大限度地体现出抵押物的价值，从而使抵押权得到充分的实现。变卖，是指以一般买卖的方式将抵押物出售。变卖抵押物主要是由抵押权人实施的。当然，也可以由抵押权人和抵押人共同委托有关部门实施。在变卖抵押物时，应当参考市场价格。

抵押物折价或者拍卖、变卖后，其价款超过债权数额的部分归抵押人所有，不足部分由债务人清偿。

同一财产向两个以上的债权人抵押的，拍卖、变卖抵押物所得的价款按照以下规定清偿：①抵押物已登记的先于未登记的受偿；②抵押合同均为登记生效的，按照抵押物登记的先后顺序清偿；顺序相同的，按照债权比例清偿；③抵押合同自签订之日起生效的，按照合同生效时间的先后顺序清偿，顺序相同的，按照债权比例清偿。

《担保法解释》中还规定,同一财产法定登记的抵押权与质权并存时,抵押权人优于质权人受偿。同一财产抵押权与留置权并存时,留置权人优于抵押权人受偿。

抵押权因抵押物灭失而消失。因灭失所得的赔偿金,应当作为抵押财产。

【案例 2-12】

甲将其公寓价值210万元作抵押,分别从某工商行和某农行各贷款100万。甲与工商行于6月5日签订抵押合同,6月10日办理抵押登记;与农行6月8日签订抵押合同,同日办理了抵押登记。后甲无力还款,对公寓拍卖只得价款150万,工商行和农行在行使抵押权时,谁能获得优先清偿?

分析:应优先清偿农行100万,剩余的50万给工商行。因为根据法律规定,抵押合同都登记生效的,按照抵押物登记的先后顺序清偿;而本案中农行的抵押权登记在先。

【案例 2-13】

2002年2月,陈某欲开办一家机械加工厂,但缺乏资金,就向好友孙某借款10万元,期限1年,2003年3月1日陈某还本付息。孙某要求陈某将其所有的"捷达"汽车作抵押,并载于合同中。但双方未到有关部门办理抵押登记手续。后来,陈某的生意亏损,欠下十几万元债务。还款期限届至,陈某以没钱为由拒绝。4月初,陈某的车发生车祸,车被撞毁。保险公司赔付8万元。孙某要求以保险赔偿金来实现自己的优先权。

思考:抵押物未登记是否发生法律效力?

分析:抵押合同签订后,双方未到有关部门办理汽车抵押登记手续,所以,抵押合同并未生效。这样,陈某所得的保险赔偿金,孙某不能要求优先清偿权。

(六)最高额抵押

最高额抵押,是指抵押人与抵押权人协议,在最高债权额限度内以抵押物对一定期间内连续发生的债权作担保。借款合同可以附最高额抵押合同。债权人与债务人就某项商品在一定期间内连续发生交易而签订的合同,也可以附最高额抵押合同。最高额抵押的主合同债权不得转让。抵押权人实现最高额抵押权时,以实际发生的债权余额为限对抵押物优先受偿;债权余额高于最高限额的,以最高限额为限,超过部分不具有优先受偿的效力。

四、质押

(一)质押的概念

质押是指债务人或者第三人将其动产或权利移交债权人占有或办理出质登记,作为债权的担保。当债务人不履行债务时,债权人有权处分该财产或权利,所得价款优先受偿。在质押担保的法律关系中,提供财物的债务人或者第三人为出质人,债权人为质权人,移交的动产为质物。

(二)质押的种类

质押包括动产质押和权利质押。动产质押是指债务人或者第三人将其动产移交债权人占有,将该动产作为债权的担保。当债务人不履行债务时,债权人有权依照法律规定,以该动产折价或者以拍卖、变卖该动产的价款优先受偿。权利质押是指以汇票、支票、本票、债券、存款单、仓单、提单,依法可以转让的股份、股票,依法可以转让的商标专用权,专利权、著作权中的财产权,依法可以质押的其他权利等作为质权标的担保。

(三)质押合同的内容

出质人和质权人应当以书面形式订立质押合同。质押合同包括以下内容:被担保的主债权种类、数额,债务人履行债务的期限,质物的名称、数量、质量、状况,质押担保的范围,质物移交的时间,以及当事人认为需要约定的其他事项。质押合同中不得约定在债务履行期届满质权人未受清偿时,质物的所有权转移归质权人所有。

质押合同是实践合同。当出质人将质物移交于质权人占有时生效。以汇票、本票、支票、债券、存款单、仓单、提单出质的,质押合同自权利凭证交付之日起生效。以基金份额、证券登记结算机构登记的股权出质的,质权自证券登记结算机构办理出质登记时设立;以其他股权出质的,质权自工商行政管理部门办理出质登记时设立。以知识产权的材产权出质的,质权自有关部门办理出质登记时设立。

(四)质物的保管

质押合同生效后,质权人负有妥善保管质物的义务。根据担保法的规定,质权人有权收取质物的孳息。质权人收取的孳息应当首先充抵收取孳息的费用,剩余的部分再用来充抵主债权利息和主债权。债务履行期届满债务人履行了债务的,或者出质人提前清偿所担保的债权的,质权人应当返还质物。在占有质物期间,因保管不善或者未经出质人的同意,擅自使用、出租、处分质物的,造成质物灭失或毁损的,质权人应当承担民事赔偿责任。

(五)质押的范围和质权的行使

质押担保的范围包括主债权及利息、违约金、损害赔偿金、质物保管费用和实现质权的费用。质押合同另有约定的,按照约定。

债务履行期届满债务人履行债务的,或者出质人提前清偿所担保的债权的,质权人应当返还质物。债务履行期届满质权人未受清偿的,可以与出质人协议出质物折价,也可以依法拍卖、变卖质物。质物折价或者拍卖、变卖后,其价款超过债权数额的部分归出质人所有,不足部分由债务人清偿。为债务人质押担保的第三人,在质权人实现质权后,有权向债务人追偿。

质物有损坏或者价值明显减少的可能,足以危害质权人权利的,质权人可以要求出质人提供相应的担保。出质人不提供的,质权人可以拍卖或者变卖质物,并与出质人协议将拍卖或者变卖所得的价款用于提前清偿所担保的债权或者向与质权人约定第三人提存。

质权因质物灭失而消灭。因灭失所得的赔偿金，应当作为出质财产。

五、留置

留置是指根据《担保法》和其他法律的规定，债权人按照合同约定事先合法占有债务人的动产，债务人不按照合同约定的期限履行债务的，债权人有权依照法律规定留置该财产，以该财产折价或者以拍卖、变卖该财产的价款优先受偿。

因保管合同、运输合同、加工承揽合同以及法律规定可以留置财产的合同而发生的债权，债务人不履行债务的，债权人有留置权，但当事人可以在合同中约定不得留置的物。债权人合法占有债务人交付的动产时，不知债务人无处分该动产的权利，债权人可以依法行使留置权。

【案例 2-14】

李某和张某是好朋友。2002 年 2 月 5 日，李某有事外出，向张某借用轿车。李某在驾车途中，由于技术不熟练，在一急转弯处将轿车撞坏。李某将车送到修理厂，花费修理费共计 2000 元。由于当时未带够现金，李某与修理厂约定第二天付清修理费并将车开走。但事后李某未按期支付修理费也未领取车辆。于是，修理厂对该车行使了留置权。后来，车主张某得知情况后前来取车，但修理厂不给，而张某认为是李某将车撞坏修理的，与他无关。

思考：债权人能否留置非债务人的动产？

分析：担保法司法解释规定："债权人合法占有债务人交付的动产时，不知债务人无处分该动产的权利，债权人可以行使留置权。"本案中，修理厂不知道李某对该车无处分权。因此，修理厂有权行使留置权。

留置权人负有妥善保管留置物的义务。因保管不善致使留置物灭失或者毁损的，留置权人应当承担民事责任。

留置担保的范围包括主债权及利息、违约金、损害赔偿金、留置物保管费用和实现留置权的费用。

债权人与债务人应当在合同中约定，债权人留置财产后，债务人应当在不少于 2 个月的期限内履行债务。债权人与债务人在合同中未约定的，债权人留置债务人财产后，应当确定 2 个月以上的期限，通知债务人在该期限内履行债务。债务人逾期仍不履行的，债权人可以与债务人协议以留置物折价，也可以依法拍卖、变卖留置物。留置物折价或者拍卖、变卖后，其价款超过债权数额的部分归债务人所有，不足部分由债务人清偿。

留置权因债权消灭，或者债务人另行提供担保并被债权人接受而消灭。

六、定金

定金是指合同当事人约定一方向对方给付一定数额的货币作为债权的担保。债务人履行债务后，定金抵作价款或者收回，给付定金的一方不履行约定的债务的，无权要求返还定金；收受定金的一方不履行约定的债务的，应当双倍返还定金。

定金应当以书面形式约定。当事人在定金合同中应当约定交付定金的期限。定金合同从实际交付定金之日起生效。定金的数额由当事人约定，但不得超过主合同标的额的 20%。

第六节　合同的变更和转让

一、合同的变更

依法订立的合同，即具有法律约束力，受法律保护，当事人必须全面履行合同规定的义务，任何一方都不得擅自变更或者解除合同。但是，在合同的履行过程中，由于主、客观情况的变化，使原合同的履行已经不可能或者不必要时，为了减少不必要的损失，合同当事人可以依法变更合同。

合同的变更，是指合同没有履行或者没有完全履行以前，当事人双方经协商一致对原合同进行修改或者补充。例如有关标的物数量的增减、质量标准的修改、履行地点的变动、标的物包装要求的改变等，都属于合同的变更。但法律、行政法规规定变更合同应当办理批准、登记等手续的，依照其规定。当事人对合同变更的内容应作明确的约定，变更内容约定不明确的，推定为未变更。合同依法变更后，当事人按照变更后的合同享受权利和承担义务。

【案例 2-15】

2003 年 10 月，某商场考虑春节的需要，与服装厂签订了服装买卖合同。合同约定：服装厂提供男式西装 200 套，女式西装 200 套，总价款 50 万元。交货日期 12 月 20 日。合同还规定：一方不履行合同时，应支付违约金 10%。之后，商场经过市场调查得知，今年的西装不会太好，于是向服装厂提出订购的西装数量减半，服装厂接受。12 月 20 日服装厂交付货物，其中男西服 150 套，女西服 50 套。而商场认为货物数量减半是指男女西服各减半同为 100 套。服装厂认为，商场提出的减半，并未说男女西服各减半，当然可以理解为总数的减半。

思考：当事人对合同变更的内容约定不明确时，应如何处理？

分析：发生争议的原因是双方对合同变更的内容约定不明确。根据合同法规定：“当事人对合同变更的内容约定不明确的，推定为未变更。”因此，双方所签的合同未发生变更，双方仍应按照原合同履行。

二、合同的转让

合同的转让,即合同主体的变更。是指合同当事人一方将其合同的权利和义务全部或者部分转让给第三人。按照转让的权利义务不同,合同转让可分为债权让与、债务承担及合同承受三种形式。

(一)合同权利的转让

合同权利转让,是指不改变合同的内容,由债权人将合同权利的全部或者部分转让给第三人。这里转让债权的人称之为让与人,受让债权的第三人称之为受让人。合同权利全部转让的,受让人取代原债权人的地位,成为新的债权人,原债权人脱离合同关系。合同权利部分转让的,受让人作为第三人加入到合同关系中,与原债权人共同享有债权。债权人转让主权利时,附属于主权利的从权利也一并转让,受让人在取得债权时,也取得与债权有关的从权利,如抵押权、保证债权、定金债权、违约金债权等,也随主债权的转让而转让。但专属于债权人自身的从权利除外。

有下列情形的,合同权利不得转让:

(1)根据合同性质不得转让。主要指基于当事人特定身份而订立的合同,如出版合同、赠与合同、委托合同、雇佣合同等。

(2)按照当事人约定不得转让。

(3)依照法律规定不得转让。

债权人转让权利,不需要经债务人同意,但应当通知债务人。债权人未履行通知义务的,该转让对债务人不发生效力。债务人接到债权转让通知后,债权让与行为就生效,债务人对让与人的抗辩,可以向受让人主张。例如,甲公司欠乙公司 10 万元,乙公司欠丙公司 10 万元,乙公司与丙公司达成协议,把自己对甲公司的债权让与丙公司,于是乙公司通知甲公司把 10 万元钱直接还给丙公司。

(二)合同义务的转让

合同义务的转让,是指经债权人同意,债务人将合同的义务全部或者部分转移给第三人。

转让合同义务是法律赋予债务人的一项权利,但是,债务人将合同的义务全部或者部分转移给第三人的,应当经债权人同意。因为债权人和债务人的合同关系是建立在相互了解的基础上,在订立合同时,债权人一般要对债务人的资信情况和偿债能力进行调查了解,而对于取代债务人或者加入到债务人中的第三人的资信情况及履行债务的能力,债权人不可能完全清楚。这样,如果债务人不经债权人的认可就将债务转让给了第三人,对于债权人的利益保护将受到影响。为此,如果债权人认为受让人不具备履行合同义务的能力,或资信较差,难以保证自己债权的实现,有权拒绝合同义务的转让。

债务人转让义务,新的债务人取得了合同债务人的地位,承担履行合同义务的责任，原债务人享有的对债权人的抗辩权也转归新债务人所有。同时，与所转移的主债务有关的从债务，如支付利息、赔偿损失等债务也应当由新债务人承担，但专属于原债务人自身的从债务除外。

（三）合同权利义务一并转让

合同权利义务的一并转让，是指当事人一方将自己在合同中的权利和义务一起转让给第三人的行为。

《合同法》规定，当事人一方经对方同意，可以将自己在合同中的权利和义务一并转让给第三人。但是，根据合同性质、按照当事人约定或者依照法律规定不得转让的除外。主权利、义务转移，从权利、从义务也随之转移，但专属于原债权人、债务人自身的除外。

【案例 2-16】

甲慕名到乙公司定作一套木制家具，双方就定作的样式、规格、质量、价格及交货日期等都做了明确规定。后由于乙公司另外承揽了一批大宗活计，无法安排制作甲定做的家具，便擅自将其转让给丙加工制作。到了交货日期，甲才发现家具是丙所制作，其质量并未达到自己与乙所签合同规定的水平，故拒绝接受丙制作的家具，并要求乙承担责任。很明显，乙未取得甲的同意，便将合同转让给丙的做法是违背法律和甲乙之间所订立的合同的。

当事人订立合同后发生合并、分立的，法律规定，当事人订立合同后合并的，由合并后的法人或者其他组织行使合同权利，履行合同义务。当事人订立合同后分立的，除债权人和债务人另有约定的以外，由分立的法人或者其他组织对合同的权利和义务享有连带债权，承担连带债务。

第七节　合同权利和义务的终止

一、合同权利、义务终止

合同权利义务终止是指合同规定的权利义务已经消灭或者不再履行，从而使当事人双方终止合同关系。

（一）合同权利义务终止的具体情形

《合同法》规定，有下列情形之一的，合同权利义务终止：①债务已经按照合同约定履行；②合同解除；③债务相互抵消；④债务人依法将标的物提存；⑤债权人免除债务；⑥债权债务同归于一人；⑦法律规定或者当事人约定合同终止的其他情形。

合同终止后，双方当事人应当遵循诚实信用的原则，根据交易习惯履行通知、协助、保密等义务。如果当事人不履行上述义务，给对方造成损失，应负责赔偿。

(二)合同解除

合同解除是指合同依法成立后，履行完毕之前，当事人一方或双方依照法律规定或者合同约定的条件和程序终止合同关系的行为。合同解除有两种情况，协议解除和法定解除。

1.协议解除

是指当事人双方在合同成立后，没有履行或者没有完全履行完毕之前，经过协商一致而解除合同关系。这种情况的合同解除权不在一方当事人手里。

2.法定解除

是指出现了法定解除合同的事由，当事人一方依法解除合同的行为。这种情况的合同解除权在一方当事人手里。它不以当事人协商为要件，但解除合同的一方应当通知对方。

对在什么情况下允许当事人一方行使法定解除权，《合同法》规定了十分严格的条件和程序。根据《合同法》的规定，有下列情形之一的，当事人一方可以行使法定解除权：

(1)因不可抗力致使不能实现合同目的。所谓不可抗力是指不能预见、不能避免并且不能克服的客观情况。

(2)在履行期限届满之前，当事人一方明确表示或者以自己的行为表明不履行主要债务，即发生预期违约时，合同另一方当事人有权解除合同。

(3)当事人一方迟延履行主要债务，经催告后在合理期限内仍未履行。这种情况注意两点：一是必须给迟延方宽限期，而不得立即解除合同；二是迟延方在宽限期内仍未履行主要债务的，才能解除合同。

(4)当事人一方迟延履行债务或者有其他违约行为致使不能实现合同目。这一点强调的是后果上已经不能实现合同目的。

(5)法律规定的其他情形。如委托合同的委托人或受托人可以随时解除合同。

当事人一方主张解除合同时，应当通知对方。合同自通知到对方时解除。对方有异议的，可以请求人民法院或者仲裁机构确认解除合同的效力。法律、行政法规解除合同应当办理批准、登记等手续的，依照其规定。法律规定或者当事人约定解除权行使期限，期限届满当事人不行使的，该权利消灭。法律没有规定或者当事人没有约定解除权行使期限，经对方催告后在合理期限内不行使的，该权利消灭。

合同解除的法律效力：①合同解除后，尚未履行的，终止履行；已经履行的，根据履行情况和合同性质，当事人可以要求恢复原状、采取其他补救措施；②合同解除不影响当事人请求赔偿损失的权利。③合同的权利义务终止，不影响合同中结算和清理条款的效力。

(三)债务相互抵消

当事人互负到期债务，该债务的标的物种类、品质相同的，任何一方可以将自己的债务与对方的债务抵消，从而使双方的债务在对等的数额内相互消灭的行为。但依照法律规定或者合同性质不得抵消的除外。当事人主张抵消的，应当通知对方。通知自到达对方时生效。抵消不得附条件或者附期限。因为附条件或者附期限使抵消不能在通知到达时当然生效，使抵消的效力处于不确定的状态，并且给对方带来不合理的负担。

当事人互负债务，标的物种类、品质不相同的，经双方协商一致，也可以抵消。

（四）债务人依法将标的物提存

提存，是指由于债权人的原因，债务人无法向其交付合同标的物而将该标的物交给提存机关，从而消灭合同关系的行为。债务的履行往往需要债权人的协助，如果债权人无正当理由拒绝受领或不能受领，造成债务人无法履行清偿义务。

根据《合同法》的规定，当有下列情形之一，难以履行债务的，债务人可以将标的物提存：

(1)债权人无正当理由拒绝受领。

(2)债权人下落不明。

(3)债权人死亡未确定继承人或者丧失民事行为能力未确定监护人。

(4)法律规定的其他情形。

标的物不适于提存或者提存费用过高的，债务人依法可以拍卖或者变卖标的物，提存所得的价款。

标的物提存后，除债权人下落不明的以外，债务人应当及时通知债权人或者债权人的继承人、监护人。标的物提存后，毁损、灭失的风险由债权人承担。提存期间，标的物的孳息（指由标的物产生的收益）归债权人所有，提存费用由债权人负担。

标的物提存后，债权人可以随时领取提存物，但债权人对债务人负有到期债务的，在债权人未履行债务或者提供担保之前，提存部门根据债务人的要求应当拒绝其领取提存物。债权人领取提存物的权利，自提存之日起5年内不行使而消灭，提存物扣除提存物费用后归国家所有。

【案例 2-17】

2003年12月20日，做生意的邢某和居民赵某签订一份房屋租赁合同。合同约定：赵某将临街房出租给邢某做生意，每月租金600元，租期3年。后来赵某看到邢某的生意红火，认为600元租金太低，于是向邢某提出再增加200元，否则，房子不租了。当邢某将下个月的租金600元给赵某时，拒绝接收，要求邢某增加200元才行，否则解除合同。邢某不想解除合同。于是邢某便将房租进行了提存。

思考：房租提存后，能否视为债务已经履行？

分析：在合同有效期内，邢某按期交付房租，赵某拒收，属于“债权人无正当理由拒绝受领”的情形，因此，邢某有权将租金进行提存。

(五)债权人免除债务

债权人免除债务,即债权人自愿放弃了债权,债务人的债务即被解除。债权人免除债务人部分或者全部债务的,合同的权利义务部分或者全部终止。

(六)债权债务同归于一人

由于某种事实的发生,使一项合同中原本由一方当事人享有的债权和由另一方当事人承担的债务统归于一人时,合同的履行就失去了实际意义,合同的权利义务终止。例如,由于甲乙两企业合并,甲乙企业之间原先订立的合同中的权利义务同归于合并后的企业,债权债务关系自然终止。因此法律规定,债权和债务同归于一人的,合同的权利义务终止,但涉及第三人利益的除外。

第八节　违约责任

一、违约责任的概念

违约责任,即违反合同的民事责任,是指合同当事人一方不履行合同义务或者履行合同义务不符合约定时,依照法律规定或者合同约定所承担的法律责任。

依法订立的有效合同,对当事人双方来说,都具有法律约束力。如果不履行或者履行义务不符合约定,不论是自己的原因,还是第三方的原因,都应当向对方承担违约责任。除非当事人一方的违约是由于免责事由的出现造成的。

二、承担违约责任的主要形式

违约责任是填补一方违约给对方造成的损失。根据《合同法》的规定,违约的当事人承担违约责任的主要形式有:继续履行、采取补救措施、赔偿损失、支付违约金和定金罚则等。

(一)继续履行

继续履行,又称实际履行、强制履行。继续履行既是为了实现合同目的,又是一种违约责任。当债务人违反合同约定,不履行或者履行不符合约定,债权人可以请求人民法院或者仲裁机构强制债务人履行合同义务,以维护自己的合法权益。

根据《合同法》的规定,当事人一方未支付价款或者报酬的,对方可以要求其支付价款或报酬。当事人一方不履行非金钱债务或者履行非金钱债务不符合约定的,对方可以要求履行,但有下列情形之一的除外:①法律上或者事实上不能履行;②债务的标的不适于强制履行或者履行费用过高;③债权人在合理期限内未要求履行。

(二)采取补救措施

补救措施,是债务人履行合同义务不符合约定,债权人要求债务人采取的救济措施。根据《合同法》的规定，质量不符合约定的，应当按照当事人的约定承担违约责任。对违约责任没有约定或者约定不明确的，根据《合同法》有关规定仍不能确定的，受损害方根据标的性质以及损失的大小，可以合理选择要求对方承担修理、更换、重作、退货、减少价款或者报酬等违约责任。

（三）赔偿损失

当事人一方不履行合同义务或者履行合同义务不符合约定的，在履行义务或者采取补救措施后，对方还有其他损失的，应当赔偿损失。赔偿损失具有补偿性，因此，损失赔偿额应当相当于因违约所造成的实际损失。包括合同履行后可以获得的利益，但不得超过违反合同一方订立合同时预见到或者应当预见到的因违反合同可能造成的损失。

当事人一方违约后，对方应当采取适当措施防止损失的扩大；没有采取适当措施致使损失扩大的，不得就扩大的损失要求赔偿。当事人因防止损失扩大而支出的合理费用，由违约方承担。

经营者对消费者提供商品或者服务有欺诈行为的依照《中华人民共和国消费者权益保护法》的规定承担损害赔偿责任，即按照购买商品的价款或者接受服务的费用承担双倍赔偿责任。

（四）支付违约金

违约金是合同当事人事先约定的，在一方违约时应当根据情况向对方支付一定数额的货币。由于违约金是当事人事先约定的，可以使当事人对不履行合同的后果有所了解，这必将给当事人带来一定的压力，促使其严格履行合同义务，保证合同的顺利实现。

约定的违约金低于造成的损失的，当事人可以请求人民法院或者仲裁机构予以增加；约定的违约金过分高于造成的损失的，当事人可以请求人民法院或者仲裁机构予以适当减少。当事人就迟延履行约定违约金的，违约方支付违约金后，还应当履行债务。

（五）定金罚则

定金既是债权担保的一种形式，也是违约责任承担的一种方式。当事人可以依照法律规定一方向对方给付一定数量的货币作为定金。债务人履行债务后，定金应当抵作价款或者收回。给付定金的一方不履行约定的债务的，无权要求返还定金；收受定金的一方不履行约定的债务的，应当双倍返还定金。

当事人在合同中既约定违约金，又约定定金的，一方违约时，对方可以选择适用违约金或者定金条款。二者不能并用。

【案例 2-18】

甲乙两公司签订一份价值 100 万元的合同，乙公司支付甲公司 20 万元的定金，双方又约定违约金为合同金额的 30%。后甲方违约，导致乙公司损失 15 万元。如果合并使用定金条款与违约金条款，在本案中甲公司除双倍返还定金40万元外，还需支付乙公司违约金30万元，即除返还甲公司20万元定金上，还需支付乙公司50万元。这显然远远高于乙公司所遭受的损失，对甲公司惩罚过重。在本案中，根据《合同法》的规定，乙公司只能选择适用违约金条款或者定金条款。

（六）预期违约的责任承担

预期违约是指在合同订立之后履行期限届满之前，当事人一方明确表示或者以自己的行为表明不履行合同义务的行为。预期违约制度是指在合同订立之后履行期限届满之前，一方当事人有违约行为，对方可以在履行届满之前请求其承担违约责任的制度。

【案例2-19】

某榨油厂与某农户签订一份花生买卖合同。合同规定：农户向榨油厂供应脱皮花生5000公斤，交货时间为2003年11月中旬，交货方式是榨油厂自提，榨油厂向农户交付定金1万元。合同订立后，榨油厂立即向农户交付了定金。9月，农户向榨油厂告知，由于今年雨水太少，花生长势不好，不能按合同约定的数量交货。榨油厂经调查了解到，农户不愿意交货的真正原因是今年花生歉收，花生价格不断上涨，农户已经与他人签订了更高价格的买卖合同。榨油厂多次表示希望农户能按时交货，但均遭到拒绝。

思考：在合同履行期到来前，一方明确表示不履行合同应如何处理？

分析：农户的行为已经构成违约。根据《合同法》108条规定："当事人一方明确表示或者以自己行为表明不履行合同义务的，对方可以在履行限期届满之前要求承担违约责任。"榨油厂可以要求农户双倍返还定金，并赔偿利润损失。

三、违约责任的免除

一般来说，在合同订立之后，如果一方当事人没有履行合同或者履行合同不符合约定，不论是自己的原因，还是第三人的原因，都应当向对方承担违约责任。但是，当当事人一方违约是由于免责事由的出现造成的，则可以根据情况免除违约方的违约责任。

根据《合同法》的规定，因不可抗力不能履行合同的，根据不可抗力的影响，部分或者全部免除责任。当事人迟延履行后发生不可抗力的，不能免除责任。《合同法》所称不可抗力，是指不能预见、不能避免并不能克服的客观情况。当事人一方因不可抗力不能履行合同的，应当及时通知对方，以减轻可能给对方造成的损失，并应当在合同期限内提供证明。

免责条款是指当事人在合同中约定的免除或者限制其未来责任的条款。免责条款作为合同的组成部分，其内容必须符合法律规定，才具有法律效力。如果免责条款违反法律法规，该条款不具有法律约束力。

S 本章小结

合同是平等主体的自然人、法人、其他组织之间设立、变更、终止民事权利义务关系的协议。合同法是调整合同关系的法律规范的总称。所谓合同关系，是指合同当事人之间因签订合同和履行合同而发生的各种社会关系。

当事人依法就合同的主要条款经过要约、承诺两个程序达成一致意见，合同即告成立。合同形式可以采用书面、口头及其他形式。在订立合同过程中，当事人必须遵守诚实信用原则，否则给对方造成损失，要依法承担缔约过失责任。

合同的效力是指合同所具有的法律约束力。合同的法律约束力并非来自当事人约定，而是由法律所赋予的。依法成立是合同具有法律约束力的前提条件。合同生效必须具备四个条件：主体合格，意思表示真实，内容合法，形式、程序合法。

合同生效后，当事人双方应当按照合同的约定全面履行自己的义务，保证对方权利的实现。在履行合同过程中，对合同中没有约定或者约定不明确的情形，遵守相应的履行规则。

在合同履行过程中，当事人为了保护自身的合法权益，防止和减少不必要的损失，在法律规定的条件和程序下，可以行使抗辩权、代位权和撤销权等。

双方当事人依法可以对合同变更、转让和终止。

当事人不履行合同义务或者履行合同义务不符合约定时，即构成违约，应当依法承担相应的违约责任。承担违约责任方式有：继续履行、采取补救措施、支付违约金、赔偿损失和定金罚则。

在合同履行过程中，如果发生了不可抗力等情况，没有履行或者履行不符合约定，合同法规定可以免除或者减轻其责任。

T 课后训练

案例分析

1. 甲公司向乙公司发出传真订货，该传真列明了货物的种类、数量、质量、供货时间、交货方式。并要求乙在10日内报价。乙接受甲发出传真列明的条件并按期报价，甲要求签订书面合同。乙在未签订书面合同的情况下，按甲的要求发货，甲收货后未提出异议，也未付款。后因市场发生变化，该货物价格下降。甲于是向乙提出，由于双方未签订书面合同，买卖关系不成立。要求乙尽快取回货物。乙不同意甲意见，要求偿付货款。随后，乙发现甲放弃其对关联企业到期的债权，并向关联企业无偿转让财产，可能使自己的货款无法得到清偿，于是向法院提起诉讼。

问题:

(1)甲传真订货,乙报价、甲回复报价行为的法律性质(提示:合同订立的程序)。

(2)买卖合同是否成立?并说明理由(提示:一方提交履行,另一方接受)。

(3)对甲放弃到期债权、无偿转让财产的行为,乙可以向法院提出何种权利请求,保护其利益不受侵害?对乙行使该权利的期限,法律有何规定?(提示:撤销权)。

2.甲乙双方约定购买钢材100吨,于8月10日乙方先付价款的20%作为定金。合同款到3日内甲方发货,货到后乙方支付剩余的80%货款;任何一方违约须交付10%的违约金。合同订立后,乙方得知甲方经营状况严重恶化,有可能丧失履约能力,并且乙方已有确切的证据。因此,乙方于7月10日要求甲方提供担保,并暂停付款。后经反复协商,甲方提供了一定担保,乙方遂先付20%货款作为定金,甲方收到后3日内发货。乙方收到货后经检验,该批钢材质量不符合双方约定的质量标准,无法满足乙方生产的需要。因乙方工程进度急需,乙方不得已从市场上购买了一批钢材,此时钢材价格上扬,乙方比按合同购买多支出5万元。

根据合同法的有关规定,请问:

(1)乙方要求甲方提供履行担保且中止付款,是否是违约行为?为什么?

(2)在要求甲方提供担保和中止履行后,乙方有何义务和权利?

(3)在后来甲方违约的情况下,乙方应如何要求甲方承担违约责任?

(4)在得知合同标的物质量不合格后,乙方有何权利?

E 本章实训指导

一、实践训练题

1.根据《工业品买卖合同》(示范文本)的格式,两人一组,签订一份工业品买卖合同。

2.根据《租赁合同》(示范文本)的格式,两人一组,签订一份租赁合同。

二、实训项目安排——签订经济合同

(一)项目简介

学生分组协商签订买卖合同和租赁合同。

(二)项目安排时间

学完合同法以后作为课业由学生课下完成,做完后可以利用2课时组织学生交流。

(三)成果形式

书面买卖合同和租赁合同。

(四)实训目标

1.知识目标:掌握合同内容的基本规定,掌握合同的写作方法。

2.能力目标:培养学生理论联系实际的能力;同学之间的相互沟通能力;写作能力与谈判能力。

(五)任务内容

1.同学自由组合,2人一组,一人为甲方,一人为乙方;

2.到图书馆或网上查找相关模板或者依据本章实训指导中的模板;

3.甲乙双方讨论合同的标的、数量和质量、履行期限、地点和方式、违约责任、相互间的权利和义务等内容;

4.将讨论内容写进合同;

5.甲乙双方在合同上签字。

(六)考核标准

签订经济合同的成绩分为两部分:内容分和形式分(百分制)

1.经济合同的写作内容分。(60分)

(1)合同条款内容全面。(20分)

(2)合同条款内容明确,可实施。(20分)

(3)合同内容有创意,贴近学生专业实际。(20分)

2.经济合同的写作形式分。(40分)

(1)合同格式正确。(10分)

(2)合同签字手续完备。(15分)

(3)书写整齐,无错别字。如果是电子版,要求排版美观整齐。(15分)

三、经济合同示范文本

工业品买卖合同(示范文本)

合同编号:×××××

出卖人:××× 签订地点:×××

买受人:××× 签订时间:××年×月×日

第一条 标的、数量、价款及交(提)货时间

标的名称	牌号商标	规格型号	生产厂家	计量单位	数量	单价	金额

第二条 质量标准________

第三条 出卖人对质量负责的条件及期限________

第四条 包装标准、包装物的供应与回收________

第五条 随机的必备品、配件、工具数量及供应办法________

第六条 合理损耗标准及计算办法________

第七条 标的物所有权自××时起转移，但买受人未履行支付价款义务的，标的物属于××所有。

第八条 交(提)货时间、方式、地点。

第九条 运输方式及到达站(港)和费用负担。

第十条 检验标准、方法、地点及期限。

第十一条 成套设备的安装与调试。

第十二条 结算方式、时间及地点。

第十三条 担保方式：(也可以另立担保合同)。

第十四条 本合同解除的条件。

第十五条 违约责任。

第十六条 合同争议的解决方式：本合同在履行过程中发生的争议，由双方当事人协商解决；也可以由当地工商行政管理部门调解；协商或调解不成的，按下列第×种方式解决：

1.提交××仲裁委员会仲裁。

2.依法向人民法院起诉。

第十七条 本合同自××起生效至××终止。

第十八条 其他约定事项。

出卖人 出卖人(章) 住所： 法定代理人 (签名) 委托代理人 (签名) 电话： 传真： 开户银行： 账号： 邮政编码：	买受人 买受人(章) 住所： 法定代理人 (签名) 委托代理人 (签名) 电话： 传真： 开户银行： 账号： 邮政编码：	鉴(公)证意见 鉴(公)证机关(章) 经办人： 年 月 日

财产租赁合同(样本)

合同编号：×××××

出租人：××× 签订地点：××××

承租人：××× 签订时间：××年×月×日

第一条 租赁物。

1.名称：×××

2.数量及相关配套设施。

3.质量状况。

第二条 租赁期限:自××年×月×日至××年×月×日。

(提示:租赁期限不得超过20年。超过20年的,超过部分无效。)

第三条 租赁物的用途或性质。

租赁物的使用方法。

第四条 租金、租金支付期限及方式。

1.租金(大写):×××

2.租金支付期限:×××

3.租金支付方式。

第五条 租赁物交付的时间、地点、方式及验收。

第六条 租赁物的维修。

1.出租人维修范围、时间及费用承担。

2.承租人维修的范围及费用承担。

第七条 因租赁物维修影响承租人使用××天的,出租人应相应减少租金或延长租期。其计算方法是:

第八条 租赁物的改善或增设他物。

出租人(是/否)允许承租人对租赁物进行改善或增设他物。改善或增设他物不得因此损坏租赁物。

租赁合同期满时,对租赁物的改善或增设的他物的处理方法是:

第九条 出租人(是/否)允许承租人转租租赁物。

第十条 违约责任。

第十一条 合同争议的解决方式:本合同在履行过程中发生的争议,由双方当事人协商解决;也可以由当地工商行政管理部门调解,协商或调解不成的,按下列第×种方式解决。

1.提交××仲裁委员会仲裁。

2.依法向人民法院起诉。

第十二条 租赁期届满,双方有意续订的,可以在租赁期满前×日续订租赁合同。

第十三条 租赁期满租赁物的返还时间为:××××

第十四条 其他约定事项。

第十五条 本合同未作规定的,按照《中华人民共和国合同法》的规定执行。

出租人	承租人	鉴(公)证意见
出租人(章)	承租人(章)	
住所:	住所:	

续上表

出租人 法定代理人(签名) 居民身份证号码: 委托代理人(签名) 电话: 开户银行: 账号: 邮政编码:	承租人 法定代理人(签名) 居民身份证号码: 委托代理人(签名) 电话: 开户银行: 账号: 邮政编码:	鉴(公)证意见 鉴(公)证机关(章) 经办人: 年 月 日

监制部门: 印制单位:

四、实践案例阅读

天津市宝坻县××肉食加工厂诉北京××餐饮有限公司买卖合同纠纷案[1]

【案情介绍】

原告:天津市宝坻县××肉食加工厂,住所地天津市宝坻县。

被告:北京××餐饮有限公司,住所地北京市海淀区。

原告天津市宝坻县××肉食加工厂(以下简称肉食加工厂)与被告北京××餐饮有限公司(以下简称餐饮公司)买卖合同纠纷一案,北京市海淀区人民法院依法公开开庭进行了审理。原、被告及委托代理人均到庭参加了诉讼。

原告肉食加工厂诉称,2001 年 9 月至 2002 年初,我厂给被告送各种肉类加工品,被告收到货物后给付了部分货款,现还欠我厂货款 169998.6 元,经多次催要,其以种种理由拒付。故诉至法院,请求判令被告立即支付所欠的上述货款。

被告餐饮公司辩称,在原告提交的供货凭证上只有部分有我公司收货人员的签名,货款 9 万多元,还有 2.9 万余元凭证是已付款未收回,其余凭证上签名的不是我单位人员,也未收到这部分货,故不同意原告的诉讼请求。

北京市海淀区人民法院经审理查明,2001 年 9 月至 2002 年初,肉食加工厂陆续向餐饮公司送肉食加工制品,收货人每次收货后在入库单上签名,肉食加工厂凭入库单结账。餐饮公司结了部分货款。现在肉食加工厂有餐饮公司入库单 45 张,上面分别有董×、赵×、张××、陈××、程××、胡××等收货人的签名。诉讼中,餐饮公司仅认可入库单中有董×、赵×签名的 20 张,货款金额 90260.4 元;不认可另外的入库单,否认收到另外的货物。同时,否认张××、陈××、胡××是餐饮公司人员,并认为程××虽是公司人员但未授权其收货。其中,张××签字的入库单 15 张,货款金

[1] 根据关键律师主持的中国物流法律网 http://www.wuliulaw.com 案例库中的物流案例改编。

额为 39779.6 元。另查，2002 年 11 月 14 日，肉食加工厂法定代表人管某处存有欠餐饮公司已付款的入库单，货款金额 29371.67 元。

餐饮公司为证实张××、陈××不是本单位人员，提交了证明材料：(1)收货期间本单位人员工资表，上面没有二人的姓名；(2)当月的入账凭证，证实工资表上数额与凭证记载相符。餐饮公司还申请其原职工黄×、李×出庭作证，二证人证言内容相同，主要是他们当时在餐饮公司工作，不知道有张××、陈××二人。肉食加工厂在质证中认为，工资表上没有领取工资人员的签名，并且不准确，如入账凭证是散装，没有订册，封面编号有涂改，对两份证明材料的真实性提出异议，并提出二证人曾是餐饮公司职工，与其有过利害关系，否认证言的真实性。

肉食加工厂为证实张××、陈××曾是餐饮公司的人员，申请张××出庭作证，张××证实其当时是餐饮公司党校餐厅库管人员，负责收货工作，并辨认在入库单上的签名是其所签，入库单上货物餐饮公司已收下。张××为证明其身份，还提交了其在餐饮公司的工作卡，由于餐饮公司不认可工作卡的真实性，法院委托北京市法庭科学技术鉴定研究所对工作卡上的印章进行比对鉴定，但结论和意见是：鉴于检材印章印文残缺不全，根据现有条件无法作出明确结论。肉食加工厂还申请了孟××、陈××、韩×、李××、阎××出庭作证，上述证人证言主要内容是，他们曾在餐饮公司工作过，张××、陈××也在餐饮公司工作，负责收货。餐饮公司在质证中以孟××、陈××现在肉食加工厂法定代表人管×兼职为副总经理的单位工作，双方有行政隶属关系；韩×与孟××同住，有依靠关系；李××及阎××曾受过本单位的罚款处理为由，认为上述证人证言均无证明效力。

以上事实还有法院开庭笔录在案佐证。

【焦点问题分析】

海淀区人民法院认为，肉食加工厂向餐饮公司送货，双方事实上形成了买卖合同关系，该合同关系有效。现餐饮公司对收取有董×和赵×签字的入库单上的货物不持异议，故该欠款数额应当确认，餐饮公司应向肉食加工厂支付。

双方争议焦点集中在张××、陈××、程××、胡××签字的入库单能否确认是餐饮公司的行为，对此应当根据当事人举证情况作出判断。诉讼中，双方当事人为证明同一事实各自举出相反的证据，均无足够的依据否定对方的证据。根据最高法院《关于民事诉讼证据的若干规定》第 73 条规定，法院结合案件事实，对证明力明显大于另一方的证据予以确认。餐饮公司提交的证据为内部人员工资表，由于上面没有领取工资人员的签名，证明力不足，其提交的入账凭证应装订而未装订，也缺乏证明力。餐饮公司申请的两个证人的证言，因二证人曾是餐饮公司内部职工，与双方有过利害关系，证明力也相应减弱。肉食加工厂提交了相应的书证入库单，并申请了 5 个证人出庭，因其中两人现工作与原告法定代表人有领导和被领导关系，该证言的证明力不足，但另三证人与原告无直接利害关系，餐饮公司否认的理由不充分，应当确认该三证人证言的证明效力；张××作为当时经办人，出庭作证其收货是职务行为，该证言与其他证据互相印证，因此，就张××是否代表餐饮公司收取了肉食加工厂货物这一事实，肉食加工厂的证据证明力明显大于对方否认的证据证明力，法院确认肉食加工厂上述证据效力，餐饮公司应将有张××签字的入库单上的货物货款支付给肉食加工厂。但对另外陈××、程××、胡××签字的入库单，由于上述人员未出庭作证，入库单上的签字以及是否在履行职务等，关键事实不明，在餐饮公司否认的情况下，不能确认餐饮公司已收取了上述货物，肉食加工厂主张该部分货款的证据不充分，法院不予确认。此外，餐饮公司提交的肉食加工厂欠其 29371.67 元入库单的证据有效，该部分货款应从给付数额中减除。

综上所述，依据《中华人民共和国合同法》第 8 条、第 159 条的规定，北京市海淀区法院作出判决：被告北京××餐饮有限公司向原告天津市宝坻县××肉食加工厂支付货款 100668.33 元。

一审宣判后，餐饮公司不服，提出上诉。北京市第一中级法院经审理后，于 2003 年 6 月 2 日依法驳回上诉，维持原判。

【引申思考】

本案原告宝坻县××肉食加工厂为什么能够胜诉？如果你是原告，以后在配送商品过程中应当如何做才能避免此类纠纷？

R 课外阅读指导

请阅读如下参考书籍和法条：

1.《合同法》王利明、崔建运主编北京大学出版社，1999 年版

2.《合同法原理》谢怀拭等著法律出版社，2000 年版

3.《民法》魏振赢主编北京大学出版社，2000 年版

4.《中华人民共和国合同法》，1999 年 3 月 15 日第九届全国人民代表大会第二次会议通过，1999 年 10 月 1 日施行。

5.《中华人民共和国民法通则》，1986 年 4 月 12 日第六届全国人民代表大会第四次会议通过。

6. 最高人民法院关于运用《中华人民共和国合同法若干问题解释》(一)1999 年 12 月 19 日最高人民法院公布并施行。

第三章　货物运输法律法规

本章学习目标与学习要求

本章主要介绍在物流运输活动中涉及到的相关法律法规知识，该部分内容在实践中应用很广，也是物流师考试的重要内容。

知识目标：了解有关运输的相关知识，掌握普通运输合同和国际货物运输合同的主要条款。

能力目标：通过本章的学习，让学生具备签订和审核运输合同的能力，并具备一定的案例分析能力。

素质目标：培养合作意识和安全意识。

学习要求：本章重点在于运输合同和多式联运合同的相关知识，要求学生学会填制和审核相关的运输单据。

第一节　运输合同

一、运输概述

（一）运输的含义和构成要素

运输，在运输经济学上，将运输定义为“劳动者使用运输工具和设备，实现人和物的空间场所的变动的有目的的活动。”运输活动按其在社会生产中所处的位置分为生产过程中的运输和社会流通中的运输。我们在这里提到的运输是指交通运输，是社会流通中的运输。是指人和物的载运和输送。即以各种运载工具，沿着相应的运输线路将人和物等运输对象从一场所移至另一场所的活动。其运输的目的是为了实现运输对象的空间转移。

构成运输的要素包括动力、运输工具、运输通路和通讯设备四要素。这四种要素有机结合，构成一个有机整体，发挥最大的效用。

(1)动力。包括自然动力，如风力、水力、畜力等；也包括人工动力如蒸汽力、石油燃烧爆发力、气体燃烧力、压缩空气力、电力、核动力等。

(2)运输工具。有自然工具和人工制造的工具。自然运输工具有骆驼、马牛等;人工运输工具包括汽车、火车、自行车、人力车、轮船、飞机、火箭等航空器以及其他由人工制造的工具。现代运输工具在运量和速度上突飞猛进、安全高效的同时,在设备方面还采用了新的科学方法和技术,如客车内有空调,电视机和音响等设备;货车有保温、冷藏等设备。

(3)运输通路。有陆路包括公路、铁路、管道、输送带;有水路包括内陆水道的河流、湖泊、运河以及沿海岸线和海洋航线;空路包括空中索道和航空线(国内和国际航线)。所谓通路包括起点、中途和终点,各种不同的运输方式使用不同的通路和动力以及运输工具。

(4)通讯设备。包括有线电、无线电、雷达、电视广播等,只有这四个要素密切配合,方能发挥充分的效用。传统的运输方式多数利用自然动力,运输工具相对落后,对运输设备的需要也不迫切,这样必然造成运输效率低下、运输范围小、危险性大;而现代的运输工具多数用人工动力、运输工具和设备先进,运输效率高,运输范围大,危险性降低。

(二)运输方式的分类

所谓的运输方式是指各种运输要素的结合方式,其中主要是运输通路和运输工具相结合的方式。在我国常用的运输方式有陆地运输、水路运输、航空运输和联合运输。国际上常用的运输方式有海洋运输、陆地运输、航空运输、邮包运输和联合运输五种运输方式。

1. 陆地运输

这里包括铁路运输和公路运输。

(1)铁路运输是指利用铁路运输工具将人和货物从一地运往另一地的运输过程。铁路货物运输目前有三种运输方式,即整车货物运输、零担货物运输和集装箱货物运输。根据《铁路货物运输规程》的规定,一批货物的重量、体积和形状需要一辆以上(含一辆,下同)的货车装运的,应按整车运输;不够整车的,按零担运输;符合集装箱运输条件的货物,按照集装箱托运。铁路运输也称为火车运输。

铁路运输是现代运输业的主要运输方式之一,已经有 150 年的历史。它与其他运输方式相比,具有运量大、速度快、安全可靠、运输成本低、运输准确性和连续性强、受自然气候影响小等优点。

(2)公路运输,亦可称为汽车运输或道路运输。是指利用汽车将货物从起点运至目的地的方式。公路运输有多种形式,有大型特型笨重物件的运输、集装箱汽车运输、快件货物运输、特快件货物运输、危险品货物汽车运输、出租汽车运输、搬家货物运输等等。

汽车运输与其他运输方式相比具有机动灵活、应急性强、初期投资少、收效快、驾驶技术容易掌握等特点。它不但对短途运输最为合适，而且对接壤国家的国际间货物运输也适用。因此，是目前国内普遍的运输方式，具有快捷便利的优势。

2. 水路运输

又称为船舶运输。它是利用船舶、排筏和其他浮运工具，在江河、湖泊、水库、人工水道和海上运送旅客和货物的一种运输方式。可以分为内河运输和海上运输两种方式。

(1)内河和沿海运输。内河航运是利用自然河流辅以少量的人工运河形成的航道进行运输，受自然条件的限制，在区域分布上有较大的不均匀性。沿海运输是指沿海各地(港)之间的运输。与公路和铁路等运输方式相比，内河运输具有受自然气候的影响较大，运输速度慢，风险大等弱点。但是，水运是交通运输中运输成本低、污染小的一种运输方式。

(2)海上运输，亦称海洋运输。是指利用船舶在国内和国际港口之间通过一定的航线和航区，运送货物和旅客的一种运输方式。包括近洋和远洋运输。海上货物运输是利用船舶来完成运输的，船舶的运载能力远远大于其他运输工具。而且海上运输的船舶是利用天然航道运送货物，这些航道四通八达，将世界各地的港口联系在一起，不像汽车火车那样易受道路和轨道的限制。同时海洋航道天然构成，港口设备一般均为政府构建，与其他运输方式相比运输成本低。但是海上运输也有缺点：速度慢、风险大、易受自然气候的影响、货物运输的连续性和稳定性较差。目前世界上有2/3 的货物是通过海洋运输的。

3. 航空运输

是以航空器为运载工具，由机场空中交通控制系统以及通讯导航等设施组成的现代运输体系。航空运输可分为国内航空运输和国际航空运输。根据《中华人民共和国民用航空法》第 106 条的规定，国内航空运输是指当事人订立的航空运输合同，运输的出发地和约定的经停地点和目的地均在中华人民共和国境内的运输。国际航空运输，是指根据当事人订立的航空运输合同，无论有无间断或者有无转运，运输的出发地、目的地或约定的经停地之一不在中华人民共和国境内的运输。航空运输还可以根据经营方式分为班机运输、包机运输、集中托运、航空快递、递交业务和货到付款六种运输方式。

4. 联合运输

是指几种运输方式有机结合在一起的运输形式。一般以集装箱为运输包装和运输单位。集装箱原意是一种容器，专供周转使用的具有一定的刚度和强度，并便于机械操作和运输的大型货物容器。也就是说把货物集中在一个特定的箱子内作为运输单元的运输设备。基于不同角度，联合运输可以分为不同的形式，比如按运输方式的不同可分为海陆联运、铁公联运、海空联运、陆空联运等等。根据联运组织方式和体制的不同，联运又可分为协作式联运和多式联运。

这种运输方式可以实现门到门运输，而且具有手续简便、安全可靠、提早结汇、简化包装、货损少、运输效率高等优点。近年来在国际上被广泛采用，有着良好的发展前途。

二、运输合同法概述

运输合同法调整的是与各种运输方式直接相关的法律关系。在我国，交通部、铁道部和民航总局分别管理公路、水路、铁路和航空运输。

我国的运输合同法律体系包括《中华人民共和国铁路法》、《中华人民共和国海商法》、《中华人民共和国民事航空法》和《中华人民共和国公路法》(以下分别简称《铁路法》、《海商法》、《民航法》、《公路法》)等主要运输法律，与其相配套的法律法规制度正在完善。除此之外，我国现行的法律体系中的《民法通则》和《合同法》也在其中，还应包括客运规则、货运规则等运输行政规章。

在国际运输合同法中，比较有影响的是 1892 年制定的《伯尔尼公约》等。

(一)运输合同的概念、特点和种类

1.运输合同的概念

根据《合同法》第 288 条的规定："运输合同是承运人将旅客或货物从起点运输到约定地点，旅客、托运人或者收货人支付票款或者运输费用的合同。"

运输合同是合同的一种。所谓合同又称契约，是当事人之间关于权利、义务关系的协议。它同买卖合同、借贷合同、租赁合同、技术合同等一样，是日常生活中若干合同关系的一种。它既可以采用书面的形式，也可以采用口头或其他形式，如推定的形式、默示的形式等。运输合同的当事人是指那些以自己的名义订立运输合同并按照合同享受权利，承担义务的自然人、法人或其他组织。

2.运输合同的特征

(1)运输合同为双务合同。在合同法理论上有双务和单务合同之分。所谓双务合同是指当事人双方都既有权利又有义务，且一方权利为另一方义务的合同。而单务合同是指当事人一方只享有权利不承担义务，而另一方只承担义务，不享有权利。实际生活中这种合同是少见的，如保证合同、赠与合同等。

(2)运输合同的标的是无形的，是一种服务。运输合同的客体是承运人运送旅客或者货物的劳务而不是旅客或货物。

(3)运输合同具有强制缔约性。运输当事人的权利和义务大多数是由法律、法规、规章规定的，当事人按照有关规定办理相关手续，合同即告成立。对于法律的强制性条款当事人不能协商。

(4)合同的内容格式化。运输合同一般采取格式条款(即标准合同)形式订立。所谓格式条款是指合同一方提供的具有合同全部内容和条件的格式，另一方当事人予以确认后合同即告成立。例如旅客运输合同，就是通过出售客票来完成合同的订

立过程。

3. 运输合同的种类

根据不同的标准，可以将运输合同进行不同的分类。

(1)根据运输对象不同划分，可以分为旅客运输合同和货物运输合同。人身和物品各有不同的属性，对运输条件的要求不同，因而也具有不同的法律意义。

(2)根据运输方式不同划分，可以分为铁路运输合同、公路运输合同、水路运输合同、海上运输合同、航空运输合同和多式联运合同。

(3)根据运输是否跨越国界划分，可以分为国内运输合同和国际运输合同。前者适用国内立法，后者则适用于有关国际公约和国际惯例。

(二)运输合同的当事人

运输合同有客运合同和货运合同之分，因而客运合同的当事人是旅客和承运人；而货运合同的当事人是托运人、承运人以及收货人。

1. 承运人

承运人又称作运送人，是指与旅客或托运人订立运输合同，利用一定的运输线路和运输工具，以运送旅客或物品为营业活动并收取运费的人。运输合同是双务合同，因此，承运人既有权利又有义务。承运人的基本权利是包括费用的请求权、人身和货物的检查处置权、运输工具管理操纵和运行权、货物留置和处置权、人身管制权(准司法权)、责任豁免和赔偿责任限制权。承运人的义务是不得拒绝当事人通常、合理的运输要求；应当在约定期间和合同期间内将旅客和货物运送至约定地点；提供并谨慎处理运输工具；保护旅客人身健康和生命的安全；妥善和谨慎保管货物和托运行李并填发单证；按照通常的运输线路或者约定的运输路线将旅客和货物运送到约定的地点；遵从托运人的要求中止运输；通知托运人、收货人等。

2. 旅客

旅客的基本权利是承运人的基本义务，此外，还有携带规定数量行李和随行人员的权利以及请求赔偿的权利。其基本义务是支付票款；持有效客票乘运；按客票记载的时间乘运；遵守承运人告知的安全事项；按限量携带行李；不得擅自携带、夹带危险品和违禁品。

3. 托运人

是指以自己的名义与承运人订立运输合同，并且依照合同享受权利承担义务的人。其基本的权利是请求承运人运输货物到目的地并支付给收货人、请求承运人签发运输单证、运输合同的变更权和解除权、延误和损害赔偿请求权。其基本义务是支付运输费用、提供约定的货物和如实申报及时办理必须的运输手续，妥善包装需运输货物，遵守托运危险品货物的规定。

4. 收货人

是指有权从承运人处提取货物的人。收货人虽然不是签订运输合同的人，但也有其基本的权利和义务。如果收货人与托运人为同一人,收货人的权利与托运人的权利相同。收货人为运输合同的第三人时,有请求交付货物和收取货物的权利;查询、检验货物的权利;发现货损、货差提出赔偿的权利。其基本义务是出示凭证及时领取货物;提货时检验;支付托运人未交或少交的费用等。

(三)运输合同的形式

在现代市场经济条件下,各国合同法扩大了要式合同的范围,许多合同必须以书面形式订立。在运输合同中由于运输合同的性质,法律普遍以直接或间接的形式规定其为要式合同。运输合同的基本内容除以运输法律、运输法规和运输规则的形式表现以外,还有若干特定的表现形式,如以客票运单和提单等运输文件为合同的形式。不同合同的形式对合同的效力有直接影响,不同形式的合同法律效力不同。

运输合同的形式主要有两种:一种以书面形式记载条款,依照法律规定,书面合同应记载合同的主要条款;另一种以运输单证形式,只载明运输有关事项,如起运点、终点、货物种类等,对合同的其他内容并不作载明。如客票、提单、托运的行李票等都为常见的运输合同。关于详细的运输合同的形式见后面章节。

(四)运输合同的订立和履行

1.运输合同的订立

依据《合同法》的规定,合同的订立必须经过要约和承诺两个阶段,运输合同也不例外。例如订立零担货物运输合同,托运人提出托运就是要约,承运人接受托运即承运就是承诺,货运合同即告成立。

(1)运输合同的要约。在运输合同中,旅客运输合同和货物运输合同要约的表现形式是有区别的。这里我们只阐述货运合同中要约的表现形式。多数货运合同是诺成性合同,所谓诺成性是指双方通过书面协议订立合同并不需要交付运输的货物合同即告成立。例如,在我国的《汽车货物运输规则》中,把书面货运合同分为三类:定期合同、一次性运输合同和道路货物运单。其中定期合同和一次性运输合同为诺成性合同,即合同的订立中的要约不是托运行为,而是履行已经成立的货运合同的一个步骤。一方提出订立合同的意思表示是要约,双方在合同上签字为承诺。除此之外,还有个别的货运合同为实践性合同,即托运人与承运人订立合同的同时要交付货物。如运单形式的合同是实践性合同,托运的行为是要约,承运的行为是承诺。

(2)运输合同的承诺。关于运输合同的承诺有其自身的特点,主要表现为:在实践性合同中,承运即为承诺;在诺成性合同中,承诺的形式可以是书面的,也可以是口头的,还可以是其他形式的,承运只是履行已经成立合同的步骤;在出租车货运下,招拦出租车的行为是要约,出租车停车允许载运的行为是承诺。运输合同成立的标志是承诺,承诺一旦生效,运输合同即告成立。

2.运输合同的履行

合同的履行是指当事人按照合同的规定行使权利和履行义务,从而实现当事人订立合同的目的。运输合同的履行是指当事人双方依照法律规定和合约约定，各自实施运输合同规定的权利和义务的行为。由于运输合同的关系人不同，其履行合同的内容就有所区别。从承运人的角度出发，运输合同的履行可以分为三个步骤：第一步承运阶段，在这个阶段承运人要检查托运人提供的货物是否与运单上记载的一致；要查验货物的包装是否符合合同的规定；核对无误后及时办理运输手续。第二步运送阶段，在这个阶段承运人要保证货物从起运地运至目的地。这个阶段是承运人的主要履行合同的阶段。第三步是交付阶段，承运人要保证及时将货物交付给收货人。而托运人的履行合同主要表现为及时交付运费和对货物进行包装，而且包装必须符合运输安全的需要。

【小知识 3-1】 运输合同的式样

托运方：______________________________

承运方：______________________________

托运方详细地址：________________________

收货方详细地址：________________________

根据国家有关运输规定，经过双方充分协商，特订立本合同，以便双方共同遵守。

第一条 货物名称、规格、数量、价款。

第二条 包装要求托运方必须按照国家主管机关规定的标准包装；没有统一规定包装标准的，应根据保证货物运输安全的原则进行包装，否则承运方有权拒绝承运。

第三条 货物起运地点：

货物到达地点：

第四条 货物承运日期：

货物运到期限：

第五条 运输质量及安全要求：

第六条 货物装卸责任和方法：

第七条 收货人领取货物及验收办法：

第八条 运输费用、结算方式：

第九条 各方的权利义务。

一、托运方的权利义务

1. 托运方的权利

要求承运方按照合同规定的时间、地点，把货物运输到目的地。货物托运后，如果托运方需要变更到货地点或收货人，或者取消托运时，有权向承运方提出变更合同的内容或解除合同的要求；但必须在货物未运到目的地之前通知承运方，并应按有关规定付给承运方所需费用。

2. 托运方的义务

按约定向承运方交付运杂费，否则，承运方有权停止运输，并要求对方支付违约金。托运方对托运的货物，应按照规定的标准进行包装，遵守有关危险品运输的规定，按照合同中规定的时间和数量交付托运货物。

二、承运方的权利义务

1. 承运方的权利

(1)向托运方、收货方收取运杂费用。如果收货方不交或不按时交纳规定的各种运杂费用，承运方对其货物有扣压权。

(2)查到收货人或收货人拒绝提取货物，承运方应及时与托运方联系，在规定期限内负责保管并有权收取保管费用，对于超过规定期限仍无法交付的货物，承运方有权按有关规定予以处理。

2. 承运方的义务

(1)在合同规定的期限内，将货物运到指定的地点，按时向收货人发出货物到达的通知。

(2)对托运的货物要负责安全，保证货物无短缺、无损坏、无人为的变质，如有上述问题，应承担赔偿义务。在货物到达以后，按规定的期限，负责保管。

三、收货人的权利义务

1. 收货人的权利

在货物运到指定地点后有领取货物的权利，必要时，收货人有权向到站、或中途货物所在站提出变更到站或变更收货人的要求，签订变更协议。

2. 收货人的义务

在接到提货通知后，按时提取货物，缴清应付费用；超过规定提货时间，应向承运人交付保管费。

第十条 违约责任

一、托运方责任

1. 未按合同规定的时间和要求提供托运的货物，托运方应按其价值的________%偿付给承运方违约金。

2. 由于在普通货物中夹带、匿报危险货物，错报笨重货物重量等而招致吊具断裂、货物摔损、吊机倾翻、爆炸、腐蚀等事故，托运方应承担赔偿责任。

3. 由于货物包装缺陷产生破损，致使其他货物或运输工具、机械设备被污染腐蚀、损坏，造成人身伤亡的，托运方应承担赔偿责任。

4. 在托运方专用线或在港、站公用线、专用铁道自装的货物，在到站卸货时，发现货物损坏、缺少，在车辆施封完好或无异状的情况下，托运方应赔偿收货人的损失。

5. 罐车发运货物，因未随车附带规格质量证明或化验报告，造成收货方无法卸货时，托运方应偿付承运方卸车等存费及违约金。

二、承运方责任

1.不按合同规定的时间和要求配车(船)发运的,承运方应偿付托运方违约金________元。

2.承运方如将货物错运到货地点或接货人,应无偿运至合同规定的到货地点或接货人。如果货物逾期达到,承运方应偿付逾期交货的违约金。

3.运输过程中货物灭失、短少、变质、污染、损坏,承运方应按货物的实际损失(包括包装费、运杂费)赔偿托运方。

4.联运的货物发生灭失、短少、变质、污染、损坏,应由承运方承担赔偿责任的,由终点阶段的承运方向负有责任的其他承运方追偿。

5.在符合法律和合同规定条件下的运输,由于下列原因造成货物灭失、短少、变质、污染、损坏的,承运方不承担违约责任:

①不可抗力;

②货物本身的自然属性;

③货物的合理损耗;

④托运方或收货方本身的过错。

本合同正本一式二份,合同双方各执一份;合同副本一式________份,送……等单位各留一份。

托运方(公章):________	承运方(公章):________
代表人:________	代表人:________
地址:________	地址:________
电话:________	电话:________
开户银行:________	开户银行:________
银行账号:________	银行账号:________

年 月 日订

三、《合同法》中关于运输合同的法律规定

根据《合同法》规定,在运输合同中,承运人的主要义务是应当按照约定或者通常路线将旅客、货物运输到约定地点。旅客、托运人或者收货人的主要义务是支付票款或者运输费用。承运人未按照约定路线或者通常路线运输增加票款或者运输费用的,旅客、托运人或者收货人可以拒绝支付增加部分的票款或者运输费用。以下部分主要介绍货运合同。

(一)托运人的权利和义务

(1)支付运费的义务。

(2)告知运输事项的义务。

托运人办理货物运输,应当向承运人准确表明收货人的名称或者姓名或者凭指

示的收货人,货物的名称、性质、重量、数量、收货地点等有关货物运输的必要情况。因托运人申报不实或者遗漏重要情况,造成承运人损失的,托运人应当承担损害赔偿责任。

(3)包装义务。

托运人应当按照约定的方式包装货物,否则,承运人可以拒绝运输。

(4)保证托运货物安全的义务。

托运人托运易燃、易爆、有毒、有腐蚀性、有放射性等危险物品的,应当按照国家有关危险物品的规定对危险物品妥善包装,作出危险物标志和标签,并将有关危险物品的名称、性质和防范措施的书面材料提交承运人。否则,承运人可以拒绝运输,也可以采取相应的措施以避免损失的发生,因此产生的费用由托运人承担。

(5)单方中止、变更、解除合同的权利。

在承运人将货物交付收货人之前,托运人可以要求承运人中止运输、返还货物、变更到达地或者将货物交给其他收货人,但应当赔偿承运人因此受到的损失。

(二)承运人的权利和义务

1. 完成运送货物的义务

承运人应按合同约定按时将货物运到指定地点,否则应承担违约责任。

2. 通知收货人收货的义务

货物运输到约定的收货地点后,承运人知道收货人的,应当及时通知收货人收货。如果未履行通知义务,造成货物损失的,应当负责赔偿。因未及时通知收货人增加的保管费用,由承运人承担。

3. 保证货物安全的义务

承运人对运输过程中货物的毁损、灭失承担损害赔偿责任。这种损害赔偿责任是无过错责任,只有承运人能够证明货物的毁损、灭失是因不可抗力、货物本身的自然性质或者合理损耗以及托运人、收货人的过错造成的,才不承担损害赔偿责任。

(三)收货人的权利和义务

1. 收货人应当及时提货并检验货物

收货人逾期提货的,应当向承运人支付保管费等费用。收货人提货时应当按照约定的期限检验货物。对检验货物的期限没有约定或者约定不明确,经协商仍不能确定的,应当在合理期限内检验货物。收货人在约定的期限或合理期限内对货物的数量、毁损等未提出异议的,视为承运人已经按照运输单证的记载交付货物。

2. 索赔的权利

收货人提取货物时,应当按照规定对货物进行检验,发现货物有毁损灭失的,有权向承运人索赔。货物毁损灭失的赔偿额,当事人有约定的,按照其约定;没有约定或者约定不明确,经协商仍不能确定,按照交付或者应当交付时货物到达地的市场价格计算。法律法规另有规定的,依照其规定。

(四)其他规定

货物在运输过程中因不可抗力灭失,未收取运费的,承运人不得要求支付运费;已收取运费的,托运人或收货人可以要求返还。

货物的提存。收货人不明或收货人无正当理由拒绝受领货物的,承运人可以提存货物。

【案例3-1】

山西省大同市某公司与内蒙古自治区某公司通过函件订立了一个买卖合同。因货物采取铁路运输的方式,而内蒙古公司作为卖方将运单的到达栏内的“大同县站”写成“大同站”。因此导致货物运错了车站,造成了双方的合同纠纷。

思考:该纠纷属于谁的责任?

分析:从本合同之纠纷来看,其中所涉及的主要问题是铁路运输合同的条款问题。根据合同法的规定,托运人办理货物运输,应当向承运人准确表明收货人的名称或者姓名或者凭指示的收货人,货物的名称、性质、重量、数量、收货地点等有关货物运输的必要情况;在本合同纠纷中,造成错发站的原因关键是发货方将“大同县站”写成了“大同站”,一字之差,货物发到了百里之外,在此,错发货的主要责任在于发货方,与铁路部门无关,应由发货方承担对收货方的赔偿责任。

第二节　多式联运合同

一、多式联运合同的概念、特征和种类

(一)多式联运的概念

多式联运合同是运输合同的一种,它是指两个以上采用不同运输方式的承运人作为合同一方当事人,通过衔接运送,将货物或旅客运送到约定的地点,托运人或旅客支付各种承运人运输费用而订立的协议。它包括旅客联运合同和货物联运合同两种,我们这里单指货物联运合同。

(二)多式联运合同的特征

多式联运合同的特征包括:第一,多式联运合同是由两种以上的不同运输方式的承运人相互衔接履行运输义务;第二,多式联运合同往往由第一承运人与托运人签订;第三,多式联运合同使用一份全程多式联运单据;第四,各个承运人对运输责任期内货物的毁损、灭失或迟延负连带责任。

(三)多式联运合同的种类

多式联运合同按不同的划分标准,可以划分以下几种:

1.以货物的接管地点和交付地点是否具有涉外因素分类

以货物的接管地点和交付地点是否具有涉外因素为标准,分为国际多式联运和

国内多式联运合同。所谓国际多式联运合同是指由多式联运经营人将货物从一国境内接管货物的地点运到另一国境内指定交货地点的联运合同。所谓国内多式联运合同则是指货物的接管地点与交付地点都在一国境内的多式联运合同。

2. 以运输方式的组织形式不同分类

以运输方式的组织形式不同可以分为:陆陆联运、陆海联运、海空联运、大陆桥运输、陆空联运合同等。所谓陆陆联运就是公路和铁路联合运输;大陆桥运输就是海陆海运输方式的组合。

区别不同运输方式的多式联运,在国内货物多式联运中具有十分重要的意义。我国调整多式联运的法律主要有《合同法》和《海商法》两个法律文件。其中,《海商法》仅适用于海上多式联运合同,而《合同法》则适用于各种形式的联合运输。

关于国际货物多式联运的国际法规有:①《联合国国际货物多式联运公约》,它是国际上第一个关于多式联运的公约。1980 年 5 月在日内瓦召开的由 84 个联合国贸易和发展会议成员参加的国际多式联运会议上一致通过的公约。②《联合运输单证统一规则》,它是国际商会在 1973 年制定,并于 1975 年修订的。这一规定属于民间规则,不具有强制性,但它经常被国际多式联运经营人和当事人协议采用,因此,地位十分重要。

二、多式联运合同的形式和内容

(一)多式联运合同的形式

多式联运合同的形式是多式联运单据。不论是国内的和国际的多式联运,其合同的形式都是多式联运单据,它是托运人交付货物时由承运人签发的运输单据。多式联运单据具有以下法律性质:

(1)它是多式联运合同的证明文件。托运人持有多式联运单据可以证明他和承运人即多式联运经营人之间存在合同关系,单据记载内容表明当事人之间的权利和义务。

(2)它是承运人收到货物的凭证。多式联运单据是承运人收到货物并检验后签发的单据,它表明了承运人接管了货物。

(3)它也是收货人或持单人提货的凭证。有的多式联运单据具有流通性。一般多式联运单据有可转让和不可转让之分,可转让的联运单据可以通过背书的形式进行转让,作为收货人或持单人提货的凭证。

(二)多式联运经营人的法律地位

多式联运经营人是指与托运人缔结多式联运合同并负责履行或组织履行合同对全程享有承运人权利和承担义务的人。根据《合同法》和《联合国国际货物多式联运公约》多式联运经营人的法律地位表现为:他是与托运人直接订立合约的当事人,他承揽了运输任务后再按运送义务交实际承运人去完成运输任务。托运人只与多式联运经营人发生直接的合同关系而不与实际的承运人签订运输合同。其次,多式联运经营人是全程运输的组织者和责任人,享有承运人的全部权利和承担全部义务,对各区段承运人造成的货物损失和其他损失,多式联运经营人应承担赔偿责任。

(三)多式联运合同的内容

多式联运合同一般应记载联运经营人的名称和地址、托运人和收货人的名称和地址、联运承运人接管货物的地点和日期、换装站(港、机场)、交付货物的时间和地点、联运单据签发的时间和地点、货物的一般情况以及托运人和承运人之间的其他事项。

三、多式联运合同的签订和履行

(一)多式联运合同的订立

多式联运合同的订立程序与一般运输合同的订立程序大体相同,也经过要约和承诺两个阶段。多式联运合同由托运人和承运人订立,但在实际业务中多式联运合同多数由托运人与承运人的代理人之间办理。多式联运合同是托运人与第一区段的承运人协商签订。多式联运各个区段的承运人可以约定相互之间的责任,但该约定不影响多式联运承运人对全程运输所应承担的义务。托运人交付货物要遵守与一般托运货物一样的规定,要有妥善的包装和如实申报货物的品名、重量、数量,要按规定进行装卸。

(二)多式联运合同当事人的权利和义务

多式联运合同是一个合同,托运人只需一次交费,承运人只需出具一份票证或托运手续。多式联运经营人负责履行或者组织履行多式联运合同,对全程运输享有承运人的权利,承担承运人的义务。

1.多式联运经营人的义务

多式联运经营人不仅要承担普通承运人的义务,还要承担两项特别义务:

(1)负责履行或者组织履行多式联运合同。

(2)签发多式联运单据的义务。多式联运经营人收到托运人交付的货物时,应当签发多式联运单据。按照托运人的要求,多式联运单据可以是可转让单据,也可以是不可转让单据。

2.多式联运合同责任的承担

(1)承运人责任的承担。多式联运合同因承运人的原因造成托运的货物损失或者旅客人身、行李损失的,按照货运合同或客运合同的规定,应当由承运人承担责任的,首先由多式联运经营人承担全部责任。多式联运经营人可以与参加多式联运的各区段承运人约定相互之间的责任,但该约定不影响多式联运经营人对全程运输承担的义务。

多式联运经营人首先承担责任以后,可以向有责任的实际承运人追偿。

(2)托运人责任的承担。因托运人托运货物时的过错造成多式联运经营人损失的,即使托运人已经转让多式联运单据,托运人仍然应当承担损害赔偿责任。

(三)多式联运合同的履行

多式联运合同的履行也包括三个阶段。

1.托运与承运阶段

这个阶段托运人履行合同的内容是向多式联运承运人提供运输的货物和交纳包装费用。承运人要检查货物的状况,核对多式联运单据的内容与货物是否一致。而后及时提供适合装载货物的运输工具,签发多式联运单据。

2.运送阶段

承运人承运后,多式联运合同履行进入运送阶段,各承运人按照规定完成合同约定的各阶段运输任务,由最后的承运人收到货物后,按约定及时通知收货人收货。

3.交付货物阶段

最后阶段的承运人负有向收货人交付货物的义务。如果货物灭失,则负责向收货人通知的义务;如货物损坏有赔偿的义务。对托运人未付或少付的运费以及中途发生由托运人支付的费用,承运人要求收货人支付,收货人拒付的,承运人有权留置货物。

四、多式联运合同的变更与解除

多式联运合同是托运人与承运人之间意思表示一致的协议,一经成立,当事人不得随意变更或解除。但合同签订后,根据需要,托运人或承运人也可提出变更或解除合同。解除多式联运合同由托运人向发货站或起运港提出。变更多式联运合同由托运人或收货人向到站或目的港提出。多式联运合同的变更只限一次,而且不得反复变更换装地点或变更一批货物中的一部分。托运人变更运输合同要征得承运人的同意才生效。因自然灾害或重大事故引起的运输中断或无法完成运输,承运人应及时与合同的当事人协商变更或解除合同。

第三节　国际货物运输合同

一、国际货物运输概述

国际货物运输又称国际贸易运输,是指国家与国家之间、国家与地区之间的货物运输。就一个国家而言,即为对外贸易运输,或简称外贸运输。其特点是:政策性强、路线长、环节多、涉及面广、情况复杂、时间性强、风险大。

国际货物运输合同包括国际海上运输合同、国际航空运输合同、国际铁路联运合同和国际公路运输合同。

二、国际海上运输合同

(一)国际海上运输合同概述

1.国际海上运输合同的定义

海上货物运输合同,是指承运人收取运费,负责将托运人托运的货物经海路由一港运至另一港的合同。该合同主要涉及以下当事人:

(1)承运人。承运人是指本人或者委托他人以本人名义与托运人订立海上货物运输合同的人。

(2)实际承运人。实际承运人是指接受承运人委托,从事货物运输或者部分运输的人。

(3)托运人。

①本人或者委托他人以本人名义或者委托他人为本人与承运人订立海上货物运输合同的人。

②本人或者委托他人以本人名义或者委托他人为本人将货物交给与海上货物运输合同有关承运人的人。

(4)收货人。收货人是指有权提取货物的人。

2.海上货物运输合同的特点

(1)双务合同。海上货物运输合同的双方当事人都享有权利,同时负有义务。船方享有收取运费的权利,同时负有安全运送货物的义务;货方享有接受货物或向船方索赔的权利,同时负有支付运费的义务。

(2)有偿合同。船方提供运输服务同时取得运费报酬,货方享有船方的运输服务,同时以支付运费为代价。

(3)要式合同。一般说来,海上货物运输合同既可采用书面形式也可采用口头形式。但《海商法》规定航次租船合同应当书面订立。而且海上货物运输合同多采用承运人或航次租船的出租人或多式联运经营人事先拟定的标准合同格式。

3.海上货物运输合同的种类

(1)班轮货物运输合同。班轮运输合同也称件杂运输合同又称零担运输合同,是指承运人在不出租船舶的情况下负责将件杂货由一港运至另一港,而由托运人支付运费的协议。件杂货运输合同,通常是班轮运输所采用的。按照这种运输方式,承运人接受众多托运的货物,将它们装于同一船舶,按规定的船期,在一定的航线上,以规定的港口顺序运输货物。件杂货运输合同大多数是以提单的形式表现和证明的,因此件杂货运输又被称作提单运输。目前,海运提单作为件杂货运输合同的特别形式,在国际海运实践中的应用日趋广泛。

(2)航次租船合同。航次租船合同又称航程租船合同或程租合同。它是船舶出租人向承租人提供船舶或者船舶的部分舱位，装运约定的货物，从一港运至另一港，并由承租人支付约定运费的合同。这种合同具体又分为单航次租船合同、往返航次租船合同、连续单航次租船合同和连续往返航次租船合同等多种形式。此类合同适用于不定期船运输。

(3)海上货物运输总合同。海上货物运输总合同，又称为包运合同、货运数量合同，它是指承运人负责将一定数量的货物，在约定的时间内，分别通过海路从一港运至另一港，而由托运人或者收货人支付运费的协议。海上货物运输总合同是相对于具体的海上货物运输合同而签订的，在这种合同中，通常只订明一定时期内托运人交运货物的数量或批量、承运人提供的船舶吨位数、装卸港口、装卸期限、运价等主要内容。在每一批货物装船后，承运人再签发提单或双方就每一批货物签订具体的航次租船合同。此种合同适用于大批货物的运输，其优点是双方当事人关系比较固定。

(二)国际海上运输合同的内容及形式

如前所述，国际海上运输按照经营方式分类，可以分为班轮运输和租船运输两种形式。因此，其运输合同的表现形式和内容也不相同。班轮运输采用的是海运提单的形式，租船运输合同为租船合约形式。本章主要介绍海运提单(以下简称提单)。

1.提单的概念和特点

海运提单(Ocean Bill Of Lading,B/L)简称提单，是指用以证明海上货物运输合同和货物已经由承运人接收或者装船，以及承运人保证据以交付货物的单证。提单中载明的向记名人交付货物，或者按照指示人的指示交付货物，或者向提单持有人交付货物的条款，构成承运人据以交付货物的保证。货物由承运人接收或者装船后，应托运人的要求，承运人应当签发提单。提单可以由承运人授权的人签发。提单由载货船舶的船长签发的，视为代表承运人签发。

海运提单的特点概括来说有三个：

(1)它是托运人与承运人之间运输契约的书面证明。

(2)它是承运人或其代理人收到所承运货物的证明。

(3)它也是所载货物的物权凭证。

2.提单的内容

每个船舶公司的提单格式都不相同，但基本内容大致相同，分为正面的记载事项和背面印刷的运输条款。

(1)提单正面的内容。提单正面的内容分别由托运人和承运人或其代理人填写，一般包括以下内容：托运人；收货人；被通知人；收货地或装货港；目的地或卸货港；船名及航次唛头及件号；货名及件数；重量和体积；运费预付或运费到付；正本提单的份数；船舶公司或其代理人的签章；签发提单的地点及日期(具体内容和形式见【小知识3-2】)。

【小知识 3-2】 提单样式(正面)

<table>
<tr><td>托运人
Shipper:Shanghai Metals&Minerals Import</td><td rowspan="3">BILL OF LADING
DIRECT OR WITH TRANSHIPMENr
Oriental Overseas
Container Lines(China)Ltd.
Cable:SINOTRANS BEIⅡ NG
&ExportCorp
Telex:66154TRANS CN</td></tr>
<tr><td>收货人或让受人
Consignee or assigns</td></tr>
<tr><td>通知
Notify:</td></tr>
</table>

船名 Vessel	航次 Voy	现货单号 S/ONo.	提单号 B/Lno.

装货港 Port of loading	卸货港 Port of discharge
国籍 Nationality	运费在 Freight Payable at

托运人所提供的详细情况

标志和号数 Mark and Numbers	件数 No. of Packages	货名 Description Of Goods	毛重 Cross Weight	尺码 Measurement

上列外表情况良好的货物(另有说明者除外)已装在上列船上并应在上列卸货港或该船所能安全到达并保持浮泊的附近地点卸货

Shipped on board the vessel named above in apparent goodorder and condition (unless otherwise indicated) the goods or packages specified herein and to be discharged at the above－mentioned port of discharge or as near thereto as the vessel. safely get and be alway safloat.

重量.尺码.标志.号数.品质内容和价值是托运人所提供的,承运人在装船时并未核对.

The weight. Measure. Marks. numbers,quality,contents and value,being particulars furnished by the Shipper are checked by the Carrier on loading.

托运人,收货人和本提单的持有人兹明白表示接受并同意本提单和它背面所载的一切印刷、书写或打印规定,免费事项和条件:

The shipper. Consignee and the holder of this Bill of lading hereby expressly accept and agree to all printed,written or stampedprovisions,exceptions and conditions of this Bill of Lading,including those on the back hereof

<table>
<tr><td>运费和其他费用
Freight and Charges:</td><td>为证明以上各节,承运人或其代理人已签署本提单一式两份,其中一份完成提货手续后,其余各份失效.
In witness whereof,the Carrier or his Agent has signed Bills of Lading all of this tenor and date,one of which being accomplished,the others to stand void.
签单日期
Dated
ForstheMaster</td></tr>
</table>

(2)提单背面的内容。提单背面的内容就是印刷的条款,是处理承运人与托运人或收货人之间争议的依据,包括:法律诉讼条款,承运人责任条款,负责条款,有关改装、改卸目的港,甲板货物、危险货物、装货、卸货、交货、共同海损等条款,赔偿条款,运费条款,留置权条款等。

3.海运提单的种类

(1)根据货物是否装船分为已装船提单和备运提单。前者是指船舶公司已经将货物装上指定船舶后所签发的提单,这种提单以文字表明货物已经装在船上。后者是指船舶公司已经收到了托运货物在等待装运期间签发的提单,此种提单签发时货物尚未装船。

(2)根据提单上对货物表面状况有无不良批注可分为清洁提单和不清洁提单。清洁提单指货物在装船时"表面状况良好",船舶公司在提单上未加任何有关货物受损或包装不良等批注的提单。如果承运人(船舶公司)签发了清洁提单,就等于他确认经过他或他的代理人的合理检查,货物装船时,外表状况良好,在卸货时如果发现货物的外表有缺陷,承运人就应该负责。不清洁提单是指船舶公司在提单上对货物表面状况或包装不良等批注的提单。

(3)根据收货人抬头不同分为记名提单、不记名提单和指示提单。记名提单是指在提单的收货人栏内填明确定的收货人名称,只能由该特定收货人提货;不记名提单又称空白提单,指提单的收货人栏内是空白的,没有指明任何收货人,任何持有该提单的人都可以提货;指示提单是指提单收货人栏内只填写"凭指定"或"凭××人指定"字样。指示提单经过指示人的背书后可以流通转让。

(4)根据运输方式可分为直达提单、转船提单和联运提单。直达提单是指从装运港装船后直接运抵目的港的提单,提单上不得出现"在某地转船"字样;转船提单是指货物在装运港装船后,需要在中途一次或几次换装其他船舶运往目的港的情况下签发的提单;如果货物的运输全程由不同种类的运输工具完成,而不仅限于船舶运输,在这种情况下签发的提单称为联运提单。

(5)其他各种提单。

①集装箱提单。指以集装箱装运货物所签发的提单。它有两种形式:一种是普通的海运提单上加注"用集装箱装运"字样,另一种是使用"多式联运提单",它增加了集装箱号码和"封号"。

②舱面提单。指承运人对装于船舶甲板上的货物所签发给托运人的提单。常用于体积特别庞大的货物以及某些有毒物品和危险货物,不宜于装入舱内的情况。

③倒签提单。指承运人应托运人请求,签发提单日期早于实际装船日期的提单,以符合信用证对装船日期的规定,便于结汇。这是一种违法行为。

【小知识 3-3】 国际海上运输不同经营方式的特点比较

项　目	国际海上航行船舶		
运营方式	班轮	租船	
		航次租船	定期租船
基本特点	固定航线，有挂靠的基本港口	无固定航线，根据合同出租整船或部分舱位	租整船，由租方安排运营
货物承运人	船舶公司	船东	租船人
承运货物方式	货主向船舶公司订部分舱位	承租人向船舶公司租用整船或部分舱位	租船人安排货载，充分使用舱位
船东收取运费或租金办法	根据船公司运价表按货物数量、运距计费	根据合同协议费率按数量计算	根据租船合同按租期计费
船舶运营费用分担	由船东负担	承租人负担货物装卸费及垫舱物料费	租船人负责货物装卸费、洗舱费、舱物料费、港口费、代理费、燃料费

(三)合同双方当事人的权利义务

我国《海商法》第 43 条规定："承运人或者托运人可以要求书面确认海上货物运输合同的成立。但是，航次租船合同应当书面订立。电报、电传和传真具有书面效力。"

1.承运人的义务

(1)承运人的适航义务。我国《海商法》第 47 条规定，承运人在船舶开航前和开航当时，应当谨慎处理，使船舶处于适航状态，妥善配备船员，装备船舶和配备供应品，并使货舱、冷藏舱、冷气舱和其他载货处所能够适于并能安全收受、载运和保管货物。

(2)承运人管理货物的义务。我国《海商法》第 48 条规定，承运人应当妥善地、谨慎地装载、搬移、积载、运输、保管、照料和卸载所运货物。

(3)承运人有不得绕航的义务。我国《海商法》第 49 条规定，承运人应当按照约定的或者习惯的或者地理上的航线将货物运往卸货港，但船舶在海上为救助或企图救助人命或财产而发生的绕航或其他合理绕航除外。

承运人的免责事项：在责任期间货物发生的灭失或者损坏是由于下列原因之一造成的，承运人不负赔偿责任：

①船长、船员、引航员或者承运人的其他受雇人在驾驶船舶或者管理船舶中的过失。

②火灾，但是由于承运人本人的过失所造成的除外。

③天灾,海上或者其他可航水域的危险或者意外事故。

④战争或者武装冲突。

⑤政府或者主管部门的行为、检疫限制或者司法扣押。

⑥罢工、停工或者劳动受到限制。

⑦在海上救助或者企图救助人命或者财产。

⑧托运人、货物所有人或者他们的代理人的行为。

⑨货物的自然特性或者固有缺陷。

⑩货物包装不良或者标志欠缺、不清。

⑪经谨慎处理仍未发现的船舶潜在缺陷;

⑫非由于承运人或者承运人的受雇人、代理人的过失造成的其他原因。

承运人依照上述规定免除赔偿责任的,除第"(2)"项规定的原因外,应当负举证责任。

【案例 3-2】

甲国A公司(买方)与乙国B公司(卖方)签订一进口水果合同,价格条件为CFR,装运港的检验证书作为议付货款的依据,但约定买方在目的港有复验权。货物在装运港检验合格后交由C公司运输。由于乙国当时发生疫情,船舶到达甲国目的港外时,甲国有关当局对船舶进行了熏蒸消毒,该工作进行了数天。之后A公司在目的港复验时发现该批水果已全部腐烂。

思考:C公司是否可以免责?

分析:C公司可以免责。根据《海商法》规定,在责任期间货物发生的灭失或者损坏是由于政府或者主管部门的行为、检疫限制或者司法扣押造成的,承运人不负赔偿责任。而本案中,水果的腐烂是由于甲国当局的熏蒸消毒所致,属于检疫限制,因此C公司可以免责。

2. 托运人的义务

(1)妥善包装和准确告知的义务。托运人托运货物,应当妥善包装,并向承运人保证,货物装船时所提供的货物的品名、标志、包数或者件数、重量或者体积的正确性;由于包装不良或者上述资料不正确,对承运人造成损失的,托运人应当负赔偿责任。

(2)及时办理海关手续的义务。托运人应当及时向港口、海关、检疫、检验和其他主管机关办理货物运输所需要的各项手续,并将已办理各项手续的单证送交承运人;因办理各项手续的有关单证送交不及时、不完备或者不正确,使承运人的利益受到损害的,托运人应当负赔偿责任。

(3)托运危险货物的赔偿义务。托运人托运危险货物,应当依照有关海上危险货物运输的规定,妥善包装,作出危险品标志和标签,并将其正式名称和性质以及应当采取的预防危害措施书面通知承运人;托运人未通知或者通知有误的,承运人可以在任何时间、任何地点根据情况需要将货物卸下、销毁或者使之不能为害,而不负赔偿责任。托运人对承运人因运输此类货物所受到的损害,应当负赔偿责任。承运人知道危险货物的性质并已同意装运的,仍然可以在该项货物对于船舶、人员或者其他货物构成实际危险时,将货物卸下、销毁或者使之不能为害,而不负赔偿责任。

(4)支付运费的义务。托运人应当按照约定向承运人支付运费。托运人与承运人可以约定运费由收货人支付;但是,此项约定应当在运输单证中载明。

托运人的免责事项:托运人对承运人、实际承运人所遭受的损失或者船舶所遭受的损坏,不负赔偿责任;但是,此种损失或者损坏是由于托运人或者托运人的受雇人、代理人的过失造成的除外。托运人的受雇人、代理人对承运人、实际承运人所遭受的损失或者船舶所遭受的损坏,不负赔偿责任;但是,这种损失或者损坏是由于托运人的受雇人、代理人的过失造成的除外。

【案例 3-3】

中国甲公司与美国乙公司于 1995 年 10 月签订了购买 4 500 吨化肥的合同,由某航运公司的"NEW WAY"号将该批货物从美国的新奥尔良港运至大连。"NEW WAY"号在途中遇小雨,因货舱舱盖不严使部分货物湿损。

思考:承运人是否要对该湿损承担责任?

分析:承运人应该承担责任。根据法律规定的承运人的义务,承运人在船舶开航前和开航当时,应当谨慎处理,使船舶处于适航状态,妥善配备船员,装备船舶和配备供应品,并使货舱、冷藏舱、冷气舱和其他载货处所能够适于并能安全收受、载运和保管货物。而本案中的承运人没有将货舱舱盖盖好,没有使船舶处于适航状态。因此承运人应该承担责任。

(四)海上货物运输合同的解除

根据《海商法》的规定,海上货物运输合同的解除主要有以下几种情形:

(1)船舶在装货港开航前,托运人可以要求解除合同。但是,除合同另有约定外,托运人应当向承运人支付约定运费的一半;货物已经装船的,并应当负担装货、卸货和其他与此有关的费用。

(2)船舶在装货港开航前,因不可抗力或者其他不能归责于承运人和托运人的原因致使合同不能履行的,双方均可以解除合同,并互相不负赔偿责任。除合同另有约定外,运费已经支付的,承运人应当将运费退还给托运人;货物已经装船的托运人应当承担装卸费用;已经签发提单的,托运人应当将提单退还承运人。

(3)因不可抗力或者其他不能归责于承运人和托运人的原因致使船舶不能在合同约定的目的港卸货的,除合同另有约定外,船长有权将货物在目的港邻近的安全港口或者地点卸载,视为已经履行合同。船长决定将货物卸载的,应当及时通知托运人或者收货人,并考虑托运人或者收货人的利益。

三、国际航空运输合同

国际航空运输，是指根据当事人订立的航空运输合同，无论有无间断或者有无转运，运输的出发地、目的地或约定的经停地之一不在中华人民共和国境内的运输。航空货物运输合同是航空承运人根据托运人的要求，将货物运至托运人指定的航空港，交付给托运人指定的收货人，托运人或者收货人支付运费的运输合同。

（一）航空货物运输合同的形式和内容

航空货物运输合同的具体形式有航空货运单、包机运输协议和具体的航空货物运输协议。

1.航空货运单

航空货运单是指由航空承运人提供的具有航空货物运输合同基本内容的运输单证。航空货运单由航空承运人制定，托运人在托运货物时要按照承运人的要求进行填制，经航空承运人确认后，合同即告成立。在实际业务中，航空运单有航空主运单和分运单之分。由航空公司签发的是主运单，由航空运输代理在办理集中托运时签发给各承运人的运单是分运单。航空运单的主要作用是：它是运输契约即运输合同的证明和货物的收据。

航空货运单应当具备以下内容：①托运人、收货人姓名、名称、地址、联系电话；②出发站和到达站以及航空承运人名称、地址；③托运货物品名、重量、数量；④货物包装及件数；⑤计费重量及运费；⑥运输方式；⑦注意事项。

依照所适用的国际航空运输公约的规定，应当在货运单上声明此项运输适用该公约的，货运单上应当载有该项声明。

2.包机协议

托运人要求包用飞机进行运输货物的，应当与航空承运人签订包用飞机协议。首先由托运人向航空承运人提出包机申请书，明确要求包用飞机的机型、架次、航程。其次，航空承运人根据自己运输能力，如果能满足包机者的要求，即可与包机人签订包机协议。

包机协议主要内容包括：①包机人名称、地址；②航空承运人名称、地址；③包用飞机的机型、航程架次；④货物运量，每架次的最大载货量等；⑤包机费用及支付方式；⑥包机人和承运人的基本权利义务；⑦当事人双方的违约责任；⑧双方约定的其他内容。包机协议中未能详尽的内容，适用有关法律法规的规定。

托运人和航空承运人也可以通过签订具体的航空货物运输协议，明确双方的权利义务。协议的内容主要包括：①主体情况，即当事人的名称、地址等；②运输货物的品名、重量、件数，是否是危险品等；③运输费用；④运输方式；⑤当事人的权利和义务等。

(二)航空运输合同的订立

1. 托运人必须向承运人提交航空货运单

航空货运单是航空货物运输合同订立和运输的条件以及承运人接受货物的初步证据。航空货运单上关于货物的重量、尺寸、包装和包装件数的说明具有初步证据的效力。除经过承运人和托运人当面查对并在航空货运单上注明“经过查对”或者书写关于货物的外表情况的说明外，航空货运单上关于货物的数量、体积和情况的说明不能构成不利于承运人的证据。

2. 航空货运单的填制

托运人应当填写航空货运单正本一式三份，连同货物交给承运人。航空货运单第一份注明“交承运人”，由托运人签字、盖章；第二份注明“交收货人”，由托运人和承运人签字、盖章；第三份由承运人在接受货物后签字、盖章，交给托运人。

承运人根据托运人的请求填写航空货运单的，在没有相反证据的情况下，应当视为代托运人填写。

3. 托运人的托运

托运人托运，应当向承运人提供货物；并对托运的货物，应当按照国家主管部门规定的标准包装；没有统一规定包装标准的，应当根据保证运输安全的原则，按货物的性质和承载飞机等条件包装。凡不符合上述包装要求的，承运人有权拒绝承运。

托运人必须在托运的货件上标明发站、到站和托运人、收货人的单位、姓名和地址，按照国家规定标明包装储运指示标志。

托运人应当提供必需的资料和文件，以便在货物交付收货人前完成法律、行政法规规定的有关手续；因没有此种资料、文件，或者此种资料、文件不充足或者不符合规定造成的损失，除由于承运人或者其受雇人、代理人的过错造成的外，托运人应当对承运人承担责任。除法律、行政法规另有规定外，承运人没有对上述规定的资料或者文件进行检查的义务。

4. 承运人的承运

航空承运人对托运人提供的航空货运单和货物，要认真核查。凡是货物与货运单的内容一致的，承运人应予以确认，签发航空货运单。对托运人提供货物的包装要进行检查，凡不符合规定的，有权要求托运人予以改善；托运人不改善或者改善后仍不符合要求的，有权拒绝承运。在检查中发现违禁物品或者危险品的，应当按有关规定处理。

航空承运人承运后，运输合同即为成立。当事人应当按照合同的规定履行各自的义务。

如果是包机运输，托运人要求包用飞机运输货物，应填交包机申请书，经承运人同意接受并签订包机运输协议书后，航空包机货物运输合同即告成立。签订协议书的当事人，均应遵守民航主管机关有关包机运输的规定。

(三)航空货物运输合同的履行

1.托运人的义务

托运人应按航空货物运输合同的规定履行自己的义务。托运人的义务主要包括:

(1)按航空货物运输合同规定的时间提供运送的货物。货物要按规定进行包装,因托运人的责任而造成飞机不能按时起运的,要承担违约责任。

(2)托运人要及时支付运费。除托运人与承运人另有约定的外,运输费用应当于承运人开具航空货运单时一次结清。

(3)托运人托运货物要遵守国家有关运输安全的规定。托运危险品的,要按照危险品运输有关规定办理。不得以普通货物的品名托运危险品,也不得在普通货物中夹带危险品。

(4)要如实申报货物的重量、数量。由于货物的重量直接关系到运输安全,因此,托运人对申报不实而造成事故后果的要承担赔偿责任。

(5)对有些货物需要凭证运输的,托运人应当在交付货物时一并交付有关运输凭证。托运人不交运输凭证或者晚交运输凭证的,要承担相应的责任。

2.承运人的义务

(1)承运人应按照货运单上填明的地点,按约定的期限将货物运达到货地点。货物错运到货地点,应无偿运至货运单上规定的到货地点,如逾期运达,应承担逾期运到的违约责任。

(2)承运人应于货物运达到货地点后 24 小时内向收货人发出到货通知。收货人应及时凭提货证明到指定地点提取货物。货物从发出到货通知的次日起,免费保管 3 日。收货人逾期提取,应按运输规则缴付保管费。

(3)货物从发出提货通知的次日起,经过 30 日无人提取时,承运人应及时与托运人联系征求处理意见;再经过 30 日,仍无人提取或托运人未提出处理意见,承运人有权将该货物作为无法交付货物,按运输规则处理。对易腐或不易保管的货物,承运人可视情况及时处理。

(4)承运人应按货运单交付货物。交付时,如发现货物灭失、短少、变质、污染、损坏时,应会同收货人查明情况,并填写货运事故记录。收货人在提取货物时,对货物状态或重量无异议,并在货运单上签收,承运人即解除运输责任。

(5)承运人要在规定的航空运输期间内将货物运至到达站。航空运输期间,是指在机场内、民用航空器上或者机场外降落的任何地点,托运货物处于承运人掌管之下的全部期间。航空运输期间,不包括机场外的任何陆路运输、海上运输、内河运输过程;但是,此种陆路运输、海上运输、内河运输是为了履行航空运输合同而装载、交付或者转运,在没有相反证据的情况下,所发生的损失视为在航空运输期间发生的损失。

3. 收货人的义务

收货人的义务主要是要及时取货物，逾期领取的，要承担货物的保管责任。对托运人未付或者少付的运输费用应当补交。因收货人的责任造成航空承运人财产损失的，要承担赔偿责任。

(四)航空货物运输合同的变更和解除

1. 航空运输合同变更

货物承运后，托运人可以按照有关规定要求变更合同。航空货物运输合同的变更主要是变更到站和收货人或者运回原发站。对托运人的变更要求，只要符合条件的，航空承运人都应及时处理。但如托运人的变更要求违反国家法律、法规和运输规定，承运人应予以拒绝。《民航法》规定，托运人在履行航空货物运输合同规定的义务的条件下，有权在出发地机场或者目的地机场将货物提回，或者在途中经停时中止运输，或者在目的地点或者途中要求将货物交给非航空货运单上指定的收货人，或者要求将货物运回出发地机场；但是，托运人不得因行使此种权利而使承运人或者其他托运人遭受损失，并应当偿付由此产生的费用。

对于托运人的指示不能执行的，承运人应当立即通知托运人。并说明不能执行的理由。承运人按照托运人的指示处理货物，没有要求托运人出示其所收执的航空货运单，给该航空货运单的合法持有人造成损失的，承运人应当承担责任，但是不妨碍承运人向托运人追偿。

2. 航空货物运输合同的解除

航空货物运输合同的解除是指托运人或者航空承运人认为继续运输已经没有必要或者已不可能的，托运人与承运人可以协商解除。解除合同的程序是要求解除的一方向对方提出解除的要求，经对方同意后即为解除。因托运人的原因导致解除合同的，托运人要承担相应的义务；因承运人的原因导致解除合同的，则承运人要承担相应的责任。由于承运人执行国家交给的特殊任务或气象等原因，航空货物运输受到影响，需要变更或者解除运输时，承运人应及时与托运人或收货人商定处理办法。

货物发运前，经合同当事人双方协商同意，或任何一方因不可抗力不能履行合同时，可以解除运输合同，但应及时通知对方。承运人提出解除合同的，应退还已收的运输费用；托运人提出解除合同的，应付给承运人已发生的费用。

【小知识 3-4】 中国民用航空货运单式样

出发站		到达站			
收货人名称			电话		
收货人地址					
发货人名称					
发货人地址					

续上表

<table>
<tr><td>空陆转运</td><td>自至</td><td>运输方式</td><td colspan="3"></td></tr>
<tr><td colspan="2" rowspan="2">货物品名</td><td rowspan="2">件数及包装</td><td colspan="2">重量</td><td rowspan="2">价值</td></tr>
<tr><td>计费</td><td>实际</td></tr>
<tr><td colspan="2"></td><td></td><td></td><td></td><td></td></tr>
<tr><td colspan="2">航空运费:(每千克¥)</td><td>¥</td><td colspan="2" rowspan="6">储运注意事项</td><td rowspan="6">收运站
日期
经手人</td></tr>
<tr><td colspan="2">地面运输费:(每千克¥)</td><td>¥</td></tr>
<tr><td colspan="2">空陆转运费:(每千克¥)</td><td>¥</td></tr>
<tr><td colspan="2">中转费:(每千克¥)</td><td>¥</td></tr>
<tr><td colspan="2">其他费用:</td><td>¥</td></tr>
<tr><td colspan="2">合计:</td><td>¥</td></tr>
</table>

四、国际铁路联运合同

(一)国际铁路货物联运的含义、特点和分类

凡是使用一份统一的国际联运票据,由铁路部门经过两国或两国以上铁路的全程运输,由一国铁路向另一国铁路移交货物时,不需发、收货人参加,并以连带责任办理货物的全程运送。国际铁路联运具有线路短、到货快、均衡运输、货运安全、节省运费、提前结汇等特点。

国际铁路联运在 20 世纪 50 年代到 60 年代是我国外贸运输的主要方式,经营人主要是中外运。随着我国外贸运输事业的发展,国际铁路联运已从单一的同我国周边邻国的运输发展到以铁路为主要运输工具的大陆桥运输和由铁路运输方式参与的多式联运方式。

国际铁路货物联运类别有:整车、零担和集装箱、托盘货物联运三种。

(1)整车。凡按一张运单办理的一批货物,需要单独车辆运送的,按整车货处理。

(2)零担。凡按一张运单办理的一批货物,总重不超过 5000kg,并按其体积又不需要单独车辆运送的,即为零担货物。

(3)集装箱。货物联运适用于容量超过 $3m^3$,总重 2.5～5.0 吨的大型集装箱和容量为 1～$3m^3$、总量小于 2.5 吨的小型集装箱。托盘货物联运,仅限于使用属于铁路并符合规定技术条件的平式托盘和箱式托盘。

(二)国际铁路联运合同的形式和内容

国际铁路联运运单是发货人与铁路之间缔结的运输契约,规定了铁路与发、收货人在货物运送中的权利、义务和责任,对铁路和发、收货人都具有法律效力。铁路运单一式五联。第一联为运单正本,随货走,到达终点站时,连同第五联和货物一并交收货人;第二联为运行报单,亦随货走,是铁路办理货物交接、清算运费、统计运量和

收入的原始凭证，由铁路留存；第三联为运单副本，由始发站盖章后交发货人凭此办理货款结算和索赔用；第四联为货物交付单，随货走，由终点站铁路留存；第五联为到达通知单，由终点站随货物交收货人。

（三）国际铁路货物运输合同的签订和履行

托运人与承运人之间的托运和承运的过程就是运输合同签订的过程。出口货物运输合同的签订步骤：

第一步：接受货主咨询，向铁路提出计划。

第二步：同货主沟通运输细节，接受货主委托书。

第三步：制订装车方案，同铁路制订配载装车表。

第四步：查验报关报验文件，铁路审核委托书。

第五步：查货。报验、报关单证随车递交口岸站或在发站报关。

第六步：向车站报批进站计划和货位。

第七步：收取费用，向货主通知送货进库。

第八步：落实日装车计划，办理装车发运事项。

第九步：以委托单和装车数量单证制作联运运单。

发货人在托运货物时，应向车站提出货物运单和运单副本，以此作为货物托运的书面申请。车站接到运单后，应进行认真审核，检查货物运单内容是否正确，如确认可以承运，车站即在运单上签证时写明货物应进入车站的日期和装车日期，即表示受理托运。发货人按签证指定的日期将货物搬入车站或指定的货位。整车货物一般在装车完毕且发站在货物运单上加盖日期戳时即为承运。

零担货物凭运单直接向车站申请托运。车站受理托运后，发货人应按登记指定的日期将货物搬进货场，送到指定货位上。经查验、过磅后，即交由铁路保管。在货物运单上加盖承运日期戳记时，即表示货物已承运。

托运、承运完毕，以运单为具体表现的运输合同即开始生效。铁路按规定对货物有保管、装车并运送到指定目的地的一切责任。

铁路运输合同的履行要遵循实际履行的原则，双方当事人要按照合同的约定或铁路部门以及国际条约和惯例的规定，认真履行各自的义务。

五、公路及其他国际货物运输合同

（一）公路运输的概述

公路运输是借助一定的运载工具，沿公路作跨地区或跨国界的移动，来实现货物和旅客空间位移的一种运输方式。跨国界的公路运输方式称为国际公路联运。

在实务中，汽车运输常用的运输方式主要有：整车与零担货运、长途与短途货运、普通和特殊货运、集装化运输和货物联运等。

1. 整车货物运输

一个托运人托运整车货物的重量(毛重)低于车辆额定载重量时,为合理使用车辆的载重能力,可以拼装另一托运人托运的货物,即一车两票或多票,但货物总重量不得超过车辆额定载重量。整车货物多点装卸,按全程合计最大载重量计重,最大载重量不足车辆额定载重量时,按车辆额定载重量计算。托运整车货物由托运人自理装车,未装足车辆标记载重量时,按车辆载重核收运费。

2. 零担货物运输

零担货物运输是指同一货物托运人托运的货物不足3吨。

3. 特种货物运输

同普通货物相比,特种货物运输是指被运输货物本身的性质特殊,在装卸、储存、运送过程中有特殊要求。一般需以大型汽车或挂车(核定吨位为40吨及以上的)以及罐装车、冷藏车、保温车等车辆运输,这种货物运输又分为长大笨重货物运输、贵重货物运输、鲜活易腐货物运输和危险货物运输四种,每种又分为若干类,各类运输都有不同的要求和不同的运输方法。

4. 集装箱运输

集装箱运输又称为成组运输或规格化运输,是指以集装箱为运输单位的货物运输形式。集装箱运输已成为一种普遍使用的货运形式,它能减少货物在整个运输过程中的损失,提高运输质量,有利于组织搬运装卸机械化作业,以及不同运输方式之间的货物联运。主要形式是托盘运输和集装箱运输。

5. 包车货物运输

包车货物运输是指把车辆包给托运人使用的货物运输方式。包车货运通常有两种形式:(1)计程包车运输,即运费按货物运输里程结算。(2)计时包车运输,是指按包车时间结算运费。

(二)公路货物运输合同的签订和履行

1. 公路货物运输合同的签订

公路货物运输合同通过签发运单来确认。运单对发、收货人和承运人都具有法律效力,也是贸易进出口货物通关、交接的重要凭证。运单不正规或运单丢失不影响运输合同的成立。发货人也可以根据货物运输的需要与承运人签订定期或一次性运输合同。运单为运输合同成立的凭证。公路货物运输合同自双方当事人签字或盖章时成立。当事人采用信件、数据电文等形式订立合同的,可以要求签订确认书,签订确认书时合同成立。国际汽车联运货物运单为一式三份,均应有发货人和承运人的签字或盖章。一份交付发货人;一份跟随货物同行,作为货物通关、交接的凭证;一份由承运人留存。

2. 公路货物运输合同的履行

(1)发货人的义务。

①发运货物的名称、性质、件数、体积、重量、包装方式等，应与运单记载的内容相符，不得夹带、隐瞒与运单记载不符的其他货物。

②货物的包装必须符合货物运输的要求，没有约定或者约定不明确的，可以协议补充。

③运输途中需要饲养、照料的动物、植物、尖端精密产品、稀有珍贵物品、文物等等，发货人必须派人押运。大型特型笨重货物、危险货物、贵重物品等是否派人押运，由承运人与发货人根据实际情况约定。除上述货物外，发货人要求押运时，需经承运人同意。

④押运人员的姓名及必要的情况应填在运单上，不能随意换人顶替。押运人员每车一个，免费乘车，如承运人同意增加押运人员应付费乘车。

(2)承运人的义务。

①承运人应根据所承运货物的情况，合理安排运输车辆，货物的装载重量以车辆法定吨位为限，轻泡货物以折算重量装载，不得超过车辆额定吨位和有关长、宽、高的装载规定。

②承运人应与发货人约定路线或承运人依发货人确定的路线运输，如有变动必须通知发货人，并按最后确定的路线运输。承运人未按约定路线运输所增加的运输费用，发货人或收货人均可以拒绝支付。

③运输期限由承运人和发货人共同约定后应在运单上注明，承运人应在约定的时间内将货物运达。零担货物按批准的班期时限运达，快件货物按规定的期限运达。

④承运人在管理货物时，应根据运单记载货物名称、数量、包装方式等，核对无误后方可办理交接手续。发现与运单填写不符或可能危及运输安全的，不得办理交接手续。整批货物运抵目的地前，承运人应当及时通知收货人做好接货准备，涉外运输由发货人通知收货人货物抵达目的地的时间；零担货物运达目的地后，应在 24 小时内向收货人发出到货通知或按发货人的指示及时将货物交给收货人。承运人和发货人双方应当履行交接手续，包装货物采取件交件收；集装箱重箱及其他施封的货物凭封志交接；散装货物原则上要磅交磅收或采取承运人和发货人协商的交接方式交接，交接后双方应在有关单证上签字。

第四节　国际货运代理法律法规

一、货运代理的基本概念

货运代理的概念可以从两个角度去理解。一是把它看成是一种商业活动即服务。货运代理服务是指各类与运输相关的服务，包括拼装、积载、搬运、包装或分拨以及相关的辅助和咨询服务。另一个角度是把它看成是从事这种商业活动的人或机构。货运代理系指与客户达成货运代理服务协议的人。国际货运代理，如果指国际货运代理协会联合会的定义，是根据客户的指示，并为客户的利益而揽取货物运输的人，其本身并不是承运人。从其工作性质上看，就是接受委托人的委托，就有关货物的运输、仓储、保险、报关等各项与货物运输有关的业务提供服务的机构。国际货运代理协会联合会是世界国际代理的行业组织。在我国，根据《中华人民共和国国际货物运输代理业管理规定》及其细则的有关规定，国务院商务部是我国货运代理业的主管部门。

目前，在我国尚未制定专门的货运代理法律的情况下，涉及货运代理的纠纷通常适用《民法通则》有关代理的规定，涉及货运代理为承运人或多式联运经营人或仓储保管人时，则适用《合同法》、《海商法》、《海事诉讼特别程序法》等有关法律的规定。

二、《合同法》关于货运代理的法律规定

关于《民法通则》代理的规定已在第一章有述，《合同法》分则共列入 15 种合同，其中与货运代理关系较为密切的有运输合同、仓储合同及委托合同。在货运代理中，代理人要与实际的托运人或承运人签订委托合同。这里主要介绍《合同法》中关于委托合同的有关规定。

(一)委托合同的概念

委托合同，是指委托人和受托人约定，由受托人处理委托事务的合同。代理人代理权的取得往往是基于委托合同，由委托人以委托合同的形式授予代理人以代理权。国际货运代理人应该是委托合同中的受托人。

(二)委托合同当事人的义务

1. 受托人的义务

(1)处理委托事务的义务。受托人处理委托事务应当做到：亲自处理委托事务、按照指示处理委托事务、小心注意处理委托事务。

①受托人应当亲自处理委托事务。受托人需要转托他人处理的，应经委托人同意；转委托未经同意的，受托人应当对转委托的第三人的行为承担责任，但在紧急情况下受托人为维护委托人的利益需要转委托的除外。

②受托人应当按照委托人的指示处理委托事务。需要变更委托人指示的，应当经委托人同意；因情况紧急，难以和委托人取得联系的，受托人应当妥善处理委托事务，但事后应当将该情况报告委托人。受托人超越权限给委托人造成损失的，应当赔偿损失。

③受托人处理委托事务时，应尽注意义务。受托人应尽注意义务的程度，因委托合同为有偿或者无偿而有所不同。有偿的委托合同，因受托人的过错给委托人造成损失的，应承担损害赔偿责任；无偿的委托合同，因受托人的故意或者重大过失给委托人造成损失的，才承担损害赔偿责任。

(2)报告义务。受托人应当按照委托人的要求，报告委托事务的处理情况。委托合同终止时受托人应当报告委托事务的结果。

(3)披露义务。受托人以自己的名义与第三人订立合同时，第三人不知道受托人与委托人之间的代理关系的，受托人因第三人的原因对委托人不履行义务，受托人应当向委托人披露第三人，委托人因此可以行使受托人对第三人的权利，但第三人与受托人订立合同时如果知道该委托人就不会订立合同的除外。

受托人因委托人的原因向第三人不履行义务，受托人应当向第三人披露委托人，第三人因此可以选择受托人或委托人作为相对人主张其权利，但第三人不得变更选定的相对人。

(4)转移财产的义务。受托人处理委托事务取得的财产，应当转交给委托人。

2. 委托人的义务

(1)支付报酬、费用的义务。委托人应当预付处理委托事务的费用。受托人为处理委托事务垫付的必要费用，委托人应当偿还该费用及利息。

受托人完成委托事务的，委托人应当向其支付报酬。因不可归责于受托人的事由，委托合同解除或者委托事务不能完成的，委托人应当向受托人支付相应的报酬。当事人另有约定的，按照其约定。

(2)赔偿受托人损失的义务。

(三)委托合同的终止

委托合同除了可因合同期限届满、履行不能、委托事务处理完毕等通常原因终止外，《合同法》还规定了委托合同的特别终止。

(1)当事人可随时解除委托合同。委托人或者受托人因解除合同给对方造成损失的，除不可归责于该当事人的事由外，应当赔偿损失。

(2)当事人死亡、丧失民事行为能力或破产，委托人或者受托人死亡、丧失民事行为能力或者破产的，委托合同终止；但当事人另有约定或者根据委托合同的性质不宜终止的除外。

因委托人死亡、丧失民事行为能力或者破产的，致使委托合同终止将损害委托人利益的，在委托人的继承人、法定代理人或者清算组织承受委托事务之前，受托人应当继续处理委托事务。

因受托人死亡、丧失行为能力或者破产，致使合同终止的，受托人的继承人、法定代理人或者清算组织应当及时通知委托人。因委托合同终止将损害委托人利益的，在委托人作出善后处理之前，受托人的继承人、法定代理人或者清算组织应当采取必要的措施。

【案例 3-4】

某货运代理公司作为进口商的代理人，负责从A港接受一批艺术作品，在120公里外的B港交货。该批作品用于国际展览，要求货运代理在规定的日期之前于B

港交付全部货物。货运代理在A港接收货物后,通过定期载货汽车将大部分货物陆运到B港。由于定期载货汽车出现季节性短缺,一小部分货物无法及时运抵。于是货运代理在汽车市场租了一辆货运车,要求于指定日期之前抵达B港。而后,该承载货物的货车连同货物一起下落不明。

思考:货运车造成的损失,货运代理公司是否也要负责呢?

分析:货运代理人应该负责。根据合同法上关于委托合同的规定,受托人处理委托事务时,应尽注意义务。因受托人的过错给委托人造成损失的,应承担损害赔偿责任。本案中造成货物灭失的原因与货运代理所选择的承运人有直接的关系。由于其未尽注意义务及其谨慎职责,在把货物交给承运人掌管之前,甚至没有尽到最低限度地谨慎责任——检验承运人的证书,考察承运人的背景,致使货物灭失。因而货运代理应对选择承运人的过失负责,承担由此给货主造成的货物灭失的责任。

三、国际货运代理业管理规定

《中华人民共和国国际货物运输代理业管理规定》(以下简称《规定》),是于1995年6月6日经国务院批准,同年6月29日由对外贸易经济合作部发布实施的一项行政法规。2004年1月1日商务部对其进行了修改并重新发布。该规定主要是对国际货运代理企业进行规范,主要内容如下:

(一)国际货物运输代理企业(以下简称国际货运代理企业)的法律地位

国际货运代理企业可以作为进出口货物收货人、发货人的代理人,也可以作为独立经营人,从事国际货运代理业务。

国际货运代理企业作为代理人从事国际货运代理业务,是指国际货运代理企业接受进出口货物收货人、发货人或其代理人的委托,以委托人名义或者以自已的名义办理有关业务,收取代理费或佣金的行为。在合同中相当于受托人的地位。

国际货运代理企业作为独立经营人从事国际货运代理业务,是指国际货运代理企业接受进出口货物收货人、发货人或其代理人的委托,签发运输单证、履行运输合同并收取运费以及服务费的行为。在合同中相当于承运人的地位。

(二)国际货运代理企业的名称和经营范围

国际货运代理企业的名称、标志应当符合国家有关规定,与其业务相符合,并能表明行业特点,其名称应当含有"货运代理"、"运输服务"、"集运"或"物流"等相关字样。

国际货运代理企业可以作为代理人或者独立经营人从事经营活动。其经营范围包括:

(1)揽货、订舱(含租船、包机、包舱)、托运、仓储、包装。

(2)货物的监装、监卸、集装箱装拆箱、分拨、中转及相关的短途运输服务。

(3)报关、报检、报验、保险。

(4)缮制签发有关单证、交付运费、结算及交付杂费。

(5)国际展品、私人物品及过境货物运输代理。

(6)国际多式联运、集运(含集装箱拼箱)。

(7)国际快递(不含私人信函)。

(8)咨询及其他国际货运代理业务。

国际货运代理企业应当按照批准证书和营业执照所列明的经营范围和经营地域从事经营活动。

(三)国际货运代理企业在业务管理中的义务

1.必须签订书面委托协议或签发运输单证

(1)作为代理人须有书面委托协议。国际货运代理企业作为代理人接受委托办理有关业务,应当与进出口收货人、发货人签订书面委托协议。双方发生业务纠纷,应当以所签书面协议作为解决争议的依据。

(2)作为独立经营人应签发运单(也叫提单)。国际货运代理企业作为独立经营人,从事法定范围的有关业务,应当向货主签发运输单证。与货主发生业务纠纷,应当以所签运输单证作为解决争议的依据;与实际承运人发生业务纠纷,应当以其与实际承运人所签运输合同作为解决争议的依据。国际货运代理企业使用的国际货运代理提单实行登记编号制度。凡在我国境内签发的国际货运代理提单必须由国际货运代理企业报商务部登记,并在单据上注明批准编号。国际货运代理企业应当加强对国际货运代理提单的管理工作,禁止出借。如遇遗失、版本修改等情况应当及时向商务部报备。

国际货运代理提单实行责任保险制度,须到经中国人民银行批准开业的保险公司投保责任保险。国际货运代理提单的转让依照下列规定执行:①记名提单:不得转让;②指示提单:经过记名背书或者空白背书转让;③不记名提单:无需背书,即可转让。

2.不得转让货运代理经营权

国际货运代理企业应当使用批准证书上的企业名称和企业编号从事国际货运代理业务,并在主要办公文具及单证上印制企业名称及企业编号。不得将国际货运代理经营权转让或变相转让;不得允许其他单位、个人以该国际货运代理企业或以其营业部名义从事国际货运代理业务;不得与不具有国际货运代理业务经营权的单位订立任何协议而使之可以单独或与之共同经营国际货运代理业务,收取代理费、佣金或者获得其他利益。

3.依法收取代理费或运费

国际货运代理企业作为代理人,可向货主收取代理费,并可从承运人处取得佣金。国际货运代理企业不得以任何形式与货主分享佣金。

国际货运代理企业作为独立经营人,从事法定范围的有关业务,应当依照有关运价向货主收取费用。此种情况下，不得从实际承运人处接受佣金。

4. 不得进行不正当竞争

国际货运代理企业不得以发布虚假广告、分享佣金、退返回扣或其他不正当竞争手段从事经营活动。

S 本章小结

运输是物流的重要环节。在运输合同中，主要包括铁路货物运输合同、公路货物运输合同、海上货物运输合同和多式联运合同以及国际货物运输合同。运输合同最显著的特点是以运单或提单的形式来体现。运输合同的当事人包括：托运人、承运人和收货人。

多式联运合同是运输合同的一种特殊形式。作为多式联运承运人要承担两项特别义务：组织履行义务和签发多式联运单据的义务。

国际货物运输合同包括国际海上运输合同、国际航空运输合同、国际铁路联运合同和国际公路运输合同。总结如下：

类　别	具体种类	合同形式
国际海上运输合同	班轮运输和租船运输	提单、租船合约
国际航空运输合同	普通航空运输合同包机运输合同	航空货运单、包机运输协议、具体的航空货物运输协议
国际铁路联运合同	整车货物联运、零担货物联运、集装箱货物联运、托盘货物联运	联运运单
国际公路运输合同	整车货物运输、零担货物运输、特种货物运输、集装箱运输、包车货物运输	运单

在国际货运中，货运代理比较普遍。国际货运代理企业包括代理人企业和独立经营人企业。如果代理企业以代理人身份出现时，则必须签订书面的委托代理合同。

T 课后训练

一、案例分析

中国某公司向欧洲出口啤酒花一批，价格条件是每公吨 CIF 安特卫普 20,000 欧元。货物由中国人民保险公司承保，由“罗尔西”轮承运，船方在收货后签发了清洁提单。货到目的港后发现啤酒花变质，颜色变成深棕色。经在目的港进行的联合检验，发现货物外包装完整，无受潮受损迹象。经分析认为该批货物是在尚未充分干燥或温度过高的情况下进行的包装，以致在运输中发酵造成变质。

问：承运人是否要承担责任？说明理由。

E 本章实训指导

一、实践训练题

建议学生两人一组，签订运输合同，填写运输单据。

二、实训项目安排——签订运输合同

（一）项目简介

学生分组签订一铁路货物运输合同或公路运输合同，填写铁路货运单、航空货运单、海上货运提单。

（二）项目安排时间

学完货物运输相关法律法规以后作为课业由学生课下完成，做完后可以利用2课时组织学生交流。

（三）成果形式

有效的书面合同、填好的单据。

（四）实训目标

1. 知识目标：掌握运输合同内容的基本规定，掌握各种单据的填写方法。

2. 能力目标：培养学生理论联系实际的能力；同学之间的相互沟通能力；写作能力与谈判能力。

（五）任务内容

1. 同学自由组合，2人一组，一人为托运方，一人为承运方。

2. 到图书馆或网上查找的相关模板或者依据教材第三章“小知识”和本章实训指导中的模板。

3. 甲乙双方讨论运输合同的标的、数量和质量、履行期限、地点和方式、违约责任、相互间的权利和义务等内容。

4. 将讨论内容写进运输合同。

5. 甲乙双方在合同上签字，并填写相关运输单据。

（六）考核标准

签订运输合同的成绩分为三部分：运输合同内容分和形式分以及运输单据分（百分制）

1. 运输合同的写作内容分。（40分）

(1)合同条款内容全面。（10分）

(2)合同条款内容明确，可实施。（15分）

(3)合同内容有创意,贴近学生专业实际。(15分)

2.运输合同的写作形式分。(30分)

(1)合同格式正确。(10分)

(2)合同签字手续完备。(10分)

(3)书写整齐,无错别字。如果是电子版,要求排版美观整齐。(10分)

3.三种运输单据分。(30分)

(1)铁路运输单据填写正确完整。(10分)

(2)航空运输单据填写正确完整。(10分)

(3)海上货运提单填写正确完整。(10分)

三、运输合同示范文本

产品运输合同(铁路)[1]

甲方:×××家庭电器制造有限公司

乙方:________________________________

为确保甲方的家电产品(含促销品、推广用品等)能安全、快捷、准确地通过铁路运输发至全国各地。甲乙双方本着真诚合作、互惠互利的精神,经友好协商,甲方同意将铁路运输业务委托乙方办理,并达成如下协议:

(一)甲方的责任及义务

1.甲方负责以互联网(电话或传真)的方式将铁路运输计划通知乙方,包括:产品品种、数量、体积、重量、提货时间、到货时间要求以及收货人地址、电话等相关资料。

2.甲方负责发货地点、交货地点的装卸。

3.甲方提供货物运输途中需要的相关证明文件,如《产品送货单》、《货物调拨单》等。

4.甲方委派专人负责相关业务协调,便于与乙方联系、沟通,解决日常往来业务问题。

(二)乙方的责任及义务

1.乙方必须按甲方的指令要求到指定的发货仓库提货,并及时的送货到指定的收货地址以及收货单位。

2.乙方须满足甲方提出的要车计划,并按甲方的时间要求准时把货物送抵目的地。

3.乙方将货物送达目的地后,必须将《产品送货单》交收货方进行签收。

---

[1] 选自华维网 http://www.hw996.com/new_one.asp? id=59921,2006年10月25日。

4.如因政策性原因导致铁路出现停装、限装等情况,乙方必须及时通知甲方并提供铁路部门的证明材料。

5.甲方的货物在发货仓库交付给乙方验货、签收后,货物的安全风险责任由乙方负责,直至终点交付货物为止。

6.乙方须书面委托一至二名业务代表负责甲方业务的协调,保证日常的联系、沟通,出现问题及时解决。

(三)具体操作方式

1.甲方在货物发运前以互联网(电话或传真)的方式须将铁路运输计划通知乙方。

2.乙方收到指令后根据指令要求安排车辆到甲方指定的仓库提货、中转,并安排和办理车皮发货等一切相关手续。

3.乙方持《产品送货单》到甲方指定的收货地点办理货物签收手续。

4.乙方整理签收后的《产品送货单》到甲方办理运费结算手续。

(四)铁路货运事故的处理及保险

1.甲方货物的运输保险由乙方负责,保险索赔具体事宜由乙方负责;运输途中一切货损由乙方承担并按照甲方出厂价进行赔偿。

2.铁路运输保价费用由乙方自行承担。

3.在运费结算时乙方必须对运输途中造成的短少、货损等一切在途损失按照甲方出厂价进行赔偿。

4.对于重大事故(如整车丢失、损坏等)造成的损失,乙方必须在定损后一周内以现金的方式进行赔付。

(五)费用及结算方式

1.乙方凭收货方签收的《产品送货单》,按协议的铁路运输价格表(见附表)向甲方申报结算运费。

2.乙方按甲方核实后的费用开具正式发票送交甲方,甲方根据发票及验货记录原件及时支付向乙方支付运费。

3.甲方用支票形式向乙方承付费用。

4.在合同规定期限内,甲方有权对运价进行调整。

(六)违约保证金的收取及违约责任

1.在合同签订后的一周内,乙方必须向甲方支付100万元违约保证金。

2.在合同有效期内,如乙方单方面提出终止合同时,甲方将不予返还违约保证金。

3.双方将《运输管理考核办法》作为本协议附件。

(七)合同期限

1.本合同自2001年9月1日起至2002年8月31日止期限内有效。

2. 本合同一式二份，甲乙双方各执一份。

3. 如合同有未尽事宜，经双方协商解决，协商不成，由甲方所在地人民法院裁决。

甲方：×××家庭电器制造有限公司　　乙方：×××物流有限公司广州分公司

代表：　　代表：

日期：　　日期：

地址：　　地址：

企业产品运输合同（公路）❶

甲方：××家庭电器制造有限公司

乙方：________________________________

为了共同做好甲方的货物运输业务，双方依据交通部《汽车货物运输规则》、《公路货物运输合同实施细则》及有关货物运输等法律文件，经双方协商达成以下协议。

（一）运输业务范围

1. 乙方承运甲方的货物包括：甲方生产和销售的风扇、电饭煲、饮水机、微波炉、豆浆机、火锅电器、消毒柜等家电产品及相关的推广品、赠品等。

2. 乙方承运的运输业务范围为以下线路的公路运输：

____

3. 甲方根据对乙方服务的考核情况，有权调整其服务线路及业务量。

（二）运输作业流程

(1)甲方发出运输指令

(2)乙方对甲方下达的指令回复、确认

(3)乙方调车到甲方指定仓库装货

(4)双方签订运输合同、发车

(5)收货单位验货、签收

(6)乙方向甲方反馈到货情况

(7)乙方整理回单交甲方结算运费

（三）甲方的责任和义务

1. 甲方通过互联网（或电话、传真）向乙方发出运输指令。运输指令内容应包含要求到库时间、运输方式、汽车数量、货物名称、数量，并准确提供发运地和目的地。

---

❶ 选自论文资料网 http://www.51paper.net/fanwen/ReadNews.asp? NewsID=3506，2006年1月16日13:40:03。

2.甲方须提供运输途中所需的法定手续，证明文件及货物运单。

3.因甲方提供的工商、税务等手续不全导致运输车辆在途中被查所引起的费用由甲方负责，并顺延运输到达时间。

4.因甲方交代不清而引起的无法抵达目的地或找不到收货人所造成的损失由甲方负责。

5.甲方因货源不足，造成乙方汽车停滞于甲方指定地点超过 24 小时不能装货，则每车每天 300 元赔偿给乙方。

（四）乙方的责任和义务

1.货物运输保险由乙方自行负责，保险责任范围内的损失由乙方自行向保险公司索赔，甲方予以配合。

2.乙方接到甲方调车指令后，必须在甲方规定时间内调度车辆到指定仓库。否则，甲方将根据《运输考核管理办法》对乙方进行考核、处罚。

3.货物装车后，必须由双方共同确认，同时签订货物运输协议（甲方开出的《产品送货单》）。

4.乙方承运车辆在途运输过程中造成甲方的货物被盗、被抢、损坏、散失，以及产品在运输中遭受雨水淋湿、整车货物灭失等一切损失，由乙方承担赔偿责任并按甲方产品出厂价（推广等其他物品按甲方核定的价格）全额赔偿给甲方。重大运输事故造成的损失金额经确认后一周内，乙方必须以现金方式缴纳损失赔偿金。

5.在途运输过程中发生事故及异常情况，乙方应根据《运输考核管理办法》将详细情况及时告知甲方物流部门。

6.乙方必须接受并执行《运输考核管理办法》的有关要求和规定。

7.乙方必须提供符合甲方要求的车型及车辆台数，如有调整须征得甲方同意。

8.货物到达后，乙方必须将《产品送货单》交收货人对货物送达日期、货物品种数量及损坏、短少情况进行签收。《产品送货单》如有涂改必须有收货人盖章。

9.当仓库拒收货物时，乙方应立即与甲方联系，商议货物处理办法。

10.乙方承运的货物，必须运送到甲方指定的收货地址及收货人。否则，乙方须无条件接受甲方按照《运输考核管理办法》中有关规定所进行的处罚和制裁。

11.乙方承运甲方的货物，不得装载其他货物。否则，甲方将根据《运输考核管理办法》的有关规定进行处罚。

12.乙方必须提供可满足甲方管理需要的计算机硬件设备。

13.在特殊情况下，乙方有义务满足甲方的特殊运输需求。

（五）运输时间要求

乙方同意甲方按《运输考核管理办法》中规定的运输时间进行考核管理。

（六）运输服务费及违约保证金

1.甲、乙双方本着互利互惠的原则制订本合同运费价格表。

2.在2001年9月1日～2002年3月31日按照旺季价结算运费，2002年4月1日～2001年8月31日按照淡季价结算运费。

3.在合同期内，如运输市场价格发生重大变化，甲方有权对运输价格进行调整。

4.甲方制订的运价为标准车(实际货物体积为40立方)运价，超出标准部分的装载体积按照比例折算。

5.本合同签订之日起一周内，乙方须向甲方交付100万元违约保证金。合同期满后，甲方在合同业务终止后一个月内将运输风险保证金退还给乙方。

6.本合同在执行中，乙方因价格等原因而单方面终止合同，甲方将不向乙方返还违约保证金。

7.由乙方将“产品送货单”、“发票”等单据的原件提交甲方，甲方进行审核并按《运输考核管理办法》进行考核，扣减运输考核罚款和运输赔偿金后承付运费。

(七)其他

1.本合同所引用文件《运输考核管理办法》为本合同组成部分，具法律约束力。《运输考核管理办法》如有修改、调整，甲方应提前10天通知乙方。

2.本协议自2001年9月1日起生效，有效期至2002年8月31日终止。合同执行过程中，任何一方有违背本合同的重要事项及法律，另一方可向对方提出终止本合同。

3.本合同一式两份，双方各持一份。

4.本协议未尽事宜，双方友好协商解决，协商不成，由甲方所在地人民法院裁决。

甲方：××家庭电器制造有限公司　　　　乙方：

代表：　　　　代表：

日期：　　　　日期：

四、实践案例阅读

××货运配载经营部诉中国××机械西南公司运输合同纠纷案

【案情介绍】

原告：四川省成都市青羊区××货运配载经营部

法定代表人：赵××，经理

委托代理人：李××，中川大众律师事务所律师

被告：中国农业机械西南公司

法定代表人：王××，经理

委托代理人：肖××、白××，该公司职工

第三人:刘××,男,19××年5月8日出生,四川省成都市人

原告四川省成都市青羊区××货运配载经营部(以下简称××货运部)因与被告中国××机械西南公司(以下简称西南农机公司)、第三人刘××发生运输合同纠纷,向四川省成都市青羊区人民法院提起诉讼。

原告诉称:原告作为托运方与被告西南农机公司签订了公路运输合同。该合同虽未加盖被告的单位公章,但约定使用的汽车是被告单位的,承运人刘龙某等出示的证明也是被告单位的,因此被告作为车主,应当对合同的履行承担全部责任。合同履行过程中,被告的汽车因发生交通事故,给原告造成货物损失合计21,810元。请求判令被告赔偿货损及利息。

被告辩称:为原告承运货物的汽车,是我公司卖给刘××的分期付款商品车。为了防止购车人在付清车款前将车变卖、转移,所以该车的户籍目前暂挂在我公司。本案合同是刘××与原告签订的。我公司在此合同上既未加盖公章,事后也未追认,与原告并无合同关系。因此,基于该合同所产生的权利、义务,均与我公司无任何关系,应当由刘××承担。法院应当驳回原告的诉讼请求。

第三人刘××未答辩。

一审法院经审理查明:2002年4月18日,原告××货运部的代表刘××与被告西南农机公司川A16426货运车的驾驶员付××在上海签订了一份四川省公路货物运输合同书。约定:川A16426号车为信达货运部从上海、浙江等地承运鞋底、火花塞和冰柜等货物,目的地是成都。合同还对运费、运输时间等内容作了约定。合同签订后,川A16426号车在运输途中发生交通事故,使信达货运部托运的火花塞损失计款14 680元,胶合板损失计款7 122元(其中遗失的胶合板损失5 386.5元),货损共计21 810元。此后,信达货运部因与西南农机公司协商货损赔偿问题无果,遂提起诉讼。在本案审理中,西南农机公司提交了该公司与刘龙某签订的分期付款购车合同。合同除约定了车价、分期付款时间和金额以外,还约定:刘龙某从事货物运输所使用的车辆营运证等有关手续均由西南农机公司提供;在付款期内,因乙方(刘龙某)发生事故对第三者造成人身伤亡和财产损失时,乙方应承担全部责任。

二审法院审理查明:2002年4月18日,刘××与川A16426号车的驾驶员付××一起到信达货运部上海办事处,在刘××和付××出具了本人身份证和川A16426号车的行车证后,由付××以四川农机公司的名义与被上诉人信达货运部的代表刘××在上海签订了一份四川省公路货物运输合同。该合同未加盖四川省农机公司的公章。在上诉人西南农机公司与刘××签订的分期付款购车合同中,约定在分期付款期内,车辆户籍挂靠西南农机公司作为抵押。在此期间如发生交通事故对第三者造成人身和财产损失,由刘××负责。合同签订后,刘××支付了部分车款,西南农机公司将川A16426号车及有关证件交与刘龙某。刘××与付××给信达货运部出示的各种证件中,川A16426号车的行驶证是由西南农机公司提供的。刘××将川

A16426 号车投入营运后，所得营运收入均归其个人所有。

上述事实，有运输合同、西南农机公司的川 A16426 号车行驶证、货损清单、分期付款购车合同及当事人的陈述证实。

【焦点问题分析】

本案的焦点问题在于谁是本运输合同的当事人。一般情况下，运输合同的当事人只有承运方和托运方。至于承运人是使用自己所有的运输工具，还是使用租赁的或者借用的运输工具来完成运输合同中约定的承运义务，不影响运输合同的成立。因此，本案中被告西南农机公司与运输合同无关，不应当成为运输合同的当事人。第三人刘××和川 A16426 号车的驾驶员付××在与被上诉人信达货运部签订运输合同时，除持有本人身份证、驾驶证和川 A16426 号车的行驶证以外，未能出具任何证明他们有权代表西南农机公司行使签订运输合同行为的有效证件。况且刘××、付××是以四川农机公司、并非西南农机公司的名义签订运输合同，其行为不具备任何表见代理西南农机公司的构成要件。信达货运部作为专门从事托运业务的机构，对与之签订运输合同的承运人应当进行审查；特别是对以单位名义签订运输合同，但是又未持有单位授权有效证件的个人，应当具有较高的识别能力。信达货运部没有理由相信刘××、付××是西南农机公司的全权代表。西南农机公司与本案的运输合同无关，对刘××、付××在本案中的运输行为，不应当承担任何责任。至于刘××与西南农机公司签订分期付款购车合同后是否已付清购车款，车辆是否在管理机关办理过户手续，汽车行驶证上载明的车主是谁，买卖的车辆是否已经按照约定交付给刘××占有使用，都是另一法律关系，与本案无关。况且该购车合同中早已约定，汽车在交由刘××控制使用后，风险责任由刘××负担。

依照《合同法》第 311 条规定，承运人对运输过程中货物的毁损、灭失承担损害赔偿责任。因此原告损失应由刘××赔偿。

【引申思考】

在本案中，如果要确定被告西南农机公司为本运输合同的承运人，应该具备什么条件？

货代承担损失赔偿责任案[1]

【案情介绍】

2001 年 1 月，某省经贸厅组织筹办在沙特吉达举办的商品展销会。经贸厅下发文件，指定当地某货代公司（简称 A 货代）负责发运，并指定省进出口集团公司作为所有参展企业的出运报关代理，提供空白的报关、报检所需的单证，交给 A 货代办

[1] 根据关键律师主持的中国物流法律网 http://www.wuliulaw.com 案例库中的物流案例改编。

理。3月1日，A货代到参展企业之一的某商贸公司提取货物共计521件。A货代为该批货物办理了货物运输综合保险。该批货物由A货代委托运输公司运到上海并委托在上海的某港口货代公司（简称B货代）办理从上海到沙特吉达的发运、报关、保险等事宜，保单上被保险人为省进出口集团公司，总保险金额为23 800美元。A货代将上海承运人签发的清洁提单交给商贸公司，提单发货人为省进出口集团公司、收货人为沙特展览公司。货物到达沙特的港口后，商贸公司到港口提货发现货物集装箱、包装破损并丢失货物107件，清点货物时A货代的业务人员在场对此确认。商贸公司与A货代的工作人员共同与收货人沙特展览公司协商以出具理货记录，未果。

展销会结束后，A货代积极帮助商贸公司向保险公司以及海上承运人了解情况和索赔。商贸公司称丢失的107件货物价值17万元人民币，A货代在与B货代协商解决的传真中提到“发现柜内货物损坏，共计丢失107箱，经济损失17万多元人民币。”此后由于商贸公司拒绝支付由A货代代垫的运费以及其他费用双方发生争议。A货代起诉当地基层法院要求判令商贸公司支付代垫的运费和其他费用共计42 800元人民币。商贸公司辩称从未与A货代签订运输合同也从未参加上述沙特的展销会。法院经质证调查后认为双方构成事实货物联运合同关系，商贸公司支付代垫运费42 800元人民币。被告商贸公司不服，提起上诉，二审维持一审判决。

商贸公司2003年3月10日向当地基层人民法院以A货代为被告起诉，要求赔偿货物损失17万元人民币，法院追加B货代为无独立请求权的第三人。2003年10月27日，商贸公司从B货代处调查取证取得A货代发给B货代的协商函，其中有“经济损失17万多元。”的字样，并有B货代的业务人员签字认可。

本案经当地法院一审认为A货代作为代理有过错应承担责任，判决A货代公司败诉，赔偿原告货损17万元人民币和经济损失25 704元人民币；B货代不承担责任。A货代上诉后，二审法院认为：A货代与商贸公司形成了事实上的货物多式联运关系维持一审判决。

【焦点问题分析】

本案是典型的货代被迫去承担全部运输过程中的货损货差责任的案件。本案争议的焦点是：

1. 原告是否是A货代的委托方

从法院查明的事实，实际委托被告办理运输手续的是省进出口贸易集团公司，而不是原告，被告是在接受省进出口贸易集团公司的指示行事。被告从事货运代理业务，委托人才是货物的实际所有人。实际上，本案原告是委托省进出口贸易集团公司代理出口，而省进出口贸易集团公司委托被告办理运输事宜。从“省进出口贸易集团公司提供空白报关、检验所需单证”以及本案中保险单和代理报关协议“对于像贸易公司等没有进出口经营权的企业更需要一家外贸公司代理其出口业务”的记录可以证明上述关系。本案中的特殊之处在于，虽然与A货代签订委托合同的是省进出口集团公司，但该合同约定省进出口集团公司以外单位的货物的费用由A货代自己找当事人收取。商贸公司与A货代又没有任何直接的合同及委托书，商贸公司的货物是交给A货代办理运输的。这样，既可以说是商贸公司与A货代直接形成了委托合同关系并事实已经履行；也可以说是商贸公司与A外运都是遵照省进出口集团公司的指示或根据约定行事，双方并无直接合约关系。但我们注意到在本案双方关于运费的另一诉讼中认定"双方存在货物运输关系并认为构成货物联运合同民事行为"。这也是本案一审法院确认双方关系的主要依据。该认定与事实有出入，但鉴于已经写入生效判决，根据《最高人民法院关于民事诉讼证据的若干规定》第九条规定可以直接被法院认定为法律事实。该条规定还讲"在有相反证据支持的情况下可以推翻生效判决认定的事实"。如果运费案判决书对事实的认定与本案中证据不符，法院有权根据确认相反证据对另案判决书中的有关事实不予采信。仅从能够证明的事实来看，的确上述两种可能性都有，A货代推脱责任的机会就很小了，但这并不是说双方有委托关系，受托人就要承担全部责任，下面会详细论述。

2.原告对讼争货物有没有所有权

本案讼争货物交承运人并签发了清洁已装船提单，提单发货人是省进出口贸易集团公司，收货人是沙特展览公司。按理说，货物已经委托省进出口贸易集团公司代理出口给了沙特展览公司，货物所有权已经随正本提单转让给了沙特展览公司。（后经当事人介绍，该批货物未经过通常的报关程序出运，所以没有报关单、核销单等单据；商贸公司自己持正本提单在目的港提货，是否向提单收货人提货还未证实）。所以货物真正的权利人也就是货物丢失究竟谁受损失，已经提供的证据是难以证明的。

事实上，如果沙特展览公司（买方）没有将货款支付给省进出口贸易集团公司（卖方），则是买卖双方的贸易纠纷。原告与省进出口贸易集团公司是出口贸易代理关系，省进出口贸易集团公司与被告是出口货运代理关系。原告的损失应当通过省进出口贸易集团公司根据国际货物买卖的法律关系来向收货人或承运人主张。所以即使出现货损也万万轮不到原告来提出来。如果基于货运代理委托合同关系，也应当由省进出口贸易集团公司作为原告。所以本案原告不是合适的主体，对讼争货物没有所有权，法院应当驳回原告的起诉。

【引申思考】

货代公司在接受委托办理运输业务的过程中，常常会遇到委托人之外另有货主的情况。例如在本案中，省进出口贸易集团公司与A货代签订的委托合同，但合同中却约定运费代理费找商贸公司收取。这样在合同中约定合同以外当事人履行义务在没有得到该当事人认可的情况下明显是无效条款。A货代却没有再让商贸公司予以确认，导致后来商贸公司耍赖不付运费。照理说货代要么向委托人主张费用要么与付款人签订合同，如果把当事人的权利义务关系分开或搞混乱了，最后可能自食其果。

想一想，A 货代在以后代办运输的过程中应注意什么？

R 课外阅读指导

请阅读以下法条：

1.《中华人民共和国合同法》第 228～321 条，1999 年 3 月 15 日第九届全国人民代表大会第二次会议通过，自 1999 年 10 月 1 日起施行。

2.《中华人民共和国海商法》第 41～126 条，全国人民代表大会常务委员会 1992 年 11 月 7 日发布，1993 年 7 月 1 日实施。

3.《中华人民共和国国际货物运输代理业管理规定实施细则》，中华人民共和国商务部公告 2003 第 82 号。

第四章 仓储配送法律法规

本章学习目标与学习要求

本章主要介绍在物流仓储配送活动中涉及到的相关法律法规知识，该部分内容在物流实践中应用很广，也是物流师考试的重要内容。

知识目标：了解有关仓储、配送和支付结算的基本知识，掌握仓储和配送合同的内容及相关法律规定，掌握有关支付结算的法律规定。

能力目标：能够利用《合同法》的规定填制和审核仓储和配送合同。

素质目标：培养合作意识和守约意识，培养认真细致的工作习惯。

学习要求：本章重点在于仓储与配送合同的订立、支付结算的方式，难点在于支付结算中的票据结算，要求学生重点学习。

第一节 仓储合同

一、仓储管理的基本知识

(一)仓储的定义和功能

仓储是指以接受储存物品开始经过储存保管作业，直至发放物品的全过程。简言之，仓储就是在特定的场所储存物品的一系列行为的总称。它既是静态的存放也是动态的存取保管等过程；它是物资生产的持续过程；它是以改变物品的时间和空间状态为目的的活动。

仓储的最基本功能有两个：储存和保管。除此之外，在生产流通和消费领域它还可以调节供需的时间差；调节不同运输的衔接；以及流通和加工。储存是指在社会再生产过程中离开直接生产过程或消费过程而处于暂停状态的那一部分物品的储备。而保管是指保护物品的价值和使用价值不致受到损害的过程。由于生产社会化和专业化的程度提高，消费多样化和复杂性，造成了生产的连续性和消费的不均衡性，所以，生产与消费之间不可能都是同步的。为了使供需协调就必须有仓储的存在。在物质流通过程中使用各种不同的运输方式，而各种运输方式之间的运力是不同的，因此也需要仓储来调节。现代的仓储是动静结合的过程，除了储存与保管之外，其作业过程还包括包装和简单的加工和整理。

（二）仓库的基本知识

进行仓储活动的主要设施是仓库。所谓仓库，是供物品储存与保管的场所。一般要有储存设施。仓库可以按照不同的标准进行分类。在这里我们只是按其主要功能分类为：

1. 生产储存仓库

生产企业为了储存购进的生产用各种原材料，或为了储存产品而设置的仓库。通常，这类仓库的规模较大，管理一般由产品生产企业自身进行。

2. 流通储存仓库

各类商业企业为了供应市场需要而设置的储存待进入市场的商品的仓库。

3. 口岸仓库

储存对外贸易货物的出口待运商品和进口待分拨的商品的仓库。其特点是商品储存期短，商品周转快，仓库规模大。

4. 中转仓库

中转仓库也称转运仓库。其特点是一般设在商品生产集中的地区和运输枢纽或节点城市，例如，铁路、公路车站，港口码头附近，商品生产集中的大、中城市和商品集中分运的交通枢纽带。主要作用是按照商品的合理流向，收储、转运经过口岸出口的商品。

5. 加工仓库

除储存商品外，还兼营对商品的挑选、整理、分级、包装、改装等简单的加工业务的仓库。

6. 保税仓库

储存经海关批准，在海关监管下的尚未办理海关进口手续，或只是过境的进出口货物的仓库。货物可以免税进出这些仓库而无需办理海关手续，可在保税仓库内对货物进行加工、存储、包装和整理等业务。

7. 通用仓库

用以储存没有特殊要求的工业品和农副产品的仓库。通用仓库也称普通仓库。它具有一般的商品保管场所，普通的装卸、搬运、堆码和商品养护设备。技术装备比较简单，建造也比较容易，而适用的范围却比较广泛。

8. 专用仓库

用以储存某一类特定商品的仓库。例如，粮库、金属库、电子产品库等。对于那些有特殊储存要求的商品一般要求有专仓或专库加以储存，其与通用仓库的主要区别在于其专用性。在保管养护的技术设备方面相应地增加了特殊设施，以保证商品的安全。

9. 特种仓库

用以储存具有特殊性能、要求使用特别保管设备的商品的仓库。一般是指储存化学危险品、易腐蚀品、石油及其产品，以及鲜活冷冻品、部分医药品的仓库。这类仓库配备有专门设备，来满足商品储存要求，例如，设有制冷设备的冷藏库；设有空气调节设备和保暖设备的油库；设有防爆、防燃烧、防辐射设备的危险品库；设有防火和特殊输送设备的油库(油罐)等。

10. 自用仓库

自用仓库是指生产、商业、外贸等企业为了本企业业务需要建立的仓库。有关仓库的建设、库存物资管理以及出入库等，都由公司自身管理。

11. 公用仓库

仓库是由国家或一个主管部门或公共团体为公共利益而修建的为社会物流业务服务的公用仓库。如我国铁路车站、公共汽车站场的货栈仓库、港口码头仓库、交通枢纽站的货物仓库大部分属于这一类。

12. 专业经营仓库

专门为经营储运业务而修建的仓库。仓库面向社会提供服务，如商业、物资、外贸、运输、专业仓储等系统的仓库多属于这一类型。专业经营仓库的服务对象是为数众多的货主，保管量较大，与自用仓库相比，使用率高。

(三)仓储管理的技术作业流程

仓储管理技术作业，是指以保管保养活动为核心，从仓库接收物品入库开始，到按客户需要把物品全部完好地发送出去的全过程的作业。仓储管理技术作业按作业的顺序来分，主要由卸车、检验、整理入库、保管保养、检出与集中、出库与发运、装车等 7 个作业环节构成。

按作业过程来分，主要有物品的入库、保管保养、出库三个阶段。

1. 物品入库阶段

它是指仓储管理人员根据入库凭证或供货合同的规定，接收承运单位或供货商运到仓库的物品，并对其进行验收、记账及建立货物档案。

2. 物品保管保养阶段

它是指仓储管理人员对经过验收合格的物品进行科学储存规划、堆码苫垫、清仓盘点、维护保养等作业的过程。物品保管保养阶段关键作业是制定物品分类储存规划和对不同性质物品采取有效的保管保养措施。

3. 物品出库阶段

物品出库是指仓储管理人员根据货主或业务部门的出库指令，对物品进行备料、复核、包装和发货等作业过程。随着客户对物流服务要求的不断提高，物品配送业务迅速发展，如何将传统的出库作业向物流配送作业转化，是仓储部门有待解决的问题。

二、《合同法》中关于仓储合同的规定

仓储合同是保管人储存存货人交付的仓储物，存货人支付仓储费的合同。仓储合同自成立时起生效。

【案例 4-1】

2004 年 6 月 3 日，某市盛达粮油进出口有限责任公司(以下称盛达公司)与该市东方储运公司签订一份仓储合同。合同主要约定：由东方储运公司为盛达公司储存保管小麦 60 万公斤，保管期限自 2004 年 7 月 10 日至 11 月 10 日，储存费用为50 000 元，任何一方违约，均按储存费用的 20% 支付违约金。合同签订后，东方储运公司即开始清理其仓库，并拒绝其他有关部门在这三个仓库存货的要求。同年 7 月 8 日，盛达公司书面通知东方储运公司：因收购的小麦尚不足 10 万公斤，故不需存放贵公司仓库，双方于 6 月 3 日所签订的仓储合同终止履行，请谅解。东方储运公司接到盛达公司书面通知后，遂电告盛达公司：同意仓储合同终止履行，但贵公司应当按合同约定支付违约金 10 000 元。盛达公司拒绝支付违约金，双方因此而形成纠纷，东方储运公司于 2000 年 11 月 21 日向人民法院提起诉讼，请求判令盛达公司支付违约金 10 000 元。

思考：盛达公司尚未向东方储运公司交付仓储物的情况下，是否应承担违约金 10 000 元?

分析：盛达公司与东方储运公司所签订的仓储合同，依据《合同法》第 382 条"仓储合同自成立时生效"之规定，双方所签订的合同自签订之日起生效，该合同应为合法有效。双方当事人均应严格按合同的约定履行，若未按合同约定履行即构成违约，应承担违约责任。在本案中盛达公司通过东方储运公司终止合同，构成违约，依双方合同之约定，盛达公司应当支付违约金 10 000 元。因此，东方储运公司的诉讼请求应予支持。

在本案中，如果盛达公司与东方储运公司所签订的合同为一般保管合同，则盛达公司未将保管物小麦寄存东方储运公司，依《合同法》第 367 条规定，则保管合同尚未成立，东方储运公司就不能依据合同要求盛达公司支付违约金。但若因此给东方储运公司造成损失，则东方储运公司可要求盛达公司承担缔约过失责任。可见，仓储合同与保管合同在成立与生效是有根本区别的，案件的实体处理结果及法律依据，也是有根本区别的。

(一)保管人的义务

1. 妥善保管仓储物的义务

根据《合同法》第 369 条的规定，保管人应当妥善保管保管物。当事人可以约定保管场所或者方法。除紧急情况或者为了维护寄存人利益的以外，不得擅自改变保管场所或者方法。

2. 对入库仓储物进行验收的义务

保管人应当按照约定对入库仓储物进行验收，保管人验收时发现入库仓储物与约定不符合的，应当及时通知存货人。保管人验收后，发生仓储物的品种、数量、质量不符合约定的，保管人应当承担损害赔偿责任。

3. 给付仓单的义务

存货人交付仓储物的，保管人验收后应给付仓单。仓单是提取仓储物的凭证。保管人应当在仓单上签字或盖章。

仓单包括下列事项：①存货人的名称或者姓名和住所；②仓储物的品种、数量、质量、包装、件数和标记；③仓储物的损耗标准；④储存场所；⑤储存期间；⑥仓储费；⑦仓储物已经办理保险的，其保险金额、期间以及保险人的名称；⑧填发人、填发地和填发日期。

仓单可以背书转让。存货人或者仓单持有人在仓单上背书并经保管人签字盖章的，可以转让提取仓储物的权利。

4. 允许检查及抽样的义务

保管人根据存货人或者仓单持有人的要求，应当同意其检查仓储物或者提取样品。

5. 仓储物损坏的通知义务

保管人对入库货物发现有变质或其他损坏的，应当及时通知存货人或者仓单持有人。保管人对入库仓储物发现有变质或者其他损坏，危及其他仓储物的安全和正常保管的，应当催告存货人或者仓单持有人作出必要的处置。因情况紧急，保管人可以做出必要的处置，但事后应当将该情况及时通知存货人或者仓单持有人。

(二)存货人的义务

1. 危险物品的声明义务

储存易燃、易爆、有毒、有腐蚀性、有放射性等危险物品或者易变质物品，存货人应当说明该物品的性质，提供有关的资料。如果存货人违反上述规定，保管人可以拒收仓储物，也可以采取相应措施以避免损失的发生，因此产生的费用由存货人承担。

2. 按期提取仓储物的义务

储存期间届满，存货人或者仓单持有人应当凭仓单提取仓储物。存货人或者仓单持有人逾期提取的，应当加收仓储费；提前提取的，不减收仓储费。

储存期届满，存货人或者仓单持有人不提取仓储物的，保管人可以催告其在合理期限内提取，逾期不提取的，保管人可以提存仓储物。

3. 支付仓储费

如果存货人或仓单持有人不支付保管费，保管人对仓储物享有留置权。

【案例 4-2】

2006 年 11 月，某地百货公司购进一批棉布，由于公司仓库已满，便委托当地物资站代为储存保管。双方于 2006 年 12 月签订了合同，规定储存棉布 1 000 匹和保管中防潮、防火等具体事项以及保管费的数额。物资站将棉布放于2号库储存。2007年除夕之夜，正当万家喜庆、鞭炮齐鸣之时，该物资站的仓库突然起火。经过奋力抢救，大火终于被扑灭。但是，该站内所储存的百货公司的棉布被烧毁了500多匹，价值1.5万元。经调查火灾原因，发现该物资站2号库的窗户有一块长60厘米，宽40厘米的玻璃破碎，除夕前几天，保管员通知总务科及时安装，因当时总务科安装员未在，便一直没有安装玻璃。大年三十夜里，一枚闪光带响的“钻天猴”顺着破碎的窗子飞穿而过，正好落在存放在仓库的棉布上，从而引发了火灾。

火灾发生后，该百货公司要求物资站全额赔偿烧毁的棉布，物资站以并非保管不善，而是群众燃放焰火所致，以属于不可抗力为由，拒绝给予赔偿。百货公司只好诉至法院。

思考：(1)本案纠纷责任在哪一方？

(2)物资站以火灾属于不可抗力为由拒绝承担赔偿责任，是否成立？

分析：(1)本案纠纷责任在于物资站，根据《合同法》的规定，保管人应妥善保管仓储物，而本案中，物资站作为保管人没有及时将仓库的玻璃修好，使货物产生了可能的危险，没有尽到妥善保管的义务。

(2)物资站以火灾属于不可抗力为由拒绝承担赔偿责任，这一理由不能成立，不可抗力是指人力无法预防也无法克服的自然现象和社会现象，而物资站起火的原因是群众燃放烟花，这一原因是可以预防的，如果物资站及时将玻璃装上，就不会发生火灾。

第二节　物流配送合同

一、物流配送的基本知识

配送作为一种特殊的、综合的物流活动形式，几乎包括了物流的所有职能。可以这样说，配送是物流的一个缩影或在特定范围内物流全部活动的体现。

(一)配送的概念

配送是按用户订货的要求，以现代送货形式，在配送中心或其他物流据点进行货物配备，以合理的方式送交用户，实现资源的最终配置的经济活动。首先明确指出按用户订货的要求，所以，配送是以用户为出发点，用户处于主导地位，配送处于服务地位。配送实质是送货，但与一般送货有区别。一般送货可以是一种偶然行为；而配送是一种固定的形态，是一种有确定组织、确定渠道，有一套设施、装备和管理力量、技术力量，有一套规范的制度和体制。配送是从物流据点至用户的一种特殊送货形式，它表现为中转型送货，而不是工厂至用户的直达型；更重要的是，用户需要什么就送什么，而不是有什么送什么。配与送要有机地结合。配送利用有效的分拣、配货等理货工作，使送货达到一定规模，以利用规模优势取得较低的送货成本。配送强调以合理的方式送交用户，是讲配送者必须以用户要求为依据的同时，应该追求合理性，并指导用户，实现双方都有利可图的商业原则。

(二)配送的分类

按实施配送的结点不同进行以下分类：

1. 配送中心配送

这种配送的组织者是配送中心，规模大，有一套配套的实施配送的设施、设备和装备等。配送中心专业性较强，和用户一般有固定的配送关系，配送设施及工艺是按用户的需求专门设计的。所以，配送中心配送具有能力强、配送品种多、数量大等特点。但由于服务对象固定，其灵活机动性较差，而且由于规模大，要有一套配套设施、设备，使其投资较高，这就决定了配送中心的建设和发展受到一定的限制。

2. 仓库配送

它一般是以仓库为据点进行配送的，也可以是以原仓库在保持储存保管功能前提下，增加一部分配送职能，或经对原仓库的改造，使其成为专业的配送中心。

3. 商店配送

这种配送的组织者是商业或物资的门市网点。商店配送形式是除自身日常的零售业务外，按用户的要求将商店经营的品种配齐，或代用户外购一部分本店平时不经营的商品，与本店经营的品种配齐后一起送达用户，因此，在某种意义上讲，它是一种销售配送形式。连锁商店配送也是商店配送中的一种形式，它分为两种情况：一种是独立成立专门从事为连锁商店服务的配送企业，这种形式除主要承担连锁商店配送任务外，还兼有为其他用户服务的职能；另一种是存在于连锁商店内的配送，它不承担其他用户的配送，其任务是服务于连锁经营企业。

4. 生产企业配送

配送业务的组织者是生产企业。一般认为这类生产企业是具有生产地方性较强的产品的特点，如食品、饮料、百货等。

(三)配送中心的一般作业流程

所谓的一般作业流程指的是作为一个整体来看待，配送中心在进行货物配送作业时所展现出的工艺流程。从一定意义上说，一般作业流程也就是配送中心的总体运动所显示的工艺流程，其程序和具体内容如下所述。

1. 接受并汇总订单

无论从事何种货物配送活动，配送组织（配送中心）都有明确的服务对象。换言之，无论何种类型的配送中心，其经营活动都是有目的的经济活动。据此，在未曾进行实质性的配送活动之前，都有专门的机构（负责调度的机构）以各种方式收集用户的订货通知单并汇总订单。按照惯例，接受配送服务的各个用户（工商企业和商业网点）一般都要在规定的时间以前将订货单（或要货单）通知给配送中心，后者则在规定的时间截止之后将各个用户的订货单进行汇总，以此来确定所要配送的货物的种类、规格、数量和配送时间等。

收集和汇总用户的订货单（或要货通知单）是配送中心组织、调度诸如进货、理货、送货等活动的重要依据。它是配送中心作业流程的开端。

2.进货

配送中心的进货流程包括以下几种作业：

(1)订货。配送中心收到和汇总用户的订货单以后，首先要确定配送货物的种类和数量，然后要查询本系统现有库存物资中有无所需要的现货。如有现货，则转入拣选流程；如果没有，或虽然有现货但数量不足，则要及时向供应商发出订单，进行订货。有时，配送中心也根据各用户需求情况或商品销售情况以及与供货商签订的协议，提前订货，以备发货。

(2)接货。通常，在商品资源宽裕的条件下，配送中心向供应商（生产企业）发出订单之后，后者会根据订单的要求很快组织供货，配送中心的有关人员接到货物以后，先要在送货单上签收，继而还要对货物进行检验（即验收）。

(3)验收。采取一定的手段对接收的货物进行检验（检验货物质量和检查数量）。若与订货合同要求相符，则很快转入下一道工序（分拣工序）；若不符合合同要求，配送中心将详细记载差错情况，并且拒收货物。按照规定，质量不合格的商品将由供应商自行处理。

(4)分拣。对于生产商送交来的商品，经过有关部门验收之后，配送中心的工作人员随即要按照类别、品种将其分开，分门别类地存放到指定的仓位和场地，或直接进行加工和拣选。

(5)储存。为了保证配送活动正常运行，也为了享受价格上的优惠待遇（打折），有些配送中心常常大批量进货，继而将货物暂时储存起来。由此，在进货流程中又增加了储存一项。

3.理货和配货

为了顺利、有序地出货，以及为了便于向众多的客户发送商品，配送中心一般都要对组织进来的各种货物进行整理，并依据订单要求进行组合。从地位和作用上说，理货和配货乃是整个作业流程的关键环节。同时，它也是配送运动的实质性内容。

4.出货（或送货）流程

这是配送中心的末端作业，也是整个配送流程中的一个重要环节。它包括装车和送货两项经济活动。

(1)装车。配送中心的装车作业有两种表现形式：其一是使用机械装卸货物，其二是利用人力装车。通常，批量较大的实重商品都放在托盘上，用叉车进行装车；有些散装货物，或用吊车装车，或用传送设备装车。因各配送中心普遍推行混载（或同载）送货方式，故装车作业有如下几点要求：①按送货点的先后顺序组织装车，先到的要放在混载货体的上面或外面，后到的要放在下边或里面；②要做到“轻者在上，重者在下”，“重不压轻”。

(2)送货。在一般情况下，配送中心都使用自备的车辆进行送货作业。有时，它也借助于社会上专业运输组织的力量联合进行送货作业。此外，适应不同用户的需要，配送中心在进行送货作业时，常常作出多种安排：有时是按照固定时间、固定路线为圈定用户送货；有时也不受时间、路线的限制，机动灵活地进行送货作业。

二、物流配送合同法律规定

由于配送活动是集装卸、包装、分拣、保管、加工、配货、运输等一系列活动于一身的活动，因此物流配送合同所涉及的法律法规比较综合，它具有仓储合同、运输合同、买卖合同和委托合同的某些特征，是合同法中的一种无名合同。签订物流配送合同主要依据《合同法》。

(一)配送合同的类型

1. 配送服务合同

是指配送人接收客户的货物予以保管，并按用户的要求对货物进行拣选、加工、包装、分割、组配作业后，最后在指定时间送至客户指定地点，由客户支付配送服务费的合同。这是一种单纯提供配送服务的合同，双方当事人仅就货物的交接、配货、运送等事项规定各自的权利义务，不涉及货物所有权。配送人不能获得商品销售的收入，仅因提供了存储、加工、运送等业务而获得服务费收益。这种合同类似于合同法的委托合同。配送方是受托人，客户是委托人。有时也类似于运输合同，配送方是承运人，客户是托运人。在配送服务合同中，配送人对产品的内在质量问题不承担责任。对于物流配送服务合同，可以参照委托合同或运输合同的相关规定(运输合同和委托合同见第三章第一节和第四节)。

2. 销售配送合同

是指配送人在将物品所有权转移给用户的同时为客户提供配送服务，由客户支付标的物价款和配送服务费的合同。这种合同更接近买卖合同。配送方是出卖人，客户是买受人。

【小知识 4-1】 物流销售配送合同式样

甲方(配送方)：××有限公司

乙方____________________

甲乙双方秉承“平等、真诚、双赢”的合作理念，经甲乙双方友好协商，现达成如下共识：

一、甲方将为乙方提供甲方自行加工、统一制作的原材料、物料，原物料的订购价格全国统一；甲方为乙方提供加盟店自行采购部分物料的检查验收标准，解决由于加盟店采购经验不足而产生的质量问题。

二、乙方需向甲方一次性交纳人民币(大写)伍仟元的物流配送押金,双方合作结束时押金将退还。

三、货源的配送

1.乙方在收到货源时,经严格清点货源、品种、数量后签字领货,严格执行收货签单制度,发现疑问应向送货员、发货员或配货中心反映,协商一致。

2.乙方接货人员应熟练掌握快速清点货源技巧,并对配货中心送发原材料的包装、品种有所了解。

3.原材料配送价格如下:

名　　称	单　　位	单价(元)	供应包装	价格(元)	备　　注
生臭豆腐	份(6只/份)	1.35	板		含预防损耗补偿
调料酱	公斤	4.00	桶(18kg)		建议30g/份
食盒	只(1只/份)	0.08	袋(1920只)		与臭豆腐配套供应

4.货源查验、整理、储藏

为防止货品在运输途中的颠簸、挤压、转运、装卸等受到的损耗,甲方将会在每箱货品内加送一定数量的货品作为预防损耗补偿,乙方货物验收后不得要求退换货物,乙方需认真做好清点、查验、整理、储藏等工作。

四、本合同有效期同加盟合同。

五、本合同一式两份,甲乙双方各执一份。

甲方(签章):________________ 乙方(签章):________________

日期:________________ 日期:________________

(二)关于合同法中买卖合同的规定

1.出卖人的合同义务

(1)交付合同标的物。依照买卖合同的约定向买受人交付标的物,是出卖人主要的合同义务,交付合同标的物包括交付标的物实物或交付提取标的物的单证及其有关的单证和资料。

出卖人在买卖合同成立生效后,应当按照合同约定的时间、地点、方式、质量、数量等交付标的物于买受人。

①出卖人应当按照约定的期限交付标的物。约定交付期间,出卖人可以在该交付期间内的任何时间交付;当事人没有约定交付期间或约定不明确的,按《合同法》第61条、62条的规定执行(见本书第二章“合同的履行”一节关于合同条款规定不明确的履行)。

②出卖人应当按照约定的地点交付标的物。交付标的物的地点对双方的权利义务影响较大,它涉及到风险的转移和费用的承担。合同中应约定交付地点。如果未

约定或约定不明确的，按下列交付地点交付：给付货币的，在接受货币的一方所在地履行；交付不动产的，在不动产所在地履行；标的物需要运输的，出卖人应当将标的物交付给第一承运人以运交给买受人；标的物不需要运输，出卖人和买受人订立合同时知道标的物在某一地点的，出卖人应当在该地点交付标的物；不知道标的物在某一地点的，应当在出卖人订立合同时的营业地交付标的物。

③出卖人应当按照约定的包装方式交付标的物。对包装方式没有约定或约定不明确，经协商仍不能确定的，应当按照通用的方式包装，没有通用方式的，应当采取足以保护标的物的包装方式。

(2)瑕疵担保责任。瑕疵担保责任是指出卖人就买卖标的的权利或质量瑕疵应当承担的法律责任。也就是说，出卖人应保证标的的质量合格，并且保证标的无权利瑕疵。瑕疵担保责任是一种法定责任，它包括物的瑕疵担保责任和权利瑕疵担保责任。

物的瑕疵担保责任是指标的物的出卖人就物本身的瑕疵所应承担的担保责任。也就是对标的物的质量担保，出卖人要保证标的物具有合同规定的价值、使用价值和品质。

权利瑕疵担保责任，是指出卖人就交付的标的物负有的保证第三人不得向买受人主张任何权利的责任。《合同法》第 132 条、第 150 条规定，出卖人出卖的标的物，应当属于出卖人所有或者出卖人有权处分，不得有第三人向买受人主张任何权利。但买受人订立合同时知道或应当知道标的物有权利瑕疵的，出卖人可不承担此责任。

权利瑕疵主要有以下几种情形：(1)标的物的所有权属于第三人；(2)标的物的所有权受有限制，如标的物上设定了担保物权。(3)第三人对标的物的出卖有撤销权。

在出卖人承担权利瑕疵担保责任时，买受人取得以下权利：(1)中止支付价款。《合同法》第 152 条规定，买受人有确切证据证明第三人可能就标的物主张权利的，可以中止支付相应的价款，但出卖人提供适当担保的除外。(2)主张损害赔偿。因存在权利瑕疵，造成买受人受有损害的，买受人有权请求损害赔偿。

2. 买受人的合同义务

(1)支付价款。支付价款是买受人的主要义务。买受人应该按照约定的时间、地点、数额支付价款。

买受人应当按照约定的时间支付价款。对支付时间没有约定或约定不明确的，当事人可协商确定。双方不能达成协议的，买受人应当在收到标的物或者在提取标的物单证的同时支付。

买受人应按照约定的数额支付价款，对价款没有约定或约定不明确的，适用《合同法》第 61 条、第 62 条第 2 项的规定。分期付款的买受人未支付到期价款的金额达到全部价款的 1/5 的，出卖人可以要求买受人支付全部价款或解除合同。

买受人应当按照约定的地点支付价款，对支付地点没有约定或约定不明确，经协商仍不能确定的，买受人应当在出卖人的营业地支付，但约定支付价款以交付标的物或交付标的物单证为条件的，在交付标的物或交付提取标的物单证的所在地支付。

(2)接受标的物。接受标的物是买受人的主要权利，也是一项义务。出卖人按照合同的约定交付标的物时，买受人不得拒绝接受，因其拒绝接受或迟延接受给出卖人造成损失的，应承担违约责任，因而发生的一切标的物风险，也由买受人负担。

对于出卖人多交标的物的，买受人可以接收或拒绝接收多交的部分。买受人接收多交部分的，按照合同的价格支付价款；买受人拒绝接受多交部分的，应当及时通知出卖人。

(3)及时检验标的物。买受人收到标的物应当在约定的检验期间内检验。如果发现标的物的质量、数量不符合约定，应在检验期间内通知出卖人。买受人怠于通知的，视为标的物的质量或数量符合约定。

当事人没有约定检验期间的，应当及时检验。如果标的物质量或数量不符合约定，应该在发现或应当发现的合理期间内通知出卖人。买受人在合理期间内未通知或者自标的物收到之日起两年内未通知出卖人的，视为标的物的质量或数量符合约定，但对标的物有质量保证期的，适用质量保证期，不适用该两年的规定。对于出卖人知道或应当知道提供的标的物不符合约定的，不受上述通知时间的限制。

3. 买卖合同标的物的权利转移和风险负担

(1)权利的转移。买卖合同标的物所有权自交付时起转移，但法律另有规定或当事人另有约定的除外。标的物在交付之前产生的孳息，归出卖人所有；交付之后产生的孳息，归买受人所有。

权利转移以交付为准的例外：《合同法》规定，当事人可以在合同中约定交付标的物以后，并不产生所有权的转移，而是在一定的条件成就时才发生所有权的转移。最常见的是，交付标的物后于买受人支付完所有的价款前，标的物的所有权并不转移。《合同法》137 条也规定了法定例外，“出卖具有知识产权的计算机软件等标的物的，除法律另有规定或当事人另有约定的以外，该标的物的知识产权不属于买受人。”

(2)风险负担。风险负担是指合同因不可归责于双方当事人的事由使合同标的物毁损、灭失而造成的损失由谁来承担。一般讲，所有权的转移和风险的转移应当是一致的，但也有不一致的时候。买卖合同的风险负担应当按照以下情形来确定：

①标的物毁损、灭失的风险，在标的物交付之前由出卖人承担，交付之后由买受人承担，但法律另有规定或当事人另有约定的除外。

②因买受人的原因致使标的物不能按照约定的期限交付的，买受人应当自违反约定之日起承担标的物毁损、灭失的风险。

③出卖人出卖交由承运人运输的在途标的物，除当事人另有约定的以外，毁损、灭失的风险自合同成立时起由买受人承担。

④当事人没有约定交付地点或约定不明确，标的物需要运输的，出卖人将标的物交付给第一承运人后，标的物毁损灭失的风险由买受人承担。

⑤出卖人按照约定将标的物置于交付地点，买受人违反约定没有收取的，标的物毁损，灭失的风险自违反约定之日起由买受人承担。

⑥因标的物质量不符合质量要求，致使不能实现合同目的，买受人可以拒绝接受标的物或者解除合同。买受人拒绝接受标的物或解除合同的，标的物毁损、灭失的风险由出卖人承担，并且不影响买受人要求其承担违约责任的权利。

⑦出卖人按照约定未交付有关标的物的单证和资料的，不影响标的物毁损、灭失风险的转移。

【案例 4-3】

甲某在乙商场的网站上定购了一辆自行车，并通过网上银行支付了自行车款和配送费，根据约定，该商场将于3天内将自行车送至甲的家中。在该商场于第三天将自行车送往甲某家的途中，自行车被偷。

思考：此时自行车的所有权归谁？甲某是否要承担自行车丢失的风险？

分析：自行车的所有权应归乙商场。甲某不承担自行车丢失的风险。根据法律规定，标的物的所有权自交付时起转移。标的物毁损、灭失的风险，在标的物交付之前由出卖人承担，交付之后由买受人承担。而本案中，乙商场并未将自行车交给甲某，因此所有权未转移，风险应由乙商场承担。

4.特种买卖合同

(1)试用买卖合同。试用买卖合同是指当事人双方约定以特定物作为试用品的买卖合同。试用买卖是附条件的买卖，也就是试用人经试用认可试用品后方才购买。

试用买卖的当事人可以约定标的物的试用期间。对试用期间没有约定或者约定不明确，经协商仍不能确定的，由出卖人确定。试用买卖的买受人在试用期内可以购买标的物，也可以拒绝购买。试用期间届满，买受人对是否购买标的物未作表示的，视为购买。

(2)样品买卖合同。样品买卖，是指出卖人交付的标的物须与当事人指定的样品具有同一品质的买卖合同。凭样品买卖的当事人应当封存样品，并可以对样品质量予以说明。出卖人交付的标的物应当与样品及其说明的质量相同。凭样品买卖的买受人不知道样品有隐蔽瑕疵的，即使交付的标的物与样品相同，出卖人交付的标的物的质量仍应符合通常标准。

(3)拍卖。拍卖是一种竞争性的买卖合同，是以公开竞价的方式将财产所有权转让给出最高价的人的买卖合同。以拍卖方式订立的买卖合同，依照拍卖法的规定。

第三节　支付结算法律法规

支付结算作为物流活动的重要中介，是物流经济活动的重要组成部分。安全、快捷、高效的支付结算方式促进了物流经济的发展。我国目前的支付结算法律法规主要有1996年施行、2004年修正的《中华人民共和国票据法》，1997年中国人民银行发布的《支付结算办法》和《票据管理办法》。国际结算方面的公约主要有1992年的《见索即付保函统一规则》（国际商会出版物第458号）；1992年的《多式运输单据规则》（国际商会出版物第481号）；1993年修订的《跟单信用证统一惯例》（国际商会出版物第500号）；1995年修订的《托收统一规则》（国际商会出版物第522号）；1996年的《信用证项下银行间偿付统一规则》（国际商会出版物第525号）；1998年的《国际备用证惯例（ISP98）》（国际商会出版物第590号）。1999年修订的《2000年国际贸易术语解释通则》（国际商会出版物第560号）；2000年国际保理商联合会制定的《国际保理业务惯例规则》；2002年的《跟单信用证统一惯例（UCP500）关于电子交单的附则（eUCP）》；2002年的《关于UCP500等的意见汇编》（国际商会出版物第632号）；2003年的《跟单信用证项下审核单据的国际标准银行实务》（国际商会出版物第645号）。

一、支付结算概述

（一）支付结算的概念

所谓支付结算是指单位、个人在社会经济活动中使用票据、银行卡和汇兑、托收承付和委托收款等结算方式下进行货币给付及其资金清算的行为。其实就是在贸易和非贸易活动中的各关系人之间债权债务的清算。这里的关系人可以是国家、企业单位、机关事业单位和个人，包括外资企业和外商。在社会经济活动中，不论国家、单位和个人都会存在商品交换活动，也就是我们所说的贸易活动，也就需要有支付结算的要求。所谓的非贸易结算是指除了经济活动之外由于政治、文化等原因引起的债权债务的清算。如国家之间的捐赠、留学人员的学费支付等。

银行（含城乡信用合作社）以及单位（含个体工商户）和个人是办理支付结算的主体。其中银行是支付结算和资金清算的中介机构。非银行机构未经批准不得作为中介机构办理结算业务。

（二）办理支付结算的基本要求

1.使用统一票据

单位、个人和银行办理支付结算，必须使用按中国人民银行统一规定印制的票据和结算凭证。票据和结算凭证是办理支付结算的工具。未使用按中国人民银行统一规定印制的票据，票据无效；未使用中国人民银行统一规定格式的结算凭证，银行不予受理。

2. 按规定开立使用账户

单位、个人和银行应当按照《银行账户管理办法》的规定开立、使用账户。在银行开立存款账户的单位和个人办理支付结算，账户内须有足够的资金保证支付。银行依法为单位、个人在银行开立的存款账户内的存款保密，维护其资金的自主支配权。除国家法律行政法规另有规定外，银行不得为任何单位或者个人查询账户情况，不得为任何单位或个人冻结、扣划款项，不得停止单位、个人存款的正常支付。

3. 票据和结算凭证上的签章和其他记载事项应当真实，不得伪造、变造

所谓“伪造”，是指无权限人假冒他人或虚构他人名义签章的行为。所谓“变造”，是指无权更改票据内容的人，对票据上签章以外的记载事项加以改变的行为。变造票据的方法多是在合法票据的基础上，对票据加以剪接、挖补、覆盖、涂改，从而非法改变票据的记载事项。签章的变造属于伪造。伪造、变造票据属于欺诈行为，应追究其刑事责任。出票金额、出票日期、收款人名称不得更改，更改的票据无效；更改的结算凭证，银行不予受理。对票据和结算凭证上的其他记载事项，原记载人可以更改，更改时应当由原更改人在更改处签章证明，票据和结算凭证上的签章，为签名、盖章或者签名加盖章。单位、银行在票据上的签章和单位在结算凭证上的签章，为该单位、银行的盖章假期法定代表人或其授权的代理人的签名或盖章。个人在票据和结算凭证上的签章，应为该个人本名的签名或盖章。

4. 填写各种票据和结算凭证应当规范

填写票据和结算凭证，必须做到要素齐整、数字正确、字迹清晰、不错漏、不潦草，防止涂改。规范填写票据和结算凭证时应注意以下事项：

(1)关于收款人名称。单位和银行的名称应当记载全称或者规范化简称。规范化简称应当具有排他性，与全称在实质上具有同一性，例如“中国银行业监督管理委员会”的规范化简称为“银监会”。

(2)关于出票日期。票据的出票日期必须使用中文大写。为防止变造票据的出票日期，在填写月、日时，月为壹、贰和壹拾的，月为壹至玖和壹拾、贰拾、叁拾的，应在其前面加“零”；日为拾壹至拾玖的，应在其前面加“壹”。如 1 月 15 日，应写成零壹月壹十伍日；10 月 20 日，应写成零壹拾月零贰拾日。

(3)关于金额。票据和结算凭证金额以中文大写和阿拉伯数码同时记载，二者必须一致，二者不一致的票据无效；二者不一致的结算凭证，银行不予受理。

【案例 4-4】

2005 年 6 月 13 日，ABC 蔬菜公司向本市某超市出售一批蔬菜，货款额为 7000 元。ABC 蔬菜公司财务人员李某接受该超市财务人员孙某签发的支票，发现支票的出票日期为 2005 年 6 月 15 日，遂向孙某询问为什么签发日期不是 2005 年 6 月 13 日。孙某接过李某手中的支票，二话没说就将“伍”字划掉，改为“三”字。

思考:孙某是否应接受该修改后的支票?

分析:按照规定,票据的出票金额、出票日期、收款人名称不得更改,更改的票据无效。因此本例中,孙某在支票上更改出票日期的做法是不对的,这样会导致支票无效,李某不应当接受该出票日期更改后的支票。

二、国内常用的结算方式

国内的结算方式主要包括汇兑、托收承付和委托收款。

(一)汇兑

1.汇兑的概念和种类

汇兑,是汇款人委托银行将其款项支付给收款人的结算方式。汇兑分为信汇和电汇两种。信汇是以邮寄方式将汇款凭证转给外地收款人指定的汇入行,而电汇是以电报方式将汇款凭证转发给收款人指定的汇入行。信汇、电汇由汇款人选择使用。单位和个人各种款项的结算,均可使用汇兑结算方式。

2.办理汇兑的程序

(1)签发汇兑凭证。签发汇兑凭证必须记载下列事项:表明"信汇"或"电汇"的字样;无条件支付的委托;确定的金额;收款人名称;汇款人名称;汇入地点、汇入行名称;汇出地点、汇出行名称;委托日期;汇款人签章。汇兑凭证记载的汇款人、收款人在银行开立存款账户的,必须记载其账号。汇款人和收款人均为个人。需要在汇入银行支取现金的,应在信汇、电汇凭证的"汇款金额"大写栏,先填写"现金"字样,后填写汇款金额。

(2)银行受理。汇出银行受理汇款人签发的汇兑凭证,经审查无误后,应及时向汇入银行办理汇款,并向汇款人签发汇款回单。汇款回单只能作为银行受理汇款的依据,不能作为该笔汇款已转入收款人账户的证明。

(3)汇入处理。汇入银行对开立存款账户的收款人,应将汇给其的款项直接转入收款人账户,并向其发出收账通知。收账通知是银行将款项确已收入收款人账户的凭证。

支取现金的,信汇、电汇凭证上必须有按规定填明的"现金"字样,才能办理。未填明"现金"字样需要支取现金的,由汇入银行按照国家现金管理规定审查支付。转账支付的,应由原收款人填制支款凭证,并由本人向银行交验其身份证件办理支付款项。

3.汇兑的撤销和退汇

汇款人对汇出银行尚未汇出的款项可以申请撤销。申请撤销时,应出具正式函件或本人身份证件及原信、电汇回单。

汇入银行对于收款人拒绝接受的汇款,应即办理退汇。汇入银行对于向收款人发出取款通知,经过2个月无法交付的汇款,应主动办理退汇。

【案例 4-5】

2006 年 9 月 8 日，Y 市 B 企业的财务人员持现金 150 万元和三份加盖了 B 企业财务印鉴的电汇凭证到开户银行 Y 市 A 银行办理汇兑业务。三份电汇凭证的付款人均为 B 企业，汇入行为 X 市 C 银行、D 银行和 E 银行，收款人分别为 X 市 F 企业、G 企业和 H 企业，大写金额栏均为“现金伍拾万元整”。A 银行工作人员认真审查了电汇凭证后，要求 B 企业的财务人员重新填写电汇凭证，并提醒其注意电汇凭证上的“汇款金额”大写栏不要填写“现金”字样。分析 A 银行工作人员的做法是否正确？

分析：根据《支付结算办法》的规定，采用汇兑结算方式进行结算时，如汇款人和收款人均为个人，需要在汇入银行支取现金的，应在信汇、电汇凭证的“汇款金额”大写栏，先填写“现金”字样，后填写汇款金额。本例中，汇款人和收款人均为企业，它们之间的资金汇兑应通过转账结算，因此汇款人 B 企业的汇出款项应通过其银行结算账户支付，而不应该采取交付现金的方式。因此 A 银行工作人员的做法是正确的。

【案例 4-6】

A 公司购买 B 公司一批货物，双方协议由 A 公司预先电汇支付货款，款到后 B 公司再发货。2006 年 4 月 3 日，A 公司通过自己的开户银行向 B 公司开户银行电汇了货款，并督促 B 公司尽快发货。由于 B 公司开户银行的原因，B 公司 3 天后才收到该笔电汇的收账通知，因此 A 公司 4 天后（即 4 月 8 日）才收到货物（货物运输时间为 1 天）。A 公司根据自己开户银行签发的电汇汇款回单，认为 4 月 5 日就应收到货物，因此要求 B 公司赔偿因其延迟发货给自己造成的损失。分析 A 公司要求 B 公司赔偿的理由是否正确？

分析：汇款回单只能作为汇出银行受理汇款的依据，不能作为该笔汇款已转入收款人账户的证明；收账通知才是银行将款项确已收入收款人账户的凭据。本例中，A 公司与 B 公司已经就“款到后发货”达成一致意见，而“款到”的时间应以 B 公司开户银行发出的收账通知为准，不应以 A 公司开户银行签发的汇款回单为据。因此，A 公司要求 B 公司赔偿的理由是不正确的。如果 A 公司确知由 B 公司开户银行耽搁了资金入账时间，应向 B 公司开户银行提出索赔要求。

(二)托收承付

1. 托收承付的概念

托收承付是根据购销合同由收款人发货后委托银行向异地付款人收取款项，由付款人向银行承认付款的结算方式。托收承付结算每笔的金额起点为 1 万元。新华书店系统每笔的金额起点为 1 000 元。

办理托收承付结算的款项，必须是商品交易以及因商品交易而产生的劳务供应的款项。代销、寄销、赊销商品的款项，不得办理托收承付结算。使用托收承付结算方式的收款单位和付款单位，必须是国有企业、供销合作社以及经营管理较好，并经开户银行审查同意的城乡集体所有制工业企业。收付双方办理托收承付结算，必须重合同、守信用。收款人对同一付款人发货托收累计 3 次收不回货款的，收款人开户银行应暂停收款人向该付款人办理托收；付款人累计 3 次提出无理拒付的，付款人开户银行应暂停其向外办理托收。

收款人办理托收，必须具有商品确已发运的证件，包括铁路、航运、公路等运输部门签发的运单、运单副本和邮局包裹回执等。

2. 办理托收承付的程序

(1)签发托收凭证。签发托收凭证必须记载下列事项：表明“托收”的字样；确定的金额；付款人名称及账号；收款人名称及账号；付款人开户银行名称；收款人开户银行名称；托收附寄单证张数或册数；合同名称、号码；委托日期；收款人签章。

(2)托收。收款人按照签订的购销合同发货后，委托银行办理托收。收款人应将托收凭证并附发运证件或其他符合托收承付结算要求的有关证明和交易单证送交银行。收款人开户银行接到托收凭证及其附件后，应当按照托收的范围、条件和托收凭证记载的要求认真进行审查，必要时，还应查验收付款人签订的购销合同。

(3)承付。付款人开户银行收到托收凭证及其附件后，应当及时通知付款。付款人应在承付期内审查核对，安排资金。承付货款分为验单付款和验货付款两种，由收付双方商量选用，并在合同中明确规定。

验单付款的承付期限为 3 天，从付款人开户银行发出承付通知的次日算起(承付期内遇法定休假日顺延)；验货付款的承付期为 10 天，从运输部门向付款人发出提货通知的次日算起。付款人在承付期内，未向银行表示拒绝付款，银行即视作承付，并在承付期满的次日(遇法定休假日顺延)上午银行开始营业时，将款项划给收款人。不论验单付款还是验货付款，付款人都可以在承付期内提前向银行表示承付，并通知银行提前付款，银行应立即办理划款。

(4)逾期付款。付款人在承付期满日银行营业终了时，如无足够资金支付其不足部分，即为逾期未付款项，按逾期付款处理。

(5)拒绝付款。对下列情况，付款人在承付期内，可向银行提出全部或部分拒绝付款：①没有签订购销合同或购销合同未订明托收承付结算方式的款项。②未经双方事先达成协议，收款人提前交货或因逾期交货，付款人不再需要该项货物的款项。③未按合同规定的到货地址发货的款项。④代销、寄销、赊销商品的款项。⑤验单付款，发现所列货物的品种、规格、数量、价格与合同规定不符，或货物已到，经查验货物与合同规定或发货清单不符的款项。⑥验货付款，经查验货物与合同规定或与发货清单不符的款项。⑦货款已经支付或计算有误的款项。

(6)重办托收。收款人对无理拒绝付款的托收款项，在收到退回的结算凭证及其所附单证后，需要委托银行重办托收。经开户银行审查，确属无理拒绝付款，可以重办托收。

(三)委托收款

1.委托收款的概念

委托收款是收款人委托银行向付款人收取款项的结算方式。单位和个人凭已承兑商业汇票、债券、存单等付款人债务证明办理款项的结算,均可以使用委托收款结算方式。委托收款的同城、异地均可以使用。

2.办理委托收款的程序

(1)签发委托收款凭证。签发委托收款凭证必须记载下列事项:表明"委托收款"的字样;确定的金额;付款人名称;收款人名称;委托收款凭据名称及附寄单证张数;委托日期;收款人签章。

委托收款以银行以外的单位为付款人的,委托收款凭证必须记载付款人开户银行名称;以银行以外的单位或在银行开立存款账户的个人为收款人的,委托收款凭证必须记载收款人开户银行名称;未在银行开立存款账户的个人为收款人的,委托收款凭证必须记载被委托银行名称。

(2)委托。收款人办理委托收款应向银行提交委托收款凭证和有关的债务证明。

(3)付款。付款银行接到寄来的委托收款凭证及债务证明,审查无误后办理付款。

三、国际常用的结算方式

目前,我国在对外贸易中经常使用的支付方式基本上有三种,即汇付、托收和信用证。汇付和托收属商业信用,信用证属银行信用。汇付属于顺汇法,即债务人主动将货款汇给债权人;托收与信用证属于逆汇法,即债权人主动向债务人索取货款。另外还包括保函和保付代理,一共5种国际结算方式。现分述如下:

(一)汇付(Remittance)

(1)电汇(Telegraphic Transfer ,T/T)。即由付款人将货款交给银行,由银行以电报、电传或其他电讯方式通知其在国外的分支行或代理行,将款交给收款人。现在常用的汇款方式就是电汇。

(2)信汇(Mail Transfer ,M/T)。即由付款人将货款交给银行,由银行开具付款委托书,以航空方式邮寄给其在国外的分支行或代理行,委托他们将款付给收款人。此种信汇方式现在已很少使用。

(3)票汇(Demand Draft ,D/D)。即由付款人向当地银行购买即期付款的银行汇票,由付款人寄给收款人,由收款人持汇票向指定的银行取款。不过票汇并不仅限于银行汇票,使用本票、支票也可以。

(二)托收(Collection)

托收方式是出口商在货物装运后,开具汇票,连同全套货运单据,委托出口地银行(即托收银行——Remitting Bank)寄往该行在进口商所在地的国外分支行或代理行(即代收银行——Collecting Bank)向进口商收取货款。

按照交单条件的不同，托收可分为付款交单（Documents AgainstPayment ，D/P）和承兑交单（Documents Against Acceptance ，D/A）两种。

（1）付款交单（D/P）。付款交单是以进口商付款作为出口商交单的条件。在这种方式下，进口商只有付清货款才能从代收银行取得全套货运单据。

（2）承兑交单（D/A）。承兑交单是以进口商对出口商开具的远期汇票进行承兑，作为出口商交单的条件。进口商对汇票进行承兑后，代收行即把全套货运单据交给进口商。如果汇票到期时进口商不付款，出口商则将钱、货两空，因此这种方式对出口商来说很不安全。

现将托收的程序图示如下：

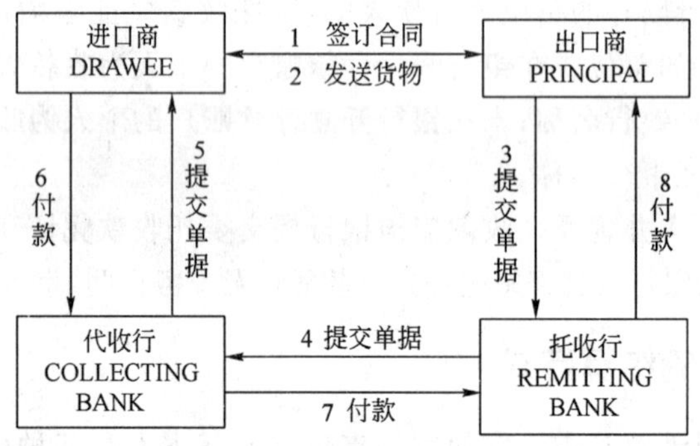

（三）信用证（Letter of Credit ，L/C）

信用证属银行信用，是使用最多的一种支付方式。它比托收及汇付（预付除外）等以商业信用为基础的支付方式安全可靠。开证银行出具信用证时一般为信开，必要时也可电开。

1. 信用证的含义及其作用

信用证是银行应进口商的请求，开给出口商的一种有条件的保证付款的凭证。在信用证内，开证行授权出口商按证内规定的条款及条件出具各项单据，便可按期在指定地点收取货款。

2. 信用证的特点

信用证有下列三个特点：

（1）信用证是银行信用，开证银行负第一付款责任。信用证的受益人，可凭信用证直接向开证行凭单取款，而无须先找开证申请人。开证行对受益人的责任是一种独立的责任。

（2）信用证是自足文件。信用证虽然是以买卖双方签订的买卖合同为基础，但信用证并不依附于买卖合同。它一经开出，就成为独立于买卖合同以外的另一种契约。信用证的有关当事人均受信用证约束。

(3)信用证是一种单据买卖。在信用证支付方式下,实行的是凭单付款的原则。《跟单信用证统一惯例》规定:"在信用证业务中,各有关方面处理的是单据,而不是与单据有关的货物、服务及/或其他行为。"所以信用证业务是一种纯粹的单据业务。银行要合理小心地审核一切单据,以确定单据表面上是否符合信用证条款,开证行只根据表面上符合信用证条款的单据付款。银行对任何单据的形式、完整性、准确性、真实性以及伪造或法律效力等不负责任。在信用证方式下,实行的是"严格符合原则",即受益人提交的单据要做到"单、证一致"和"单、单一致"。

3.信用证的主要内容

世界上各国银行使用的信用证虽无统一格式,但其内容基本相同。主要有:①开证行名称、地点与时间。②信用证的种类和号码。③付款人名称、时间和地点。④开证人和受益人的名称和地址。⑤信用证金额。⑥应提交的单据。信用证对单据的要求各异,主要有发票、提单、保险单、产地证、装箱单、重量单等。⑦装运货物的品名、规格、数量、包装、价格等。⑧装运条款。包括装运地、目的港、装运期、能否分批及转运等。⑨信用证有效期及到期地点。⑩开证银行的付款保证。

4.信用证的当事人

信用证一般牵涉到的当事人有:开证人、受益人、开证行、通知行、付款行、偿付行、议付行、保兑行等。但并非每张信用证都会涉及到这些当事人,有的信用证无保兑行或偿付行。现将各个当事人的职能简介如下:

(1)开证人(Applicant/Opener/Accountee):指向银行申请开立信用证的人,一般是进口商。开证人向开证行申请开证时,要交付一定押金,并在信用证付款到期时向开证行付款赎单。

(2)受益人(Beneficiary):指信用证上所指定的有权使用该证的人,一般是出口商。受益人必须严格履行信用证规定的各项条款,并提供正确的各项装船单据,按时向付款行或议付行或承兑行提示,要求付款、议付或承兑。

(3)开证行(Opening Bank/Issuing Bank/Establish Bank):指接受开证申请人的委托开立信用证的银行。开证行接受开证人的开证申请后,便承担了开证责任和应有的风险。在受益人提交的单据与信用证条款相符的情况下,开证行应承担付款的责任。

(4)通知行(Notifying Bank/Advising Bank):指接受开证行的委托,将信用证转交或将信用证的内容通知受益人的银行。通知行无须承担责任,但应合理、谨慎地核对信用证上的印鉴或电开信用证的密押,以证明所通知信用证的表面真实性。如果通知行同意加保兑或接受议付,通知行就兼任保兑行或议付行。

(5)付款行(Paying Bank/Dawee Bank):指信用证上所指定的付款银行。付款行一般是开证行,也可以是开证行所指定的另一家银行。付款行如果不是开证行本身,其主要责任是在信用证到期时,凭持票人的正确单据付款,并按信用证的要求向开证行寄出单据和索回所垫之款及有关费用。

(6)偿付行(Reimbursing Bank):是信用证中所指定的代开证行偿付议付票款的银行。偿付行通常是开证行的存款银行或是开证行的分行、支行。付款行与偿付行的区别是:前者是信用证上所指定的受票银行,因此付款行在付汇之前必须审单;后者是代开证行对议付行或付款行进行账务清算的银行,因此,偿付行在进行偿付前不进行审单。另外,在一笔跟单信用证业务中并非都有偿付行,但任何一笔信用证业务都必须有付款行。

(7)议付行(Negotiationg Bank):指愿意买入或贴现受益人跟单汇票的银行。议付行可以是指定的也可以是非指定的。议付行对受益人的单据进行议付属于垫款性质。议付行不论开证行因何种原因不付款,都可以向受益人追索,除非信用证上规定在汇票上注明"不受追索(Without Recoure)"的文字。

(8)保兑行(Confirming Bank):指对另一家银行开出的信用证加以保证兑付的银行。保兑行通常是通知行。信用证经保兑后,就有两家银行对受益人负责。在这种情况下,保兑行就与开证行同样对受益人承担第一付款人的责任。

5. 信用证的运作程序

现将信用证开立、交单、结算的一般程序图示如下:

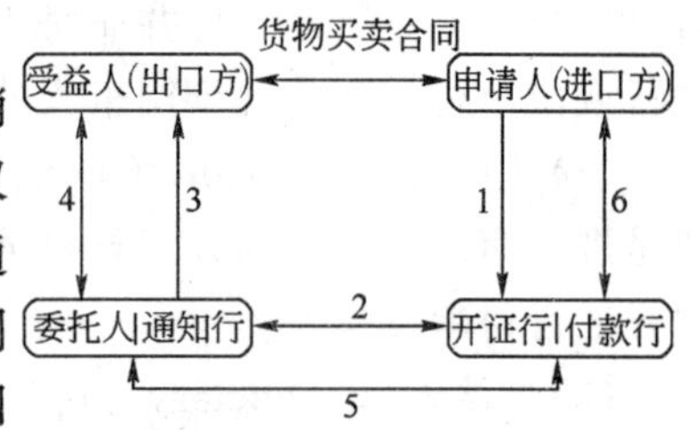

①申请开证②开证行开立信用证③通知行通知受益人④交单议付⑤寄单索偿⑥申请人付款赎单

6. 信用证的种类

(1)可撤销信用证与不可撤销信用证。可撤销信用证(Revocable ,Letter of Credit) 在议付行议付之前,开证行可以随时修改或撤销,无须事先通知受益人或其他有关当事人,也无须征得他们的同意。因此,这种信用证对受益人的保障较小,我国不接受这种信用证。不可撤销信用证(Irrevocable Letter of Credit) 一经开出,在有效期内,未经受益人或其他有关当事人的同意,开证行不得自行撤销或修改。只要受益人按照信用证的有关规定提供单证,开证行必须承担付款责任。

(2)保兑信用证与非保兑信用证。保兑信用证(Confirmed Letter of Credit) 是指另一家银行接受开证行的要求,对其开出的信用证加以保证兑付。经保兑的信用证叫保兑信用证。未经保兑的叫非保兑信用证(Unconfirmed Letter of Credit)。

(3)即期信用证与远期信用证。即期信用证(Sight Letter of Credit) 是指开证行授权受益人开立即期汇票,开证行或付款行见票即付的信用证。即期信用证有时加列"电报索偿条款" (T/T Reimbursement Clause),议付行在议付单据后,当天即用电讯方式要求付款行偿付,付款行也应以电汇偿付。远期信用证(Usance Letter of Credit) 是指开证行授权受益人开立远期汇票,开证行或承兑行见票承兑后,在规定的到期日付款的信用证。

（四）银行保函（Letter of Guarantee，简称 L/G）

银行保函是银行根据委托人的申请向受益人开立的担保申请人履行某项义务，否则由银行承担经济赔偿责任的书面承诺文件。保函的名目繁多，常见的有：进口保函、出口保函、投标保函、还款保函等。

保函与信用证的相同之处有：均属银行信用，都规定有金额限度、有效期限和保付条款。其不同之处有：在付款责任上，对信用证来说，银行负绝对的付款责任，而对保函来说，只有在商业信用不能兑现时银行才付款。信用证主要用于单边进口贸易，而保函的用途则较广；在信用证方式下货运单据是付款的主要依据，而保函是凭受益人的索偿申请书。

（五）国际保理（Factoring）

保理业务又称包理业务或保付业务。保理业务的当事人有：出口商、出口保理公司、进口商、进口保理公司。保理公司都隶属于经营国际贸易结算的商业银行。保理公司的业务主要有：①承购出口商的跟单汇票；②代出口商向国外进口商归收账款；③为出口商提供资金融通，通常可预支货款的80％；④对国外进口商进行资信调查和信用评估，确定进口商的信用额度。

以上介绍了五种支付方式，除保理业务外，其他四种不仅可单独使用，也可结合使用，例如：信用证与汇付相结合，信用证与托收相结合，汇付与保函相结合，托收与保函相结合等等。

四、票据结算

在各种支付结算方式中，一般都离不开票据。票据是可以代替现金流通的有价证券。《中华人民共和国票据法》（下简称《票据法》）中的“票据”包括银行汇票、商业汇票、银行本票和支票。

（一）票据的当事人

票据当事人，是指在票据法律关系中，享有票据权利、承担票据义务的主体，也就是票据行为的参与者。票据当事人分为基本当事人和非基本当事人。

1.基本当事人

票据基本当事人，是指在票据作成和交付时就已经存在的当事人，包括出票人、付款人和收款人三种。汇票和支票的基本当事人有出票人、付款人与收款人；本票的基本当事人有出票人与收款人。

（1）出票人。出票人是指依法定方式签发票据并将票据交付给收款人的人。银行汇票的出票人为银行；商业汇票的出票人为银行以外的企业和其他组织；银行本票的出票人为出票银行；支票的出票人为在银行开立支票存款账户的企业、其他组织和个人。

（2）收款人。收款人是指票据正面记载的到期后有权收取票据所载金额的人。

(3)付款人。付款人是指由出票人委托付款或自行承担付款责任的人。商业承兑汇票的付款人是合同中应给付款项的一方当事人,也是该汇票的承兑人;银行承兑汇票的付款人是承兑银行;支票的付款人是出票人的开户银行;本票的付款人是出票人。

2. 非基本当事人

非基本当事人,是指在票据作成并交付后,通过一定的票据行为加入票据关系而享有一定权力、承担一定义务的当事人,包括承兑人、背书人、被背书人、保证人等。

(1)承兑人。承兑人是指接受汇票出票人的付款委托,同意承担支付票款义务的人,它是汇票的主债务人。

(2)背书人与被背书人。背书人是指在转让票据时,在票据背面或粘单上签字或盖章,并将该票据交付给受让人的票据收款人或持有人。被背书人是指被记名受让票据或接受票据的转让的人。背书后,被背书人成为票据新的持有人,享有票据的所有权利。

(3)保证人。保证人是指为票据债务提供担保的人,由票据债务人以外的第三人担当。保证人在被保证人不能履行票据付款责任时,以自己的金钱履行票据付款义务,然后取得持票人的权利,再向票据债务人追索。

(二)银行汇票

1. 银行汇票的概念

银行汇票是出票银行签发的,由其在见票时按照实际结算金额无条件支付给收款人或者持票人的票据。出票银行为银行汇票的付款人。银行汇票可以用于转账,填明"现金"字样的银行汇票也可以用于支取现金。单位和个人的各种款项结算,均可使用银行汇票。

2. 办理银行汇票的程序

(1)申请签发汇票。申请人使用银行汇票,应向出票银行填写"银行汇票申请书",填明收款人名称、汇票金额、申请人名称、申请日期等事项并签章,签章应为其预留银行的签章。

(2)出票。是指银行签发汇票并交付给申请人。出票银行受理银行汇票申请书,收受款项后签发银行汇票。签发银行汇票必须记载下列事项:表明"银行汇票"的字样;无条件支付的承诺;出票金额;付款人名称;收款人名称;出票日期;出票人签章。欠缺记载上列事项之一的,银行汇票无效。

(3)持往异地办理结算。申请人应将银行汇票和解讫通知一并交付给汇票上记明的收款人。收款人受理申请人交付的银行汇票时,应在出票金额以内,根据实际需要的款项办理结算,并将实际结算金额和多余金额准确、清晰地填入银行汇票和解讫通知的有关栏内。

(4)提示付款。银行汇票的提示付款期限自出票日起 1 个月。收款人可以将银行汇票背书转让给被背书人。持票人超过提示付款期限提示付款的，代理付款人不予受理。持票人向银行提示付款时，必须同时提交银行汇票和解讫通知。

(5)代理付款人代理付款，将款项支付给持票人。

(6)出票银行与代理付款银行之间进行资金清算。

(7)银行汇票的实际结算金额低于出票金额的，其多余金额由出票银行退交申请人。

【案例 4-7】

A 公司购买了 B 公司一批货物，双方同意采用银行汇票支付货款。在 B 公司发货之前，A 公司只给了 B 公司银行汇票(第二联)，B 公司财务人员凭银行汇票(第二联)向自己的开户银行提示付款。

思考：开户银行能否受理 B 公司的提示付款？

分析：根据有关规定，银行汇票持票人向银行提示付款时，必须同时提交银行汇票(第二联)和解讫通知(第三联)，否则银行不予受理。在实务中，部分银行汇票申请人并不是同时将银行汇票(第二联)和解讫通知(第三联)交付收款人，而是先给银行汇票(第二联)，待收到货物后再给解讫通知(第三联)，从而影响收款人正常的提示付款。本例中，由于 B 公司只持有银行汇票(第二联)，因此开户银行不能受理其提示付款要求。B 公司应向 A 公司索要解讫通知(第三联)，并同时持银行汇票(第二联)和解讫通知(第三联)向自己的开户银行提示付款。

(三)商业汇票

1. 商业汇票的概念

商业汇票是出票人签发的，委托付款人在指定日期无条件支付确定的金额给收款人或者持票人的票据。商业汇票分为商业承兑汇票和银行承兑汇票。商业承兑汇票由银行以外的付款人承兑，银行承兑汇票由银行承兑。商业汇票的付款人为承兑人。

商业承兑汇票的出票人为在银行开立存款账户的法人以及其他组织，并与付款人具有真实的委托付款关系，具有支付汇票金额的可靠资金来源。银行承兑汇票的出票人必须是在承兑银行开立存款账户的法人及其他组织，并与承兑银行具有真实的委托付款关系，资信状况良好，具有支付汇票金额的可靠资金来源。

在银行开立存款账户的法人以及其他组织之间，必须具有真实的交易关系或债权债务关系，才能使用商业汇票。

【案例 4-8】

2006 年 7 月 5 日，某建设公司接受了本市某水泥厂转让的一张银行承兑汇票，金额为 2 万元。该建设公司因为与自然人郝某发生债务债权关系，随即将该汇票转让给了郝某。郝某因为家庭装修欠某装修公司装修费 2 万元，于是郝某又将该汇票转让给了该装修公司。

思考：该装修公司能否接受该汇票？

分析:银行承兑汇票是我国商业汇票的一种,而商业汇票的使用主体,目前在我国仅限于在银行开立存款账户的法人及其他组织,自然人不能使用商业汇票。本例中,郝某作为自然人接受并转让银行承兑汇票,不符合《票据法》上关于商业汇票使用主体的规定,因此该装修公司不应接受该银行承兑汇票,否则将产生提示付款或背书转让的麻烦。装修公司应要求郝某采用其他支付方式。

2. 商业汇票承兑

商业汇票可以在出票时向付款人提示承兑后使用,也可以在出票后先使用再向付款人提示承兑。提示承兑,是指持票人向付款人出示汇票,并要求付款人承诺付款的行为。定日付款或者出票后定期付款的商业汇票,持票人应当在汇票到期日前向付款人提示承兑。见票后定期付款的汇票,持票人应当自出票日起 1 个月内向付款人提示承兑。汇票未按照规定期限提示承兑的,持票人丧失对其前手的追索权。

商业汇票的付款人接到出票人或持票人向其提示承兑汇票时,应当向出票人或持票人签发收到汇票的回单,记明汇票提示承兑日期并签章。付款人应当自收到提示承兑的汇票之日起 3 日内承兑或者拒绝承兑。付款人拒绝承兑的,必须出具拒绝承兑的证明。付款人承兑汇票后,应当承担到期付款的责任。

3. 办理商业汇票的程序

(1)办理商业承兑汇票的程序。

①签发汇票并将承兑后的汇票交收款人。商业承兑汇票可以由付款人签发并承兑,也可以由收款人签发交由付款人承兑。签发商业承兑汇票必须记载下列事项:表明“商业承兑汇票”的字样;无条件支付的委托;确定的金额;付款人名称;收款人名称;出票日期;出票人签章。“出票人签章”为该单位的财务专用章或者公章,如其法定代表人或其授权的代理人的签名或者盖章。

②提示付款。商业汇票的提示付款期限为自汇票到期日起 10 日内。持票人应在提示付款期限内通过开户银行委托收款或直接向付款人提示付款。持票人未按规定期限提示付款的,在作出说明后,承兑人或者付款人仍应当继续对持票人承担付款责任。商业汇票的付款期限,最长不得超过 6 个月。

③持票人开户银行向付款人开户银行发出委托收款的商业承兑汇票。

④付款人开户银行将商业承兑汇票留存,并及时通知付款人。

⑤付款人收到开户银行的付款通知,应在当日通知银行付款。付款人在接到通知日的次日起 3 日内(遇法定休假日顺延,下同)未通知银行付款的,视同付款人承诺付款。付款人提前收到由其承兑的商业汇票,应通知开户银行于汇票到期日付款。付款人存在合法抗辩事由拒绝支付的,应自接到通知日的次日起 3 日内,作成拒绝付款证明送交开户银行,银行将拒绝付款证明和商业承兑汇票邮寄给持票人开户银行转交持票人。

⑥付款人开户银行将票款划给持票人开户银行。

⑦持票人开户银行应于汇票到期日将票款划给持票人。

(2)办理银行承兑汇票的程序。

①出票并申请承兑。银行承兑汇票应由在承兑银行开立存款账户的存款人签发。银行承兑汇票必须记载的事项除表明“银行承兑汇票”的字样外,其他与商业承兑汇票相同。

②承兑。银行承兑汇票的出票人或持票人向银行提示承兑时,银行信贷部门负责按照有关规定和审批程序,对出票人的资格、资信、购销合同和汇票记载的内容进行认真审查,必要时可由出票人提供担保。符合规定和承兑条件的,与出票人签订承兑协议。银行承兑汇票的承兑银行,应按票面金额向出票人收取5‰的手续费。

③出票人将银行承兑后的商业汇票交付收款人。

④提示付款(程序同商业承兑汇票)。

⑤持票人开户银行向付款人开户银行发出委托收款的银行承兑汇票。

⑥付款人开户银行将银行承兑汇票留存,并及时通知出票人交存票据,出票人应于汇票到期前将票款足额交存其开户银行。银行承兑汇票的出票人于汇票到期日未能足额交存票款时,承兑银行除凭票向持票人无条件付款外,对出票人尚未支付的汇票金额按照每天5‰计收利息。

⑦承兑银行应在汇票到期日或到期日后的见票当日支付票款,将票款划给持票人开户银行。银行承兑汇票的承兑银行存在合法抗辩事由拒绝支付的,应自接到银行承兑汇票的次日起3日内,作成拒绝付款证明,连同银行承兑汇票邮寄给持票人开户银行转交持票人。

⑧持票人开户银行将票款划给持票人。

4.商业汇票贴现

贴现,是指票据持票人在票据未到期前为获得现金向银行贴付一定利息而发生的票据转让行为。通过贴现银行获得票据的所有权。

(1)贴现条件。商业汇票的持票人向银行办理贴现必须具备下列条件:是在银行开立存款账户的企业法人以及其他组织;与出票人或者直接前手之间具有真实的商品交易关系;提供与其直接前手之间进行商品交易的发票和商品发运单据复印件。

(2)贴现利息的计算。贴现的期限从其贴现之日起至汇票到期日止。实付贴现金额按票面金额扣除贴现日至汇票到期前1日的利息计算。承兑人在异地的,贴现的期限以及贴现利息的计算应另加3天的划款日期。

(3)贴现的收款。贴现到期,贴现银行应向付款人收取票款。不获付款的,贴现银行应向其前手追索票款。贴现银行追索票款时可从贴现申请人的存款账户直接收取票款。

(四)银行本票

1.银行本票的概念

银行本票是银行机构签发的,承诺自己在见票时无条件支付确定的金额给收款人或者持票人的票据。银行本票可以用于转账,注明“现金”字样的银行本票可以用于支付现金。单位和个人在同一票据交换区域需要支付各种款项,均可以使用银行本票。

2.办理银行本票的程序

(1)申请签发本票。申请人使用银行本票,应向银行填写本票申请书。

(2)出票。出票银行受理银行本票申请书,收妥款项签发银行本票。签发银行本票必须记载下列事项:表明“银行本票”的字样;无条件支付的承诺;确定的金额;收款人名称;出票日期;出票人签章。

出票银行必须具有支付本票金额的可靠资金来源,并保证支付。出票银行在银行本票上签章后交给申请人。

(3)交付收款人或背书转让。申请人应将银行本票交付给本票上记明的收款人。收款人可以将银行本票背书转让给被背书人。

(4)提示付款。银行本票的提示付款期限自出票日起最长不得超过2个月。持票人超过提示付款期限不获付款的,在票据权利时效内向出票银行作出说明,并提供本人身份证件或单位证明,可持银行本票向出票银行请求付款。

在银行开立存款账户的持票人向开户银行提示付款时,应在银行本票背面“持票人向银行提示付款签章”处签章,签章须与预留银行签章相同,并将银行本票、进账单送交开户银行。银行审查无误后办理转账。未在银行开立存款账户的个人持票人,凭注明“现金”字样的银行本票向出票银行支取现金的,应在银行本票背面签章,记载本人身份证件名称、号码及发证机关,并交验本人身份证件及其复印件。

(5)银行本票见票即付。本票的出票人在持票人提示见票时,必须承担付款的责任。

(6)代理付款银行与出票银行之间进行资金清算。

3.本票退款和丧失

申请人因银行本票超过提示付款期限或其他原因要求退款时,应将银行本票提交到出票银行。申请人为单位的,应出具单位的证明;申请人为个人的,应出具该本人的身份证件。

银行本票丧失,失票人可以凭人民法院出具的其享有票据权利的证明,向出票银行请求付款或退款。

(五)支票

1. 支票的概念

支票是指持票人签发的、委托办理支票存款业务的银行在见票时无条件支付确定的金额给收款人或者持票人的票据。支票的基本当事人包括出票人、付款人和收款人。出票人即存款人，是在批准办理支票业务的银行机构开立可以使用支票的存款账户的单位和个人；付款人是出票人的开户银行；持票人是票面上填明的收款人，也可以是经背书转让的被背书人。

支票分为现金支票、转账支票和普通支票三种。支票上印有“现金”字样的为现金支票，现金支票只能用于支取现金。支票上印有“转账”字样的为转账支票，转账支票只能用于转账。支票上未印有“现金”或“转账”字样的为普通支票，普通支票可以用于支取现金，也可以用于转账。在普通支票左上角划两条平行线的，为划线支票，划线支票只能用于转账，不得支取现金。

单位和个人在同一票据交换区域的各种款项结算，均可以使用支票。

2. 办理支票的程序

(1)出票。签发支票必须记载下列事项：表明“支票”的字样；无条件支付的委托；确定的金额；付款人名称；收款人名称；出票日期；出票人签章。其中支票的金额、收款人名称，可以由出票人授权补记，未补记前不得背书转让和提示付款。出票人可以在支票上记载自己为收款人。支票的出票人签发支票的金额不得超过付款时其在付款人处实有的存款金额。

支票上的出票人签章，出票人为单位的，为与该单位在银行预留签章一致的财务专用章或公章，加其法定代表人或其授权的代理人的签名或者盖章；出票人为个人的，为与该个人在银行预留签章一致的签名或者盖章。支票出票人的预留银行签章是银行审核支票付款的依据。出票人不得签发与其预留银行签章不符的支票。

(2)提示付款。支票的提示付款期限为自出票日起 10 日内。持票人可以委托开户银行收款(借记支票)或直接向付款人提示付款(贷记支票)。用于支取现金的支票仅限于收款人向付款人提示付款。

持票人委托开户银行收款时，应作委托收款背书，在支票背面“背书人签章”栏签章、记载“委托收款”字样、背书日期，在被背书人栏记载开户银行名称，并将支票和填制的进账单送交开户银行。持票人持用于转账的支票向付款人提示付款时，应在支票背面“背书人签章”栏签章，并将支票和填制的进账单交送出票人开户银行。收款人持用于支取现金的支票向付款人提示付款时，应在支票背面“收款人签章”处签章，持票人为个人的，还需交验本人身份证件，并在支票背面注明证件名称、号码及发证机关。

出票人必须按照签发的支票金额承担保证向持票人付款的责任。出票人在付款人处的存款足以支付支票金额时，付款人应当在见票当日足额付款。如出票人在付款人处的存款不足以支付支票金额时，则属于签发空头支票行为，应承担法律责任。

(3)出票人开户银行(付款人)与持票人开户银行之间清算资金。

(4)持票人收妥票款。持票人开户银行将票款收入到持票人存款账户。

S 本章小结

仓储和配送在物流过程中处于中心地位。

仓储活动中重要的法律活动是签订仓储合同。双方当事人包括保管人和存货人。仓单是保管合同中提取仓储物的重要凭证，仓单可以背书转让。存货人要及时支付保管费，否则保管人对仓储物享有留置权。

关于配送的法律法规涉及到买卖合同、运输合同、委托合同等相关法律法规，在签订配送合同时要注意结合《合同法》的相关规定将配送合同的权利和义务界定清楚，以防止纠纷的发生。

同时支付结算又是物流仓储配送的连接点，在仓储配送过程中非常重要。

国内结算方式主要包括：汇兑、托收承付和委托收款。在国内结算方式中，要特别注意委托收款这种结算方式，一般物流企业会委托银行收款。

国际结算方式主要包括：汇付、托收和信用证。在国际结算中，要注意信用证这种结算方式，这是国际运用最广的结算方式。

在进行结算过程中，经常使用票据以代替货币。票据主要包括汇票、本票、支票。在实践中，同城结算经常使用支票，异地结算通常使用汇票。本票很少使用。注意票据虽然能够代替货币，但毕竟不是货币，它体现的是权利义务关系，必须做到正确使用。

T 课后训练

案例分析

2006年3月，林小龙与某速递公司签订配送服务委托合同，合同期限为1年，由林小龙提供车辆和人员，负责将由福州某速递公司承包的中铁快运股份有限公司新店营业部配送业务的货物送达收货人，按件计酬。林小龙自备一辆金杯牌面包车，先后雇佣陈曦等人开始以中铁快运公司的名义从事送货业务。2006年4月林小龙在将货物送至收货人杨某时，杨某发现送来的货物有腐蚀的斑点，质量不合格。

问：杨某应向谁请求赔偿？试说明理由。(可以结合买卖合同、运输合同、委托合同的有关规定进行探讨)

E 本章实训指导

一、实践训练题

请按照仓储和配送合同格式，学生两人一组签订仓储或配送合同。

二、实训项目安排——签订仓储合同

(一)项目简介

学生分角色协商签订一仓储保管合同。

(二)项目安排时间

学完货物运输相关法律法规以后作为课业由学生课下完成。

(三)成果形式

有效的书面仓储保管合同。

(四)实训目标

1.知识目标：掌握仓储保管合同内容的基本规。

2.能力目标：培养运用仓储合同法律的能力；同学之间的相互沟通能力，写作能力谈判能力。

(五)任务内容

1.同学自由组合，2人一组，一人为保管方，一人存货方。

2.到图书馆或网上查找的相关模板或者依据本章实训指导中的模板。

3.双方讨论仓储合同的标的、数量和质量、履行期限、地点和方式、违约责任、相互间的权利和义务等内容。

4.将讨论内容写进仓储合同。

5.双方在仓储合同上签字。

(六)考核标准

签订仓储合同的成绩分为两部分：仓储合同内容分和形式分。(百分制)

1.仓储合同的写作内容分。(60分)

(1)合同条款内容全面。(20分)

(2)合同条款内容明确，可实施。(20分)

(3)合同内容有创意，贴近学生专业实际。(20分)

2.仓储合同的写作形式分。(40分)

(1)合同格式正确。(10分)

(2)合同签字手续完备。(15分)

(3)书写整齐，无错别字。如果是电子版，要求排版美观整齐。(15分)

三、仓储合同示范文本

某制造企业与物流公司的仓储租赁与货物保管协议[1]

编号：DFB2002GXYY0001

存货方(甲方)：广东××制造有限公司

保管方(乙方)：芜湖××物流有限公司

根据《中华人民共和国合同法》及相关法律法规，合作双方就双方责、权、利等有关事项，经双方协商一致，达成如下协议。

仓储合作条款：

第一条：储存货物的品名、品种、规格、数量、质量、包装。

1. 货物名称：

2. 品种规格：

3. 数量：按照计划指令。

4. 质量：按照国家标准。

5. 货物包装：按照国家标准。

第二条：货物验收的内容、标准、方法、时间、资料。

1. 货物验收时，乙方或乙方委托仓库业主保管员核对货物与单据(随货同行联、送货单)型号、数量是否相符，产品包装是否完好，是否受损。

2. 如有包装破损、短少、损坏等，乙方仓库填写货物验收一览表，详细准确注明。

3. 送货车辆到达乙方仓库，乙方必须安排卸车收货(乙方提供24小时装卸服务)。

4. 乙方按照产品台数清点核收，以台(套)计量。不允许以件计算。

5. 乙方凭借甲方的入库单，严格按甲方的入仓单开出的数量、品种一一对应的产品入库单，以便双方进行核对(并注明甲方的单号)。

6. 乙方收货后，填制产品入库单，第二天上午将收货信息反馈给甲方。

第三条：货物保管条件和保管要求。

1. 乙方选用的仓库必须具备防火、防雨的基本功能，提供必要的地台板防潮设施，具备雨天等不良天气作业的条件。

2. 乙方必须严格按照包装箱标示要求的高度、层数、方向堆码，产品摆放整齐有序，便于清点、盘存和日常检查。货位堆垛科学，有效利用仓库库容。

第四条：货物入库、出库手续、时间、地点、运输方式。

1. 产品入库由甲方开出产品入库通知单，乙方签名确认。

2. 甲方及乙方客户提货，必须持有甲方规定有效的提货单。提货单必须具备甲方指定的提货专用章、财务签名。

---

[1] 选自中文知识网 http://fanwen.cnknow.cn/article/shiyong/28/45/2007-01-08/2007010820296.shtml，2007年1月8日16：38：17。

3. 甲方及其代表口头通知、白条，乙方不得受理。

4. 乙方必须保证收到提货单后 60 分钟内准确发货完毕。

5. 产品退换甲方必须有书面有效通知，甲方指定负责人签字。乙方在产品上标示原货主单位，单独存放退货。

6. 退货产品乙方必须严格验收，列明包装破损、残次品，编制备查流水账。在货物退货单上退货单位签字确认。必要时由甲方代表现场确认。对于货物质量确认，由甲方售后服务代表负责。

第五条：货物的损耗标准和损耗处理。

1. 除原有包装、经甲方批准退货、运输等损坏外，所有保管责任所引起的损坏，产品短缺由乙方负责。

2. 在包装箱完好无损、无开启痕迹的情况下，客户开箱后发现产品型号不符、部件短缺、有质量问题等情况，乙方不承担任何责任。但有义务配合存货方查明原因。

3. 应由乙方承担的货物损失，按照甲方相关规定进行赔偿。

4. 甲乙双方共同设立货物差异调节账户，全国网点的差异(包括短少、窜型号)可汇总调剂，月度调剂差额部分由乙方负责赔偿。

第六条：信息反馈及报表要求。

1. 乙方每月上报库存报表及进出存明细表，并在明细表上有对应的甲方单号。如甲方有必要可以要求免费安装乙方的库存管理软件，处理即时库存查询。

2. 乙方必须提供详细的仓库地址和具体联络人电话，保证能够随时联系。

3. 对于甲方条形码系统所要求的各项信息，乙方必须保证及时处理并上传相关数据。

4. 乙方负责对甲方的条形码信息进行维护、编辑、处理等工作，以方便甲方相关人员的查询。

第七条：计费项目、标准、费用确认及结算方式。

1. 甲方需要支付乙方仓租、装卸、条形码费用；

2. 甲方规划全国月度库存总额为 46 万台(与产品配套销售的赠品视为成品的一部分，不单独计算作赠品或促销品)，其中残次品按照正品的 2.5 倍计算，甲方批准同意的委托代管品视同甲方货物。

3. 库存数据根据甲方系统数据取得，每月选取 10 日、20 日、30 日三个时点库存的平均值作为结算依据，时点库存数据须由甲方物流经理、乙方客户经理签名确认。

4. 甲方每月向乙方支付仓租费用 12.8 万元，月低于平均库存按照 12.8 万元结算仓租；超出 46 万台时，超出部分按照 1.5 倍结算(即单台仓租标准为 0.417 元/台)。

5. 推广品、促销品全年固定面积为 $500m^2$，按月支付，每月支付 5000 元。

6. 顺德本部按台计装卸费，装卸费按照双边结算(含进、出仓)，计费标准为电饭煲 0.072 元/台，电磁炉、电火锅 0.066 元/台。异地仓库按实际入库时货物体积计算,计费标准为6元/立方(含进、出仓)。

7.条形码扫码费用按月支付,每月4万元(含条形码维护人员费用,乙方必须保证1—2人专人负责甲方条形码数据的维护和处理工作)。

8.中转费用按照实际中转入库台数计算,计费标准为0.064元/台。

9.乙方负责甲方相关单证处理业务,每月单证费用3 000元。

10.上述费用,甲方收到乙方发票和结算明细单后,20天内应予承付。如遇特殊情况应由甲乙双方友好协商解决。

第八条:违约责任。

1.乙方的责任。

(1)在货物保管期间,未按合同规定的储存条件和保管要求保管货物,造成货物丢失、短少、变质、污染、损坏的,应承担赔偿责任。

(2)对于危险物品和易腐物品等未按国家和合同规定的要求操作、储存,造成毁损的,应承担赔偿责任。

(3)乙方提供24小时服务,节假日能正常工作,在甲方销售旺季,乙方必须保证配备足够的仓管人员、装卸人员,做到及时、有效、安全的收发工作。

(4)在合同期内,如甲方因政策变化需要撤换仓库,应提前1个月通知乙方,以便乙方做撤仓准备。另因城市规划的需要,须强制性搬迁仓库的,新址须经过甲方相关部门同意,费用由乙方承担。

(5)每月25日乙方须协助甲方盘点和对账,并根据盘点报表和库存台账与甲方电脑账进行对账,双方签名确认,如有差异,根据当月发生的进出仓单据进行差异分析并注明原因。

(6)乙方必须保证产品按照先进先出的原则出货,如因乙方未能按要求满足甲方要求,造成的货物滞销损失由乙方承担。正常业务作业中,甲方抽查结果将作为处罚乙方的依据。

2.甲方的责任。

(1)超议定面积标准储存量储存的,甲方应向乙方交纳超面积部分的仓租,或双方协议办理。

(2)易燃、易爆、易渗漏、有毒等危险货物以及易腐、超限等特殊货物,必须在合同中注明,并向乙方提供必要的保管运输技术资料,否则造成的货物毁损、仓库毁损或人身伤亡,由甲方承担赔偿责任直至刑事责任。

(3)货物临近失效期或有异状的,在乙方通知后不及时处理,造成的损失由甲方承担。

(4)未按国家或合同规定的标准和要求对储存货物进行必要的包装,造成货物损坏、变质的,由甲方负责。

(5)乙方已通知出库或合同期已到,由于甲方(含用户)的原因致使货物不能如期出库,甲方按合同的规定交付保管费,但乙方必须事前通知甲方相关人员。

(6)其他约定责任。

第九条:合同效力与期限。

本合同自存货方和保管方双方签字盖章之日起生效,经存货方和保管方确认的附件视为本合同的组成部分。

本合同有效期为 1 年,即从 2002 年 10 月 1 日至 2003 年 9 月 30 日为止。

第十条:变更和解除合同的期限。

由于不可抗力事故,致使直接影响合同的履行或者不能按照约定的条件履行时,遇有不可抗力事故的一方,应立即将事故情况书面通知对方,并应在两天内,提供事故详情及合同不能履行、或者部分不能履行、或者需要延期履行的理由的有效证明文件,此项证明文件应由事故发生地区的地级机构出具。按照事故对履行合同影响的程度,由双方协商解决是否解除合同,或者部分免除履行合同的责任,或者延期履行合同。

第十一条:解决合同纠纷的方式。

执行本合同发生争议,由当事人双方协商解决。协商不成,双方同意由甲方所在地仲裁委员会仲裁。

第十二条:货物保险、运输等其他约定事项。

1.甲方负责办理货物保险,支付相应费用。

2.运输破损根据甲方要求决定是否予以接收,相关事项根据需要另行约定。

第十三条:仓储考核条款

1.具体考核条例见《仓储管理考核细则》。

2.甲方可授权其相关业务人员、分销财务人员对各地所属仓库进行考核,考核结果作为处罚的依据。

3.在正常的业务操作过程中,甲方将对乙方的管理进行随机抽查并及时处理。

4.仓储考核实行例外管理,凡违反《仓储管理考核条例》中相关条款,如接客户或服务商投诉、收发货物出现重大差错、违反仓储作业流程操作等,甲方将对乙方作出适当的处罚。

第十四条:未尽事项。

本合同未尽事项,一律按《中华人民共和国合同法》执行。本合同一式四份,双方各持两份。

托运方(章):	承运方(章):芜湖××物流有限公司
地址:	地址:
法定代表人:	法定代表人:
电话:	电话:
开户行:	开户行:
账号:	账号:
邮政编码:	邮政编码:

附:仓储管理考核条例

条款	考核项目(内容)	处 罚 措 施
1	库房条件不能满足合同约定的仓库	每个仓库处以500元违约金并要求限期整改
2	违反双方约定的进出货流程式进行仓储作业	给甲方造成的经济损失由乙方承担
3	仓储作业过程中造成成货物短少或账物不符	短少部分由乙方按照出产价赔偿后冲减账面库存
4	仓储作业过程中造成货物损坏(不可抗力除外)	损坏产品由乙方限期维修,造成的连带损失由乙方承担
5	违反产品堆码标准和装卸、搬运规范	每发现一次(或投诉一次)处以1000元的罚款
6	不能按照协议要求免费为客户提供装卸服务	每接受一次投诉处以1000元的罚款
7	不得向送货人、提货人索取任何形式的费用	每接受一次投诉处以5000元的罚款
8	退换货、代保管、残次品、促销品未按规定单独存放	每次处以1000元罚款
9	因乙方的作业能力造成不能及时完成进出库作业	甲方另外对乙方罚款2000元并要求乙方增加相关资源
10	在同一仓库装卸一车货物超过1小时	每查处一次,甲方对乙方罚款500元
11	甲方运输商提货等待超过4小时	每接到一次投诉并得到证实,甲方对乙方罚款500元
12	甲方经销商提货等待超过1小时	每接到一次投诉并得到证实,甲方对乙方罚款500元
13	在已经预约的非正常上班时间,乙方无人提供合同约定的服务	对乙方处以1000元的处罚并保留其连带责任
14	收发货出现品种和数量差错	甲方每次对乙方处以罚款500元
15	发出不符合发货标准的货物遭到提货人拒绝或投诉	每次甲方对乙方处以罚款500元
16	乙方传递给甲方的单据要素不齐全、数据不准确、时间不及时	甲方每次处以罚款500元,并追究相关责任
17	乙方没有仔细辨别送货、提货人的身份证等单据造成错收或错发	乙方除承担甲方损失以外,甲方对乙方每次处以罚款500元
18	乙方没有有效实行先进先出的发货原则	检查核实一次对乙方处罚1000元
19	乙方不得凭口头通知或白条发货	每查实一次处以5000元罚款

四、实践案例阅读

某蔬菜公司诉某农科公司仓储合同纠纷案[1]

【案情介绍】

原告:某蔬菜公司

被告:某农科公司

[1] 根据关键律师主持的中国物流法律网 http//www.wuliualw.com 案例库中的物流案例改编。

原告蔬菜公司诉称，2003 年 10 月 10 日原告与被告所开办的成都市农科冻库(以下简称农科冻库)签订《租库协议》后将高笋交给冻库保鲜储存，使用期为两个月。到 2003 年 11 月中旬，原告所储存的 2 495 袋高笋已全部变质不能食用，给原告造成货物直接经济损失 166 141.5 元。该批货物原告支付保管费 14 410 元。故被告应承担不能返还所储存保鲜高笋损失赔偿责任。请求法院判令被告赔偿原告货物损失 166 141.5 元及返还保管费 14 410 元，诉讼费用由被告承担。

被告农科公司辩称，①原告与农科冻库签订的只是一份租库协议，农科冻库的合同义务是出租冷库，并按照原告要求提供 2～5℃±2℃的库温。同时协议中并未约定被告负责对原告交付的高笋进行保鲜储存的义务，相反原告尚欠被告部分租金未支付。②高笋变质的是因原告在田间采摘高笋后未及时除去田间热，以及不合理的包装所致，因此高笋变质的责任应完全由原告自行承担。故请求法院驳回原告诉讼请求，并判令原告支付拖欠租金 6 900 元、清理变质高笋产生的费用 3 000元、库房消毒费 50 元以及律师费 9 000 元，共 18 950 元。但是被告没有正式启动反诉程序。

法院经审理查明，2003 年 10 月 10 日原告蔬菜公司与被告所属的农科冻库签订《租库协议》，约定原告因经营加工需租用农科冷库，期限从 2003 年 10 月 10 日起至 2003 年 12 月 10 日止，共计 2 个月；入库货物按月计费，货物必须在商定的 10 天内入库；原告必须按期交纳储存费；冻库为原告提供 24 小时服务。协议签订后，2003 年 10 月 10 日至 10 月 25 日原告先后将 3 312 袋高笋(其中 2498 袋为编织袋包装、814 袋为网袋包装)存入农科冻库。同时原告于 2003 年 10 月 10 日至 10 月 23 日分 10 次向冻库支付保管费共 14 410 元。2003 年 11 月 5 日至 11 月 12 日，原告分别从冻库提走 773 袋(其中 3 袋为编织袋包装、770 袋为网袋包装)高笋进行销售。此后原告发现高笋变质，遂拒绝继续提走剩余高笋和支付剩余的保管费，向法院提起诉讼。被告根据双方约定对已经腐烂变质的高笋进行了处理。

被告为支持其反驳主张提供下列证据材料：

(1)农科冻库代储商品(入)货卡。证明从 2003 年 10 月 10 日至 10 月 25 日，原告储存高笋 3 312 袋(其中 2 498 袋为编织袋包装、814 袋为网袋包装)。

(2)农科冻库代储商品出货单 6 张。证明从 2003 年 11 月 5 日至 11 月 12 日，原告分别从冻库提走高笋 773 袋(其中 3 袋为编织袋包装、770 袋为网袋包装)。

(3)冻库温度记录单。证明在原告储存高笋期间，被告按约保证冻库 24 小时的库温为 2～5℃±2℃之间。

(4)被告于 2003 年 9 月 15 日经成都市工商行政管理局审查核准的《企业法人营业执照》(副本)。该工商执照核准的经营范围包含蔬菜、海产品、肉类仓储。

(5)2002 年 12 月 16 日由成都高新技术产业开发区卫生局向被告颁发的《卫生许可证》，许可项目是蔬菜、海产品、肉类仓储。

【焦点问题分析】

双方争议的焦点问题是:一是双方是否实际履行了各自的合同权利和义务;二是高笋腐败变质的原因。

1.双方是否实际履行了各自的合同权利和义务

根据原被告签订的租库协议和农科冻库代储商品入货卡的约定,是双方互负义务的有偿实践性合同,双方享有的合同权利对应的正是对方应该实际履行的合同义务。原告应当履行的是按时交存入库货物,按期交纳依照约定标准计算的储存费;确保入库货物包装必须完好统一,符合冷库储藏标准;由原告自己负责入库货物自身的质量;保证入库物品、产品不能发生腐蚀和爆炸,遵守被告的厂规厂纪,注意安全、卫生保障等义务。被告应当履行提供冻库,保证库温在2～5℃±2℃之间;为原告提供24小时服务,并在原告方在场情况下,进库检查和帮助解决租库内发生的意外事故;被告应当保证原告的生产加工正常进行;被告应当办理工商年检手续或者其他必备行政许可手续;如果因被告的原因导致原告不能正常出货或影响产品品质,被告负责由此出现的损失。

原被告双方签订冻库协议后,原告按期交付了储存物高笋,并按期交纳了前期仓储保管费。被告按约提供了其经营的冻库,保证库温在2～5℃±2℃之间。虽然原告以温度记录本没有被告记录人签名,做记录时也未告知原告等理由,质疑冻库温度记录单的真实性,但是从该证据形式上看,它包含了被告所有冻库储藏房间和相当长时间的温度记录。从记录的内容上看,在进货和出货的较短时间内温度偏高。且被告将冻库温控设备安置在室外,原告具备掌握和监督冻库温度的便利条件。因此被告的冻库温度记录单偶尔反映短时间内温度偏高,属于出货和进货时正常合理的现象。该冻库温度记录单是被告单方工作记录,不需告之原告认可。该证据的形式和内容基本反映其真实性,在原告应当具备举证能力,但却不能提供相反证据证明被告所提交的控制冻库温度不符约定时,法庭认定被告的冻库温度符合原告要求。同时被告为原告提供了24小时服务,方便原告入货和出货。

2.关于原告储存高笋腐败变质的原因

被告根据中国轻工业出版社2003年2月第1版,由李家庆主编的《果蔬保鲜手册》第八章第三节第四点关于茭白(俗名高笋)的储藏保鲜介绍,"采后迅速预冷及时除去田间热,对茭白储藏相当重要。""冷藏是延长茭白供应期,保持茭白品质的良好方法。具体做法是,将整理好的茭白装箱,入冷库堆码,或将其捆成5～7.5公斤的捆,装入网袋,摆放在冷库储架上,维持推荐的温度和湿度,可储藏2个月左右。"的学术解释,认为原告未尽储藏前科学处理高笋的注意义务和合同约定义务。结合原告庭审陈述,原告确实在田间采摘茭白后,没有进行预冷处理除去田间热。从2003年10月10日至10月25日原告储存高笋3 312袋(其中2 498袋为编织袋包装、814袋为网袋包装)。从2003年11月5日至11月12日原告分别从冻库提走773袋高笋

(其中3袋为编织袋包装、770袋为网袋包装)。比较分析上述数据,可以得出同一储藏货物在相同储藏条件下(储藏间温度和湿度相同),适用相同储藏方式(堆放在地面或者储架上),采用塑料编织袋包装储存的高笋绝大多数已经腐烂变质,而采用网袋包装储存的高笋绝大多数质量完好,且原告已经实际销售。这一事实说明高笋储存质量的好坏,与高笋的包装形式有着直接的因果关系。

法院认为,租库协议书和农科冻库代储商品入货卡是原被告约定合同权利和义务内容的载体,是双方共同意思的真实表示。合同合法成立有效,当事人应当按照约定实际完全履行各自的合同义务。双方争议的合同虽然名称为租库协议书,但是实质为特殊的保管合同,即储存他人之物并获取报酬的仓储合同。原被告双方就仓储物的名称、数量,仓储物入库、出库时间及有关手续,仓储物验收标准及内容,仓储物仓储要求和条件、计费标准、责任承担、合同期限等进行了约定。特别需要说明的是,双方约定保证入库货物包装完好统一,符合冷库储藏标准;入库货物质量,由货主自己负责。同时结合《中华人民共和国合同法》第383条第1款“储存易燃、易爆、有毒、有腐蚀性、有放射性等危险物品或者变质物品,存货人应当说明该物品的性质,提供有关资料”;“保管人储存易燃、易爆、有毒、有腐蚀性、有放射性等危险物品的,应当具备相应的保管条件”之规定,被告的工商营业执照和卫生许可证证明,被告具备合法经营冻库的资格和条件,并按照约定提供场所和保证温度。相反原告保证入库货物包装完好统一,符合冷库储藏标准,使高笋达到仓储物验收标准的约定义务,尚未实际完全履行。高笋在采摘储运过程中,就其本身物理和化学性质,容易产生笋肉变青、变灰和糠心的变化,是易发生变质、损坏的蔬菜。原告明确认可对储存的高笋没有进行预冷或者采取其他除去田间热的处理措施。原告还采用了塑料编织袋包装和网袋包装两种方式。从当事人的约定说明,如何使储藏物达到储藏标准,是原告自身应尽的义务。从最终的客观事实表明,同一储藏货物在相同储藏条件采用相同储藏方式,网袋包装的高笋质量完好,而编织袋包装的全部腐烂变质。当被告发现高笋有变质现象时,及时履行了通知原告的义务,并建议原告应当提供网袋包装。此后原告采用了网袋包装,保证了该部分高笋的销售质量。同时在庭审中原告没有提供其他合法有效证据证明被告违约或者是因被告缘故导致原告损失。综上说明,导致高笋变质腐烂是原告没有履行其合同约定的保证包装符合冷冻储藏标准义务和法定的提供有关储藏物性质以及是否需要采取特殊储藏措施资料的义务,甚至当被告建议其改用包装方式时,原告仍然使用编织袋包装近170袋高笋。故依照《最高人民法院民事诉讼证据若干规定》第2条“没有证据或者证据不足以证明当事人的事实主张的,由负有举证责任的当事人承担不利后果”《中华人民共和国合同法》第394条第2款“因仓储物的性质、包装不符合约定或者超过有效储存期造成仓储物变质、损坏的,保管人不承担损害赔偿责任”之规定,判决如下:驳回原告蔬菜公司的诉讼请求。

【引申思考】

本案胜诉和败诉的关键点在于高笋腐败变质的原因。如果原告蔬菜公司想胜诉,必须拿出什么证据?如果你是仓储方,你应该如何避免此类纠纷?

R 课外阅读指导

请阅读以下法条:

1.《中华人民共和国合同法》第365～423条,1999年3月15日第九届全国人民代表大会第二次会议通过,自1999年10月1日起施行。

2.《支付结算办法》银发[1997]393号,1997年9月19日。

第五章　保险法律法规

本章学习目标与学习要求

本章主要讲述保险合同的概念和种类，国际货物运输保险的概念和分类，保险合同的内容和订立要求，保险合同双方当事人的权利和义务；国际货物运输保险的可保利益，承保的风险与损失，索赔与理赔，代位与委付等内容。物流活动主要体现为物的流动，在物的流动过程中会有很多风险，因此保险法律在物流运输和仓储活动中非常重要。

知识目标：了解保险、保险合同的概念和种类，熟悉国际货物运输保险的概念和分类，掌握保险合同的内容和订立要求，明确保险合同双方当事人的权利和义务；掌握国际货物运输保险的可保利益，承保的风险与损失，索赔与理赔，代位与委付。

能力目标：能够签订保险合同的主要条款；在物流活动中能够运用保险法的相关规定，保护当事人的合法权益。

素质目标：培养风险防范意识。

学习要求：本章的重点和难点是保险合同的订立及内容；可保利益具备的条件以及承保的风险与损失；索赔与理赔。要求学生认真阅读和理解相关内容，积极参与实践训练。

第一节　保险法概述

一、保险法的概念和调整对象

(一)保险的概念和种类

1. 什么是保险

保险是指投保人根据合同约定，向保险人支付保险费，保险人对于合同约定的可能发生的事故因其发生所造成的财产损失承担赔偿保险金责任，或者当被保险人死亡、伤残、疾病或者达到合同约定的年龄、期限时承担给付保险金责任的商业保险行为。在中华人民共和国境内的法人和其他组织需要办理境内保险的,应当向我国境内的保险公司投保。

2.保险的种类

按保险标的划分,保险主要可分为财产保险与人身保险。

(1)财产保险。是保险人承保被保险人的以物质财富为内容的损害风险。财产保险又可分为财产损失保险、责任保险、保证保险等。

①财产损失保险。又称产物保险,是指对物或其他财产利益损害的保险。凡是为被保险人所有或替他人保管,或与他人所共有而由被保险人负责的财产,都可投保财产损失保险。财产损失保险是各种各样的财产损失,它以各种不同的物质财富和与之有关的利益作为保险标的。财产保险中还可按财产种类的不同细分为:企业财产保险、无形财产保险、船舶飞机机动车辆保险、货物保险、货物运输保险、家庭财产保险、房屋保险、农业保险等;依危险来源的不同可细分为:火灾保险、水灾保险、风灾保险等。

②责任保险。是指以被保险人对第三者依法应负的赔偿责任为保险标的的保险。保险人在被保险人对于第三人应负赔偿责任而受赔偿的请求时,负赔偿责任的一种无形财产保险。这就是说,被保险人因工作中的过失责任,造成他人损失而要赔偿时,由保险人负赔偿责任。比如,工程师、医生、会计师或机关、企业等都可保责任险。责任保险的目的,即是事先为个人或企业承保的保险标的,既不是特定财产,也不是人身,而是被保险人对于第三人应负的赔偿责任。

③保证保险。实际上是保险人向权利人所提供的一种担保,在被保证人不履行契约义务、失去信用或犯有罪行为使权利人受到损失时,由保险人负赔偿责任。保证保险主要有忠实保证保险,如保险公司承保雇主因所雇职工偷窃、侵占、挪用等所受损失;契约保证保险,即承保被保证人违约而造成损失;信用保险,即承保因被保险人失掉信用而造成的损失。比如,投保人利用一个商号的信用向银行贷款,现在这个商号失去信用,银行不再贷款给他,因而造成投保人的损失。信用保险的投保人一定是权利人,也就是要求保险人担保对方信用的人。

(2)人身保险。是以人身作为保险标的的一种保险,即保险人在被保险方人身伤亡、疾病、养老或保险期满时向被保险方或其受益人给付保险金的保险。

(二)保险法的概念

保险法是调整保险关系的一切法律规范的总称,包括调整保险人与投保人、被保险人以及受益人之间因保险合同的订立、变更、转让、履行、解除及承担法律责任过程中产生的各种权利义务关系,规范保险业主体的设立、变更、消灭过程中产生的各种权利义务关系,以及规范保险业主体内外组织活动过程中产生的各种权利义务的法律规范。

保险法有广义和狭义之分。我国广义的保险法所调整的对象是一切社会保障关系，包括保险业法、社会保险法以及保险合同法和保险特别法等在内；狭义的保险法即形式意义上的保险法，专指以保险法所命名的法律法规。

(三)保险法的调整对象

保险法的调整对象是指保险法所规范的社会关系，简称保险关系。保险活动涉及的社会关系包括：保险活动当事人之间关系、保险当事人与保险中介人之间的关系、保险企业之间的关系，以及国家对保险业实施监督管理而形成的管理与被管理的关系。概括起来，保险法调整两方面的关系：一是保险法调整政府与保险人、保险中介人之间的关系；二是保险法调整保险当事人之间的关系。

【小知识 5-1】 社会保险和商业保险的区别。

商业保险起源于文艺复兴时期意大利和欧洲大陆的城市国家，由海上保险发展而来。商业保险，就其制度而言，是风险的转移和管理，是社会财富再分配的一种形式。从法律的角度来看，商业保险是一种契约关系。投保人或被保险人对其具有可保利益的标的向保险人投保，并按照保险合同的规定承诺或支付合同对价——保险费，保险人接受投保并承诺按照保险合同的规定对承保危险在承保期间所造成的承保损失对被保险人或受益人承担赔偿责任。就单个的商业保险行为而言，法律需要规范保险合同双方当事人的权利和义务，保障双方当事人的合法利益，在某些情况下还要保障有关第三方的利益。社会保险，则是国家通过立法建立起的一种社会保障制度，其目的是使劳动者在由于生、老、病、死、伤、残等原因丧失劳动能力和因失业中断劳动，本人和家庭失去生活收入时，从社会获得必要的物质帮助。社会保险是一种社会政策性保险。

社会保险和商业保险的区别在于：第一，保险的性质不同。社会保险是国家为保证劳动者基本生活需要而建立的一项社会保障制度，实现以国家社会政策为宗旨，通过国家立法强制执行；商业保险则是营业性保险，由保险者与被保险者双方按自愿原则签订契约来实现，商业保险作为一种金融事业，具有以营利为目的的性质。第二，保险的对象不同。社会保险以社会劳动者为保险对象，在经济条件和管理水平具备的条件下，可以扩大到全体社会成员，其保险对象是国家法律强制规定的；商业保险的保险对象可以是自然人，也可以是特定物，由保险双方自行约定。第三，权利义务关系不同。社会保险的保险费通过国民收入再分配来实现，通常由国家、单位和个人共同负担，形成社会保险基金后，统一调剂使用，使所有需要保险的劳动者均能得到保障，并有利于低收入者，即保险权利与保险义务的关系并不完全对等；商业保险的权利义务关系则完全建立在契约的基础上，保险金完全由投保人承担，保险人对被保险人实行“多投多保、少投少保”的原则，权利义务完全对等。第四，给付标准不同。社会保险从保障劳动者基本生活出发，考虑劳动者原有生活水平、社会平均消费水平、物价水平、财政能力等多种因素确定待遇水平，给付标准不完全取决于缴费多少，而主要取决于保障需要;商业保险则按投保人所缴保险费的多少来确定赔偿数额。第五,管理体制不同。社会保险一般由国家设立专门的社会保险机构统一管理,国家统一立法规定保险项目、费率和给付标准等。国家对社会保险基金不征税;商业保险是由自主经营的保险公司自行经营,独立核算,自负盈亏,它属于金融性企业,国家对其经营收入征税。

二、保险法的基本原则

(一)保险利益原则

保险利益是指投保人对保险标的具有的法律上承认的利益。它是指投保人对保险标的享有合法的利益,这种利益,按照各国法律的解释,来自被保险人对保险标的所享有的所有权、占有权、担保物权或债权、依法承担的风险和责任以及因标的物的保全而得到利益或有既得利益。保险利益包括:财产的现有利益、期待利益和责任利益。

它包含两层含义:

(1)对保险标的有保险利益的人才具有投保人的资格。

(2)保险利益是认定保险合同有效的依据。

保险利益原则可以适用下列人员:①本人;②配偶、子女、父母;③前项以外与投保人有抚养、赡养或者扶养关系的家庭其他成员、近亲属。

【案例 5-1】

德国金泰戈尔有限责任公司承租中国瑞其销售有限责任公司一座楼房经营,为预防经营风险,德国金泰戈尔有限责任公司将此楼房在中国保险公司投保500万元。中国静安保险公司同意承保,于是,德国金泰戈尔有限责任公司交付了一年的保险金。9个月后德国金泰戈尔有限责任公司结束租赁,将楼房退还给中国瑞其销售有限责任公司。在保险期的第10个月该楼房发生了火灾,损失300万元。德国金泰戈尔有限责任公司根据保险合同的约定向中国静安保险公司请求赔偿,并提出保险合同、该楼房受损失的证明等资料。中国静安保险公司经过调查后拒绝承担赔偿责任。

思考:(1)该楼房可否投保?(2)德国金泰戈尔有限责任公司提出赔偿的请求有没有法律依据?说明理由。

分析:(1)该楼房可以投保。(2)德国金泰戈尔有限责任公司提出赔偿的请求没有法律依据。根据保险法的规定,投保人对保险标的应当具有保险利益。投保人对保险标的不具有保险利益的,保险合同无效。该公司是楼房的承租人,不是所有权人,对该楼房不具有保险利益,因此该保险合同无效。

(二)最大诚信原则

按照诚信原则的要求,保险人和投保人、被保险人、受益人在保险合同的订立和履行过程中,必须善意地行使权利,忠诚地履行义务。最大诚信原则最初多用于限制投保人,因为保险标的掌握在投保人那里,其对标的危险因素、危险程度等重要事实的了解大于保险人,保险人决定是否承保及保险费率的大小取决于投保人的告知与保证。后来该原则扩展适用于保险人,因为多数保险合同属于格式合同,合同的格式、内容都由保险人制定,投保人对该事先制定的保险单,只能同意或不同意,因而保险人对合同的具体内容的了解要多于投保人,所以保险费率、免责条件是否合理,承保条件及赔偿方式是否苛刻等均取决于保险人的诚意。最大诚信原则在投保人一方体现为投保人的告知、保证、通知等义务,在保险人一方体现在履行承诺等。

(三)损失补偿原则

损失补偿原则是指当保险事故发生使投保人或被保险人遭受损失时,保险人必须在责任范围内对投保人或被保险人所受的实际损失进行补偿。

损失补偿原则的目的在于保护投保人或被保险人的合法权益,弥补受害人的损失,禁止被保险人或受益人因保险合同的存在而获得超出其损失的利益。损失补偿原则要求被保险人只有遭遇约定保险危险所造成的损失才能获得赔偿,补偿的量应该是等于实际损失的量,即保险人的补偿恰好能使保险标的恢复到保险事故发生前的状态。

保险损失补偿的范围是保险事故发生时保险标的的实际损失。在财产保险中,最高赔偿以保险标的保险金额为限,在人身保险中,则以约定保险金额为最高限额。另外还包括施救费用和诉讼费用,以及为确定保险责任范围内的损失所支付的检验、估价、出售等费用。

(四)近因原则

所谓近因,并非指时间上最接近损失的原因,而是指直接促成结果的原因,效果上有支配力或有效的原因。近因不同于主要原因,主要原因是指导致损害后果发生的主要因素,但主要原因不一定是近因,只有主要原因对结果的发生具有支配力时,才是近因。比如一个未成年人自己到煤矿矿井中玩耍,结果矿井塌方造成该未成年人受伤。虽然矿井塌方是造成该未成年人受伤的主要原因,但该未成年人进入矿井玩耍乃其监护人疏于管理所致,因此,未成年人的监护人未尽监护之责,才是损害事故发生的近因。

【案例 5-2】

2003 年 12 月,宏兴甘鲜果品有限责任公司与哈尔滨隆兴有限责任公签订了一份购销合同。哈尔滨隆兴有限责任公司购买宏兴甘鲜果品有限责任公司一批柑橘,共计 5 000 篓,价值 90 000 万元。铁路运输,共 2 车皮。宏兴甘鲜果品有限责任公司通过铁路承运部门投保了货物运输综合险,保费 3 500 元。2003 年 12 月 25 日,保险公司出具了保险单。

2004 年 1 月,到达目的地以后,收货人发现:一节车厢门被撬开,保温棉被被掀开 2 米,货物丢失 120 篓,冻坏变质 240 篓。直接损失 6 480 元。当时气温为零下 20 度。

宏兴甘鲜果品有限责任公司向保险公司索赔。保险公司同意赔偿丢失的货物120篓,拒绝赔偿被冻坏的240篓。认为造成该240篓损失的原因是天气寒冷,不在货物运输综合险的保险责任范围内。起诉于法院。法院认为:冻坏的原因是盗窃,不是天气寒冷。判保险公司全额赔偿,并负担诉讼费。

思考:(1)本案造成货物损害的原因有几种?(2)如何处理多种原因?

分析:(1)造成本案货物损害的原因有三种:盗窃、保温棉被被损坏及天气寒冷。(2)处理多种原因要找出主要原因,本案中主要原因是盗窃,因此保险公司全额赔偿,并负担诉讼费。

第二节　保险合同

一、保险合同的概念和内容

(一)保险合同的概念

保险合同是投保人与保险人约定保险权利与义务关系的协议。投保人是指与保险人订立保险合同,并按照保险合同负有支付保险费义务的人。保险人是指与投保人订立保险合同,并承担赔偿或者给付保险金责任的保险公司。

(二)保险合同的内容

根据《中华人民共和国保险法》(下简称《保险法》)第19条的规定,保险合同应当包括下列事项:

(1)保险人名称和住所。

(2)投保人、被保险人名称和住所,以及人身保险的受益人的名称和住所。

(3)保险标的。保险标的是指投保人申请投保的财产及其有关利益或者人的寿命和身体。保险标的如为财产及其有关利益,应包括该标的的具体坐落地点,有的还应包括利益关系;保险标的如为人的寿命和身体,应包括被保险人的年龄,有的还应包括被保险人的职业、健康状况等。

(4)保险责任和责任免除。保险责任是指在保险合同中载明的保险人所承担的风险及应承担的经济赔偿或给付责任。责任免除是指保险人对风险责任的限制,明确了保险人不承保的风险及保险人不承担赔偿责任的情况。

(5)保险期间和保险责任开始时间。保险期间是保险人按保险合同的约定为被保险人提供保险保障的有效期间。保险责任开始时间是保险责任期限的起点时间。

(6)保险价值。保险价值是指保险标的在某一特定时期内以金钱估计的价值总额,是确定保险金额和确定损失赔偿的计算基础。在财产保险合同中,保险价值的确定有两种方式:一种是定值保险,一是不定值保险。在人身保险合同中,由于人的身体和寿命无法用金钱衡量,不存在保险价值的问题,只需在保险合同中约定一个保险金额。

(7)保险金额。保险金额是指保险人进行赔偿或者给付保险金最高限额。在财产保险合同中,保险金额不得超过保险标的的实际价值,超过保险价值的,超过部分无效。在人身保险合同中,保险金额由双方当事人自行约定。

(8)保险费以及支付办法。保险费是投保人为取得保障而交付给保险人的费用。保险费包括纯保费和附加保费两部分。纯保费是保险人将自己所承保的风险的概率、以往的赔付率等多方面因素进行科学计算而产生的;附加费是保险人将自己的营业费用、管理费用等项费用摊入保险费而产生的。保险费的支付办法是指约定的支付时间、支付地点、支付方式。支付方式包括现金支付还是转账付款,一次付清还是分期付费。

(9)保险金赔偿或者给付办法。保险金赔偿或给付办法是指当保险标的遭遇保险事故而导致经济损失或人身保险合同约定的事故或年龄、期限到来时,被保险人依合同约定向保险人提出索赔,保险人依法律合同或约定的方式、标准或数额进行并向被保险人支付保险金的方法。

(10)违约责任和争议处理。保险合同订立后即产生相应的法律效力,不按照合同的约定完全地、全面地履行合同的,应当承担相应的法律后果和违约责任。对保险合同发生争议,通过友好协商解决。协商不成时,通过仲裁、诉讼方式解决。

(11)订立合同的年、月、日。

【案例 5-3】

2002 年 4 月 1 日,李宪中与久安保险公司签订了保险合同,为自己的一艘船舶保险,保险期为 1 年。在合同内特别约定:排除原保险条款中关于沉没与倾覆两项保险责任,即如果被保险人因为船舶超载、配备船员不当、违章作业导致沉没和颠覆,保险公司免责。同时,保险公司还降低了保险费率。

2002 年 9 月 9 日,被保险之船舶在装载运输矿石时沉没,李宪中与其他船员落水失踪。后经打捞未果。李宪中之家属,持港航监督局的沉船证明,向久安保险公司索赔。

保险公司认为是由于超载导致船体断裂,最后沉没。但是,保险公司同意以通融赔款方式[1]进行赔偿。双方当事人未能就赔款数额达成一致意见。李宪中家属起诉与法院。

对此,有意见认为:当事人就保险条款不能做出约定,本案约定排除某些保险公司的责任,是显失公平的。

分析:保险公司不能证明船舶的沉没是由于船舶超载、配备船员不当、违章作业造成的,故保险公司应当承担赔偿责任。

---

[1] 通融贴款方式是出于宽怀和友好,而不是出于合同义务的赔付。

(三)被保险人的基本义务

1. 如实告知义务

应当将其知道的或者在通常业务中应当知道的有关影响保险人据以确定保险费率或者确定是否同意承保的重要情况,如实告知保险人。

2. 交付保险费义务

投保人在保险合同成立后,按约定的数额和方式,在合同约定的时间、地点向保险人交纳保险费。

3. 减损义务

一旦发生保险事故,被保险人应立即通知保险人,并采取必要的合理措施,防止或减少损失,或者当其收到保险人要求采取防止或减少损失的合理措施的特别通知后,应当按照通知的要求处理。

4. 提供单证义务

保险事故发生后,被保险人应当在行使索赔权利的同时,负有提供所能提供的单证的义务。单证是指与确认保险事故性质、原因、损失程度等有关的证明和材料。

(四)保险人的基本义务

1. 赔偿或给付保险金义务

当保险事故发生后,保险人应当严格依照法律、法规和合同的约定,及时而充分地履行其承担的损失补偿或给付保险金义务。

2. 支付其他必要特殊费用的义务

在保险标的损失赔偿之外,另行支付被保险人为防止或者减少根据合同可以得到赔偿的损失而支出的必要的合理费用,包括施救费用、查勘检验费用、依法规定的仲裁或诉讼费用等。

二、保险合同的订立、变更和终止

(一)保险合同的订立

保险合同的订立是一个过程,是当事人之间意思表示交换,并经过要约与承诺,最后达成一致,签订合同的过程。

1. 要约

在一般情况下,保险公司散发投保单被认为是要约邀请,投保人填写投保单被认为是要约。也有例外的情况,广告一般被认为是要约邀请,特殊情况下,也可能被看作是要约。比如散发的投保单,内容完备、确定,符合要约的规定,有投保人一旦填写就可以确立合同的意思,散发投保单也可以被看作是要约。如果内容不完备、不确定,还要与投保人进一步协商的话,就只能被认为是要约邀请。

在订立保险合同的过程中,投保人在投保时,首先,应考虑自己需要哪种保障,可能面临的风险有哪些,进而通过咨询等方式,明确所要投保的保险险种;其次,选择经营稳健、有良好信誉的保险人，询问其能否提供所需的保险险种，并对有关条款或资料进行认真研究；再次，提出投保要求，并按照保险人的要求如实告知保险标的的主要危险情况及所需的风险保障，同时要求保险人提供有关保险条款并对其主要内容进行详细、明确的说明。

2. 承诺

保险人可以在投保单上签章表示承诺，也可以签发保险单或保险凭证表示承诺，也可以向投保人出具保险费收据表示承诺。如果保险单与投保单不一致，只能被看作是新要约，有待投保人的同意。所以，在一个保险合同中，究竟用什么形式体现合同的内容，要看双方当事人最后以什么形式达成了合意。

在投保人提出投保要约后，首先，保险人应审查保险标的是否符合投保要求主要危险情况，并向投保人提出询问，投保人应如实回答；其次，保险人应审核要约是否符合该险种保险条款的要求，是否有特别约定内容；再次，应约定交纳保险费的具体时间、地点、数额等；最后，做出承保承诺，保险合同成立。

【小知识 5-2】 你知道保险单吗？

保险单，又称保单，是保险人与投保人之间订立保险合同的书面形式凭证。保险单一般包括声明事项并附有保险合同条款，保险单应由保险人在保险合同成立时签发，是保险合同的主要组成部分，是被保险人向保险人提出索赔、保险人进行理赔的主要依据。

由于国际贸易的货物多数是通过海上运输的，在海上运输途中，船只和货物都有可能由于自然灾害和意外事故而造成各种损失，所以要进行保险。因此，海上运输保险单也就成为国际贸易中不可或缺的货运单据之一。

保险单可分为保险单、保险凭证、联合保险凭证和预约保险单等。保险单，俗称“大保单”，是一种独立的保险凭证，一旦货物受到损失，承保人和被保人都要按照保险条款和投保险别来分清货损，处理索赔。

保险凭证，俗称“小保单”，是一种简单的保险凭证，不印刷保险条款，只印刷承保责任界限，以保险公司的保险条款为准。这种保险凭证格式简单，但其作用与保险单完全相同。

联合保险凭证利用商业发票在上面加盖保险章，注明保险编号、险别、金额、装载船名、开船日期等，以此作为保险凭证。它与保险单有同等效力，但不能转让。一般用于港澳地区中资银行开来的信用证项下业务。

预约保险单是保险公司承保被保险人在一定时期内发运的、以 CIF 价格条件成交的出口货物或以 FOB、CFR 价格条件成交的进口货物的保险单。预约保险单载明保险货物的范围、险别、保险费率、每批运输货物的最高保险金额以及保险费的结付办法等。凡属于预约保险范围内的进出口货物，一经起运，即自动按预约保险单所列条件承保，但被保险人在获悉每批保险货物起运时，应立即以起运通知书或其他书面形式将该批货物的名称、数量、保险金额、运输工具的种类和名称、航程起讫地点、开航日期等情况通知保险公司。

(二)保险合同的变更

保险合同在生效之后,会由于各种客观情况的变化而使得其法律效力发生变化。这主要体现在保险人所承担的保险责任的变化,具体包括保险责任范围的变更和保险责任期限的变更。究其原因也是多种多样的。

例如,由于财产保险合同标的的数量、价值发生变化,或坐落地点变更,或用途改变,或危险程度改变时,投保人及时通知保险人,以保险人重新审核保险标的的价值及其保险费率,并办理批单[1],从而引起保险金额的增加或减少,相应地改变了保险人的保险责任范围。

又如,在保险合同生效,保险人根据投保人的要求,增加或减少承保责任。如财产保险合同中的投保人要求增加盗窃责任;而在人身保险合同中,投保人要求增加意外伤害医疗责任等。

同样,根据投保人的要求,经保险人同意,也可以变更保险责任的期限。这一般适用于长期人寿保险合同。比如,两全人寿保险中的投保人可以要求提前领取满期生存保险金;定期人寿保险中的投保人可要求改变为终身死亡保险;而在养老金保险中,投保人亦可以要求提前领取养老年金。其法律后果均是保险人的保险责任在期限上发生变化。

(三)保险合同的终止

保险合同的终止是指保险合同的法律效力因法定或约定的事由出现而永远消灭。造成保险合同终止的原因:一是保险合同期限届满而终止。如果在有效期限内没有发生保险事故,或保险人履行了部分赔偿责任后,保险期限届满的,保险合同的效力随之终止;二是保险合同因保险人履行了全部保险责任而终止。即保险人在保险事故发生后,按照保险金额赔偿了财产损失或给付了保险金后,不论是否达到有效期限,保险合同的效力均予终止;三是保险合同因保险标的基于保险责任以外的事故而全部灭失时,终止法律效力。

第三节　国际货物运输保险合同

一、国际货物运输保险的概念和分类

(一)国际货物运输保险的概念

国际货物运输保险是指被保险人(进口商或者出口商)对进行国际运输的货物按

[1] 批单,是改变保险合同的一种书面证明。

照一定的金额向保险人投保一定的险别，并缴纳保险费，保险人在承保收费后，对所承保的货物在运输过程中发生保险责任范围内的自然灾害或者意外事故所致的损失，按照保险单的约定给予补偿。

(二)国际货物运输保险的分类

按照运输方式的不同，国际货物运输保险可以分为海上运输保险、陆上运输保险、航空运输保险、邮包货物运输保险。

1. 海上运输保险

承保通过海上船舶运输的货物，是一种为货物在海上航行时，货主避免因可能遭遇到的各种风险，适应国际贸易和海上运输需要而设立的险种。海上运输保险又可分为海上运输货物险、海上运输货物战争和罢工险、海上运输冷藏货物以及海上运输散装桐油险等专门险种。

2. 陆上运输保险

以使用火车或者汽车载运的货物为保险标的，承保这些货物在运输过程中因自然灾害或者意外事故所致的损失，但保险人一般不承保牲口、大车等驮运的货物。陆上运输保险又可分为陆上运输货物险、陆上运输货物战争险、陆上运输冷藏货物险等险种。

3. 航空运输货物保险

以通过飞机运输的货物为保险标的，承保货物在运输过程中因自然灾害或者意外事故所致的损失，其具体险种有航空运输货物险和航空运输战争险。

4. 邮包保险

承保通过邮局递运的货物，保险人对邮包在运送过程中因自然灾害事故所致的损失负责，其险种有邮包运输险和邮包战争险等。

本节主要以海上货物运输保险为主进行介绍。

二、保险利益

(一)保险利益存在的时间

即保险事故出现、保险标的物发生损失时。也就是说，投保时投保人对保险标的尚未取得保险利益并不影响保险合同生效。国际贸易中船舶的流动性很大，且只需转让提单就可以转让商品的所有权，因而在订立保险合同时必须具有保险利益是不现实的。只要在保险事故发生之时，被保险人具有保险利益，就可以得到补偿，否则保险合同无效，从而得不到补偿。

(二)保险利益应具备的条件

1. 保险利益的合法性

保险利益必须是合法的利益。即必须是法律承认的利益。投保人或者被保险人对保险标的所具有的利益必须是合法的、可以主张的利益，而不是违反法律规定，通过不正当手段获得的利益。若是通过违法行为，如走私、盗窃、抢劫等所获得的利益，则都不能作为保险利益。而保险合同即使订立了，也属于无效合同，法律不保护非法利益。

2. 保险利益的确定性

保险利益必须是已经确定或者可以确定的利益，包括现有利益、预期利益、责任利益等。现有利益是已经确定的、现实存在的利益，如对某项财产具有所有权、使用权等，其利益随着物权的存在而形成；预期利益是将要获得的、合法的、可实现的利益，这种利益也应该是可以确定的利益，如承运人对运费的利益、销售者对预期待售商品的合理利益等；责任利益是基于法律上的民事赔偿责任而产生的保险利益，如对第三者的责任。

3. 保险利益的有价性

保险利益必须是可以通过货币计价的利益。海上运输保险是财产保险的一种，其目的是为了补偿损失，如果这种损失不能以金钱计算损失情况，那么理赔也就无从谈起。对于非经济利益的损失，如精神损失，则不属于海上运输货物保险所应补偿的内容。

【小知识 5-3】 保险利益的适用时限是如何规定的?

各国保险法一般都规定在投保时要求投保人或者被保险人对保险标的必须具有保险利益，但海上运输保险合同则仅仅要求在保险标的物发生损失时必须具有保险利益即可。这样规定是为了适应国际贸易的习惯做法，在实务中常常是货物买方或卖方在订立销售合同以后，或者订妥舱位之后，就向保险人办理运输保险，但这时货物的所有权会因为并没有装船等原因而转移到投保人或被保险人手里，因而在此时并没有获得对保险标的物的保险利益，但这并不影响保险合同的效力。按照英国《1906 年的海上保险法》的规定，若保险标的发生损失时，被保险人尚未取得保险利益，其后无论采用什么方法或者手段，都无法再获得保险利益。

三、承保的风险和损失

(一)承保的风险

国际海上货物运输过程中可能遇到各种各样的风险，这些风险大体上可以分为两类:海上风险和外来风险。

1. 海上风险

海上风险是不可预知的并且为人力所不可抗拒的，与海上运输的特性有着密切的联系，同时也必须不是人的故意行为而造成的。海上风险包括两种:一是自然灾害，如雷电、海啸、地震、飓风或火山爆发等;二是意外事故，如搁浅、触礁、沉没、碰撞、失踪、火灾、爆炸等。

2. 外来风险

海上风险以外的其他外来原因所造成的风险。它也包括两种:一是一般外来风险,如偷窃、沾污、渗漏、破碎、受热、受潮、串味、生锈、钩损、淡水雨淋、短少和提货不着、短量、碰损等;二是特殊外来风险,如战争、罢工等由于军事、政治、社会等特殊外来原因所造成的风险。

(二)承保的损失

承保的损失是指承保的标的物因发生承保范围内的上述风险而遭到的损失,可以分为全部损失与部分损失两种。

1. 全部损失

全部损失简称全损。包括实际损失和推定损失两种:①实际全损是指货物全部毁灭或因受损而失去原有用途,或被保险人已无可挽回地丧失了保险标的,或船舶失踪后相当一段时间仍无音信。例如货物随船一起沉没、茶叶受水泡不能再使用、货物被没收等。②推定全损,指货物受损后对货物的修理费用,加上继续运到目的地的费用,估计将超过其运到后的价值,或者被保险人丧失其所有权,要收回这个所有权所需的费用超过保险标的的价值。

对于实际全损,保险人应在承保范围内承担全部赔偿责任。但对推定全损,则被保险人对这种损失的索赔可以选择作为全损进行赔偿也可以按部分损失进行索赔。如果按实际全损索赔,必须向保险人发出委付通知,否则视为按部分损失进行处理。

【案例 5-4】

货轮在海上航行时,某舱发生火灾,船长命令灌水施救,扑灭大火后,发现纸张已烧毁一部分,未烧毁的部分,因灌水后无法使用,只能作为纸浆处理,损失原价值的80%。另有印花棉布没有烧毁但水渍损失,其水渍损失使该布降价出售,损失该货价值的20%。

思考:纸张损失的80%,棉布损失20%,都是部分损失吗?为什么?

分析:从数字上看,一个是80%,另一个是20%,好像都是部分损失,其实不然。根据保险公司的规定,第一种情况,即纸张的损失80%,应属于全部损失;第二种情况下,印花棉布的损失20%,则属于部分损失。这是因为,保险业务中的全部损失,分为实际全损和推定全损,在实际全损中有三种情况:一是全部灭失,二是失去使用价值(如水泥变成硬块),三是虽有使用价值,但已丧失原来的使用价值。从第一种情况看,纸张原来应该作为印刷书报或加工成其他成品,现在不行,只能作为纸浆造纸,因此属于实际全损第三种情况。而印花棉布虽遭水渍,处理之后仍作棉布出售,原来的用途未改变,因此,只能作为部分损失。

2. 部分损失

部分损失是指除了全部损失以外的一切损失。在海上运输保险中分为三类:共同海损、单独海损与单独费用。

(1)共同海损。在海上运输中,船舶、货物遭到共同危险,船方为了共同安全,使同一航行中的财产脱离危险,有意合理地作出特别牺牲或支出的特殊费用。如船舶搁浅时,如果情况紧急,船长雇用驳船把一部分货物卸下以减轻船舶载重,并雇用拖船帮助其浮起,雇用驳船和拖船的费用即为共同海损。注意共同海损的成立条件:首选是必须有危及船、货共同安全的危险存在。其次,做出的牺牲和费用是特殊的、直接的。如海上遇到台风,船开往避风港不算特殊。第三,牺牲或费用是人为的,不是意外。第四,该行为是合理的、有效的。对于共同海损所导致的牺牲或费用,一般是以获救船舶或者货物获救部分的价值按比例在所有利害关系的当事人之间进行分摊,因此,共同海损属于部分损失。保险人根据保险单上的有关条款,对共同海损的损失以及保险标的物应承担的共同海损分摊,都应负责予以赔偿。

(2)单独海损。海上运输中非任何人的有意行为造成的,只涉及船舶或货物单独一方利益的部分损失。这种损失仅涉及船舶或者货物单独一方的利益,所以只能由受损方自己承担,或者单独向应对损失承担责任的人提起赔偿请求。保险公司对这种损失是否承担赔偿责任取决于当事人投保的险别以及保险单的条款是如何规定的,不能一概而论。

(3)单独费用。是指为了防止被保险人的货物因承保范围内的风险遭受损害或灭失而支出的各项费用。单独费用与共同海损不同,单钎费用是为了防止货物损失而发生的支出,共同海损则是为了防止危机船舶和货物的整体利益的损失而发生的支出。单独费用只有在保险单承诺承保时才能向保险人取得赔偿。但由于当前许多保险单上载有"诉讼与营救条款",因此这项费用一般都能获得赔偿。如此规定对保险人和被保险人都有好处。

四、海上货物运输保险合同条款

(一)中国人民保险公司海洋运输货物保险条款

国际海上货物运输保险条款常用的是伦敦保险业协会制定的货物保险条款,我国对外贸易运输中除上述条款外,还经常使用中国人民保险公司制定的海洋运输货物保险条款。

中国人民保险公司海洋运输货物保险条款分一般保险条款和特殊保险条款。一般保险条款包括三种基本险别:平安险、水渍险和一切险。特殊保险条款包括一般附加险、特别附加险和特殊附加险。

1. 平安险(Free From Particular Average)

原意为"单独海损不赔"。承保被保险货物由于恶劣气候、雷电、海啸、地震、洪水等自然灾害造成的整批货物的全损,整批不单是一张保险单的所有货物,更不是整船的所有货物,包括一张保单下的分类货物;运输工具搁浅触礁、沉没、互撞以及失火、爆炸等意外事故造成的货物全部或部分损失;运输工具在发生上述意外事故前后又在海上遭受恶劣气候等自然灾害造成的部分损失；装卸时，一件或数件货物落海造成的全部或部分损失；被保险人为抢救货物支出的合理费用等。

平安险是三种基本险别中保险人责任最小的一种。

2. 水渍险(With Particular Average)

原意为"单独海损负责"。除承保平安险的各项责任外，还负责被保险货物由于恶劣气候等自然灾害造成的部分损失。

3. 一切险(All Risks)

除承保平安险和水渍险的各项损失外，还承保由于外来原因招致的全部或部分损失。所谓外来原因是指由一般附加险承担的损失，而不包括特别附加险和特殊附加险。

一般附加险有 11 种，包括偷窃、提货不着险、淡水雨淋险、短量险、混杂、玷污险、渗漏险、碰损、破碎险、串味险、受潮热险、钩损险、包装破裂险、锈损险等。一般附加险不能单独投保，它们全部包括在一切险之中，或是投保人在投保了平安险或水渍险后，根据需要加保其中一种或几种险别。

特别附加险 7 种，包括交货不到险、进口关税险、舱面险、拒收险、黄曲霉素险、出口货物到香港(九龙)或澳门存仓火险责任扩展险、卖方利益险。

特殊附加险 3 种：战争险、战争险的附加费用和罢工险。特别附加险和特殊附加险在投保人向保险公司提出申请后，经特别同意，在投保了基本险后可以加保。

(二)伦敦保险业协会货物保险条款

目前，通用的是 1983 年 4 月 1 日起使用的货物保险条款，共有 6 种。和中国人民保险公司的货物保险条款相比，主要有以下不同：

(1)用英文字母 A、B、C 表示原来的一切险、水渍险和平安险。避免了过去因险别名称含义不清且与承保范围不符产生的误解，消除了原险别之间的交叉与重叠。

(2)增加了承保陆上风险的规定。如 B、C 条款承保由于陆上运输工具的颠翻、出轨、碰撞引起的货损以及湖水、河水侵入船舶造成的损害。

(3)独立投保的保险条款。协会货物保险条款除 A、B、C 条款外，还有协会战争险条款、罢工险条款、恶意损害险条款，均可独立投保，或在投保了 A、B、C 条款后加保。

五、索赔与理赔

(一)索赔

货物在运输途中发生损失，应由具有保险利益的被保险人向保险人或者代理人提出保险索赔。一般索赔程序如下：

1. 损失通知

被保险人可能在货物运输途中就获悉货物因运输工具发生意外事故受损，也可能在货物到达目的地后提货时或者货物运至仓库储存时才发生货损。无论哪种情况，一旦得知保险标的受损，被保险人就应立即向保险人或其指定代理人发出损失通知。

2. 申请检验

货舱到达目的地时，如果发生短缺，一般只要有短缺证明即可作为损失对待，不需经过检验。货物如果出现残损，被保险人在向保险人或其指定代理人发出损失通知的同时，应申请检验，以确定损失的原因以及损失的程度等。在出口保险中，应由保险单上注明的保险公司在国外的检验代理人进行检验并出具检验报告。进口保险中，则由保险人或其指定代理人和货主以及船方或其代理人进行联合检验或申请商检，并出具检验报告。

3. 提交索赔的必要文件

被保险人在提出索赔时，应向保险人或其有理赔权的代理人提交索赔的必要单证，通常包括以下几项：①保险单。这是向保险人索赔的基本依据，其中规定了保险人的责任范围和保险金额等内容；②提单。提单上的某些内容，例如货物的数量、交货时的状况等记载对确定货物损失是否发生在保险期间有很大作用。③发票。它是计算保险赔款金额的依据。④装箱单、重量单，这是运输货物在装运时数量和重量的证明。⑤货损、货差的证明，包括在卸下的货舱有残损或短少时，由港口当局出具的理货单，如残损单、溢短单，这类单据应该由承运人或有关责任方签字认可，还包括责任方出具的货运记录。它既是被保险人向保险人索赔的证据，又是被保险人及保险人向责任方追偿的重要依据。⑥检验报告。它是保险人核定保险责任以及确定赔款金额的重要依据。⑦索赔清单。这是由被保险人制作的要求保险人赔偿的清单，其中包括货物的名称、金额以及损失情况的介绍。

(二)理赔

理赔是指保险人为具体体现保险的经济补偿职能，在保险合同有效期内发生保险事故后进行的处理赔付的专业性工作。保险理赔是保险人的履约行为，是以保险人拥有保险理赔权为其法律基础，同时不排除被保险人的举证责任和权利。保险理赔与索赔是两个既有区别又有联系的法律行为。索赔是理赔的基础，理赔是最终实现索赔的必要程序。

理赔的程序一般为：

1. 查勘检验

查勘检验的目的主要是查清损失的原因、范围和程度；制订施救和救助方案，避免损失的进一步扩大；追查第三者的责任，以利追偿工作。

2. 调查取证

在一般的查勘检验工作不能完全查清损失原因、程度和范围的时候，必须进一步调查取证。保险人根据案件的具体情况可以直接向有关方面进行调查取证，也可以委托代理人、海损理算人、律师或专家进行调查取证工作。

3. 核赔

这是保险人在得到被保险人正式提交的索赔清单和证明损失的材料之后，根据保险合同和被保险人提供的证据材料，结合自己所取得的证据材料核定损失是否属于保险责任以及责任大小的工作，一般包括核定保险责任和赔款计算等。

4. 追赔

保险人依据保险合同赔偿被保险人损失后，被保险人应将有关向第三方索赔的权利转移给保险人。通常，由被保险人签署权益转让书之后，保险人凭权益转让书以及其他文件向第三人进行追偿。追偿不仅降低了保险赔付率，而且也使责任方意识到不能因为有了保险就可以逃脱自己应承担的法律责任，从而减少责任事故的发生。

六、代位与委付

(一)代位

1. 代位的概念

代位又称代位求偿权，当货物损失是由第三者的过失或疏忽引起时，保险公司向被保险人支付保险赔偿后，享有取代被保险人向第三者进行索赔的权利。代位权的目的在于防止被保险人既从保险人处获得赔偿，又从第三者那里获得赔偿；同时也有利于被保险人迅速获得保险赔偿。

无论是全部损失还是部分损失，只要保险人已经支付了保险赔款，保险人都有权取得代位权。保险人行使该项权利的条件为：

(1)保险标的所遭受的风险必须属于保险责任范围。

(2)保险事故的发生应由第三者承担责任。

(3)保险人必须事先向被保险人履行赔偿责任。

(4)只在赔偿金额的限度内行使代位权。

(5)被保险人未放弃对第三者赔偿请求权。

在赔付部分损失的情况下，若追偿金额超过保险金额时，则超过的部分归被保险人所有。

【案例 5-5】

2005 年 7 月 20 日，红星五金有限责任公司与四方航空公司办理了货物托运手续，委托航空公司运 200 台 29 英寸彩色电视机，总货款 60 万元。同日，红星五金有限责任公司又在长安保险公司投保了运输保险，保险金额为 60 万元。红星五金有限责任公司交付了保险费，保险公司出具了保险单。

飞机在降落时，发生机械故障，机身剧烈抖动，致使 200 台电视机全部损坏。红星五金有限责任公司向保险公司索赔，保险公司审查了全部有关材料，确认后，赔付红星五金有限责任公司 60 万元。赔付后，向航空公司提出追偿。四方航空公司拒绝赔付，理由是与保险公司没有任何关系。保险公司起诉，航空公司为被告，红星五金有限责任公司为第三人。

思考:保险公司是否有权要求航空公司赔偿?

分析:保险公司有权要求航空公司赔偿。根据《中华人民共和国保险法》第44条之规定,"因第三者对保险标的的损害而造成保险事故的,保险人自向被保险人赔偿保险金之日起,在赔偿金额范围内代位行使被保险人对第三者请求赔偿的权利。前款规定的保险事故发生后,被保险人已经从第三者取得损害赔偿的,保险人赔偿保险金时,可以相应扣减被保险人从第三者已取得的赔偿金额。保险人依照第一款行使代位请求赔偿的权利,不影响被保险人就未取得赔偿的部分向第三者请求赔偿的权利。"而本案中,造成保险标的损坏的是四方航空公司,长安保险公司已向被保险人红星五金有限责任公司赔付保险金60万元,符合保险法中代位求偿的规定,因此,根据《保险法》的规定,保险公司有权要求航空公司赔偿。

2. 代位求偿权的应用规则

(1)如果被保险人已经从第三者取得损害赔偿的,保险人赔偿保险金时,可以相应扣减被保险人从第三者处取得的赔偿金额。

(2)保险人依法向第三者请求赔偿时,不影响被保险人就未取得赔偿的部分向第三者请求赔偿。即被保险标的的保险金额不足弥补其实际损失时,被保险人还可就未能得到保险赔偿的损失请求第三者给予赔偿。

(3)在保险人向第三者行使代位请求赔偿权利时,被保险人应当向保险人提供必要的文件和其所知道的有关情况。

3. 不能行使代位请求赔偿的情形

(1)保险事故发生后,保险人未赔偿保险金之前,被保险人放弃对第三者的请求赔偿的权利的。在这种情形下,保险人不能行使代位权,则保险人不承担赔偿保险金的责任,以维护自己合法的利益。

(2)保险人向被保险人赔偿保险金后,被保险人未经保险人同意放弃对第三者请求赔偿的权利的,该行为无效。

(3)由于被保险人的过错致使保险人不能行使代位请求赔偿的权利的,保险人可以相应扣减保险赔偿金,以使被保险人就自己的过错分担部分责任。

(4)在家庭财产保险中,保险人不得对被保险人的家庭成员或者其组成人员行使代位请求赔偿的权利,除非这些成员有故意造成保险事故的行为,以维护家庭经济生活的稳定。

(5)没有代位追偿权的情况。人身保险的被保险人因第三者的行为而发生死亡、伤残或者疾病等保险事故,保险人向被保险人或者受益人给付保险金后,不得享有向第三者追偿的权利。

(二)委付

在推定全损的情况下,被保险人把残存货物的所有权转让给保险公司,请求取得全部保险金额。如果损失是由第三者的过错造成的，保险公司有追偿权，追偿金额超过保险金额的，由保险公司取得。

委付成立的条件：委付必须以保险标的推定全损；必须就保险标的的全部提出要求；必须经保险人承诺方为有效；被保险人必须在法定时间内向保险人提出书面的委付申请；被保险人必须将保险标的的一切权利转让给保险人，并且不得附加条件。

委付是被保险人的单方行为，保险人没有必须接受委付的义务。但委付一经接受则不能撤回。接受委付后，保险人取得残余物的所有权，当损失由第三者过失引起时，同时取得向有过错的第三者代位追偿的权利。如追偿额大于保险人的赔付额，也不必将超出部分退还被保险人。

S 本章小结

物流离不开财产保险，本章以财产保险为核心介绍保险法。保险法的基本原则包括保险利益原则、最大诚信原则、损失补偿原则。

为物流活动中的财产进行保险，要签订保险合同。保险合同的内容应当根据保险法的规定确定。保险人的基本义务有：赔偿或给付保险金、支付其他必要特殊费用的义务；被保险人的基本义务有：如实告知、交付保险费、减损、提供单证的义务。变更保险合同要办理批单。

在国际货物运输中，保险显得尤为重要。国际货物运输保险主要包括：海上运输保险、陆上运输保险、航空运输保险、邮包保险。本章以海上货物运输保险为主线来介绍保险合同。国际海上运输保险的基本步骤如下：

第一步：确定投保人。投保人对保险标的必须具有保险利益。

第二步：确定承保的风险。承保的风险主要包括海上风险和外来风险。

第三步：选择保险的险种，确定保险条款，签订保险合同。货物保险条款包括一般保险条款和特殊保险条款。一般保险条款包括三种基本险别：平安险、水渍险和一切险。特殊保险条款包括一般附加险、特别附加险和特殊附加险。

第四步：如果发生了风险，确定属于全部损失还是部分损失。根据不同的损失来确定保险人的赔偿责任，见下表：

损失的种类		保险人的赔偿责任
全部损失	实际全损	保险人应在承保范围内承担全部赔偿责任
	推定全损	被保险人选择以全部损失或者以部分损失要求赔偿
部分损失	共同海损	保险公司应该给予赔偿
	单独海损	一般由受损害方自己赔偿或单独向应对损失承担赔偿责任的人提出赔偿请求 保险公司可能会承担赔偿责任（根据保险条款）
	单独费用	一般保险公司都会给予赔偿

第五步:被保险人向保险公司索赔。被保险人要向保险人发出损失通知、申请检验、提交证据。

第六步:保险人理赔。

第七步:代位和委付。如果货物损失是由第三人的责任造成的,保险公司可以在向被保险人赔付后取得向第三人代位追偿的权利。如果损失属于推定全损,被保险人要把残存货物的所有权转让给保险公司。

T 课后训练

案例分析

2002 年 5 月,幸福保险公司的代理人向胡德蓝女士推销保险。代理人拿出一份宣传单,上面说:“被保险人因意外事故或于保险生效一年后,因疾病死亡或高度伤残,保险公司给付死亡或伤残保险金。”

胡德蓝女士为丈夫投保,交纳了保险费,保险公司签发了保险单。保险条款规定,“被保险人因意外事故或于保险生效一年后,因疾病死亡,或高度伤残,保险公司按附表所列伤残等级给付伤残保险金或死亡保险金。”胡德蓝女士没有对合同内容提出异议。

2002 年 12 月,胡德蓝女士之丈夫意外摔伤,右臂骨折。胡德蓝女士之丈夫向保险公司提出索赔。保险公司拒赔,理由是:胡德蓝女士之丈夫的伤情,未达到保险合同约定的伤残等级。

胡德蓝女士之丈夫不服,起诉于法院。

胡德蓝女士之丈夫声称:“宣传单上没有规定必须符合附表所列伤残等级才给付伤残保险金,是保险公司的误导,使我投保。我要求保险公司依照保险宣传单上的说明承担责任。”

保险公司辩称:“保险宣传单不是保险合同,不具有法律约束力。保险宣传单上的保险范围与保险合同上的保险范围是一致的,只不过保险合同的内容更详细。保险公司不存在误导和欺诈。胡德蓝女士拿到保险合同后,没有提出异议,是对合同的默认。所以,保险公司不应该承担赔付责任。”

有两种意见:

(1)保险公司在保险宣传单上有误导性语句,是欺诈行为,因欺诈行为而合同无效。所以该保险合同无法律效力。保险公司应该承担相应的责任。

(2)保险宣传单与保险合同在内容上是一致的,保险公司不存在误导和欺诈。宣传不是合同,不具有法律约束力。保险范围应该以保险合同为准。投保人在签合同时,没有提出任何异议,可以看作已经接受了保险合同规定的保险责任。所以,保险公司不应该承担赔付责任。

请同学自己分析,保险公司是否应承担赔付责任?

E 本章实训指导

一、实践训练题

请根据实训指导书中的保险合同样本,两人一组,一方代表保险公司,一方代表投保人,签订一份保险合同。

二、实训项目安排——签订保险合同

(一)项目名称

学生分角色协商签订货物运输财产保险合同,并填写保险单。

(二)项目安排时间

学完货物运输相关法律法规以后作为课业由学生课下完成。

(三)成果形式

有效的书面货物运输财产保险合同。

(四)实训目标

1.知识目标:掌握各类货物运输财产保险合同的基本条款。

2.能力目标:培养运用货物运输财产保险合同法律的能力;同学之间的相互沟通能力;写作能力与谈判能力。

(五)任务内容

1.同学自由组合,2人一组,一人代表保险公司,一人代表投保人。

2.到图书馆或网上查找的货物运输财产保险合同模板或者依据本章实训指导中的模板。

3.双方讨论货物运输财产保险合同的标的、数量和质量、履行期限、地点和方式、违约责任、相互间的权利和义务等内容。

4.将讨论内容写进货物运输财产保险合同。

5.双方在货物运输财产保险合同上签字。

(六)考核标准

签订货物运输财产保险合同的成绩分为两部分:货物运输财产保险合同内容分和形式分(百分制)

1.货物运输财产保险合同的写作内容分。(45分)

(1)合同条款内容全面。(15分)

(2)合同条款内容明确,可实施。(15分)

(3)合同内容有创意,贴近学生专业实际。(15分)

2.货物运输财产保险合同的写作形式分。(55分)

(1)合同格式正确。(10分)

(2)合同签字手续完备(15分)

(3)书写整齐,无错别字。如果是电子版,要求排版美观整齐。(15分)

(4)保险单填写正确,完整。(15分)

三、保险合同示范文本

海洋运输货物保险合同(样本)[1]

一、责任范围

本保险分为平安险、水渍险及一切险三种。被保险货物遭受损失时,本保险按照保险单上订明承保险别的条款规定,负赔偿责任。

(一)平安险

本保险负责赔偿:

1.被保险货物在运输途中由于恶劣气候、雷电、海啸、地震、洪水自然灾害造成整批货物的全部损失或推定全损。当被保险人要求赔付推定全损时,须将受损货物及其权利委付给保险公司。被保险货物用驳船运往或运离海轮的,每一驳船所装的货物可视作一个整批。

推定全损是指保险货物的实际全损已经不可避免,或者恢复、修复受损货物以及运送货物到原订目的地费用超过该目的地的货物价值。

2.由于运输工具遭受搁浅、触礁、沉没、互撞、与流冰或其他物体碰撞以及失火、爆炸意外事故造成货物的全部或部分损失。

3.在运输工具已经发生搁浅、触礁、沉没、焚毁意外事故的情况下,货物在此前后又在海上遭受恶劣气候、雷电、海啸等自然灾害所造成的部分损失。

4.在装卸或转运时由于一件或数件整件货物落海造成的全部或部分损失。

5.被保险人对遭受承保责任内危险的货物采取抢救、防止或减少货损的措施而支付的合理费用,但以不超过该批被救货物的保险金额为限。

6.运输工具遭遇海难后,在避难港由于卸货所引起的损失以及在中途港、避难港由于卸货、存仓以及运送货物所产生的特别费用。

7.共同海损的牺牲、分摊和救助费用。

8.运输契约订有"船舶互撞责任"条款,根据该条款规定应由货方偿还船方的损失。

(二)水渍险

除包括上列平安险的各项责任外,本保险还负责被保险货物由于恶劣气候、雷

[1] 选自锦程物流网资讯中心 http://info.jctrans.com/huoyun/hycz/200622622O243.shtml,2006年2月26日9:27:00。

电、海啸、地震、洪水自然灾害所造成的部分损失。

(三)一切险

除包括上列平安险和水渍险的各项责任外,本保险还负责被保险货物在运输途中由于外来原因所致的全部或部分损失。

二、除外责任

本保险对下列损失,不负赔偿责任:

(一)被保险人的故意行为或过失所造成的损失。

(二)属于发货人责任所引起的损失。

(三)在保险责任开始前,被保险货物已存在的品质不良或数量短差所造成的损失。

(四)被保险货物的自然损耗、本质缺陷、特性以及市价跌落、运输延迟所引起的损失或费用。

(五)本公司海洋运输货物战争险条款和货物运输罢工险条款规定的责任范围和除外责任。

三、责任起讫

(一)本保险负"仓至仓"责任,自被保险货物运离保险单所载明的起运地仓库或储存处所开始运输时生效,包括正常运输过程中的海上、陆上、内河和驳船运输在内,直至该项货物到达保险单所载明目的地收货人的最后仓库或储存处所或被保险人用作分配、分派或非正常运输的其他储存处所或被保险人用作分配、分派或非正常运输的其他储存处所为止。如未抵达上述仓库或储存处所,则以被保险货物在最后卸载港全部卸离海轮后满 60 天为止。如在上述 60 天内被保险货物需转运到非保险单所载明的目的地时,则以该项货物开始转运时终止。

(二)由于被保险人无法控制的运输延迟、绕道、被迫卸货、重行装载、转载或承运人运用运输契约赋予的权限所作的任何航海上的变更或终止运输契约,致使被保险货物运到非保险单所载明目的地时,在被保险人及时将获知的情况通知保险人,并在必要时加缴保险费的情况下,本保险仍继续有效。保险责任按下列规定终止:

1. 被保险货物如在非保险单所载明的目的地出售,保险责任至交货时为止,但不论任何情况,均以被保险货物在卸载港全部卸离海轮后满 60 天为止。

2. 被保险货物如在上述 60 天期限内继续运往保险单所载原目的地或其他目的地时,保险责任仍按上述第(一)款的规定终止。

四、被保险人的义务

被保险人应按照以下规定的应尽义务办理有关事项,如因未履行规定的义务而影响保险人利益时,本公司对有关损失,有权拒绝赔偿。

(一)当被保险货物运抵保险单所载明的目的港(地)以后,被保险人应及时提货,当发现被保险货物遭受任何损失，应即向保险单上所载明的检验、理赔代理人申请检验，如发现被保险货物整件短少或有明显残损痕迹应即向承运人、受托人或有关当局（海关、港务当局等）索取货损货差证明。如果货损货差是由于承运人、受托人或其他有关方面的责任所造成，应以书面方式向他们提出索赔，必要时还须取得延长时效的认证。

（二）对遭受承保责任内危险的货物，被保险人和本公司都可迅速采取合理的抢救措施，防止或减少货物的损失。被保险人采取此项措施，不应视为放弃委付的表示，本公司采取此项措施，也不得视为接受委付的表示。

（三）如遇航程变更或发现保险单所载明的货物、船名或船程有遗漏或错误时，被保险人应在获悉后立即通知保险人并在必要时加缴保险费，本保险才继续有效。

（四）在向保险人索赔时，必须提供下列单证：

保险单正本、提单、发票、装箱单、磅码单、货损货差证明、检验报告及索赔清单。如涉及第三者责任，还须提供向责任方追偿的有关函电及其他必要单证或文件。

（五）在获悉有关运输契约中“船舶互撞责任”条款的实际责任后，应及时通知保险人。

五、索赔期限

本保险索赔时效，从被保险货物在最后卸载港全部卸离海轮后起算，最多不超过两年。

海洋货物运输保险单

发票号码　　　　保险单号次

________保险公司（以下简称本公司）根据________（以下简称为被保险人）的要求由被保险人向本公司缴付约定的保险费，按照本保险单保险别和背后所载条款与下列特款承保下述货物运输保险，特立本保险单。

标记

包装及数量

保险货物项目

保险金额

总保险金额：________

保费________　费率________　装载工具________

开航日期________　自________　至________

承保险别：________

所保货物，如遇风险，本公司凭本保险单及其有关证件给付赔款。

所保货物，如发生保险单项下负责赔偿的损失或事故，应立即通知本公司下述代理人查勘。

________保险公司

赔款偿付地点________

出单公司地址________

营业部________

××财产保险有限公司国内航空货物运输保险条款[1]

保险标的范围

第一条 凡在国内经航空运输的货物均可为本保险之标的。

第二条 下列货物非经投保人与被保险人特别约定，并在保险单(凭证)上载明，不在保险标的范围以内：金银、珠宝、钻石、玉器、首饰、古币、古玩、古书、古画、邮票、艺术品、稀有金属等珍贵财物。

第三条 下列货物不在保险标的范围以内：蔬菜、水果、活牲畜、禽鱼类和其他动物。

保险责任

第四条 由于下列保险事故造成保险货物的损失，保险人负赔偿责任：

(一)火灾、爆炸、雷电、冰雹、暴风、暴雨、洪水、海啸、地陷、崖崩。

(二)因飞机遭受碰撞、倾覆、坠落、失踪(在3个月以上)，在危难中发生卸载以及遭受恶劣气候或其他危难事故发生抛弃行为所造成的损失。

(三)因受震动、碰撞或压力而造成破碎、弯曲、凹瘪、折断、开裂的损失。

(四)因包装破裂致使货物散失的损失。

(五)凡属液体、半流体或者需要用液体保藏的保险货物，在运输途中因受震动、碰撞或压力致使所装容器(包括封口)损坏发生渗漏而造成的损失，或用液体保藏的货物因液体渗漏而致保藏货物腐烂的损失。

(六)遭受盗窃或者提货不着的损失。

(七)在装货、卸货时和港内地面运输过程中，因遭受不可抗力的意外事故及雨淋所造成的损失。

第五条 在发生责任范围内的灾害事故时，因施救或保护保险货物而支付的直接合理费用。

责任免除

第六条 由于下列原因造成保险货物的损失，保险人不负责赔偿：

(一)战争、军事行动、扣押、罢工、哄抢和暴动。

(二)核反应、核子辐射和放射性污染。

(三)保险货物自然损耗，本质缺陷、特性所引起的污染、变质、损坏，以及货物包装不善。

(四)在保险责任开始前，被保险货物已存在的品质不良或数量短差所造成的损失。

---

[1] 选自中国物流联盟网站 http://con56w.com/wuliubaoxian/baoxianzhengce/20061121/59.html，2006年11月21日9:23:00。

(五)市价跌落、运输延迟所引起的损失。

(六)属于发货人责任引起的损失。

(七)被保险人或投保人的故意行为或违法犯罪行为。

第七条 由于行政行为或执法行为所致的损失,保险人不负责赔偿。

第八条 其他不属于保险责任范围内的损失,保险人不负责赔偿。

责任起讫

第九条 保险责任是自保险货物经承运人收讫并签发保险单(凭证)时起,至该保险单(凭证)上的目的地的收货人在当地的第一个仓库或储存处所时终止。但保险货物运抵目的地后,如果收货人未及时提货,则保险责任的终止期最多延长至以收货人接到《到货通知单》以后的15天为限(以邮戳日期为准)。

第十条 由于被保险人无法控制的运输延迟、绕道、被迫卸货、重新装载、转载或承运人运用运输契约赋予的权限所作的任何航行上的变更或终止运输契约,致使被保险货物运输到非保险单所载目的地时,在被保险人及时将获知的情况通知保险人,并在必要时加缴保险费的情况下,本保险仍继续有效。保险责任按下述规定终止:

(一)保险货物如在非保险单所载目的地出售,保险责任至交货时为止。但不论任何情况,均以保险货物在卸载地卸离飞机后满15天为止。

(二)保险货物在上述15天期限内继续运往保险单所载原目的地或其他目的地时,保险责任仍按上述第(一)款的规定终止。

保险价值和保险金额

第十一条 保险价值按货价或货价加运杂费确定,保险金额按保险价值确定,也可以由保险双方协商确定。

投保人、被保险人义务

第十二条 投保人、被保险人如果不履行下述任何一条规定的义务,保险人有权终止保险合同或拒绝赔偿部分或全部经济损失。

第十三条 投保人、被保险人应依法履行如实告知义务,如实回答保险人就保险标的或者投保人、被保险人的有关情况提出的询问。

第十四条 投保人在保险人或其代理人签发保险单(凭证)的同时,应一次缴清应付的保险费。

第十五条 投保人应当严格遵守国家及交通运输部门关于安全运输的各项规定,还应当接受并协助保险人对保险货物进行的查验防损工作,货物运输包装必须符合国家和主管部门规定的标准。

第十六条 保险货物如果发生保险责任范围内的损失时,投保人或被保险人获悉后,应迅速采取施救和保护措施并立即通知保险人的当地机构(最迟不超过10天)。

赔偿处理

第十七条 被保险人向保险人申请索赔时，必须提供下列有关单证：

(一)保险单(凭证)、运单(货票)、提货单、发票(货价证明)。

(二)承运部门签发的事故签证、交接验收记录、鉴定书。

(三)收货单位的入库记录、检验报告、损失清单及救护货物所支付的直接合理费用的单据。

(四)其他有利于保险理赔的单证。

保险人在接到上述索赔单证后，应当根据保险责任范围，迅速核定应否赔偿。赔偿金额一经保险人与被保险人达成协议后，应在10天内赔付。

第十八条 保险货物发生保险责任范围内的损失时，按保险价值确定保险金额的，保险人应根据实际损失计算赔偿，但最高赔偿金额以保险金额为限；保险金额低于保险价值的，保险人对其损失金额及支付的施救保护费用按保险金额与保险价值的比例计算赔偿。

保险人对货物损失的赔偿金额，以及因施救或保护货物所支付的直接合理的费用，应分别计算，并各以不超过保险金额为限。

第十九条 保险货物发生保险责任范围内的损失时，如果根据法律规定或有关约定，应当由承运人或其他第三者负责赔偿部分或全部的，被保险人应首先向承运人或其他第三者提出书面索赔，直至诉讼。被保险人若放弃对第三者的索赔，保险人不承担赔偿责任；如被保险人要求保险人先予赔偿，被保险人应签发权益转让书并应将向承运人或第三者提出索赔的诉讼书及有关材料移交给保险人，并协助保险人向责任方追偿。

由于被保险人的过错致使保险人不能行使代位请求赔偿权利的，保险人可以相应扣减保险赔偿金。

第二十条 保险货物遭受损失后的残值，应充分利用，经双方协商，可作价折归被保险人，并在赔款中扣除。

第二十一条 被保险人从获悉或应当获悉保险货物遭受损失的次日起，如果经过2年不向保险人申请赔偿，不提供必要的单证，或者不领取应得的赔款，则视为自愿放弃权益。

第二十二条 被保险人与保险人发生争议时，应当实事求是，协商解决，双方不能达成协议时，按(　)项处理：(1)提交仲裁机关仲裁；(2)向人民法院起诉。

其他事项

第二十三条 凡经水路与其他运输方式联合运输的保险货物，按相应的运输方式分别适用本条款及《铁路货物运输保险条款》、《公路货物运输保险条款》和《航空货物运输保险条款》。

第二十四条 凡涉及本保险的约定均采用书面形式。

航空货物运输险保险单

发票号码：________________ 保险单号次：________________

××财产保险有限公司(以下简称本公司)根据________________(以下简称为被保险人)的要求，由被保险人向本公司缴付约定的保险费，按照本保险单承保险别和背后所载条款与下列特款承保下述货物运输保险，特立本保险单。

标记：________________

包装及量：________________

保险货物项目：________________

保险金额：________________

总保险金额：________________

保费费率航班号________________

开航日期________________自________________至________________

承保险别：________________

所保货物，如发生保险单项下可能引起索赔的损失或损坏，应立即通知本公司下属代理人查勘。

如有索赔，应向本公司提交保险单正本(本保险单共有一份正本)及有关文件。

________________保险有限公司

赔款偿付地点________________

出单公司地址________________

营业部________________

六、实践案例阅读

蔡××诉中国××保险公司贵港办事处水路运输货物保险合同纠纷案[1]

【案情介绍】

原告：蔡××

被告：中国某保险公司贵港办事处(下称保险公司)

原告所属的陆丰市南粤糖业公司系由原告和马××、陈××三股东投资组建的有限责任公司，属私营企业，注册资金 45 万元，经营范围包括食糖、副食品等内容。该公司证明，已经授权原告可以原告个人的名义作为投保人和受益人投保货物运输险。1998 年 12 月 7 日，原告电话委托贵港市江北车队从广西田东县第二糖厂装运东海岭牌赤砂糖 180 吨经贵港装船后联运至广东省增城市新塘镇群星码头，并委托其办理国内水路、陆路货物运输保险。8 日，江北车队委托联运公司找船承运该批货物，该司水运部副主任冼××找到自称是水运公司 014 号船的“女船主”，双方口头约定 10 日上午由该船在贵港码头装运 180 吨赤砂糖至广东增城，运价为 39 元/吨。9

[1] 根据关键律师主持的中国物流法律网 http://www.wuliulaw.com 案例库中的物流案例改编。

日上午约 11 时，冼查看后认为其“运输证是合法、合规的”；下午 3 时 30 分左右，冼又打电话给水运公司核实“014 号船”情况，水运公司办公室工作人员徐海燕向冼证实该公司有此船，船主为黄××(与“女船主”留给冼××的签名一致)。冼遂放心使用该船，并于次日向“女船主”支付了运费 5 000 元。12 月 10 日，作为被告保险代理人的冼××就 180 吨赤砂糖签发了以执行“国内水路、陆路货物运输保险条款”为条件的编号为桂丁丑 NO. 0012251、桂丁丑 NO. 0012252 两份国内水路、陆路货物运输保险费凭证，内容为：被保险人及投保人蔡××，货物名称白糖，中转地贵港，目的地内河，运输工具“江一司 014”，起运日期 1998 年 12 月 10 日，保险费率为综合险 3‰。第一份凭证记载货物重量 40 吨，保险金额 6 万元，保险费 180 元；第二份凭证记载的货物重量 140 吨，保险金额 21 万元，保险费 630 元。两份凭证都有冼××的签字，并盖有“桂平江口一公司 014”字样的印章和被告的业务章。同日，江北车队自广西田东县运载的 180 吨赤砂糖在贵糖码头卸车后，装上了“女船主”提供的“014 号船”。11 日该船开航离去。15 日，原告在目的港未能接到货，即电话江北车队了解情况；至 24 日仍未收到货，即向公安机关报案。12 月 30 日，原告向被告出具国内水路陆路货物运输险出险通知书。1999 年 4 月 29 日，原告向被告递交货物运输保险提赔要求书，要求被告赔偿赤砂糖贷款 428 400 元，汽车运输及中转费 27 000 元，共计 455 400 元。6 月 4 日，被告向原告发出拒赔通知书，以货损系诈骗所致、不属保险责任为由拒绝赔偿。双方酿成纠纷，原告遂诉至法院。

被告辩称，原告向被告承保的标的为白糖而非其所诉的赤砂糖，因而原告对起诉索赔的价值 455 400 元的 180 吨赤砂糖无保险利益，双方的保险合同无效。原告所诉 180 吨赤砂糖未装上保险单所约定的运输工具水运公司“014 号船”，而是交由一艘“黑船”承运，因而被告的保险责任没有开始。诈骗者所使用的“黑船”未经登记，不能对抗作为第三人的被告。货损系诈骗所致，不属保险责任范围。保险代理人冼××因受骗而签发保险单，属无效行为，且冼××又代理货方找船承运，显属于双方代理，其签发保险单的行为也应无效。原告损失属公安部门处理范围，应由公安机关将案件侦破后追回。故请求法院驳回原告对被告的诉讼请求，并由其承担诉讼费用。

【焦点问题分析】

北海海事法院审理认为，本案原告将其水路运输货物向被告投保，被告承保并签发保险凭证，表明双方的保险合同已经成立；该合同是在双方平等自愿基础上的真实意思表示，且内容不违背国家法律规定，因而该合同合法有效，对双方当事人具有拘束力。

原告与被告保险公司的争议有 3 个焦点：

1. 关于保险标的和保险利益

当事人争议的焦点之一是原告是否对保险标的是否具有保险利益。对其保险标的，保险公司(被告)代理人将赤砂糖误写为白糖，那是被告的主观过错，尤其是在其代理人亲眼所见其保险标的为赤砂糖而非白糖后，仍未更正标的名称，其责任主要在于被告，原告对此不具有隐瞒、不实和欺诈行为，因而保单对保险标的名称记载有误所存在的瑕疵并不影响原告对其投保标的具有保险利益，不应影响合同的效力。

对于保险利益，保险法明定为“投保人对保险标的具有的法律上承认的利益”。虽然原告货物发票之购买人记载为广东省陆丰市南粤糖业公司，但该公司属私营企业，作为股东之一的原告对该司资产享有股权，故原告对其保险标的赤砂糖享有法律上承认的利益；且该司已授权原告可以其个人名义作为投保人和受益人投保货物运输险，因而原告对该保险标的具有可保利益当属无疑。故被告辩称原告对其保险标的无保险利益、该保险合同无效的理由不能成立。

2.代理行为的性质

当事人争议的焦点之二，是代理人冼××的代理行为是否为双方代理，这同样涉及到合同的效力。一般说来，在法律上双方代理行为应属无效民事行为的范畴，因为在同一法律关系中的双方当事人利益是互相冲突的，由一人同时代表两种互相冲突的利益，代理人难免不失偏颇倾向于一方利益，这样，它就很难保证不损害被代理人的利益。被告主张保险合同无效的一个重要理由，即是冼××的行为为双方代理，即冼既为原告的代理人，同时又是被告的代理人。表面上看，冼一方面为原告代理，为原告找船(租船)装货；另一方面又为被告代理，代被告承保运输货物保险及签发保单。事实上，冼的上述代理行为是处于不同的法律关系。前者，为水路货物运输合同法律关系；后者，则为水路货物运输保险法律关系。虽然冼实施了上述两方面的代理行为，但其行为为不同法律关系的代理，其行为系属两个法律关系而非同一法律关系。故此，冼的代理行为不构成双方代理，其行为并不影响涉案保险合同的效力。

3.关于保险责任范围

当事人争议的焦点之三，是被保险人原告之货物失踪全损是否为保险人被告的保险责任范围。如果说关于保险利益和代理行为的性质即上述两个焦点所涉保险合同的效力的话，那么关于保险责任范围问题则是在保险合同有效情况下原告诉讼请求是否成立即被告对原告诉讼请示是否承担责任问题，无疑这是本案的核心问题。众所周知，出险情况纷繁复杂，但这不是说一旦出险保险人就得对出险后果负责。相反，在通常情况下，当保险事故发生后，保险人只对保险合同责任条款所规定范围内的保险事故所致之损失负责，无损失即无责任。作为水路货物运输之保险，其货物运载工具即特定船舶是为保险合同及保险关系要素的重要内容和保险人承保水路运输货物险的承保条件。原告保险标的 180 吨赤砂糖并未装上保险凭证所载明的 014 号船，而是装上了 014 号船以外的一条“三无”船舶。这就是说，一方面原告并未按照保险凭证所载明的运输工具装运货物，原告为此严重违反了承保条件及保险合同的约定；另一方面，原告保险标的未装上保险凭证所载明的 014 号船，因而其保险凭证项下船舶所载保险标的即丧失了发生保险事故的可能性。可见，原告违反承保条件，其保险凭证所载明的船舶及货物未发生保险事故，其在承保条件及保险事故之外发生的货损不属被告承保的保险责任范围，因而被告对此不负赔偿责任。

根据《中华人民共和国保险法》第 12 条、《中华人民共和国合同法》第 8 条、《中华人民共和国民法通则》第 106 条的规定，北海海事法院于 2000 年 9 月 25 日判决：驳回原告蔡××的诉讼请求。案件受理费 9 340 元，由原告蔡××负担。

【引申思考】

本案原告败诉实在可惜，在保险合同有效的前提下，由于原告随意装船，未将货物装到保险合同中制定的船上，从而导致保险公司不承担赔偿责任。如果你是原告，以后在货物运输保险中应注意什么？

R 课外阅读指导

请阅读以下法条，这些法条可登陆中国法律资源网查阅。

(1)《中华人民共和国保险法》，1995 年 6 月 30 日第八届全国人民代表大会常务委员会第十四次会议通过，根据 2002 年 10 月 28 日第九届全国人民代表大会常务委员会第三十次会议《关于修改〈中华人民共和国保险法〉的决定》修正。

(2)《中国人民保险公司海洋运输货物保险条款》，1981 年 1 月 1 日修订。

(3)《伦敦保险业协会货物保险条款》，1982 年 1 月 1 日修订，1983 年 4 月 1 日起施行。

第六章　对外贸易法

本章学习目标与学习要求

本章主要介绍在物流活动中对外贸易经营者、对外货物贸易、对外技术贸易、对外服务贸易的法律规定，该部分内容在国际物流业务中经常会用到。

知识目标：了解对外贸易的经营者、对外贸易的种类，掌握对外贸易的救济方法。

能力目标：能够判断对外贸易行为是否合法，当企业的合法权益受到损害时能够申请采取合适的贸易救济措施。

素质目标：培养主动维权意识。

学习要求：本章的重点在于对外贸易秩序和对外贸易救济，要求学生重点学习；难点在于对外贸易救济的方式，希望学生能够找相关材料研读。

第一节　对外贸易法概述

一、对外贸易和对外贸易法

对外贸易是指货物进出口、技术进出口和国际服务贸易。《中华人民共和国对外贸易法》(下简称《对外贸易法》)于 1994 年 5 月 12 日第八届全国人民代表大会常务委员会第七次会议通过，2004 年 4 月 6 日第十届全国人民代表大会常务委员会第八次会议修订。该法主要适用于对外贸易以及与对外贸易有关的知识产权保护。

二、对外贸易的管理机关和基本原则

(一)对外贸易管理机关

国务院对外贸易主管部门主管全国对外贸易工作。我国对外贸易管理的机构是国务院对外贸易主管部门。新中国成立后，我国中央人民政府贸易部成立了“对外贸易司”，对我国的对外贸易活动进行管理。1952 年，随着国民经济的基本恢复，为迎

接全国规模的社会主义建设的到来，中央人民政府决定成立“对外贸易部”（简称外贸部）。1979 年国务院设立了“外国投资管理委员会”和“进出口管理委员会”，负责统一组织、协调和管理对外经济贸易工作。由于机构重叠、工作重复交叉，1982 年 3 月，上述机构与对外贸易部、对外经济联络部合并，成立“对外经济贸易部”（简称经贸部），统一领导和管理对外贸易和对外经济合作事宜。1993 年，第八届全国人大第一次会议通过了国务院机构改革，将“对外经济贸易部”改名为“对外贸易经济合作部”（简称外经贸部），作为中央一级的对外贸易管理行政机关。2003 年 3 月 10 日，第十届全国人大一次会议通过了国务院机构改革方案，设立商务部，原来主管对外贸易的外经贸部和主管国内贸易的国家经贸委不再保留，由商务部统一主管国内外贸易和国际经济合作。这一举措是我国为适应内外贸业务相融合的发展趋势和加入世界贸易组织的新形势而作出的重大调整。我国设立特派员办事处作为商务部的派出机构。另外，各省、自治区、直辖市、计划单列市对外贸易经济合作委员会（厅、局）是商务部授权负责管理本地区外经贸事务的地方外经贸行政管理机关，受商务部和同级人民政府的双重领导。

（二）基本原则

1. 我国实行统一的对外贸易制度

实行统一的对外贸易制度，是指我国的对外贸易制度要由中央政府统一制定、在全国范围内统一实施的制度。包括方针、政策的统一；分类、法规的统一；各项外贸管理制度的统一。一方面，它体现了维护国家整体利益的需要。另一方面，实行统一的对外贸易制度，也是履行国际义务。

2. 坚持平等互利、互惠对等的原则

根据平等互利的原则，促进和发展同其他国家和地区的贸易关系，缔结或者参加关税同盟协定、自由贸易区协定等区域经济贸易协定，参加区域经济组织。任何国家或者地区在贸易方面对中华人民共和国采取歧视性的禁止、限制或者其他类似措施的，中华人民共和国可以根据实际情况对该国家或者该地区采取相应的措施。

中华人民共和国在对外贸易方面根据所缔结或者参加的国际条约、协定，给予其他缔约方、参加方最惠国待遇、国民待遇等待遇，或者根据互惠、对等原则给予对方最惠国待遇、国民待遇等待遇。

3. 维护公平、自由的对外贸易秩序

保证公平竞争，建立和维护公平、自由的贸易秩序，这是社会主义市场经济的必然要求。为适应这一要求，《对外贸易法》第 4 条明确规定，国家依法维护公平、自由的对外贸易秩序。国家鼓励发展外贸，发挥地方的积极性，保障对外贸易经营者的经营自主权；同时，对外贸易经营者必须依法经营，公平竞争，不得从事《对外贸易法》和其他有关法律、法规明令禁止的各种不正当竞争行为和其他违法行为。

4.准许货物与技术的自由进出口

《对外贸易法》第15条规定:"国家准许货物与技术的自由进出口。但是,法律、行政法规另有规定的除外。"这表明对于货物与技术贸易,以自由进出口为原则,但在法律规定的特殊情况下,对某些货物与技术的进出口施加限制。这一规定符合我国改革开放的精神,与国际经济通行规则也是一致的。

三、对外贸易经营者

(一)对外贸易经营者的概念

对外贸易经营者,是指依法办理工商登记或者其他执业手续,依法从事对外贸易经营活动的法人、其他组织或者个人。

【小知识6-1】 个人如何取得对外贸易经营权?

根据商务部2004年制定的《对外贸易经营者备案登记办法》从事外贸经营活动的企业或个人要先办理备案登记,登记时需提交《对外贸易经营者备案表》、营业执照复印件、组织机构代码证书复印件;依法办理工商登记的个体工商户(或独资经营者),还须提交合法公证机构出具的财产公证证明。备案登记成功后,外贸经营者还需要到海关、进出口检验检疫局、银行、税务等部门履行相应的程序,这是一个必须经过的流程。需要注意的是,在外贸经营者中,"个人"与"自然人"的概念不要混淆,根据相关法律规定,个人从事任何经营活动,必须经过工商登记。也就是说,个人要在工商部门注册个人独资企业或个体经营户后,再申请外贸经营者备案登记。

(二)对外贸易经营者的条件

从事货物进出口或者技术进出口的对外贸易经营者,应当向国务院对外贸易主管部门或者其委托的机构办理备案登记;但是,法律、行政法规和国务院对外贸易主管部门规定不需要备案登记的除外。备案登记的具体办法由国务院对外贸易主管部门规定。对外贸易经营者未按照规定办理备案登记的,海关不予办理进出口货物的报关验放手续。

【小知识6-2】 如何进行备案登记?

根据加入世贸组织的承诺,我国于2004年全面放开外贸经营权。明确将外贸经营权的获得方式,由许可改为登记制,并删除了关于经营资格条件的要求。这种登记不对外贸经营者取得经营权的获得构成任何障碍,只为政府的监管提供一定的信息基础。按照《对外贸易经营者备案登记办法》,企业只需填一张简单的登记表格,另外提供工商营业执照,如果是外商投资企业还需提供批准证书等文件,到备案登记机关,即可在5个工作日内办妥登记手续。这种登记是一种自动的、以收集信息为目的而进行的手续,不再是行政审批。

从事对外工程承包或者对外劳务合作的单位,应当具备相应的资质或者资格。具体办法由国务院规定。

国家可以对部分货物的进出口实行国营贸易管理。实行国营贸易管理货物的进出口业务只能由经授权的企业经营;但是,(国家允许部分数量的国营贸易管理货物的进出口业务由非授权企业经营的除外)。实行国营贸易管理的货物和经授权经营企业的目录,由国务院对外贸易主管部门会同国务院其他有关部门确定、调整并公布。擅自进出口实行国营贸易管理的货物的,海关不予放行。

(三)对外贸易经营者的权利和义务

(1)对外贸易经营者可以接受他人的委托,在经营范围内代为办理对外贸易业务。

(2)对外贸易经营者应当按照国务院对外贸易主管部门或者国务院其他有关部门依法作出的规定,向有关部门提交与其对外贸易经营活动有关的文件及资料。有关部门应当为提供者保守商业秘密。

第二节 对外货物和技术贸易

《对外贸易法》第 14 条规定:“国家准许货物与技术的自由进出口。但是,法律、行政法规另有规定的除外。”因此我国对准许一部分货物、技术自由进出口的同时,也对一部分货物、技术的进出口进行了限制和禁止。

一、自由进出口货物、技术的管理

(一)对自由进出口货物的管理

国务院对外贸易主管部门基于监测进出口情况的需要,可以对部分自由进出口的货物实行进出口自动许可并公布其目录。

实行自动许可的进出口货物,收货人、发货人在办理海关报关手续前提出自动许可申请的,国务院对外贸易主管部门或者其委托的机构应当予以许可;未办理自动许可手续的,海关不予放行。

(二)对自由进出口技术的管理

进出口属于自由进出口的技术,应当向国务院对外贸易主管部门或者其委托的机构办理合同备案登记。

二、对货物、技术进出口的限制与禁止

(一)对货物、技术进出口的限制与禁止情形

根据《对外贸易法》第 16 条规定,国家基于下列原因,可以限制或者禁止有关货物、技术的进口或者出口:

(1)为维护国家安全、社会公共利益或者公共道德,需要限制或者禁止进口或者出口的。

(2)为保护人的健康或者安全,保护动物、植物的生命或者健康,保护环境,需要限制或者禁止进口或者出口的。

(3)为实施与黄金或者白银进出口有关的措施,需要限制或者禁止进口或者出口的。

(4)国内供应短缺或者为有效保护可能用竭的自然资源,需要限制或者禁止出口的。

(5)输往国家或者地区的市场容量有限,需要限制出口的。

(6)出口经营秩序出现严重混乱,需要限制出口的。

(7)为建立或者加快建立国内特定产业,需要限制进口的。

(8)对任何形式的农业、牧业、渔业产品有必要限制进口的。

(9)为保障国家国际金融地位和国际收支平衡,需要限制进口的。

(10)依照法律、行政法规的规定,其他需要限制或者禁止进口或者出口的。

(11)根据我国缔结或者参加的国际条约、协定的规定,其他需要限制或者禁止进口或者出口的。

其中对以下情形下的货物技术的进出口,国家可以采取任何必要的措施:

(1)国家对与裂变、聚变物质或者衍生此类物质的物质有关的货物、技术进出口,以及与武器、弹药或者其他军用物资有关的进出口,可以采取任何必要的措施,维护国家安全。

(2)在战时或者为维护国际和平与安全,国家在货物、技术进出口方面可以采取任何必要的措施。

(二)对限制进出口的货物、技术的管理

国家对限制进出口的货物、技术实行管理的方式主要有:配额管理、关税配额管理、许可证管理。实行配额、许可证管理的货物、技术,应当按照国务院规定经国务院对外贸易主管部门或者经其会同国务院其他有关部门许可,方可进口或者出口。

1.配额管理

配额管理是指一国政府在一定时期内对某些敏感商品的进口或出口进行数量或金额上的控制,配额管理主要有被动配额管理和主动配额管理两种。

(1)被动配额管理。被动配额是进口国家通过贸易协议谈判对中国实行出口数量的限量。为了履行对外签订的协议,管好用好配额,提高配额使用的效益,国家对被动配额实行严格的管理。

(2)主动配额管理。国家为了维护某些出口商品市场的稳定,主动采取配额管理,限制出口数量。实行主动配额管理的商品,主要是香港和澳门出口的大宗的、传统的和国际市场竞争激烈的商品。

2.关税配额管理

关税配额是指把征收关税和进口配额相结合的一种限制进口的措施。对商品的绝对数额不加限制，而在一定时间内、在规定的关税配额以内的进口商品给予低税、减税或免税的待遇，对超过配额的进口商品则征收较高的关税、附加税或罚款。

3. 许可证管理

凡是实行许可证管理的进出口货物或技术，必须向发证机关申请进出口许可证。商务部授权配额许可证事务局(以下简称许可证局)统一管理、指导全国各发证机构的进口许可证签发工作，许可证局对商务部负责，许可证局及商务部驻各地特派员办事处(以下简称各特办)和各省、自治区、直辖市、计划单列市以及商务部授权的其他省会城市商务厅(局)、外经贸委(厅、局)(以下简称各地方发证机构)为进口许可证发证机构，在许可证局统一管理下，负责授权范围内的发证工作。许可证的有效期为1年。

国家对限制进口或者出口的货物，实行配额、许可证等方式管理；对限制进口或者出口的技术，实行许可证管理。国家对部分进口货物可以实行关税配额管理。

【小知识 6-3】 我国加入 WTO 在关税配额方面的承诺

中国加入 WTO 以后，在对外贸易方面作出了很多承诺，其中在关税配额方面的承诺是：

(1)实行关税配额管理的产品。自加入时起，中国将对包括小麦、玉米、大米、棉花、食糖、豆油、棕榈油、菜子油、羊毛等农产品和化肥、毛条等工业品实施关税配额管理。以 1995 年至 1997 年作为基期计算关税配额量。关税配额量、配额内外税率、非国营贸易比例和实施期等将依照中国货物贸易减让表中所列的规定实施。

(2)加入时关税配额的减让。自加入时起，即取消一些农产品的关税配额，实行单一关税，有关的产品包括大麦、大豆、油菜籽、花生油、葵花油、玉米油和棉籽油，以关税配额取代对食糖、棉花和 3 种化肥(磷酸氢二铵、三元复合肥和尿素)实行的配额。

(三)对进口货物知识产权的保护

1. 知识产权的概念

知识产权是指智力成果的创造人对所创造的智力成果、工商活动的行为人对所拥有的标记依法所享有的权利的总称。根据我国《民法通则》的规定，知识产权包括著作权、专利权、商标权、发明权和其他科技成果权。

根据 1967 年签订的《建立世界知识产权组织公约》的有关规定，知识产权的范围则包括：关于文学、艺术和科学作品的权利(即著作权)；关于表演艺术家的演出、录音制品和广播节目的权利(即邻接权)；关于人类在一切领域内的发明的权利(即发明专利权及科技奖励意义上的发明权)；关于科学发现的权利(即发现权)；关于工业品外观设计的权利(即外观设计专利权或外观设计权)；关于商标、服务标志、厂商名称和标志的权利(即商标权、商号权)；关于制止不正当竞争的权利(即反不正当竞争权)以及在一切工业、科学、文学或艺术领域由于智力活动产生的其他权利。

作为WTO规则的重要组成部分的《与贸易有关的知识产权协议》(简称TRIPS)对知识产权范围也做了明确的规定,其界定为:著作权及其相关权利(即邻接权);商标权;地理标志权;工业产品外观设计权;专利权;集成电路布图设计权;未公开信息的保护权(即商业秘密权)。

2. 我国对进口货物知识产权的保护

我国禁止侵犯知识产权的货物进出口。进口货物侵犯知识产权,并危害对外贸易秩序的,国务院对外贸易主管部门可以采取在一定期限内禁止侵权人生产、销售的有关货物进口等措施。知识产权权利人发现侵权嫌疑货物即将进出口的,可以向货物进出境地海关提出扣留侵权嫌疑货物的申请。

知识产权权利人请求海关扣留侵权嫌疑货物的,应当提交申请书及相关证明文件,并提供足以证明侵权事实明显存在的证据。申请书应当包括下列主要内容:①知识产权权利人的名称或者姓名、注册地或者国籍等;②知识产权的名称、内容及其相关信息;③侵权嫌疑货物收货人和发货人的名称;④侵权嫌疑货物名称、规格等;⑤侵权嫌疑货物可能进出境的口岸、时间、运输工具等。侵权嫌疑货物涉嫌侵犯备案知识产权的,申请书还应当包括海关备案号。

3. 其他国家对我国知识产权的保护

根据WTO规则,其他国家也应对我国货物、技术、服务的知识产权给予保护。其他国家或者地区在知识产权保护方面未给予中华人民共和国的法人、其他组织或者个人国民待遇,或者不能对来源于中华人民共和国的货物、技术或者服务提供充分有效的知识产权保护的,国务院对外贸易主管部门可以依照本法和其他有关法律、行政法规的规定,并根据中华人民共和国缔结或者参加的国际条约、协定,对与该国家或者该地区的贸易采取必要的措施。

【案例6-1】

2006年5月27日,深圳市隆发进出口有限公司向蛇口海关申报出口无牌牙膏14 160kg,目的地为香港。该关通过前段时期的风险数据资料与业界动态分析,果断下达了查验指令。经查,发现出口货物中有标有“CLOSE UP”商标的牙膏206 784支,后经权利人确认,涉案货物为侵权产品,并提出了知识产权保护申请。经调查审理,深圳海关于2006年6月26日作出没收侵权货物、罚款20 000元的行政处罚。

第三节　对外服务贸易

《对外贸易法》在对外服务贸易方面采取逐步发展的原则,按照这一原则,我国在对外服务贸易方面根据所缔结或者参加的国际条约、协定中所作的承诺,给予其他缔约方、参加方市场准入和国民待遇。

一、对外服务贸易的限制或禁止情形

对外服务贸易国家基于下列原因,可以限制或者禁止有关的国际服务贸易:

(1)为维护国家安全、社会公共利益或者公共道德,需要限制或者禁止的。

(2)为保护人的健康或者安全,保护动物、植物的生命或者健康,保护环境,需要限制或者禁止的。

(3)为建立或者加快建立国内特定服务产业,需要限制的。

(4)为保障国家外汇收支平衡,需要限制的。

(5)依照法律、行政法规的规定,其他需要限制或者禁止的。

(6)根据我国缔结或者参加的国际条约、协定的规定,其他需要限制或者禁止的。

其中对以下情形下的服务贸易的进出口,国家可以采取任何必要的措施:

(1)国家对与军事有关的国际服务贸易,以及与裂变、聚变物质或者衍生此类物质的物质有关的国际服务贸易,可以采取任何必要的措施,维护国家安全。

(2)在战时或者为维护国际和平与安全,国家在国际服务贸易方面可以采取任何必要的措施。

二、对外服务贸易的管理

国务院对外贸易主管部门会同国务院其他有关部门,依照对外贸易法的规定,制定、调整并公布国际服务贸易市场准入目录。

在对外服务贸易方面,我国必须按照 WTO 关于《服务贸易总协定》的规定,在商务服务,通讯服务,建筑和相关工程服务,分销服务,教育服务,环境服务,金融服务,健康服务,旅游服务,娱乐、文化和体育服务、运输服务,其他服务等方面作出承诺。

【小知识 6-4】 目前我国服务领域的开放范围

根据中国加入世界贸易组织的承诺,从 2004 年 12 月 11 日起,中国正式对外开放基础电信等服务贸易领域的相关业务。从该日开始,中国将有限度地对外开放基础电信业务。外资可以在上海、广州和北京设持股 30%的合资企业,并在这些城市内及其之间提供服务。深圳、杭州等 14 个城市明年年内开放上述业务。从该日起,对外商在华从事商业零售、分销业务不再有地域限制。对钢材等五类物资的指定经营从 11 日起废止。在保险、证券、银行及金融、旅游、运输、仓储等服务贸易领域,对外商的相关地域限制和业务范围限制也从即日起取消。

第四节 对外贸易秩序与救济

一、对外贸易秩序

(一)对外贸易活动准则

对外贸易经营者在对外贸易经营活动中,应当依法经营,公平竞争,遵守国家有关外汇管理的规定,不得有下列行为:

(1)垄断行为。在对外贸易经营活动中,不得违反有关反垄断的法律、行政法规的规定实施垄断行为。在对外贸易经营活动中实施垄断行为,危害市场公平竞争的,依照有关反垄断的法律、行政法规的规定处理。如果该垄断行为危害对外贸易秩序的,国务院对外贸易主管部门可以采取必要的措施消除危害。

(2)不正当竞争行为。在对外贸易经营活动中,不得实施以不正当的低价销售商品、串通投标、发布虚假广告、进行商业贿赂等不正当竞争行为。在对外贸易经营活动中实施不正当竞争行为的,依照有关反不正当竞争的法律、行政法规的规定处理。如果该不正当竞争行为同时危害对外贸易秩序的,国务院对外贸易主管部门可以采取禁止该经营者有关货物、技术进出口等措施消除危害。

(3)伪造、变造进出口货物原产地标记,伪造、变造或者买卖进出口货物原产地证书、进出口许可证、进出口配额证明或者其他进出口证明文件。

(4)骗取出口退税。

(5)走私。

(6)逃避法律、行政法规规定的认证、检验、检疫。

(7)违反法律、行政法规规定的其他行为。

(二)对外贸易调查

危害对外贸易秩序的,国务院对外贸易主管部门可以向社会公告。同时为了维护对外贸易秩序,国务院对外贸易主管部门可以自行或者会同国务院其他有关部门,依照法律、行政法规的规定对相关事项进行调查。

1.对外贸易调查事项

(1)货物进出口、技术进出口、国际服务贸易对国内产业及其竞争力的影响。

(2)有关国家或者地区的贸易壁垒。

(3)为确定是否应当依法采取反倾销、反补贴或者保障措施等对外贸易救济措施,需要调查的事项。

(4)规避对外贸易救济措施的行为。

(5)对外贸易中有关国家安全利益的事项。

(6)为执行对外贸易法的有关规定,需要调查的事项。

(7)其他影响对外贸易秩序,需要调查的事项。

2.对外贸易一般调查程序

(1)启动对外贸易调查,由国务院对外贸易主管部门发布公告。调查可以采取书面问卷、召开听证会、实地调查、委托调查等方式进行。

(2)国务院对外贸易主管部门根据调查结果,提出调查报告或者作出处理裁定,并发布公告。

有关单位和个人应当对对外贸易调查给予配合、协助。国务院对外贸易主管部门和国务院其他有关部门及其工作人员进行对外贸易调查,对知悉的国家秘密和商业秘密负有保密义务。

3.反倾销、反补贴和保障措施的具体调查程序

(1)受害企业向商务部提出申请。

(2)商务部进行立案调查。商务部应当自收到申请人提交的申请书及有关证据之日起60天内,对申请是否由国内产业或者代表国内产业提出、申请书内容及所附具的证据等进行审查,并决定立案调查或者不立案调查。在特殊情形下,可以适当延长审查期限。在决定立案调查前,应当就有关补贴事项向产品可能被调查的国家(地区)政府发出进行磋商的邀请。

(3)反倾销、反补贴、保障措施裁定。商务部应分别对倾销和损害作出初步裁定和最终裁定。初步裁定是反倾销调查的初步结论,如果初步裁定存在倾销和损害,可以采取临时措施或实施价格承诺;如果初步裁定不存在倾销和损害,则应终止反倾销调查。最终裁定是商务部在肯定性初步裁定的基础上,继续对申请人提出的反倾销指控作进一步调查后作出的最后结论。

(4)行政复审。一般情况下,采取反倾销、反补贴措施的期限是5年,采取保障措施的期限是4年,在此期间,与该案有利害关系的当事人可以提出行政复审的要求。商务部在审查当事人提供的资料后决定是否进行复审。此外,商务部认为有必要时,也可主动发起复审。如果经复审,证明继续救济措施已没有必要,则应终止该措施。如果在期限届满时,复审正在进行,还未结束,则应继续征税。通常情况下,复审应自开始之日起的12个月内结束。

(5)公告。商务部在作出最初或最终的裁决时,以及有关接受承诺的决定和最终反倾销税终止的决定,行政复议结束的决定和适用追溯征税的决定等,都应予以公告。这些公告都应送交所有有利害关系的当事人。

【案例6-2】

对原产于欧盟的进口马铃薯淀粉反倾销终裁公告[1]

【发布单位】商务部

[1] 该公告选自商务部公平贸易局子网部 http://gpj.mofcom.gov.cn

【发布文号】公告2007年第8号

【发布日期】2007-02-05

根据《中华人民共和国反倾销条例》的规定，中华人民共和国商务部于2006年2月6日发布立案公告，决定对原产于欧盟的进口马铃薯淀粉（以下简称被调查产品）进行反倾销调查。

商务部对被调查产品是否存在倾销和倾销幅度、被调查产品是否对国内产业造成损害及损害程度以及倾销与损害之间的因果关系进行了调查。根据调查结果和《中华人民共和国反倾销条例》第24条的规定，商务部于2006年8月18日发布初裁公告，认定原产于欧盟的进口马铃薯淀粉存在倾销，中国马铃薯淀粉产业遭受了实质损害，而且倾销与实质损害之间存在因果关系。

初步裁定后，商务部对倾销和倾销幅度、损害和损害程度进行了进一步的调查。现本案调查结束，根据本案调查结果，并依据《中华人民共和国反倾销条例》第25条的规定，商务部作出最终裁定（见附件）。现将有关事项公告如下：

一、最终裁定

经过调查，商务部最终裁定，原产于欧盟的进口马铃薯淀粉存在倾销，中国马铃薯淀粉产业遭受了实质损害，而且倾销与实质损害之间存在因果关系。

二、征收反倾销税

根据《中华人民共和国反倾销条例》的有关规定，国务院关税税则委员会决定，自2007年2月6日起，对原产于欧盟的进口马铃薯淀粉征收反倾销税。

征收反倾销税的产品为马铃薯淀粉，也称马铃薯原淀粉、马铃薯精制淀粉、马铃薯生粉、土豆淀粉或洋芋淀粉等；英文名称为Potato Starch；归在《中华人民共和国进出口税则》：11 081 300。

马铃薯淀粉是以马铃薯为原料加工而成的由多葡萄糖分子组成的一种白色粉状物，其理化指标为：白度（457nm蓝光反射率）≥90%，水分≤20%，黏度（4%浓度，700cmg）≥1 100BU，蛋白质（干物质中含量）≤0.15%。主要用于食品、医药、石油化工、造纸、纺织、饲料、发酵、铸造、建材等各工业领域。

对各公司征收的反倾销税税率如下：

1. 荷兰艾维贝公司（AVEBE U. A.），18%

2. 德国艾维贝马铃薯淀粉工厂（Avebe Kartoffelstarkefabrik Prignitz/Wendland GmbH），18%

3. 法国罗盖特公司（ROQUETTE FRERES），17%

4. 其他欧盟公司（All Others），35%

三、征收反倾销税的方法

自2007年2月6日起，进口经营者在进口原产于欧盟的马铃薯淀粉时，应向中华人民共和国海关缴纳相应的反倾销税。反倾销税以海关审定的完税价格作为计税价格从价计征,计算公式为:反倾销税额＝海关审定的完税价格×反倾销税税率。进口环节增值税以海关审定的完税价格加上关税和反倾销税作为计税价格从价计征。

四、反倾销税的追溯征收

对自2006年8月18日起至本决定公告之日止,有关进口经营者依初裁决定向中华人民共和国海关所提供的保证金,按终裁所确定的征收反倾销税的商品范围和反倾销税税率计征并转为反倾销税,并按相应的增值税税率计征进口环节增值税。对在此期间有关进口经营者所提供的保证金超出反倾销税和与之相应的进口环节增值税的部分,海关予以退还,不足部分则不再补征。

对实施临时反倾销措施决定公告之日前,原产于欧盟的进口马铃薯淀粉不再追溯征收反倾销税。

五、征收反倾销税的期限

对原产于欧盟的进口马铃薯淀粉征收反倾销税,实施期限为自2007年2月6日起5年。

六、新出口商复审

对于上述国家在调查期内未向中华人民共和国出口被调查产品的新出口经营者,符合条件的,可依据《中华人民共和国反倾销条例》第47条的规定,向商务部书面申请新出口商复审。

七、期中复审

在征收反倾销税期间,有关利害关系方可以根据《中华人民共和国反倾销条例》第49条的规定,向商务部书面申请期中复审。

八、行政复议和行政诉讼

对本案终裁决定及征收反倾销税的决定不服的,根据《中华人民共和国反倾销条例》第53条的规定,可以依法申请行政复议,也可以依法向人民法院提起诉讼。

特此公告

附件:中华人民共和国商务部关于原产于欧盟的进口马铃薯淀粉反倾销调查的最终裁定

中华人民共和国商务部

二〇〇七年二月五日

二、对外贸易救济

为维护公平贸易和正常的竞争秩序,我国对外贸易法根据WTO的要求,在进口产品倾销、补贴和过激增长等给其国内产业造成损害的情况下,可以使用反倾销、反补贴和保障措施等贸易救济措施,保护国内产业不受损害。反倾销和反补贴措施针对的是价格歧视的不公平贸易行为，保障措施针对的是进口产品激增的情况。在采取贸易救济措施之前，国家对外贸易主管部门必须进行对外贸易调查，然后根据对外贸易调查结果决定采取何种贸易救济措施。

(一)反倾销措施

其他国家或者地区的产品以低于正常价值的倾销方式进入我国市场，对已建立的国内产业造成实质损害或者产生实质损害威胁，或者对建立国内产业造成实质阻碍的，国家可以采取反倾销措施，消除或者减轻这种损害或者损害的威胁或者阻碍。

1.反倾销调查的提出

(1)申请人的资格。要发起反倾销调查可以有两种方式：一是由国内受到倾销影响的产业提起申请；二是由反倾销调查当局自主决定进行反倾销调查。

根据《中华人民共和国反倾销条例》(下简称《反倾销条例》)第13条的规定，国内产业或者代表国内产业的自然人、法人或者有关组织(以下统称申请人)，可以向商务部提出反倾销调查的书面申请。在表示支持申请或者反对申请的国内产业中，支持者的产量占支持者和反对者的总产量的50%以上的，应当认定申请是由国内产业或者代表国内产业提出，可以启动反倾销调查；但是，表示支持申请的国内生产者的产量不足国内同类产品总产量的25%的，不得启动反倾销调查。

在特殊情形下，商务部没有收到反倾销调查的书面申请，但有充分证据认为存在倾销和损害以及二者之间有因果关系的，可以决定立案调查。

(2)申请书的内容。申请书应当包括下列内容：①申请人的名称、地址及有关情况；②对申请调查的进口产品的完整说明，包括产品名称、所涉及的出口国(地区)或者原产国(地区)、已知的出口经营者或者生产者、产品在出口国(地区)或者原产国(地区)国内市场消费时的价格信息、出口价格信息等；③对国内同类产品生产的数量和价值的说明；④申请调查进口产品的数量和价格对国内产业的影响；⑤申请人认为需要说明的其他内容。

申请书应当附具下列证据：①申请调查的进口产品存在倾销；②对国内产业的损害；③倾销与损害之间存在因果关系。

商务部应当自收到申请人提交的申请书及有关证据之日起60天内，对申请是否由国内产业或者代表国内产业提出、申请书内容及所附具的证据等进行审查，并决定立案调查或者不立案调查。

2.反倾销措施

反倾销措施包括临时措施、价格承诺和征收反倾销税。

(1)临时措施。根据我国《反倾销条例》第28条的规定，初裁决定确定倾销成立，并由此对国内产业造成损害的，可以采取下列临时反倾销措施：①征收临时反倾销税；②要求提供保证金、保函或者其他形式的担保。临时反倾销税税额或者提供的保证金、保函或者其他形式担保的金额，应当不超过初裁决定确定的倾销幅度。

征收临时反倾销税，由商务部提出建议，国务院关税税则委员会根据商务部的建议作出决定，由商务部予以公告。要求提供保证金、保函或者其他形式的担保，由商务部作出决定并予以公告。海关自公告规定实施之日起执行。

临时反倾销措施实施的期限，自临时反倾销措施决定公告规定实施之日起，不超过 4 个月；在特殊情形下，可以延长至 9 个月。

(2)价格承诺。根据 WTO《反倾销协议》第 8 条的规定，价格承诺是指进口国调查当局与出口商或出口国政府就提高倾销产品价格或停止以倾销价格向进口国出口以便消除损害影响而达成的一种协议。其中，以提高倾销产品价格形式作出的价格承诺，其价格提高不得超过经初步裁定已确认的倾销幅度。

我国《反倾销条例》第 31 条规定，倾销进口产品的出口经营者在反倾销调查期间，可以向商务部作出改变价格或者停止以倾销价格出口的价格承诺。商务部可以向出口经营者提出价格承诺的建议。商务部不得强迫出口经营者作出价格承诺。

出口经营者违反其价格承诺的，商务部依照《反倾销条例》的规定，可以立即决定恢复反倾销调查；根据可获得的最佳信息，可以决定采取临时反倾销措施，并可以对实施临时反倾销措施前 90 天内进口的产品追溯征收反倾销税，但违反价格承诺前进口的产品除外。

3. 反倾销税

反倾销税是最主要的一种反倾销措施，它是在反倾销调查当局在最终裁定中作出肯定性的倾销和损害存在的结论时所征收的税项。

反倾销税应自征税之日起 5 年内结束，但如果在 5 年期限到来之前的一段合理时间内提出了复审要求，则在作出复审结果之前，反倾销税应继续征收。如果复审结果表明损害已不存在或不存在重新发生损害的可能，则反倾销税的征收应当停止；如果复审结果表明损害依然存在，或者停止征收反倾销税将导致倾销和损害继续发生或重新发生，则原有的反倾销税可以继续维持下去。

根据《反倾销条例》第 37 条规定，终裁决定确定倾销成立，并由此对国内产业造成损害的，可以征收反倾销税。征收反倾销税应当符合公共利益。

征收反倾销税，由商务部提出建议，国务院关税税则委员会根据商务部的建议作出决定，由商务部予以公告。海关自公告规定实施之日起执行。

反倾销税的纳税人为倾销进口产品的进口经营者，反倾销税适用于终裁决定公告日之后进口的产品。

【小知识 6-5】 2006 年反倾销情况一览

近年来，随着我国市场开放程度进一步扩大，国内产业也遭到了一部分倾销进口产品造成的产业损害。商务部合理地运用反倾销等符合国际通行规则的贸易救济措施，积极维护国内产业安全。2006 年，根据国内受损企业的申请，商务部适时对 5 种进口产品进行反倾销立案调查。2 月 6 日，商务部对原产于欧盟的进口马铃薯淀粉进行反倾销立案调查。8 月 18 日，商务部根据倾销幅度初步裁定，对原产于欧盟的进口马铃薯淀粉采取临时反倾销措施。

4 月 18 日，商务部对原产于日本的进口电解电容器纸进行反倾销立案调查，这是每平方米重量在 150g 以下的一种特种纸，一般用于电解电容器中吸附电解液的基础材料，并与电解液一起构成电解电容器的阴极。10 月 20 日，商务部初步裁定，对原产于日本的这种产品采取临时反倾销措施。

6 月 16 日，商务部对原产于印度的进口磺胺进行反倾销立案调查。8 月 30 日，商务部对原产于日本、韩国、新加坡和中国台湾地区的进口双酚 A 进行立案调查。11 月 22 日，商务部对原产于日本、中国台湾地区和新加坡进口甲乙酮进行反倾销立案调查。这 3 起案件正在调查中。

也是在 2006 年，商务部对 2006 年以前立案的 8 种进口倾销产品做出终裁决定，裁定这些产品存在倾销行为，并征收反倾销税。包括：对原产于日本、美国、英国和德国的有机硅；日本和中国台湾地区的壬基酚；日本、欧盟和美国的呋喃酚、日本、韩国的核苷酸类食品添加剂；美国、日本的邻苯二酚；俄罗斯、韩国、日本和美国的环氧氯丙烷；日本、中国台湾地区的 PBT 树脂；日本、新加坡、韩国、中国台湾地区和美国的氨纶以及美国和欧盟的耐磨纸。

在反倾销调查工作中，我们始终坚持遵循世贸组织有关规则和中国的法律法规。2006 年，商务部也根据事实，依法终止了对进口的三元乙丙橡胶和未漂白牛皮箱纸板两种进口产品的反倾销调查。

从 1997 年我国开始对进口新闻纸采取第一起反倾销措施，到 2006 年底，我国共对来自 24 个国家（地区）的 44 种进口产品发起 47 起反倾销调查。对 32 起反倾销案作出了肯定性裁决，加征反倾销税；无损害裁决 2 起，终止调查 4 起。这些产品涉及我国化工、轻工、钢铁、纺织、电子、医药六大行业，国内 26 省、自治区和直辖市有涉案企业。

（二）反补贴措施

进口的产品直接或者间接地接受出口国家或者地区给予的任何形式的专向性补贴，对已建立的国内产业造成实质损害或者产生实质损害威胁，或者对建立国内产业造成实质阻碍的，国家可以采取反补贴措施，消除或者减轻这种损害或者损害的威胁或者阻碍。

1. 反补贴申请的提出

（1）申请人。国内产业或者代表国内产业的自然人、法人或者有关组织（以下统称申请人），可以依照《反补贴条例》的规定向商务部提出反补贴调查的书面申请。

（2）申请书的内容。申请书应包括下列内容：①申请人的名称、地址及有关情况；②对申请调查的进口产品的完整说明，包括产品名称、所涉及的出口国（地区）或者原产国（地区）、已知的出口经营者或者生产者等；③对国内同类产品生产的数量和价值的说明;④申请调查进口产品的数量和价格对国内产业的影响;⑤申请人认为需要说明的其他内容。

申请书应当附具下列证据:①申请调查的进口产品存在补贴;②对国内产业的损害;③补贴与损害之间存在因果关系。

商务部应当自收到申请人提交的申请书及有关证据之日起60天内,对申请是否由国内产业或者代表国内产业提出、申请书内容及所附具的证据等进行审查,并决定立案调查或者不立案调查。在特殊情形下,可以适当延长审查期限。

2.反补贴措施

(1)临时措施。初裁决定确定补贴成立,并由此对国内产业造成损害的,可以采取临时反补贴措施。临时反补贴措施采取以保证金或者保函作为担保的征收临时反补贴税的形式。

采取临时反补贴措施,由商务部提出建议,国务院关税税则委员会根据商务部的建议作出决定,由商务部予以公告。海关自公告规定实施之日起执行。临时反补贴措施实施的期限,自临时反补贴措施决定公告规定实施之日起,不超过4个月。自反补贴立案调查决定公告之日起60天内,不得采取临时反补贴措施。

(2)承诺。在反补贴调查期间,出口国(地区)政府提出取消、限制补贴或者其他有关措施的承诺,或者出口经营者提出修改价格的承诺的,商务部应当予以充分考虑。商务部可以向出口经营者或者出口国(地区)政府提出有关价格承诺的建议。商务部不得强迫出口经营者作出承诺。

对违反承诺的,商务部依照《反补贴条例》的规定,可以立即决定恢复反补贴调查;根据可获得的最佳信息,可以决定采取临时反补贴措施,并可以对实施临时反补贴措施前90天内进口的产品追溯征收反补贴税,但违反承诺前进口的产品除外。

(3)反补贴税。在为完成磋商的努力没有取得效果的情况下,终裁决定确定补贴成立,并由此对国内产业造成损害的,可以征收反补贴税。征收反补贴税应当符合公共利益。

征收反补贴税,由商务部提出建议,国务院关税税则委员会根据商务部的建议作出决定,由商务部予以公告。海关自公告规定实施之日起执行。

反补贴税的纳税人为补贴进口产品的进口经营者,适用于终裁决定公告之日后进口的产品。

【小知识6-6】 我国遭受的反补贴案件

2004年,加拿大连续对我国发起了3起反补贴案件调查。2004年4月13日开始,加拿大边境服务署(CBSA)对原产于中国的烧烤架发起了反补贴立案调查,这是我国遭受的第一起反补贴调查案件;2004年11月19日,加拿大边境服务署作出反补贴终裁,决定终止本次反补贴调查,并将退还已征收的临时关税。我国在国外对我国产品发起的首起反补贴调查中取得了胜利。2004 年 4 月 28 日，加拿大边境服务署对原产于中国的碳钢和不锈钢紧固件进行反补贴立案调查，2004 年 12 月 9 日，加拿大边境服务署作出最终裁决，补贴额为 1.25(人民币)元/公斤；2005 年 1 月 7 日，加拿大国际贸易法庭(CITT)对涉案产品作出了存在损害的肯定性裁决。自此，碳钢和不锈钢紧固件案开启了国外对中国出口产品征收反补贴税的历史。

(三)保障措施

因进口产品数量大量增加，对生产同类产品或者与其直接竞争的产品的国内产业造成严重损害或者严重损害威胁的，国家可以采取必要的保障措施，消除或者减轻这种损害或者损害的威胁，并可以对该产业提供必要的支持。

因其他国家或者地区的服务提供者向我国提供的服务增加，对提供同类服务或者与其直接竞争的服务的国内产业造成损害或者产生损害威胁的，国家可以采取必要的救济措施，消除或者减轻这种损害或者损害的威胁。

因第三国限制进口而导致某种产品进入我国市场的数量大量增加，对已建立的国内产业造成损害或者产生损害威胁，或者对建立国内产业造成阻碍的，国家可以采取必要的救济措施，限制该产品进口。

1.保障措施申请的提出

与国内产业有关的自然人、法人或者其他组织(以下统称申请人)，可以向商务部提出采取保障措施的书面申请。商务部应当及时对申请人的申请进行审查，决定立案调查或者不立案调查。

商务部没有收到采取保障措施的书面申请，但有充分证据认为国内产业因进口产品数量增加而受到损害的，可以决定立案调查。

2.保障措施

(1)临时保障措施。有明确证据表明进口产品数量增加，在不采取临时保障措施将对国内产业造成难以补救的损害的紧急情况下，可以作出初裁决定，并采取临时保障措施。临时保障措施采取提高关税的形式。

临时保障措施的实施期限，自临时保障措施决定公告规定实施之日起，不超过 200 天。

(2)保障措施。终裁决定确定进口产品数量增加，并由此对国内产业造成损害的，可以采取保障措施。实施保障措施应当符合公共利益。保障措施可以采取提高关税、数量限制等形式。

保障措施采取提高关税形式的，由商务部提出建议，国务院关税税则委员会根据商务部的建议作出决定，由商务部予以公告；采取数量限制形式的，由商务部作出决定并予以公告。海关自公告规定实施之日起执行。

【案例 6-3】 中国实施保障措施第一案

2002 年 11 月 19 日，我国外经贸部(现为商务部)发布公告，宣布从 2002 年 11 月 20 日起对来自日本、韩国、俄罗斯等国家和地区的热轧普薄板、冷轧普薄板、彩涂板、无取向硅电钢和冷轧不锈钢薄板5类进口钢铁产品实施为期3年的，形式为关税配额的保障性措施。

S 本章小结

本章主要介绍了对外贸易过程中外贸易者应遵守的规则，在对外货物和技术贸易中，有一些货物和技术是限制和禁止进出口的，国家对限制进出口的货物实行配额管理、关税配额管理和进出口许可证管理。对限制的技术进出口实行进出口许可证管理。在对外贸易服务管理方面，国家对哪些行业允许进行对外贸易服务作了一定限制，同时不断制定、调整并公布国际服务贸易市场准入目录。

在进行对外贸易过程中，对外贸易经营者要注意维护自身权益和对抗国外对我国的反倾销、反补贴行为。当发现由于国外产品的大量进口而导致自身行业的危机时，我们可以根据实际情况申请选择反倾销、反补贴和保障措施。但要注意各种措施的实施条件，反倾销措施必须要证明该国进口的产品销售价格低于正常价值；而反补贴措施必须要证明对方国家在该产品上给予补贴；而保障措施的条件最宽泛，只要进口数量激增对产业造成严重损害就可以申请采取保障措施。具体比较如下：

救济措施	实施条件	救济程序启动	救济具体方式
反倾销	①进口产品的销售价格低于正常价值(即有倾销行为) ②对国内产业造成损害 ③倾销与损害之间有因果关系	①国内受到倾销影响的产业提起申请 ②商务部自主决定调查	①临时承诺(征收临时反倾销税) ②价格措施 ③征收反倾销税
反补贴	①进口产品存在补贴 ②对国内产业的损害 ③补贴与损害之间存在因果关系	①与国内产业有关的产业提出申请 ②商务部自主决定调查	①临时措施(征收临时反补贴税) ②要求进口方承诺取消补贴 ③征收反补贴税
保障措施	①进口激增 ②对国内产业造成损害	①与国内产业有关的产业提出申请 ②商务部自主决定调查	①临时保障措施(提高关税) ②保障措施(提高关税、数量限制)

T 课后训练

案例分析

1999年12月10日，外经贸部(现为商务部，下同)发布公告，对原产于日本、美国和德国的进口丙烯酸酯进行反倾销立案调查。本案的申请人是:上海高桥石化丙烯酸厂、北京东方化学工业集团有限责任公司东方化工厂、吉联(吉林)石油化学有限公司。

调查年份为1996、1997和1998年。调查结果表明,这三年里,被控产品对中国的出口量分别为22476.763吨、40643.043吨和60883.218吨。1997年和1998年分别比上年增长80.82%和49.80%,1998年比1996年增长了170.87%。三年里,被控产品占中国的市场份额分别为11.47%、26.30%和33.64%,两年间上升了15.17%。来自日本的被控产品价格1997年比1996年下降了24.01%,1998年比1997年下降了16.95%;德国产品的价格1997年比1996年下降了29.85%,1998年又比1997年下降了2.29%;美国产品的价格1997年比1996年上升了35.30%,1998年比1997年下降了41.31%。日、德、美大量低价倾销丙烯酸酯,导致中国国内相似产品生产量和销售量的增长大大低于需求量的增长,产品市场份额及产品价格大幅度下降,生产企业销售收入呈下降趋势,税前利润更是急剧下降,1997年比1995年下降了268.09%,1998年仍然处于严重亏损状态。

2000年11月23日,外经贸部公布本案初裁结果,并决定自即日起开始实施现金保证金形式的临时反倾销措施。2000年12月8日,外经贸部发布声明,缘于此案应诉公司较多,工作量较大,决定对此案的调查期限延长为18个月,于2002年6月9日之前将公布此案的最终裁定结果。

思考:根据本案,作为申请人,在向商务部提出丙烯酸酯反倾销调查申请时应提供什么证据?

E 本章实训指导

一、实践训练题

要求:请根据下述商务部公告(公告内容有删减)代表日本、中国台湾和新加坡的公司填写应诉登记表,应诉登记表格式可在公告中的网站上查找,也可以在本书后面附的实训指导书中查找。公司名称可以根据题意自创。

商务部公告2006年第92号 甲乙酮立案公告[1]

【发布单位】商务部

【发布文号】公告2006年第92号

【发布日期】2006-11-22

中华人民共和国商务部于2006年10月8日收到中国石油抚顺石油化工公司、

[1] 该公告选自商务部公平贸易局子网站 http://gpj.mofcom.gov.cn

中国石油天然气股份有限公司哈尔滨石化分公司、新疆独山子天利高新技术股份有限公司、江苏泰州石油化工总厂代表国内甲乙酮产业提交的反倾销调查申请，申请人请求对原产于日本、中国台湾地区和新加坡的进口甲乙酮进行反倾销调查。

商务部依据《中华人民共和国反倾销条例》的有关规定，对申请人的资格、申请调查产品和申请书进行了审查，根据审查结果及《中华人民共和国反倾销条例》第 60 条的规定，商务部决定自 2006 年 11 月 22 日起对原产于日本、中国台湾地区和新加坡的进口甲乙酮进行反倾销立案调查。现将有关事项公告如下：

1. 调查期

本次调查确定的倾销调查期为 2005 年 7 月 1 日至 2006 年 6 月 30 日，产业损害调查期为 2002 年 1 月 1 日至 2006 年 6 月 30 日。

2. 被调查产品及调查范围

调查范围：原产于日本、中国台湾地区和新加坡的进口甲乙酮。

被调查产品名称：甲乙酮。

3. 登记应诉

就倾销调查，利害关系方可于本公告发布之日起 20 天内，向商务部进出口公平贸易局申请应诉，应诉的涉案出口商或生产商同时应提供 2005 年 7 月至 2006 年 6 月向中国出口本案被调查产品的数量及金额。《倾销调查应诉登记参考格式》可在中华人民共和国商务部网站公平贸易局子网站（网址为http://gpj.mofcom.gov.cn）“公告”栏目下载。

就产业损害调查，利害关系方可自本公告发布之日起 20 天内向商务部产业损害调查局登记应诉，同时应提供产业损害调查期内的生产能力、产量、库存、在建和扩建的计划以及向中国出口该产品的数量和金额等说明材料。《参加甲乙酮反倾销案产业损害调查活动申请表》可在“中国贸易救济信息网”（网址为：http://www.cacs.gov.cn）“应诉登记”栏目下载。

4. 不登记应诉

如利害关系方未在本公告规定的时间内向商务部登记应诉，则商务部有权拒绝接受其递交的有关材料，并有权根据所掌握的现有材料作出裁定。

5. 利害关系方的权利

利害关系方对本次调查的申请人资格、被调查产品、调查范围及其他相关问题如有异议，可于本公告发布之日起 20 天内将意见书面提交商务部。

利害关系方可在上述期间内到商务部反倾销公开信息查阅室（电话 010－65283868）查阅本案申请人提交的申请书的非保密文本。

6. 调查方式

调查机关可以采用问卷、抽样、听证会、现场核查等方式向有关利害关系方了解情况并进行调查。

7.本次调查自2006年11月22日起开始，通常应在2007年11月22日前结束调查，特殊情况下可延长至2008年5月22日。

特此公告

商务部

二○○六年十一月二十二日

二、实训项目设计—填写反倾销应诉登记表

(一)项目简介

学生根据反倾销受理公告代表外国公司填写反倾销应诉登记表。

(二)项目安排时间

学完对外贸易法以后作为课业由学生课下完成。

(三)成果形式

填写完整的反倾销应诉登记表。

(四)实训目标

1.知识目标：掌握反倾销的基本程序。

2.能力目标：培养学生运用对外贸易法、反倾销法的能力，培养反倾销意识，自如对待国外反倾销。

(五)任务内容

1.每个同学分别代表一外国公司。

2.到图书馆或网上查找的应诉登记表模板或者依据本章实训指导中的模板。

3.每个同学分别扮演一个外国公司，根据反倾销公告自己设计公司名称和公司经营范围。

4.填写应诉登记表。

(六)考核标准

1.公司名称设计与本案相符。(30分)

2.出口数量、金额与专业实践相符。(30分)

3.填写项目完整、清楚。(20分)

4.公章、签字齐全，具有法律效力。(20分)

三、应诉登记表格式

商务部进出口公平贸易局

地址：北京市东长安街2号

邮编：100731

电话：0086－10－65198417、65198418、65197354

传真：0086－10－65198418、65198497

甲乙酮反倾销调查应诉申请参考格式

________________(公司),特向中华人民共和国商务部申请参加甲乙酮反倾销调查应诉。现提供本公司简要情况如下:

应诉公司注册名称:________________

中文名称:________________

地址:________________

电话:________________

传真:________________

法人代表:________________

(若已委托代理律师,请列出)

指定代理律师事务所:________________(请附授权委托书原件)

地址:________________

电话:________________

传真:________________

本案代理律师:________________

对中国出口甲乙酮产品的数量及金额表

期　间	出口数量(吨)	金额(美元)
2004年1月1日至2004年12月31日		

公司盖章:________________

(和/或)法人代表签字:________________

年　月　日

四、实践案例阅读

商务部关于对原产于日本、美国、德国、伊朗、马来西亚、中国台湾地区和墨西哥的进口乙醇胺反倾销案❶

【案情介绍】

2003年4月1日,抚顺北方化工有限公司和吉林化学工业股份有限公司代表中国大陆乙醇胺产业正式向商务部提交了对原产于日本、美国、德国、伊朗、马来西亚、中国台湾地区和墨西哥的进口乙醇胺进行反倾销调查申请书。商务部审查了申请材料之后,认为申请人符合《中华人民共和国反倾销条例》第11条及第13条和第17条有关中国大陆产业提出反倾销调查申请的规定,有资格代表中国大陆乙醇胺产业提出申请,且申请书中包含了《中华人民共和国反倾销条例》第14条、第15条规定启动

❶ 根据中华人民共和国商务部网站 http://www.mofcom.gov.cn/aarticle/b/e/200403/20040300200063.html 的公告改编。

反倾销调查所要求的内容和证据。商务部于2003年5月14日发布立案公告,决定开始对原产于日本、美国、德国、伊朗、马来西亚、中国台湾地区和墨西哥的进口乙醇胺进行反倾销调查。商务部确定的本案倾销调查期为2002年4月1日至2003年3月31日,产业损害调查期为2000年1月1日至2003年3月31日。

商务部对倾销和倾销幅度、损害及损害程度及倾销和损害之间的因果关系进行了以下调查。

(一)倾销调查

1.立案通知

在正式受理乙醇胺反倾销调查申请时,调查机关向涉案的日本、美国、德国、伊朗、马来西亚、墨西哥驻华大使馆正式通报了商务部已受理反倾销调查申请;对涉案的中国台湾地区,调查机关通过中国驻WTO代表团,向中国台湾地区驻WTO机构通知正式收到中国大陆乙醇胺产业反倾销调查申请。2003年5月14日,调查机关调查主管官员约见了日本、美国、德国、伊朗、马来西亚、墨西哥驻华大使馆官员,向其正式递交了立案公告和申请书的公开文本,请其通知其国内相关出口商和生产商。对涉案的中国台湾地区,调查机关通过中国驻WTO代表团,向中国台湾地区驻WTO机构通知了乙醇胺反倾销调查立案。同时调查机关将本案立案情况通知了已知的涉案国家和地区的生产商和出口商及本案申请人。

2.登记应诉

根据立案公告的要求,上述国家和地区生产商和出口商应在本案立案公告之日起20天内向调查机关申请参加应诉。截至应诉登记截止日,美国英力士有限公司、美国陶氏化学公司、伊朗阿拉克石油化学公司、奥伯帝莫马来西亚化学公司、墨西哥乙烯派生物工业公司、中国台湾东联化学股份有限公司向调查机关登记应诉。

3.各利害关系方进行评述

调查期间内,马来西亚政府部门代表和驻华使馆官员约见了调查机关,代表产业和企业陈述了对本案调查的观点和意见;有关利害关系方及其代理人也分别拜会了调查机关,并就被调查产品范围、申请人资格等问题向调查机关提交了评述意见和相关的证据材料。调查机关将上述意见和公开材料向各利害关系方进行了披露,有关利害关系方针对上述意见向调查机关提交了评述和抗辩。调查机关在初裁决定中对上述利害关系方的意见和评述依法给予了考虑。

4.收集证据

2003年6月17日,调查机关向报名应诉的生产商和出口商发放了反倾销调查问卷,并要求其在37天内按规定提交准确、完整的答卷。在该期间内,各应诉公司在问卷规定的期限内向调查机关申请延期递交答卷并陈述了相关理由,经审查,调查机关同意申请公司的延期要求。至答卷递交截止之日,调查机关共收到5家公司的答卷,分别为:美国英力士有限公司、美国陶氏化学公司、伊朗阿拉克石油化学公司、奥伯帝莫马来西亚化学公司、中国台湾东联化学股份有限公司。墨西哥乙烯派生物工业公司未提交答卷。

5. 补充问卷

调查机关对应诉公司的答卷进行了初步审查，针对答卷中某些表述和含义不清及需要解释的部分向有关应诉公司发放了补充问卷。各公司在补充问卷要求的时间内提交了补充答卷。调查机关对上述答卷进行了审查并在初裁决定中依法予以了考虑。

(二)产业损害及损害程度的调查

1. 应诉登记

2003 年 5 月 23 日，调查机关发出了《关于参加乙醇胺反倾销案产业损害调查应诉登记的通知》。在规定的时间内，申请参加应诉的企业有：中国台湾东联化学股份有限公司、伊朗阿拉克石油化学公司、墨西哥乙烯派生物工业公司、美国英力士有限公司、美国陶氏化学公司、奥伯帝莫马来西亚化学公司和中国中化物产股份有限公司。6 月 24 日，墨西哥乙烯派生物工业公司撤销了应诉登记，终止参与调查。

2. 成立产业损害调查组

2003 年 6 月 25 日，调查机关成立了乙醇胺反倾销案产业损害调查组。

3. 发放和回收调查问卷

2003 年 6 月 9 日，调查机关向本案已知的有关利害关系方发放了《国内生产者调查问卷》、《国内进口商调查问卷》和《外国(地区)生产者调查问卷》，并要求于 2003 年 7 月 18 日前将答卷返回。

在规定时间内，吉林化学工业股份有限公司、抚顺北方化工有限公司通过其代理人递交了《国内生产者调查问卷》答卷；江苏宜兴银燕化工有限公司、茂名石化实华股份有限公司也递交了《国内生产者调查问卷》答卷；中化物产股份有限公司、广东省化工轻工总公司递交了《国内进口商调查问卷》答卷；德国德固赛股份公司递交了《外国(地区)生产者调查问卷》答卷。经调查机关同意，在延期后的规定时间内，中国台湾东联化学股份有限公司、伊朗阿拉克石油化学公司、美国英力士有限公司、美国陶氏化学公司、奥伯帝莫马来西亚化学公司通过其代理人递交了《外国(地区)生产者调查问卷》答卷。

4. 实地核查

2003 年 8 月 25～30 日，本案产业损害调查组赴申请人吉林化学工业股份有限公司和抚顺北方化工有限公司进行了实地核查。

5. 接待来访和接收证据材料

2003 年 6 月 3 日，美国英力士有限公司、美国陶氏化学公司、奥伯帝莫马来西亚化学公司通过其代理人递交了《关于乙醇胺反倾销案立案的书面评论意见》。2003 年 9 月 24 日，中国台湾东联化学股份有限公司拜会了调查机关，陈述了对本案的意见。2003 年 10 月 31 日，美国陶氏化学公司和奥伯帝莫马来西亚化学公司通过其代理人递交了《关于无损害和无因果关系的评论》。2003 年 12 月 19 日，中国台湾东联化学股份有限公司通过其代理人递交了《关于乙醇胺反倾销调查案国内产业损害问题的意见》。调查机关对应诉方的上述意见均给予了考虑。

【调查结果分析】

经过商务部调查，在以下几个方面作出初步裁定：

(一)被调查产品和中国大陆同类产品的相似性

1. 中国大陆同类产品

调查机关对中国大陆生产的乙醇胺产品与被调查产品的相似性进行了审查，认为：

(1)中国大陆乙醇胺产业系引进瑞士苏尔寿乙醇胺生产技术，采用环氧乙烷和液氨在无催化剂条件下的液相反应工艺，其工艺技术与被调查产品相同；

(2)中国大陆乙醇胺产品在平均分子量、纯度、色度、水分含量、相对密度、产品外观等方面与被调查产品相同或相近；

(3)中国大陆乙醇胺产品主要应用于表面活性剂、医药行业、气体净化、纺织工业、农药、合成树脂工业、橡胶加工、金属清洗等方面，其用途与被调查产品基本相同。

(4)被调查产品和中国大陆生产的产品在销售渠道上是相同或相似的。

综上所述，中国大陆生产的乙醇胺产品在物理特性、化学性能、生产设备和工艺、产品用途、销售渠道等方面与被调查产品具有可比性，二者属于同类产品。

2. 中国大陆产业

根据《中华人民共和国反倾销条例》的有关规定，产业损害调查局对本案申请人吉林化学工业股份有限公司和抚顺北方化工有限公司的产业代表性进行了审查。经审查，申请人乙醇胺产品总产量占中国大陆同类产品全部总产量的主要部分，能够代表中国大陆乙醇胺产业。

(二)倾销和倾销幅度

调查机关审查了各应诉公司的答卷，对各公司的正常价值和出口价格作如下认定：

1. 正常价值、出口价格及价格调整项目的认定

美国公司

英力士有限公司(INEOS LLC)

(1)正常价值。

调查机关审查了该公司的国内销售情况，认定调查期内该公司国内销售被调查产品的同类产品总量及各型号数量占同期向中国大陆出口销售总量及对应型号数量的比例大于 5%，符合作为确定正常价值的数量要求。

经审查，调查机关发现，该公司将部分通过关联公司对其他国家出口的交易也报告为国内销售，调查机关认为，这部分交易实际为出口交易，该公司也知道这部分交易的最终目的地，该部分交易不应作为计算正常价值的基础，因此，在初裁决定中，调查机关决定暂排除这部分交易。

该公司的国内销售一部分通过关联贸易公司进行，调查机关审查了关联公司之间交易的情况，认为这部分交易虽属于关联交易，但基本上可以反映市场交易状况，在初裁决定中，调查机关决定暂不排除这部分关联公司之间的交易。

调查机关对该公司报告的成本数据进行了审查，认为该公司提供的有关成本数据暂可以接受。调查机关依据该公司的成本数据对国内销售交易是否存在低于成本销售分型号进行了审查，发现调查期内该公司被调查产品同类产品两个型号的国内销售中均有超过20%的交易是低于月平均成本进行的，且其中部分交易低于调查期加权平均成本进行，调查机关认定，这部分交易属于非正常贸易过程中的交易，决定在计算正常价值时将这部分交易予以排除。根据《中华人民共和国反倾销条例》第4条的规定，在初裁决定中，调查机关暂依据排除低于成本销售后的国内交易作为确定各型号正常价值的依据。

(2)出口价格。

调查机关对该公司的出口价格进行了审查。该公司对中国大陆的出口销售全部通过关联贸易公司进行。根据《中华人民共和国反倾销条例》第5条的规定，在初裁决定中，对于通过关联贸易公司进行的销售，调查机关暂采取其销售给第一个独立购买人的价格作为确定出口价格的基础。

(3)调整项目。

调查机关对该公司的价格调整部分逐一进行了审查。

2.价格比较

根据《中华人民共和国反倾销条例》第6条的规定，调查机关对进口产品的出口价格和正常价值，考虑了影响价格的各种可比性因素，按照公平、合理的方式进行了比较。调查机关在当事人提交的证明材料基础上，将各应诉公司的正常价值和出口价格在出口国(地区)出厂价的基础上予以比较。在计算倾销幅度时，调查机关将加权平均正常价值和加权平均出口价格进行比较，得出倾销幅度。对于生产销售不同型号被调查产品的公司，调查机关对不同型号的加权平均正常价值和加权平均出口价格分别进行比较，得出各型号的倾销幅度，各型号倾销幅度的加权平均为该公司的倾销幅度。

对于日本、美国、伊朗、马来西亚、中国台湾地区和墨西哥未提交答卷的公司的倾销幅度，根据《中华人民共和国反倾销条例》第21条的规定，调查机关根据已获得的事实和可获得的最佳信息作出裁定。

3.倾销幅度

经过计算，各公司的倾销幅度分别为：

日本公司 137%

美国公司

(1)英力士有限公司(Ineos LLC) 32%

(2)陶氏化学公司(The Dow Chemical Company) 59%

(3)其他美国公司(All Others) 112%

伊朗公司

(1)伊朗阿拉克石油化学公司(Arak Petrochemical Company) 26%

(2)其他伊朗公司:(All Others) 27%

马来西亚公司

(1) 奥伯帝莫马来西亚化学公司(Optimal Chemicals (Malaysia) Sdn Bhd)9%

(2)其他马来西亚公司(All Others)40%

中国台湾地区公司

(1)中国台湾东联化学股份有限公司(Oriental Union Chemical Corporation) 23%

(2)其他中国台湾地区公司(All Others) 43%

墨西哥公司 21%

(三)累计评估

调查机关在考察了现有证据材料后认为,调查期内,原产于日本、美国、伊朗、马来西亚、中国台湾地区和墨西哥的进口乙醇胺倾销幅度很大,进口数量不属于可忽略不计,且被调查产品之间以及被调查产品与中国大陆同类产品之间的竞争条件相同。根据《中华人民共和国反倾销条例》第 9 条的规定,调查机关决定对原产于日本、美国、伊朗、马来西亚、中国台湾地区和墨西哥的被调查产品对中国大陆产业造成的影响进行累积评估。由于在本案倾销调查期内,来自于德国的被调查产品进口量占同类产品总进口量的比例低于 3%,且其他进口量低于 3%的国家(地区)的总进口量未超过同类产品总进口量的 7%。因此,调查机关在进行累计评估时未考虑德国。

(四)产业损害及损害程度

产业损害调查期内,中国大陆乙醇胺表观消费量[1]呈持续增长态势。2001 年、2002 年和 2003 年一季度,中国大陆乙醇胺表观消费量分别比上年和上年同期增长 2.85%、16.95%和 4.13%。表明中国大陆市场对乙醇胺产品的需求较为旺盛,有利于中国大陆乙醇胺产业的发展。但调查机关经调查后认定,由于被调查国家(地区)向中国大陆大量低价出口被调查产品,导致中国大陆产业受到了实质性损害。主要事实和证据如下:

1.被调查产品进口量及所占中国大陆市场份额呈大幅度上升趋势。

据中国海关统计,2000 年、2001 年、2002 年和 2003 年一季度,被调查产品进口量分别为 32 119.97 吨、35 898.16 吨、52 299.73 吨和 16 904.11 吨,2001 年和 2002 年分别比

[1] 表观消费量指产量加上净进口量,实际消费量指实际消费的数量。乙醇胺的表观消费量,就是乙醇胺全国产量加上净进口量的总和,但是这些乙醇胺可能并不全都被消费掉了,要扣减其他损耗和仓储等等才是真实的实际消费量。

上年增长11.76%和45.69%,2003年一季度比上年同期增长63.56%。

2000年、2001年和2002年,被调查产品占中国大陆市场份额分别为55.93%、60.78%和75.71%,2002年所占市场份额分别比2000年和2001年提高19.78、14.93个百分点。2003年一季度所占市场份额高达87.69%,比上年同期提高31.86个百分点。

2.被调查产品进口价格持续下降,严重抑制和压低中国大陆产业产品销售价格。

据中国海关统计,2000年、2001年、2002年和2003年一季度,被调查产品进口加权平均价格分别为738.78美元/吨、701.49美元/吨、644.76美元/吨和653.52美元/吨。2001年和2002年,被调查产品进口价格分别比上年下降5.05%和8.09%,2003年一季度比上年同期下降7.38%。在中国大陆乙醇胺表观消费量持续增长的情况下,被调查产品价格连续走低抑制和压低了中国大陆产业产品销售价格,迫使中国大陆产业不断调低产品销售价格,以维持其有限的开工率和市场份额。

3.被调查产品大量低价进口对中国大陆产业造成的影响。

(1)中国大陆产业增长受到抑制。

2001年中国大陆产业生产能力比上年增长68.75%,2002年和2003年一季度生产能力没有增长。在中国大陆乙醇胺市场需求旺盛,表观消费量持续攀升的情况下,中国大陆产业仅2001年增加了产能。此外,2002~2003年一季度,中国大陆产业非但未能获得发展,反而有一些乙醇胺生产企业(如江苏宜兴银燕化工有限公司、茂名石化实华股份有限公司)被迫停止了生产。

(2)中国大陆产业产量增幅明显下降。

2001年和2002年,中国大陆产业产量分别比上年增长150.76%和0.77%。2001年产量增加的主要原因是本案申请人之一吉林化学工业股份有限公司于2000年11月投产,2000年对比基数较低,导致2001年产量出现较大幅度增加。2002年在乙醇胺表观消费量增长16.95%的情况下,中国大陆产业产量几乎没有增长。2003年一季度产量出现较大幅度下降,降幅达54.38%。

(3)与进口被调查产品相比中国大陆产业销售量萎缩。

2001年和2002年,中国大陆产业销售量分别比上年增长283.7%和下降19.74%,2003年一季度比上年同期增长35.6%。2001年销售量同比大幅度增加主要是因为本案申请人之一吉林化学工业股份有限公司于2000年11月投产,2000年对比基数较低所致。2002年在中国大陆乙醇胺表观消费量增长16.95%的情况下,相对于被调查产品45.69%的进口增幅,中国大陆产业销售量却同比下降19.74%。2003年一季度虽出现恢复性增长,但仍低于同期被调查产品进口量增幅27.96个百分点。

(4)中国大陆产业产品销售价格持续下降。

2001年和2002年,中国大陆产业产品平均销售价格分别比上年下降10.34%和

7.02%。2003 年一季度价格下降的趋势更为明显，分别比上年同期和上年第四季度下降 6.19%和 3.5%。

(5)中国大陆产业市场份额维持在较低水平。

2000 年、2001 年、2002 年和 2003 年一季度，中国大陆产业市场份额分别为 4.84%、18.05%、12.39%和 14.53%，2001 年和 2002 年市场份额分别比上年提高 13.21 个百分点和下降 5.66 个百分点，2003 年一季度比上年同期提高 3.37 个百分点。2001 年市场份额同比增加较多主要是因为本案申请人之一吉林化学工业股份有限公司于 2000 年 11 月投产，2000 年对比基数较低所致，此后市场份额一直维持在 12%～14%的较低水平。中国大陆产业并未从乙醇胺市场需求的强劲增长中获得应有的份额。

(6)中国大陆产业销售收入增长和现金净流量严重不足。

2001 年、2002 年和 2003 年一季度，中国大陆产业产品销售收入分别比上年和上年同期增长 244.04%、下降 25.37%和增长 27.2%；同期现金净流量分别比上年和上年同期增长 225.85%、下降 227.25%和增长 363.91%。2001 年销售收入和现金净流量大幅度增长主要是本案申请人之一吉林化学工业股份有限公司于 2000 年 11 月投产，2000 年对比基数较低，导致销售收入和经营性现金净流量陡然增加。2002 年，中国大陆产业销售量下降近两成，导致销售收入下降 25.37%，现金净流量大幅降低，中国大陆产业生产经营难以为继。为维持有限的开工率和市场份额，中国大陆产业被迫压产压价促销，2003 年一季度产品销售收入同比有所提高，现金净流量出现恢复性增长。但由于销售价格持续走低，现金净流量严重不足，中国大陆产业生产经营和资金周转仍十分困难。

(7)中国大陆产业亏损严重。

产业损害调查期内，中国大陆产业一直处于严重亏损状态，且亏损程度不断加深。2001 年和 2002 年中国大陆产业税前利润分别比上年下降 258.03%和增长 5.49%，2002 年虽略有减亏，但仍无法弥补已经发生的巨额亏损。2003 年一季度的亏损局面依然没有扭转，税前利润分别比上年同期和上年第四季度下降 12.46%和 217.01%。

(8)中国大陆产业投资负收益。

2000 年、2001 年、2002 年和 2003 年一季度，中国大陆产业投资收益率分别为 −1.64%、−4.53%、−3.75%和 −1.88%。国家和企业的大量投资无法收回，中国大陆产业处于无效益生产状态。

(9)中国大陆产业开工率低位徘徊并呈下降趋势。

产业损害调查期内，中国大陆产业开工率一直处于严重不足状态。2000 年、2001 年和 2002 年，中国大陆产业开工率分别为 36.17%、53.74%和 54.15%。2003 年一季度开工率仅为 36.69%，比上年同期降低 43.74 个百分点，呈明显下降趋势。

(10)中国大陆产业库存水平较高。

产业损害调查期内,中国大陆产业同类产品库存出现大幅波动。2001 年中国大陆产业生产装置处于刚达产状态[1],市场销售看好,年末库存比上年同期下降 11.81%。2002 年由于被调查产品进口增幅达 45.69%,中国大陆产业产品销售量下降近两成,导致库存飚升,比 2001 年同期增加 44.71%。2003 年一季度随着产业实行压产压价促销,季度末库存比上年同期降低 28.31%,但仍维持在较高水平。

(11)中国大陆产业投融资能力下降。

产业损害调查期内,由于持续亏损、经营状况恶化,导致中国大陆产业资信实力下降。2001 年本案申请人之一抚顺北方化工有限公司的银行信用等级由 AA 级降为 A 级,申请银行贷款无望,拟新建的乙醇胺产品深加工项目被迫推迟。

(12)中国大陆产业就业人数减少。

产业损害调查期内,由于开工率严重不足,中国大陆产业被迫不断裁减就业人员。2001 年、2002 年和 2003 年一季度,中国大陆产业就业人数分别比上年和上年同期增长 22.17%、下降 17.79%和下降 3.36%。

(13)中国大陆产业人均工资增长趋缓。

产业损害调查期内,由于亏损严重、财务状况恶化,中国大陆产业无力持续提高就业人员工资水平。2001 年和 2002 年中国大陆产业人均工资分别比上年增长 89.33%和 20.90%,但增幅直线下降。2003 年一季度人均工资比上年同期下降 22.26%。

(14)中国大陆产业劳动生产率呈下降趋势。

2001 年、2002 年和 2003 年一季度,中国大陆产业劳动生产率分别比上年和上年同期提高 105.28%、提高 22.58%和下降 52.79%。2001 年由于对比基数较低,劳动生产率同比增幅较高。2002 年中国大陆产业状况恶化,被迫大量裁减就业人员,在产量几乎没有增长的情况下,劳动生产率有所提高。2003 年一季度随着产量大幅度下降,劳动生产率同比降幅较大。

4.被调查国家(地区)的生产能力和出口能力很大,向中国大陆出口被调查产品的数量和比重逐年递增。

本案被调查国家(地区)是世界上乙醇胺产品主要生产和出口国,拥有很大的生产和出口能力。调查机关对参与应诉的中国台湾东联化学股份有限公司、美国英力士有限公司、美国陶氏化学公司、奥伯帝莫马来西亚化学公司的调查表明:

(1)被调查国家(地区)生产能力和出口能力呈逐年大幅增长态势。

上述 4 家外国(地区)生产者 2000 年、2001 年、2002 年和 2003 年一季度同类产品合计生产能力分别为 224 512 吨、308 247 吨、364 048 吨和 94 692 吨,同期合计出口量分别为 60 728 吨、67 487 吨、122 300 吨和 32 594 吨。2001 年和 2002 年其生产

[1] 刚达产状态是指生产设备进入正常运转后达到了预计的生产产量。

能力分别比上年增长 37.3%和 18.1%，出口量分别比上年增长 11.13%和81.22%。

(2)被调查国家(地区)向中国大陆出口被调查产品的数量很大，且占其出口量的比重逐年递增。

上述 4 家外国(地区)生产者 2000 年、2001 年、2002 年和 2003 年一季度向中国大陆出口被调查产品的合计数量分别为 12 741 吨、17 810 吨、40 461 吨和 10 601 吨，占其同期出口量的比重分别为 20.98%、26.39%、33.08%和 32.52%，2001 年和 2002 年向中国大陆的出口比重分别比上年提高 5.41 和 6.69 个百分点。

(五)倾销与损害的因果关系

1.被调查国家(地区)向中国大陆大量低价出口被调查产品是导致中国大陆产业实质性损害的主要和直接原因。

(1)现有证据表明，调查期内，日本、美国、伊朗、马来西亚、中国台湾地区和墨西哥向中国大陆出口被调查产品的绝对数量及所占中国大陆市场份额均呈大幅度上升趋势。同时，部分被调查国家(地区)存在巨大的生产和出口被调查产品的能力，向中国大陆出口被调查产品的数量和比重逐年递增。

(2)现有证据表明，调查期内，日本、美国、伊朗、马来西亚、中国台湾地区和墨西哥向中国大陆出口被调查产品的加权平均价格持续下降，严重抑制和压低了中国大陆产业产品销售价格。

(3)现有证据表明，调查期内，日本、美国、伊朗、马来西亚、中国台湾地区和墨西哥向中国大陆大量低价出口被调查产品，直接导致中国大陆产业销售量萎缩，产品销售价格持续下滑，产业严重亏损，使产能、产量、市场份额、税前利润、现金净流量、开工率、库存、投资收益率、投融资能力、就业人数、人均工资等一系列指标呈现恶化趋势，表明中国大陆产业受到实质性损害。

(4)现有证据表明，调查期内，被调查产品倾销幅度较大，为 9%～137%。

综上，被调查产品的倾销行为是造成中国大陆产业实质性损害的直接原因。

根据以上调查结果，调查机关初步裁定，原产于日本、美国、伊朗、马来西亚、中国台湾地区和墨西哥进口的乙醇胺存在倾销，并对中国大陆乙醇胺产业造成了实质性损害，且倾销与实质损害之间存在因果关系。鉴于调查期内自德国进口的被调查产品数量占同期中国大陆乙醇胺总进口量的比例低于 3%，同时低于 3%的国家(地区)的总进口量并未超过同类产品总进口量的 7%，根据《中华人民共和国反倾销条例》第 9 条及第 27 条的规定，调查机关认定，该出口数量属可忽略不计，决定终止对原产于德国的进口乙醇胺产品的反倾销调查。

【引申思考】

这是我国商务部成立以后受理的第一起反倾销案。确定对方为倾销行为需要哪些条件？当你阅读完以后，有什么感想？

R 课外阅读指导

1. 查阅 http://www.cacs.gov.cn/DefaultWebApp/index.htm 中国贸易救济信息网，该网站上有最新的反倾销、反补贴、采取保障措施的立案公告，典型案例查询。

2.《中华人民共和国对外贸易法》，1994 年 5 月 12 日第八届全国人民代表大会常务委员会第七次会议通过，2004 年 4 月 6 日第十届全国人民代表大会常务委员会第八次会议修订，2004 年 7 月 1 日起施行。

3.《中华人民共和国反倾销条例》，2001 年 11 月 26 日中华人民共和国国务院令第 328 号公布 根据 2004 年 3 月 31 日《国务院关于修改〈中华人民共和国反倾销条例〉的决定》修订，2004 年 6 月 1 日起施行。

4.《中华人民共和国反补贴条例》，2001 年 11 月 26 日中华人民共和国国务院令第 329 号公布，根据 2004 年 3 月 31 日《国务院关于修改〈中华人民共和国反补贴条例〉的决定》修订，2004 年 6 月 1 日起施行。

5.《中华人民共和国保障措施条例》，2001 年 11 月 26 日中华人民共和国国务院令第 330 号公布，根据 2004 年 3 月 31 日《国务院关于修改〈中华人民共和国保障措施条例〉的决定》修订，2004 年 6 月 1 日起施行。

第七章 海 商 法

本章学习目标与学习要求

本章主要讲述船舶、船员和共同海损的法律问题，在国际物流海上运输过程经常会遇到相关问题，尤其是共同海损问题，对于一个普通的国际物流企业来说，更是常见。

知识目标：掌握船舶物权的基本法律规定，了解船长的职责，掌握船舶租用合同双方当事人的权利和义务，理解共同海损。

能力目标：能够分清船舶抵押权、留置权、优先权的偿还顺序；能够看懂船舶租用合同；能够订立简单的船舶租用合同；能够计算简单的共同海损分摊价值。

素质目标：培养合作精神和防范风险意识。

学习要求：本章的重点在于船舶物权、船舶租用合同和共同海损；难点在于共同海损的理算，同时学习本章要与第一章关于物权的基本知识联系起来，希望能够找一些相关资料来研读。

第一节 船舶和船员

海商法是调整船舶、船员和海上运输法律关系的法律规范的总称，船舶，是指海船和其他海上移动式装置，但是用于军事的、政府公务的船舶和20总吨以下的小型船艇除外。前款所称船舶，包括船舶属具。海上运输是指海上货物运输和海上旅客运输，包括海江之间、江海之间的直达运输。本章主要讲述《中华人民共和国海商法》(以下简称《海商法》)中的船舶法律问题，关于海上运输问题已在第三章中讲述。

一、船舶所有权

船舶所有权，是指船舶所有人依法对其船舶享有占有、使用、收益和处分的权利。船舶所有权的取得、转让和消灭，应当向船舶登记机关登记；未经登记的，不得对抗第三人。

在船舶买卖合同中，船舶所有权的转移时间，是以船舶登记的时间确定的，这是由于船舶具有不动产的性质，不动产的所有权均自登记时转移。但船舶属于合成物，包括船体、设备、船舶属具。船舶数据是指航行上及营业上必需的附属于船舶的能移动的各种用具或机械，如锚、绞盘、探测仪、海图等。船舶作为合成物，合成物有主物和从物之分，根据最高人民法院关于《中华人民共和国民法通则》若干问题的意见(试行)第 87 条的规定："有附属物的财产，附属物随财产所有权的转移而转移。但当事人另有约定且不违法的，按约定处理。"

船舶所有权的转让，应当签订书面合同。船舶由两个以上的法人或者个人共有的，应当向船舶登记机关登记；未经登记的，不得对抗第三人。

【案例 7-1】

甲公司将船卖给了乙公司，乙公司由于经费紧张只支付了一半船款，双方约定余款于 3 年内结清。乙公司接手该船后一直未向船舶登记机关办理所有权转移登记。后来乙公司在经营中同丙修船厂发生了争议。丙修船厂诉至法院，申请扣押该船。甲乙公司辩称：依我国《海商法》，由于该船所有权转移未经登记，因而未发生法律效力，船的所有权还属于甲来对抗丙公司的权利主张。

思考：甲乙公司的理由是否成立？

分析：甲乙公司的理由不能成立。根据海商法的规定，船舶所有权的转让，应当向船舶登记机关登记，未经登记的，不得对抗第三人。则丙作为第三人是不受约束的，甲乙不能以此为理由进行抗辩。

【小知识】

中华人民共和国船舶所有权登记申请书

××省××市地方海事局：

根据<中华人民共和国船舶登记条例>规定，现申请下述船舶办理船舶所有权登记。

船舶所有人

签字________________申请单位盖章

法定代表人

年　　月　　日

船名(汉字)________________(拼音)________________曾用名________________船舶呼号________________

船籍港________________原船籍港________________原登记号码________________

船舶种类________________船体材料________________

船舶价值________________(大写)造船厂名________________

造船地点________________建成日期________________

尺度：长________________米；宽________________米；深________________米

吨位：总吨________________净吨________________

主机：种类________________数目________________功率________________千瓦

船舶所有人名称＿＿＿＿＿＿＿＿＿＿＿＿＿＿＿＿

船舶所有人法定代表人姓名＿＿＿＿＿＿＿＿＿联系电话＿＿＿＿＿＿＿＿＿

船舶所有人地址＿＿＿＿＿＿＿＿＿＿＿＿＿＿＿＿

取得所有权日期＿＿＿＿＿＿＿＿＿＿＿＿＿＿＿＿

	共有人姓名	投资额	所占股分比例(%)
船舶共有人情况			

提交申请材料情况					
名称	应交	已交	名称	应交	已交
船东身份证及其复印件			船舶价值证明		
营业执照(法人证书)及其复印件			船舶照片		
有船舶共有情况及投资份额证明文书(需公正)和推举法定代表人协议书			船舶登记注销证明书		
			抵押权人同意被抵押船转让文件		
船舶所有权取得证明文书			船舶所有权代理委托书		
1.船舶建造(改建)合同			代理人身份证及其复印件		
2.船舶建造(改建)交接文件					
3.船舶买卖合同及交接文件					
4.购船发票(收据)					
5.船舶继承(赠与、拍卖、判决)文书			合计:提交材料共　　份		
县(区)海事机构审核意见	(签章)　　　　年　　月　　日				
备注					

中华人民共和国海事局　制

二、船舶抵押权

(一)船舶抵押权的概念和主体

船舶抵押权,是指抵押权人对于抵押人提供的作为债务担保的船舶,在抵押人不履行债务时,可以依法拍卖,从卖得的价款中优先受偿的权利。

船舶所有人或者船舶所有人授权的人可以设定船舶抵押权。船舶共有人就共有船舶设定抵押权,应当取得持有三分之二以上份额的共有人的同意,共有人之间另有约定的除外。船舶共有人设定的抵押权,不因船舶共有权的分割而受影响。船舶抵押权设定后,未经抵押权人同意,抵押人不得将被抵押船舶转让给他人。

(二)船舶抵押权登记和保险

1.船舶抵押权登记

船舶抵押权的设定,应当签订书面合同。设定船舶抵押权,由抵押权人和抵押人共同向船舶登记机关办理抵押权登记;未经登记的,不得对抗第三人。

船舶抵押权登记,包括下列主要项目:

(1)船舶抵押权人和抵押人的姓名或者名称、地址。

(2)被抵押船舶的名称、国籍、船舶所有权证书的颁发机关和证书号码。

(3)所担保的债权数额、利息率、受偿期限。

船舶抵押权的登记状况,允许公众查询。建造中的船舶可以设定船舶抵押权。建造中的船舶办理抵押权登记,还应当向船舶登记机关提交船舶建造合同。

2.船舶抵押权保险

除合同另有约定外,抵押人应当对被抵押船舶进行保险;未保险的,抵押权人有权对该船舶进行保险,保险费由抵押人负担。

(三)抵押权的转移、实现和消灭

抵押权人将被抵押船舶所担保的债权全部或者部分转让他人的,抵押权随之转移。同一船舶可以设定两个以上抵押权,其顺序以登记的先后为准。

同一船舶设定两个以上抵押权的,抵押权人按照抵押权登记的先后顺序,从船舶拍卖所得价款中依次受偿。同日登记的抵押权,按照同一顺序受偿。

被抵押船舶灭失,抵押权随之消灭。由于船舶灭失得到的保险赔偿,抵押权人有权优先于其他债权人受偿。

【案例 7-2】

甲有“长春轮”和“长青轮”各一艘。甲因财务拮据,便以书面与乙银行就长春轮设定抵押权,并办理登记。数月后,甲又以书面就长春轮与丙银行设定抵押权,并办理登记。

思考:抵押权人乙与丙的受偿顺序是什么?

分析:乙先行使抵押权,丙后行使抵押权。根据海商法的规定,同一船舶设定两个以上抵押权的,抵押权人按照抵押权登记的先后顺序,从船舶拍卖所得价款中依次受偿。

三、船舶留置权

留置权是指按照合同约定一方占有对方的财产,对方不按照合同给付应付款项超过约定期限的,占有人有权留置该财产,依照法律的规定,以留置财产折价或者以变卖该财产的价款优先得到受偿。船舶留置权即以船舶为标的的留置权,是指造船人、修船人在合同另一方未履行合同时,可以留置所占有的船舶,以保证造船费用或者修船费用得以偿还的权利。

船舶留置权的标的是债权人因一定的债权债务关系占有的属于债务人拥有的船舶，船舶留置权的行使一般需通过一定的司法程序，留置权人在行使其权利时，对留置物的占有通常表现为私人控制，因此，船舶留置权多产生于造船人和修船人在造船合同或修船合同的另一方不履行合同时，可以留置在其占有之下的船舶，以保证造船费用或修船费用得以偿还。在向债务人提出的所有海事请求中，留置权担保的请求，其受偿顺序优于船舶抵押权担保的请求，而次于船舶优先权担保的请求。即船舶优先权先于船舶留置权受偿，船舶抵押权后于船舶留置权受偿。

船舶留置权在造船人、修船人不再占有所造或者所修的船舶时消灭。

【案例 7-3】

甲所有的豪华客轮“华欣号”，雇用船长乙，经营海上旅游业。甲因资金周转不灵，便以该轮向“中国建设银行”设定贷款人民币 3 000 万元。其后该轮驶入船籍港，由镇南造船股份有限公司改装为货轮，欠款人民币 2 000 万元未清偿，致该轮被“镇南造船股份有限公司”所留置，并依法拍卖。

思考：抵押权人建设银行与留置权人镇南造船股份有限公司二者间的受偿顺序

分析：镇南造船股份有限公司先行使留置权，建设银行再行使抵押权。

四、船舶优先权

船舶优先权，是指海事请求人依照法律的规定，向船舶所有人、光船承租人、船舶经营人提出海事请求，对产生该海事请求的船舶具有优先受偿的权利。这种优先权是一种绝对优先权，具有优先权请求权的人先于抵押权人和留置权人受偿。

（一）行使船舶优先权的情形和顺序

下列各项海事请求具有船舶优先权：

（1）船长、船员和在船上工作的其他在编人员根据劳动法律、行政法规或者劳动合同所产生的工资、其他劳动报酬、船员遣返费用和社会保险费用的给付请求。

（2）在船舶营运中发生的人身伤亡的赔偿请求。

（3）船舶吨税、引航费、港务费和其他港口规费的缴付请求。

（4）海难救助的救助款项的给付请求。

（5）船舶在营运中因侵权行为产生的财产赔偿请求。但对于载运 2000 吨以上的散装货油的船舶，持有有效的证书，证明已经进行油污损害民事责任保险或者具有相应的财务保证的，对其造成的油污损害的赔偿请求，不属于该项规定的范围。

因行使船舶优先权产生的诉讼费用，保存、拍卖船舶和分配船舶价款产生的费用，以及为海事请求人的共同利益而支付的其他费用，应当从船舶拍卖所得价款中先行拨付。

船舶灭失的，可以对因船舶所得的赔偿金行使优先权。

【案例 7-4】

2006 年 5 月，甲公司将 V 轮抵押给乙银行取得 500 万元贷款。5 月 20 日，V 轮投保一年定期船舶险 600 万元。6 月 30 日，V 轮从俄罗斯 A 港运一批钢材到中国 B 港。途中遭遇恶劣天气，主机损坏，一、二舱进水。H 轮依 NO CURE，NO PAY 救助合同对 V 轮进行拖带救助，拖带一天后，V 轮由于进水过多沉没。H 轮花救助费用 80 万元。另外，V 轮沉没时，尚有 50 万元船员工资未付。事后，保险公司支付 600 万元给甲公司。此时乙银行提出偿还贷款请求，H 轮提出偿还救助费用请求、船员提出偿还工资请求，

思考：H 轮、船员、乙银行的偿还顺序是什么？

分析：请求偿还的人包括 H 轮、船员、乙银行。根据法律规定，H 轮和船员的费用具有优先权，应优先从保险费 600 万元中偿还；乙银行的权利属于抵押权，应在具有优先权的人之后偿还。

(二)船舶优先权的消灭

船舶优先权不因船舶所有权的转让而消灭。但是，船舶转让时，船舶优先权自法院应受让人申请予以公告之日起满六十日不行使的除外。船舶优先权，因下列原因之一而消灭：

(1)具有船舶优先权的海事请求，自优先权产生之日起满 1 年不行使(该一年期限，不得中止或者中断)。

(2)船舶经法院强制出售。

(3)船舶灭失。

五、船员

(一)船员的范围

船员是指包括船长在内的船上一切任职人员。其中船长、驾驶员、轮机长、轮机员、电机员、报务员，必须由持有相应适任证书的人担任。从事国际航行的船舶的中国籍船员，必须持有中华人民共和国港务监督机构颁发的海员证和有关证书。

(二)船长

1. 船长的权利和责任

船长负责船舶的管理和驾驶。船长在其职权范围内发布的命令，船员、旅客和其他在船人员都必须执行。具体责任如下：

(1)负责保护船舶、人员、财产安全。船长应当采取必要的措施，保护船舶和在船人员、文件、邮件、货物以及其他财产。为保障在船人员和船舶的安全，船长有权对在船上进行违法、犯罪活动的人采取禁闭或者其他必要措施，并防止其隐匿、毁灭、伪造证据。船长采取该措施时，应当制作案情报告书，由船长和两名以上在船人员签字，连同人犯送交有关当局处理。

(2)负责记录航海日志。船长应当将船上发生的出生或者死亡事件记入航海日志,并在两名证人的参加下制作证明书。死亡证明书应当附有死者遗物清单。死者有遗嘱的,船长应当予以证明。死亡证明书和遗嘱由船长负责保管,并送交家属或者有关方面。

(3)负责海上事故救助。船舶发生海上事故,危及在船人员和财产的安全时,船长应当组织船员和其他在船人员尽力施救。在船舶的沉没、毁灭不可避免的情况下,船长可以作出弃船决定;但是,除紧急情况外,应当报经船舶所有人同意。弃船时,船长必须采取一切措施,首先组织旅客安全离船,然后安排船员离船,船长应当最后离船。在离船前,船长应当指挥船员尽力抢救航海日志、机舱日志、油类记录簿、无线电台日志、本航次使用过的海图和文件,以及贵重物品、邮件和现金。

2.船长责任的解除和接任

船长管理船舶和驾驶船舶的责任,不因引航员引领船舶而解除。船长在航行中死亡或者因故不能执行职务时,应当由驾驶员中职务最高的人代理船长职务;在下一个港口开航前,船舶所有人应当指派新船长接任。

【案例 7-5】

国外某游轮在航行期间,某乘客向船长控告某船员强暴了她的女儿,要求船长对该船员采取强制措施,否则他就将告之全体乘客:船员中有色狼。船长为了航行的安全和船舶秩序的稳定,决定囚禁该船员,直至船舶靠岸。后该船员向法庭起诉该船长。

思考:船长是否有权禁闭确实在船犯罪的船上人员呢?

分析:根据海商法的规定,船长有权对在船上进行违法、犯罪活动的人采取禁闭或者其他必要措施,并防止其隐匿、毁灭、伪造证据。但要注意的是船长采取该措施时,应当制作案情报告书,由船长和两名以上在船人员签字,连同人犯送交有关当局处理。

第二节　船舶租用合同

船舶租用合同包括定期租船合同和光船租赁合同,均应当书面订立。

一、定期租船合同

(一)定期租船合同的概念和内容

定期租船合同,是指船舶出租人向承租人提供约定的由出租人配备船员的船舶,由承租人在约定的期间内按照约定的用途使用,并支付租金的合同。

定期租船合同的内容,主要包括出租人和承租人的名称、船名、船籍、船级、吨位、容积、船速、燃料消耗、航区、用途、租船期间、交船和还船的时间和地点以及条件、租金及其支付，以及其他有关事项。

(二)定期租船合同双方当事人的义务

1. 出租人的义务

(1)出租人应当按照合同约定的时间交付船舶。出租人违反该规定的，承租人有权解除合同。出租人将船舶延误情况和船舶预期抵达交船港的日期通知承租人的，承租人应当自接到通知时起 48 小时内，将解除合同或者继续租用船舶的决定通知出租人。因出租人过失延误提供船舶致使承租人遭受损失的，出租人应当负赔偿责任。

(2)出租人交付船舶时，应当做到谨慎处理，使船舶适航。交付的船舶应当适于约定的用途，出租人违反该规定的，承租人有权解除合同，并有权要求赔偿因此遭受的损失。船舶在租期内不符合约定的适航状态或者其他状态，出租人应当采取可能采取的合理措施，使之尽快恢复。

船舶不符合约定的适航状态或者其他状态而不能正常营运连续满 24 小时的，对因此而损失的营运时间，承租人不付租金，但是上述状态是由承租人造成的除外。

【案例 7-6】

某油轮于 2006 年 10 月 21 日抵达上海港卸货。但由于船上的锅炉出现问题致使卸货中断达 11 次。10 月 22 日 11 点 15 分，天气突变，港口当局令船离开码头，直至 11 月 8 日才从锚地驶回码头，此期间锅炉也已被修理好，(11 月 1 日修理好)。承租方认为若锅炉不出问题，货在恶劣天气到来的前一天(即 10 月 22 日 11 点 15 分)就可卸完，所以正是这点阻止了卸货，因此应停付 10 月 22 日 11 点 15 分至 11 月 8 日这段时间的租金。但出租方认为承租方不能停租，因为离开码头的原因是天气突变，所以当时的卸货工作只能抛锚等待，而此时船舶的锅炉即使仍有问题，也不影响在锚地等待。

思考：承租方能否停付该期间租金呢？

分析：根据《海商法》的规定，船舶不符合约定的适航状态或者其他状态而不能正常营运连续满 24 小时的，对因此而损失的营运时间，承租人不付租金，而本案中出租方的船舶自 10 月 22 日 11 点 15 分开始由于锅炉的问题已经导致船舶不能正常卸货，这种状态一直到 11 月 1 日才结束，因此承租方有权停付 10 月 22 日 11 点 15 分到 11 月 1 日期间的租金。

2. 承租人的义务

(1)承租人应当保证船舶在约定航区内的安全港口或者地点之间从事约定的海上运输。承租人违反该规定的，出租人有权解除合同，并有权要求赔偿因此遭受的损失。

(2)承租人应当保证船舶用于运输约定的合法的货物。承租人将船舶用于运输活动物或者危险货物的，应当事先征得出租人的同意。承租人违反本规定致使出租人遭受损失的，应当负赔偿责任。

(3)承租人应当按照合同约定支付租金。承租人未按照合同约定支付租金的，出租人有权解除合同，并有权要求赔偿因此遭受的损失。承租人未向出租人支付租金或者合同约定的其他款项的，出租人对船上属于承租人的货物和财产以及转租船舶的收入有留置权。

(4)承租人向出租人交还船舶时，该船舶应当具有与出租人交船时相同的良好状态，但是船舶本身的自然磨损除外。船舶未能保持与交船时相同的良好状态的，承租人应当负责修复或者给予赔偿。

(5)承租人应当按约定的日期还船。经合理计算，完成最后航次的日期约为合同约定的还船日期，但可能超过合同约定的还船日期的，承租人有权超期用船以完成该航次。超期期间，承租人应当按照合同约定的租金率支付租金；市场的租金率高于合同约定的租金率的，承租人应当按照市场租金率支付租金。

承租人有权就船舶的营运向船长发出指示，但是不得违反定期租船合同的约定。

(三)合同期间的船舶转让、转租、海难救助

船舶所有人转让已经租出的船舶的所有权，定期租船合同约定的当事人的权利和义务不受影响，但是应当及时通知承租人。船舶所有权转让后，原租船合同由受让人和承租人继续履行。

承租人可以将租用的船舶转租，但是应当将转租的情况及时通知出租人。租用的船舶转租后，原租船合同约定的权利和义务不受影响。

在合同期间，船舶进行海难救助的，承租人有权获得扣除救助费用、损失赔偿、船员应得部分以及其他费用后的救助款项的一半。

二、光船租赁合同

(一)光船租赁合同的概念和内容

光船租赁合同，是指船舶出租人向承租人提供不配备船员的船舶，在约定的期间内由承租人占有、使用和营运，并向出租人支付租金的合同。

光船租赁合同的内容，主要包括出租人和承租人的名称、船名、船籍、船级、吨位、容积、航区、用途、租船期间、交船和还船的时间和地点以及条件、船舶检验、船舶的保养维修、租金及其支付、船舶保险、合同解除的时间和条件，以及其他有关事项。

(二)光船租船合同双方当事人的义务

1. 出租人的义务

(1)交付义务。出租人应当在合同约定的港口或者地点，按照合同约定的时间，向承租人交付船舶以及船舶证书。

(2)使船舶适航的义务。交船时，出租人应当做到谨慎处理，使船舶适航。交付的船舶应当适于合同约定的用途。出租人违反该规定的，承租人有权解除合同，并有权要求赔偿因此遭受的损失。

2. 承租人的义务

(1)保养维修义务。在光船租赁期间,承租人负责船舶的保养、维修。

(2)保险义务。在光船租赁期间,承租人应当按照合同约定的船舶价值,以出租人同意的保险方式为船舶进行保险,并负担保险费用。

(3)承租人应当按照合同约定支付租金。承租人未按照合同约定的时间支付租金连续超过 7 日的,出租人有权解除合同,并有权要求赔偿因此遭受的损失。船舶发生灭失或者失踪的,租金应当自船舶灭失或者得知其最后消息之日起停止支付,预付租金应当按照比例退还。

(三)租赁期间船舶的扣押、转租、抵押等规定

在光船租赁期间,因船舶所有权争议或者出租人所负的债务致使船舶被扣押的,出租人应当保证承租人的利益不受影响;致使承租人遭受损失的,出租人应当负赔偿责任。因承租人对船舶占有、使用和营运的原因使出租人的利益受到影响或者遭受损失的,承租人应当负责消除影响或者赔偿损失。

在光船租赁期间,未经出租人书面同意,承租人不得转让合同的权利和义务或者以光船租赁的方式将船舶进行转租。

未经承租人事先书面同意,出租人不得在光船租赁期间对船舶设定抵押权。出租人违反该规定,致使承租人遭受损失的,应当负赔偿责任。

订有租购条款的光船租赁合同,承租人按照合同约定向出租人付清租购费时,船舶所有权即归于承租人。

第三节 船舶碰撞与共同海损

一、船舶碰撞

(一)船舶碰撞的概念

船舶碰撞是指船舶在海上或者与海相通的可航水域发生接触造成损害的事故。船舶发生碰撞,当事船舶的船长在不严重危及本船和船上人员安全的情况下,对于相碰的船舶和船上人员必须尽力施救。碰撞船舶的船长应当尽可能将其船舶名称、船籍港、出发港和目的港通知对方。

(二)船舶碰撞责任

1. 过失碰撞责任

船舶发生碰撞,是由于一船的过失造成的,由有过失的船舶负赔偿责任。

船舶发生碰撞,碰撞的船舶互有过失的,各船按照过失程度的比例负赔偿责任;过失程度相当或者过失程度的比例无法判定的,平均负赔偿责任。互有过失的船舶,对碰撞造成的船舶以及船上货物和其他财产的损失,也要平均负赔偿责任。碰撞造成第三人财产损失的，各船的赔偿责任均不超过其应当承担的比例。互有过失的船舶，对造成的第三人的人身伤亡，负连带赔偿责任。一船连带支付的赔偿超过规定的比例的，有权向其他有过失的船舶追偿。

船舶因操纵不当或者不遵守航行规章，虽然实际上没有同其他船舶发生碰撞，但是使其他船舶以及船上的人员、货物或者其他财产遭受损失的，也要承担赔偿责任。

2. 无过失碰撞责任

船舶发生碰撞，是由于不可抗力或者其他不能归责于任何一方的原因或者无法查明的原因造成的，碰撞各方互相不负赔偿责任。

【案例 7-7】

甲船超速航行，有与乙船相撞之危险，乙船为避免相撞采取自动搁浅措施而致损害，事后诉甲以求赔偿。甲船则认为乙船之船损并非两船相撞所致，故甲船无赔偿责任。

思考：甲船应否负赔偿责任呢？

分析：船舶因操纵不当或者不遵守航行规章，虽然实际上没有同其他船舶发生碰撞，但是使其他船舶以及船上的人员、货物或者其他财产遭受损失的，也要承担赔偿责任。

二、共同海损

(一)共同海损的概念和范围

共同海损，是指在同一海上航程中，船舶、货物和其他财产遭遇共同危险，为了共同安全，有意地合理地采取措施所直接造成的特殊牺牲、支付的特殊费用。但在航程中或者在航程结束后发生的船舶或者货物因迟延所造成的损失，包括船期损失和行市损失以及其他间接损失，均不得列入共同海损。

船舶因发生意外、牺牲或者其他特殊情况而损坏时，为了安全完成本航程，驶入避难港口、避难地点或者驶回装货港口、装货地点进行必要的修理，在该港口或者地点额外停留期间所支付的港口费，船员工资、给养，船舶所消耗的燃料、物料，为修理而卸载、储存、重装或者搬移船上货物、燃料、物料以及其他财产所造成的损失、支付的费用，应当列入共同海损。

为代替可以列为共同海损的特殊费用而支付的额外费用，可以作为代替费用列入共同海损；但是，列入共同海损的代替费用的金额，不得超过被代替的共同海损的特殊费用。

提出共同海损分摊请求的一方应当负举证责任，证明其损失应当列入共同海损。引起共同海损特殊牺牲、特殊费用的事故，可能是由航程中一方的过失造成的，不影响该方要求分摊共同海损的权利；但是，非过失方或者过失方可以就此项过失提出赔偿请求或者进行抗辩。

【案例 7-8】

甲货值 1 000 美元,乙货值 2 000 美元,船舶价值为 9 000 美元,甲货在航程中为共同安全而被抛弃,乙货则完整无缺地运至目的港。则甲货的损失应列为共同海损。甲货的损失应由货物、船舶所有人各方来共同补偿,即由甲、乙、船舶方一起分摊这一损失。

(二)共同海损的理算

共同海损发生后,因共同海损措施而引起的合理牺牲和费用应由各受益方进行分摊。通常情况下,先由共同海损理算机构对共同海损能否成立予以认定,如果成立,则按照理算规则,确定共同海损损失金额和核算各受益方的分摊金额,该工作称为共同海损理算。

共同海损理算,适用合同约定的理算规则;合同未约定的,适用海商法的规定。

1. 共同海损的宣告

发生共同海损事故后,船长或船东应在船舶发生共同海损之后到达的第一个港口后的一段合理时间内宣布共同海损。根据《海商法》第 196 条的规定,提出共同海损分摊请求的一方应当负举证责任,证明其损失应当列入共同海损。

2. 共同海损的担保

在宣布共同海损后,船长或船东会与受益方签订共同海损协议。为了确保共同海损分摊的顺利进行,经船长或船东的请求,受益方还应当提供共同海损担保,即作出承担分摊责任的保证。在有海损理算人协助处理案件的情况下,理算人会详细地向受益方解释担保有关的问题及应提供的文件。提供担保的方式为:共同海损保证金或担保函。

实务中,当收货人为了尽快提货而支付了共同海损保证金后,可以向其保险人申请索赔,保险人针对货物保险的情况(部分或全部)会将相应的保险金支付给他们。同时,收货人将共同海损保证金收据转让给保险人并签署相应的权利转让文件。当然,保证金的权利转让是依照货物保险人退还给收货人的数目而定的。共同海损保证金所应得到的利息一般属于收据持有者。

3. 委托理算人理算

船方在宣告共同海损后,会向海损理算人提出委托申请,由理算人具体地进行理算工作。理算人依据理算规则,确定共同海损损失的范围以及共同海损分摊价值,最终确定各方当事人所应分摊的数额,并制作共同海损理算书。海损理算书不同于法院或是仲裁的裁决,它是没有法律效力的。它是根据合同的规定所做的一种核赔的证据,当事人对此若有异议,仍可提请仲裁或起诉。

受益人的共同海损分摊金额=受益人的共同海损分摊价值×共同海损分摊率(或称共同分摊百分率)

而共同海损分摊率的计算公式为:

共同海损分摊率＝共同海损损失总额÷共同海损分摊价值总额×100%

注意公式中的“受益人”是指在享有船上货物所有权的各方，包括其货物或船舶受损失的人，都是受益人。

【案例 7-9】

(接案例 7-8)甲货值 1 000 美元，乙货值 2 000 美元，船舶价值为 9 000 美元，甲货在航程中为共同安全而被抛弃，乙货则完整无缺地运至目的港。则甲货的损失应列为共同海损。受益方(甲、乙、船舶方)的分摊价值如何确定呢？受损后每个受益人在船上都有货物的价值和可以得到的补偿的价值，则该价值构成了受益人的共同海损分摊价值，甲的分摊价值为 1 000 美元(因其可以得到共同海损的补偿)，乙的分摊价值为 2 000 美元，船方的分摊价值为 9 000 美元。

(1)共同海损牺牲的金额确定。共同海损的损失金额(海商法中称牺牲的金额)，应当由发生共同海损航程中的各受益方按照各自分摊价值的比例分摊。

船舶、货物和运费的共同海损牺牲的金额，依照下列规定确定：

①船舶共同海损牺牲的金额，按照实际支付的修理费，减除合理的以新换旧的扣减额计算。船舶尚未修理的，按照牺牲造成的合理贬值计算，但是不得超过估计的修理费。船舶发生实际全损或者修理费用超过修复后的船舶价值的，共同海损牺牲金额按照该船舶在完好状态下的估计价值，减除不属于共同海损损坏的估计的修理费和该船舶受损后的价值的余额计算。

②货物共同海损牺牲的金额，货物灭失的，按照货物在装船时的价值加保险费加运费，减除由于牺牲无需支付的运费计算。货物损坏，在就损坏程度达成协议前售出的，按照货物在装船时的价值加保险费加运费，与出售货物净得的差额计算。未申报的货物或者谎报的货物遭受的特殊牺牲，不得列入共同海损。不正当地以低于货物实际价值作为申报价值的在发生共同海损牺牲时，按照申报价值计算牺牲金额。

③运费共同海损牺牲的金额，按照货物遭受牺牲造成的运费的损失金额，减除为取得这笔运费本应支付，但是由于牺牲无需支付的营运费用计算。

(2)共同海损分摊价值的确定。所谓共同海损分摊价值，是指由于共同海损措施而受益的财产价值与因遭受共同海损而可获得补偿的财产金额的总和。共同海损分摊价值可基本分为船舶分摊价值、货物分摊价值和运费分摊价值等。

共同海损应当由受益方按照各自的分摊价值的比例分摊。船舶、货物和运费的共同海损分摊价值，分别依照下列规定确定：

①船舶共同海损分摊价值，按照船舶在航程终止时的完好价值，减除不属于共同海损的损失金额计算，或者按照船舶在航程终止时的实际价值，加上共同海损牺牲的金额计算。

②货物共同海损分摊价值，按照货物在装船时的价值加保险费加运费，减除不属

于共同海损的损失金额和承运人承担风险的运费计算。货物在抵达目的港以前售出的,按照出售净得金额,加上共同海损牺牲的金额计算。旅客的行李和私人物品,不分摊共同海损。未申报的货物或者谎报的货物,应当参加共同海损分摊;不正当地以低于货物实际价值作为申报价值的,按照实际价值分摊共同海损。

③运费分摊价值,按照承运人承担风险并于航程终止时有权收取的运费,减除为取得该项运费而在共同海损事故发生后,为完成本航程所支付的营运费用,加上共同海损牺牲的金额计算。

对共同海损特殊牺牲和垫付的共同海损特殊费用,应当计算利息。对垫付的共同海损特殊费用,除船员工资、给养和船舶消耗的燃料、物料外,应当计算手续费。

经利益关系人要求,各分摊方应当提供共同海损担保。以提供保证金方式进行共同海损担保的,保证金应当交由海损理算师以保管人名义存入。保证金的提供、使用或者退还,不影响各方最终的分摊责任。

【案例 7-10】

(接 7-9 案例)甲货值 1 000 美元,乙货值 2 000 美元,船舶价值为 9 000 美元,甲货在航程中为共同安全而被抛弃,乙货则完整无缺地运至目的港。则甲货的损失应列为共同海损。则共同海损损失的金额为 1 000 美元,共同海损的分摊价值总额包括由于共同海损措施而受益的财产价值 9 000+2 000 美元,还包括甲货因遭受共同海损而可获得补偿的财产金额 1 000 美元,合计为 12 000 美元。则:

甲货的共同海损分摊金额=受益人的共同海损分摊价值×共同海损分摊率

$$=1\,000\text{ 美元}\times\frac{1\,000\text{ 美元}}{12\,000\text{ 美元}}$$

$$=83.3\text{ 美元}$$

乙货的共同海损分摊金额=受益人的共同海损分摊价值×共同海损分摊率

$$=2\,000\text{ 美元}\times\frac{1\,000\text{ 美元}}{12\,000\text{ 美元}}$$

$$=166.7\text{ 美元}$$

船方的共同海损分摊金额=受益人的共同海损分摊价值×共同海损分摊率

$$=9\,000\text{ 美元}\times\frac{1\,000\text{ 美元}}{12\,000\text{ 美元}}$$

$$=750\text{ 美元}$$

S 本章小结

本章主要介绍了《海商法》的部分内容,包括船舶船员、船舶租用合同和共同海损的问题,属于海商法的海上货物运输合同已在第三章有述。

关于船舶，船舶的所有权、抵押权、优先权、留置权是关键性问题，这些权利都属于物权的范畴，因此本书第一章关于物权的介绍是本章学习的基础。船舶的抵押权、留置权都是在所有权的基础上进行的，在物权法中，我们将这两种权利叫做担保物权。船舶优先权是指海事请求人依照法律的规定，向船舶所有人、光船承租人、船舶经营人提出海事请求，对产生该海事请求的船舶具有优先受偿的权利。优先权的行使类似于抵押权和留置权，但却不以抵押权和留置权为基础，因此船舶优先权是海商法中一项非常特别的物权。船舶的抵押权、优先权、留置权有一个共同的特点：这些权利均会因为船舶的灭失而灭失。

关于船舶租用合同，要注意定期租赁与光船租赁的本质区别：定期租赁的船舶配备船员；光船租赁的船舶不配备船员，因此彼此的权利义务各有不同。

关于共同海损，一定要明确海损的发生一定是为了大家共同的安全，如果是为了船上某个货物所有者的安全或是为了船主的安全而发生的海损，则是单独海损。一般发生共同海损后，船方会主动要求船上货物所有者共同承担该损失，从而要进行共同海损理算。

T 课后训练

案例分析

1. 某轮A于2006年8月因欠修船费10万被留置，2006年12月修船人申请法院拍卖，2006年12月20日法院发布公告，经权利登记，A轮同时负有船舶抵押权所担保的甲债权80万，已登记，受偿期限为2007年6月1日止；2006年2月欠船员遣返费5万；2006年四月欠港口规费5万；2006年6月欠人身伤亡费5万；1998年7月欠救助费5万；2006年7月欠营运中因侵权产生的上财产损害赔偿费5万。A轮拍卖所得100万。假定不涉及海事赔偿责任限制，试分析：各债权人的受偿顺序及受偿金额。

2. 一条载货船从青岛港出发驶往日本，在航行途中货船起火，大火蔓延到机舱。船长为了船货的共同安全，命令采取紧急措施，往舱中灌水灭火。火扑灭后，由于主机受损，无法继续航行。船长雇佣拖轮将货船拖回青岛修理，检修后重新将货物运往日本。事后经调查，此次事件造成的损失有如下几项：①500箱货物被火烧毁；②1 500箱货物因灌水灭火受到损失；③主机和部分甲板被烧坏；④雇佣拖船费用；⑤额外增加的燃料和船长、船员工资。问：以上各项损失，哪些属于共同海损？哪些属于单独海损？

E 本章实训指导

一、实践训练题

根据定期租船合同的主要内容,参考定期租船合同的格式文本(见实训指导书),以承租方的名义与中国对外贸易运输总公司签订一定期船舶租赁合同。

二、实训项目设计——签订定期船舶租赁合同

(一)项目简介

学生分角色协商签订定期船舶租赁合同。

(二)项目安排时间

学完海商法以后作为课业由学生课下完成。

(三)成果形式

有效的书面定期船舶租赁合同。

(四)实训目标

1.知识目标:掌握定期船舶租赁合同的主要条款。

2.能力目标:培养学生运用定期船舶租赁合同的能力,谈判能力和沟通能力。

(五)任务内容

1.同学自由组合,2 人一组,一人为出租方,一人承租方。

2.到图书馆或网上查找的相关模板或者依据本指导书中的模板。

3.双方讨论定期船舶租赁合同的标的、履行期限、地点和方式、违约责任、相互间的权利和义务等内容。

4.将讨论内容写进定期船舶租赁合同。

5.双方在合同上签字。

(六)考核标准

签订仓储合同的成绩分为两部分:定期船舶租赁合同内容分和形式分(百分制)

1.定期船舶租赁合同的写作内容分。(60 分)

(1)合同条款内容全面。(20 分)

(2)合同条款内容明确,可实施。(20 分)

(3)合同内容有创意,贴近学生专业实际。(20 分)

2.定期船舶租赁合同的写作形式分。(40 分)

(1)合同格式正确。(10 分)

(2)合同签字手续完备。(15 分)

(3)书写整齐,无错别字。如果是电子版,要求排版美观整齐。(15 分)

三、船舶定期租用合同示范文本

船舶定期租用合同[1]

现有规范如附表所示的内燃机/蒸汽机船号的所有人(营业地址:________________与承租人北京中国对外贸易运输总公司于本日相互达成协议如下:

船舶规范

1. 本船所有人保证,在交船之日以及整个租期内,本船应与附表所示的规范相符。如有任何不符,租金应降低必要数额,以抵偿承租人由此受到的损失。

船舶状况

2. 本船所有人保证,在交船之日以及整个租期内,本船应水密、坚实、牢固,处于良好工作状态,在各方面适于货物运输,船体、船机和设备处于充分有效状态,并配齐合格的船长、高级船员和普通船员。

租期

3. 本船所有人出租、承租人租用本船日历月(确切租期由承租人选定),从本船交付之时起算。

航行规范

4. 本船在伦敦保险人学会保证条款的范围内,在本船能保持安全浮泊(但类似尺度的船舶安全搁浅是习惯做法的除外)的安全港口、锚地或地点,但不包括进行合法贸易。在本船所有人的保险人承保的情况下,承租人可在上述范围以外的地区指示船舶进行营运,也可指示本船至本船所有人需要支付附加战争险的地区进行营运。但是,不论在哪一种情况下,船体、船机和设备的保险费均由承租人负担,但该种附加保险费不得超过按伦敦保险人最低费率的最小险别,以不大于学会定期保险条款(1/10/1970)的标准格式或学会战争险(1/7/1976)的标准格式(但不包括封锁和围困险)的保险条件所征收的保险费。承租人在收到有关凭证或因其要求,收到保险单副本时,应将附加保险费付给本船所有人。如此种附加保险费有回扣,应退还承租人。船体、船机的保险金额定为,保险费即按此计算。但如保险单记载的船体、船机的保险金额与上列金额不符,则按较小者计算。

如果阻止本船航行至中国,承租人有解除本租船合同的选择权。除非事先得到承租人的同意,本船所有人不得以任何理由或为任何目的指示本船停靠中国台湾地区港口。

除外货物

本船用以载运合法货物,但不包括承租人有权按政府间海事协商组织的规则或所适用的任何主管当局的条例,装运危险品。

---

[1] 选自北大法律信息网 http://www.chinalawinfo.com/index.asp,2003 年 7 月 22 日。

交船港

5.本船在承租人指定的。本船能保持安全浮泊。随时可供使用的泊位,在办公时间内交给承租人使用。交船时货舱须打扫干净,适在装货港接受货物。承租人接受交船并不构成放弃其本租船合同赋予的权利。

6.本船不得在之前交付。如本船在17点之前没有准备就绪并交付,承租人有随时解除本租船合同的选择权,但不得晚于本船准备就绪之日。本船所有人应给承租人______天预计交船日通知及______天确切交船日通知。

交船日期

7.承租人在交船港和还船港代表双方指定验船师检验交、还船时的货舱并确定船上存油。交船检验时间计入本船所有的时间,还船检验时间计入承租人的时间。验船师费用由于所有人和承租人平均分担。在测定船上存泊前,本船前后吃水应调平或者船尾比船首吃水之差不超过6英尺。

交船通知(略)

货舱检验(略)

本船所有人提供的项目

8.本船所有人应提供和/或支付船长、高级船员和普通船员的伙食、工资、领事费以及其他费用,甲板、居住舱室、机舱及其他必需的物料,全部润滑油和淡水,船舶保险及入干坞、修船和其他保养费。

起货装置

本船所有人应给全部吊杆和/或转盘吊提供起重装置和设备,达到附表所规定的起重能力,并提供装卸货物实际使用二切绳索、滑轮吊缆、吊货索具及滑轮。如本船各有重吊,本船所有人应为其提供必要的起重装置。(参见第15条)

本船所有人应提供甲板水手按要求开关舱,在本船到达装卸泊位或地点之前将起货装置准备就绪,并提供甲板和/或舷梯值班人员,每舱配备一名起货机司机或转盘吊司机按需要昼夜操纵。如港方或劳工组织规章禁止船员开关舱或操纵起货机或转盘吊,则由承租人雇用岸上替代工人并支付费用。

照明

本船所有人应用船上灯光和群光灯提供充分的照明,使各舱口和货舱同时作业。

货舱清扫

如经承租人要求,并为当地规章所许可,本船所有人应提供船员清舱包括清移垫舱物料。承租人应向本船所有人或船员支付每次清舱定额最高的费用。

承租人提供的项目、燃料

9.承租人应提供和/或支付(除非为本船所有人而发生或因在本船所有人原因所损失的时间内发生,不论本船是否停租)主机和辅机用的全部燃油(从租金中每日历月扣除定额,不足一月者按比例扣减,以抵补船上人员生活用油)、港口使用费、强制引航费、小艇费、拖轮费、领事费(但按第 8 条应由本船所有人负担者除外)、运河、码头及其他捐税(但由国际或当地船舶所有人或海员组织所征收者除外)和包括任何外国市政税和国税在内的费用,以及交船港和还船港的一切码头、港口和吨税(在交船前或还船后发生的除外)、代理费、佣金,并安排和支付货物装载、平舱、积载(包括垫舱物料,但本船所有人应允许使用船上已有的垫舱物料)、卸载、过磅和理货、执行公务的官员和人员的伙食以及其他各项费用和款项。

10. 承租人应接收交船时船上所存的全部燃油,并按每公吨燃油和每公吨柴油付款;本船所有人应接收还船时船上所存的全部燃油,并按承租人现行加油合同的还船港油价付款,或者,如还船港没有合同油价,则按邻近主要加油港口的合同油价支付。本船交付时船上所存燃油不少于________吨,但不多于________吨;本船归还时船上所存燃油不少于________吨,但不多于________吨,柴油不少于________吨,但不多于________吨承租人可在交船前加油,所占用的时间不计入租期。

承租人有使用本船所有人加油合同的选择权。在租期内的任何时候,如本船所有人和承租人在航次的主要加油港都不能安排加油,则承租人有权解除本租船合同。

租金率

11. 从本船交付之时(格林尼治时间)起至归还给本船所有人之时(格林尼治时间)为止,承租人应按本船夏季干舷高度时的总载重吨(2240 磅为一吨),以每吨每日历月的租金率支付租金,不足一月者按比例支付。

第一期租金应在交船后 7 个银行营业日支付,以后各期租金应在到期后 7 个银行营业日内,以现金支付,每半个月预付(但最后一期租金应预付到经承租人合理估算足以完成最后一个航次所需的时间)。该项租金除了扣除本租船合同已具体规定的项目外,还扣除承租人/其代理人应得的回扣和佣金、有关实际停租或估计停租期间的任何款项或费用,以及经承租人合理估算的有关上述停租期间所发生的任何费用以及根据本船合同,承租人对本船所有人的任何索赔款项。如付款到期之日本船处于停租,则该期租金余额应在本船重新起租后 7 个银行营业日内支付。承租人还有权在最后整月租金中扣除预计代替本船所有人支付的费用或由承租人支付的、应由本船所有人负担的款项,以及还船时船上所存燃油的估计金额。上述付款,在还船时多还少补。

如承租人不支付租金,本船所有人有权将本船从承租人营运中撤回,而不影响本船所有人根据本租船合同在其他方面对承租人可能具有的索赔权利。

还船

12. 本船应在租期届满之时,以交付给承租人时的相同良好状态(自然耗损和由于第 21 条列举的原因所造成的船舶灭失或损害除外),在由承租人所选择的安全、没有冰冻的港口归还。承租人有卸毕还船的选择权,支付本船所有人或船员包干费最多,以代替清舱,包括清移垫舱物料。

还船通知

承租人应给本船所有人不少于10天的预计还船港口和日期的通知。

最后航次

如本船被指示的航次将超过租期，承租人可使用本船完成该航次，但对于超过租期的时间，如市场运价高于租约规定的租金率，则按市场运价支付租金。

载货舱室

13.除保留适当而足够的舱容供船长、高级船员、普通船员使用及存放船具、属具、家具、食品和物料外，本船的所有空间和运力，如有客舱，亦包括在内，均归承租人使用。

甲板货

承租人有权按照通常航运惯例在甲板和/或舱口部位装满货物，其费用和风险均由承租人承担。装载甲板货应受到船舶稳性和适航性的限制。在航行中，船长与船员对甲板货应妥善照料并牢固绑扎。

承租人的代表

14.承租人有权派代表一至二人随船押运并观察航次尽快速遣的情况。本船应向他们提供免费居住舱室，以及与船长相同标准的伙食，费用由承租人负担。

证件

15.本船所有人保证持有并随船携带必要的证件，以符合所挂港口的安全和卫生规定，以及所有现行要求。

本船所有人保证，本船起货装置及其他一切设备符合本船所有挂靠港口的规定，并且，本船随时持有在各方面符合这种规定的现行有效的证件。如由于本船所有人未能使其符合上述规定或未持有上述证件以致岸上人员不能作业，由此损失的任何时间应停租，并且由此产生的额外费用由本船所有人员负担。

承租人有权免费使用船上的起货机、吊杆包括重吊和/或转盘吊至其最大起重能力。起货装置应保持完好工作状态，便于即时使用，但承租人应将使用重吊的意图及时发出通知。

熏蒸

在租期内，本船所有人应提供有效的熏蒸灭鼠证书或免疫证书。由于根据承租人指示装运货物或挂靠港口而需要的熏蒸，均应由承租人负担费用，其他原因的熏蒸由本船所有人负担费用。

停租

16.(A)如由于下列原因造成时间损失、以致妨碍或阻止本船有效营运或使本船不能供承租人使用、则自时间损失时起，至本船重新处于有效状态，在不致使承租人比时间损失开始之时的船位不利的地点恢复营运为止，租金停付：

(1)船上人员或物料不足。

(2)船体、船机或设备损坏。

(3)船舶或货物遭遇海损事故包括碰撞和搁浅而造成延误。

(4)修船、进干坞或为保持本船效能所采取的其他必要措施。

(5)未持有或未随船携带有效证件和/或货运所需要的其他船舶文件。

(6)船长、高级船员或普通船员罢工、拒绝航行、违抗命令或失职。

(7)任何当局因本船所有人、船长、高级船员或普通船员依法受到指控或违章而对本船实行扣押或干预(但由于承租人的疏忽行为或不为所引起者除外)。

(8)因本船所有人违反本租船合同而停工。

(9)由于本条所提到的任何原因或任何目的(恶劣天气除外)或由于伤病船员治疗或登岸而使本船绕航、返航或挂靠非承租人所指示的其他港口。

(10)本租船合同另有规定的经约定的停租项目或其他任何原因。

(B)如装卸货物所需的起货机/转盘吊或其他设备损坏或不能使用,或起货机/转盘吊的动力不足,则不能有效作业的时间应按所需作业的起货机和/或转盘吊的数目比例计算时间损失。如上述原因使整船装完或卸完的时间推迟,则不能有效作业的时间应相应地全部停租。如承租人要求继续作业,则本船所有人应支付代替起货机/转盘吊的岸上设备的费用,在此种情况下,承租人仍应支付全部租金。但如岸吊数目不够,则租金应按可供使用的岸吊数目比例支付。

(C)由于上述原因引起的额外费用,包括装卸工人待时费,如有罚款也包括在内,均由本船所有人负担,并从租金中扣除。

(D)承租人有将任何停租时间加在租期内的选择权。

(E)如由于本租船合同所述的任何原因,本船延误达6星期以上,承租人有解除本租船合同的选择权。

船速索赔

17.按照本租船合同第1条,如本船营运时速度降低和/或耗油量增加,则由此造成的时间损失和额外耗用燃油的费用,应从租金中扣除。

征用

18.在租期内,如本船被船旗国政府征用,则租金应从征用之时停付。凡预付而不应得的租金以及征用时船上所存燃油的金额应退还承租人。如征用期超过一个月,承租人有解除本租船合同的选择权。

干坞

19.本船从上次油漆船底起算,应在本船所有人和承租人双方同意的方便地点和时间,至少每10个月进干坞一次,清洁和油漆船底。

船长责任

20.船长和船员应尽快完成所有航次并提供习惯性的协助。在营运、代理或其他安排方面,船长应服从承租人的指示。

提单

船长应自己或经承租人要求，授权承租人或其代理人按照大副或理货员的收据签发所提供的任何提单。

指示和航海日志

承租人应给船长提供各项指示和航行指令。船长应保存完整正确的航海日志供承租人或其代理人查阅。用英文填写的甲板/机舱日志摘录，最迟应于每航次结束时交给承租人或其代理人。否则，以承租人提出的数据为准，本船所有人对此无权提出索赔。

如承租人有理由对船长、高级船员或轮机员的行为表示不满，本船所有人在接到意见书后，应立即调查。如情况属实，本船所有人应及时予以撤换。

码头工人

21.装卸所需的码头工人和理货员由承租人安排并视为本船所有人的受雇人，接受船长的指示和指导。承租人对所雇佣的码头工人的疏忽、过失行为或判断错误不负责任，对引航员、拖轮或码头工作的疏忽、不当积载或积载疏忽造成的船舶灭失或损坏，亦不负责。

垫款

22.如经要求，承租人或其代理人应向船长垫付本船在港的日常开支所需的款项，收取2.5%的垫款手续费。此项垫款从租金中扣除。但承租人或其代理人认为必要时可拒绝垫付。

冰冻

23.本船不得派往，亦无义务进入任何冻封的地点，或本船到达之时，由于冰冻原因，灯塔、灯船、航标和浮标将被或可能被撤去的地点，或由于冰冻原因，本船具有不能顺利抵达或在装卸完毕后不能驶离的危险的地点。本船没有破冰航行的义务，但如经要求，应尾随破冰船航行。

船舶灭失

24.如本船灭失，租金从其灭失之日正午起停付。如本船失踪，租金从本船最后一次报告之日正午起停付。凡预付而不应得的租金应退还承租人。

加班

25.如经要求，本船应昼夜作业(星期六、星期日和节假日包括在内)。除非本船停租，承租人应以每日历月定额向本船所有人支付作为高级船员和普通船员的加班费，不足一月按比例计付。

留置权

26.为了得到根据本租船合同提出的索赔，本船所有人有权留置属于定期承租人的货物和转租运费以及提单运费。为了索回预付而不应得的款项，得到因本船所有人违约造成的损失而提出的索赔，承租人有权留置船舶。

救助

27.救助或救援其他船舶所得的一切报酬,在扣除船长和船员应得的份额与各项法定费用和其他开支,包括按本租船合同对救助所损失的时间而付的租金,以及损坏的修理和消耗的燃油后,由本船所有人与承租人平均分享。救助或企图救助人命或财产无效果所造成的时间损失和费用(不包括本船的损坏或灭失),由本船所有人和承租人平均分担。

转租

28.承租人有转租本船的选择权,但原承租人始终对本船所有人负有适当履行本租船合同的责任。

走私

29.本船所有人应对其受雇人员的不法行为和故意错误行为,如走私、偷盗、行窃等一切后果负责,由此造成的本船延误应予以停租。

退保险费

30.由于本船在港时间达 30 天以上并照付了租金,本船所有人因此从保险人那里得到的所退保险费应给予承租人(一经从保险人那里收到,如数退还给承租人。否则,从未次租金中扣除估计的金额)。

战争

31.如船旗国卷入战争、敌对行动或战争行为,本船所有人和承租人双方均可解除本租船合同。本船应在目的港或在承租人选择的安全、未封锁的港口,在卸完货物后还给本船所有人。

海牙规则

32.本船所有人或其经理人作为承运人,对根据本租船合同所载运的货物,依照船长签发的或根据本租船合同第 20 条由船长授权的承租人或其代理人签发的提单,按 1924 年 8 月 25 日在布鲁塞尔签订的海牙规则第 3 条和第 4 条的规定(但第 3 条第 6 款除外,第 4 条第 5 款中的 100 英镑用人民币 700 元代替),对货物的短少、灭失或损坏负责。

双方有责

33.双方有责碰撞条款和航运公会战争除第 1 条和第 2 条应视为本租船合同的组成部分,并应订入根据本租船合同签发的提单。

碰撞条款及战争险

34.共同海损按照 1975 年北京理算规则在北京理算和解决。

共同海损

35.本租船合同发生的一切争议应在提交仲裁。仲裁的裁决是终局的,对双方均有约束力。

仲裁、佣金

36. 本船所有人应按本租船合同所付租金的 3.73% 向承租人支付回扣，1.25% 的经纪人佣金应付给北京中租。如任何一方违约以致全部租金没有支付，则责任方应赔偿经纪人的佣金损失。如双方协议解除本租船合同，本船所有人应赔偿经纪人的佣金损失。在此种情况下，佣金不超过按一年的租金计算的数额。

船舶规范

本船舶规范由本船所有人填写，全部并入并作为__________年__________月__________日签订的租船合同的组成部分。

1.（A）船 名：__________ 呼 号：__________ 船 旗：__________

(B)何时建造：__________ 总长：__________ 最大宽度：__________

(C)船级__________

(D)登记吨位(总/净)：__________

(E)主机型号和制动马力：__________

2. 载重量和吃水

(A)按船级的夏季干舷高度载重量(包括燃料、物料和淡水)

长吨 T. P. I.(装货后吃水)：__________

(B)以“(A)”为基础满载时在海水中吃水：__________

(C)物料和常数不超过__________长__________吨

3. 散装/包装容积

共计__________立方英尺，包括清洁、可装干货的深舱的包装容积__________立方英尺，另加清洁、可装散粮的开底翼舱__________立方英尺。

4. 速度耗油和燃料容量

(A)最大每分钟转速：__________ 可产生每分钟运行转速：__________

(B)良好天气条件下满载时运行速度：__________节

(C)以“(B)”为基础每日航行耗油：中燃油(最多秒)：__________吨，加柴油__________吨

(D)每日(24 小时)在港耗油：__________

起货装置全部作业：__________

起货装置停止作业：__________

(E)燃料容量约吨燃油，约__________吨柴油

“(B)”中所指“良好天气条件”应解释为风力不超过蒲福氏风力 4 级(最大 16 节)和/或道格拉斯海浪状况 3 级(3～5 英尺)。

5.起货装置

(A)起货机规范、数目和起重能力：____________

(B)吊杆/转盘吊的数目和起重能力：____________

双吊联合作业的正常负荷：____________

(C)重吊规范：____________

使用于何舱口：____________

准备时间：____________

6.淡水(A)水拒容量：____________吨

(B)锅炉每日用量：____________吨，生活用：____________吨

(C)造水机规范：____________

利用废气日造淡水：____________

7.甲板/货舱/舱口

(A)甲板数8：____________

(B)二层甲板平或不平：____________

(C)二层舱高度：____________

(D)货舱/舱口数目：____________

(E)舱口尺寸：____________

深舱口尺寸：____________

(F)舱底板/甲板/舱盖强度：____________

8.其他

(A)机器/船桥位置：____________

(B)舱盖型号：____________

(C)货舱通风系统：____________

(D)地轴弄是否与舱底板平：____________

(E)充分压舱空载时从水线至舱盖围板高度：____________

(F)上次进干坞油漆船底日期：____________

(G)上次熏蒸日期：____________

9.货舱适当铺有与舱口大小一致的舱底板，或舱底板加固，适合用抓斗卸散粮。

10.本船系自动平舱散货船或双层甲板船，按照1960年国际海上人命安全公约的规定，装载散粮无需任何其他设备。

11.本船已经加固适于装载重件货，并能在货舱隔舱装载情况下航行。

12.本船护货板齐全。

13.本船可长途空放而无需在货舱用水或重物压舱。

14.本船二层舱舱盖齐全并在租期内保持齐全，本船所有人保证所有二层舱舱盖完好并符合工厂法案或其他类似法规的规定。

15. 本船符合通过苏伊士和巴拿马运河的各项要求并持有必要证件。

16. 本船备有通过圣劳伦斯河、圣劳伦斯水道和大湖所要求的全部装置和设备。

17. 本船所有载货处所备有二氧化碳灭火剂，适合于满载棉花。

四、实践案例阅读

畅达船务马尾公司诉华联商厦对外经济开发总公司等航行途中船舶失去动力被救助共同海损分摊案[1]

【案情介绍】

原告：福建畅达船务马尾公司

被告：烟台华联商厦对外经济开发总公司(以下简称华联公司)

被告：招远市黄金机械总厂(以下简称招远机械厂)

1994年7月11日，原告所属“铨宝湖”轮在龙口港装载被告华联公司的5 019.2吨普硅525号水泥和被告招远机械厂的439.1吨选矿设备，共计5 459.3吨货物。货物装载完毕后，“铨宝湖”轮大副沈金元开出货物装载图，记明装货后船舶平均吃水7.21m。7月18日06:42时，该轮从龙口港启航，开往目的港三亚。航行途中，自7月20日起，“铨宝湖”轮主机多次出现故障，并多次停航检修。至8月3日16:45时途经汕尾海域遮浪角附近时，主推进系统弹性联轴节橡胶挤出，联轴节失效，螺旋桨轴失去动力。航海日志记载当时西南风8～9级。23:35时，原告向广州海上救助打捞局请求救助。经救助，“铨宝湖”轮于8月5日被安全拖抵沙角锚地。8月7日，原告向广州港务监督递交了海事报告。8月10日，原告宣布共同海损，请有关货主立即与其联系处理理算和分摊事宜。

8月8日，广州海上救助打捞局向广州海事法院递交了海事请求保全书，申请扣押原告所属“铨宝湖”轮，以取得100万元担保。广州海事法院于8月12日裁定准许，并于次日在沙角锚地扣押了“铨宝湖”轮。9月10日，广州海上救助打捞局又向广州海事法院申请扣押船载华联公司水泥750吨和招远机械厂设备50吨，要求分别提供17万元、53万元的担保。广州海事法院裁定准许后，经通知两被告提供相应的担保，中国人民保险公司龙口支公司就共同海损为华联公司提供了45万元的担保，为招远机械厂提供了38.36万元的担保；招远金丝厂就共同海损为招远机械厂提供了40万元的担保。在取得担保后，广州海事法院解除了对上述船、货的扣押。10月14日，“铨宝湖”轮靠广州黄埔新港卸货，水泥由华联公司就地处理；选矿设备由招远机械厂转运至三亚港，转运费为16万元。就海难救助报酬问题，广州海上救助打捞局在申请扣船扣货后提起了诉讼，经广州海事法院判决，救助报酬总计为39.93万元，由本案原告畅达船务马尾公司承担18.93万元，被告华联公司承担9.78万元，被

---

[1] 根据关键律师主持的中国物流法律网 http://www.wuliulaw.com 案例库中的物流案例改编

告招远机械厂承担 11.22 万元。

事故发生后，广州港务监督于 8 月 31 日给予海事鉴证。9 月 16 日，中华人民共和国船舶检验局（广州）就“铨宝湖”轮主推进系统损坏状况出具检验报告，验明：弹性联轴节橡胶挤出，弹性联轴节失效，螺旋桨轴失去动力。建议需进一步拆检以确定弹性联轴节内部损坏的状况、范围及原因，尽快修理以恢复适航能力。

原告畅达船务马尾公司向广州海事法院提进诉讼称：“铨宝湖”轮开航时适航证书有效，并取得了港口当局的合法出口签证。在开航前和开航时，已配备合格船员和装备船舶，使船舶适航，做到了谨慎处理。该轮在适航有效期内，发生主推进系统弹性联轴节断裂，应属承运人在开航前和开航当时经过谨慎处理、各尽职责不能发现的船舶潜在缺陷。船舶在航行途中发生的这种故障，无法修复而失去续航能力，在强台风逼近情况下，为船货共同安全而请求救助，已构成共同海损。共同海损所产生的救助费用、弹性联轴节配件和安装费用、货物卸船费、货物仓储费、货物转堆费、船舶港口使用费、船舶油料和淡水费、选矿设备转运三亚港费、船员工资等，除已由各方分别支付的救助费用外，共计 203 万元，应由作为货物所有权人的两被告华联公司和招远机械厂与本公司一起，按共同海损分摊价值比例，分摊共同海损费用。

被告华联公司答辩称：“铨宝湖”轮装货后，其总货吨位未超过该轮载重吨位，但平均吃水却超过水线 35 公分，且船长及高级船员为了自身安全而罢工，致船在装货港锚地停留 7 日，显示该轮严重不适航。另外，由龙口至三亚距离 1 777 海里，船速每小时 11 节，每天航行 264 海里，到达目的港应用 6 天半时间，但事实上我方于 8 月 20 日才接到船舶出事的通知。原告作为承运人没有做到保证按期航行和使船舶适航，已违反其义务要求，因此过错而造成的损失，应由原告自行承担。

被告招远机械厂在答辩中除持华联公司的上述答辩理由外，还认为：原告所要求的共同海损费用，其中大部分属单独海损费用，如弹性联轴节配件及安装费用等，应由原告单独承担。其他可列入共同海损的费用，是由于原告不能免责的过失所造成的，也应由原告全部承担。所以，应驳回原告的诉讼请求。

诉讼期间，原告向广州海事法院提交了一份由大副沈××在 1994 年 7 月 18 日作出的装载图。该图上记明：“由于在龙口港离码头时发现船舶超水尺 10cm 多，故在开航前锚地时进行吃水调整，打出压载水 98 吨，船耗淡水 100 多吨，本轮在开航前的六面吃水情况测得 F6.85m，M6.95m，A7.20m，平均 7.00m。”但航海日志和轮机日志中无上述情况的记载。

为进一步查明案件事实，广州海事法院曾多次通知原告向法院提供“铨宝湖”轮该航次油水数量的记录和拆检弹性联轴节损坏原因的证据，并要求原告指派大副沈金元到庭就两份装载图不一的情况接受法庭调查。但原告至开庭结束时未提供上述证据，未指派大副沈金元到庭接受调查。

广州海事法院查明：“铨宝湖”轮为 1974 年巴西造钢质杂货船，总吨 4 794 吨，净重 2 495 吨，载货量 6 059 吨；总长 115.45m，型宽 17.40m，型深 9.8m，干舷为夏季 2 815mm；主机 1 台，型号为四冲程增压 8S45HU，额定功率 3 560kW。适航证书有效期至 1995 年 1 月 10 日。离开龙口港时，该轮有港务监督的出口签证。另据福建省赛岐海上安全监督局下白石监督站检查，"铨宝湖"轮艏压载舱有用于压载调整水尺的石头约 75 吨，使该轮平均吃水大约增加 5 公分。"铨宝湖"轮该航次装完货后，船上所存油、水数量在航海日志和轮机日志上均无记载。

广州中心气象台的实况记录和广州海洋环境预报台的记录表明，8 月 3 日 20:00 时，现场北风 4 级。4 日 08:00 时，西南风 5 级，20:00 时，西南风 5 级。5 日 08:00 时，西南风 7 级，20:00 时，西南风 5 级。9413 号强热带风暴 8 月 3 日 23:55 时位于台湾海峡，8 月 4 日凌晨 04:00 时在福建厦门至漳浦之间沿海地区登陆，登陆时中心最大风力 8～9 级，6 级大风半径 250km 左右。"铨宝湖"轮请求救助时正受其影响。

【焦点问题分析】

本案的焦点在于该船的损失是否属于共同海损。广州海事法院认为："铨宝湖"轮在航行中因弹性联轴节橡胶挤出，弹性联轴节失效，螺旋桨轴失去动力，致使船舶突然失控，此时又适逢台风影响，船舶和所载货物遭受共同危险真实存在。在此情况下，原告为了船货的共同安全请求救助，使船货被救拖抵安全锚地，措施合理有效，符合法律规定的共同海损构成要件，共同海损成立。原告诉讼请求中关于救助报酬（已由各获救受益人支付）、货物卸船费用、货物仓储费用、货物转堆费用、船舶港口使用费、选矿设备转运三亚港费用、货物卸完前的船舶油料及淡水费用、船员工资和伙食费用等属共同海损费用。但弹性联轴节配件和安装费用不是为了船货的共同安全而支出的，不属于共同海损费用。

依照我国海商法的有关规定及国际惯例，引起共同海损特殊牺牲、特殊费用的事故，如果属于不可抗力的原因或者航程中的一方可以免责的过失造成的，其他受益方应当参与分摊共同海损。如果是由于航程中的一方不可免责的过失造成的，该过失方应对全部共同海损负责，无权要求其他方分摊共同海损。提出共同海损分摊请求的一方应当负举证责任，证明其损失应当列入共同海损。非过失方或过失方可以就此项过失提出赔偿请求或进行抗辩。"铨宝湖"轮在龙口港装完货后，其大副沈××签名的货物装载图已记明装货后船舶平均吃水 7.00m，按该轮船检规范计算，已严重超载，船舶不适航。该轮启航开往三亚港途中，主机又多次出现故障而停航检修，对此，原告应负举证责任，证明弹性联轴节的损坏不是由于上述原因或其他承运方可负责的原因所致，以支持其提出共同海损分摊请求的主张。但虽经本院多次要求，原告仍拒绝提供有关"铨宝湖"轮该航次油、水数量的记录和弹性联轴节损坏原因的证据，又不指派大副沈金元到庭接受调查，故原告请求分摊共同海损的证据不足，理由不充分，本院不予支持，两被告的抗辩理由成立。根据《中华人民共和国海商法》第 196 条、第 197 条的规定及有关航运惯例，《中华人民共和国民事诉讼法》第 64 条第 1 款的规定，广州海事法院于 1996 年 7 月 24 日判决如下：

驳回原告畅达船务马尾公司的诉讼请求。

【引申思考】

想一想，原告为什么会败诉？认真讨论在什么情况下可以确定为共同海损？

R 课外阅读指导

(1)《海商法》案例教程，杨军编著，北京大学出版社。

(2)《中华人民共和国海商法》，全国人民代表大会常务委员会 1992 年 11 月 07 日发布，1993 年 07 月 01 日实施。

第八章 物流争议解决

本章学习目标与学习要求

仲裁和诉讼是解决经济纠纷的两种主要的法律途径和方法。市场经济是法制经济，要求人人不仅懂法、守法，而且会用法。了解物流仲裁和诉讼知识，这在物流活动中非常有利于保护自己和单位的合法权益。

知识目标：通过诉讼法的学习，要掌握我国民事诉讼方面的管辖、审判组织、证据、期间、一审程序、二审程序、再审程序及简易程序和执行程序。通过仲裁法的学习，要掌握我国仲裁的基本原则和基本理论，比较熟练地掌握仲裁程序和规则，了解国外仲裁制度。

能力目标：能够书写起诉状、上诉状、仲裁申请书等法律文书，能够代理当事人进行诉讼，能够解决民事诉讼中遇到的基本问题。

素质目标：培养口头表达能力，写作能力，合作意识和维权意识。

学习要求：本章重点在于诉讼原则、管辖、诉讼程序、证据；本章难点在于诉讼程序，要求重点学习。

第一节 诉 讼 法

一、经济诉讼与诉讼法的概念

（一）诉讼的含义

“诉讼”，诉，是告诉、控告之意；讼，是争论、争辩。诉讼就是在人民法院主持下，由当事人及其他诉讼参与人的参加下，按照一定程序和方式解决争议和处理案件的活动。诉讼依据所解决的问题的不同性质，可以分为：刑事诉讼、民事诉讼和行政诉讼三种。

物流诉讼是指人民法院在双方当事人和其他诉讼参与人的参与下，按照规定程序，审理和解决物流经济纠纷案件的诉讼活动。由于我国还没有专门的经济诉讼法，因此，物流经济诉讼所依据的程序法主要是《中华人民共和国民事诉讼法》(以下简称《民事诉讼法》)的有关规定。

(二)诉讼法的含义

诉讼法亦称程序法，是国家制定的司法机关在当事人和其他诉讼参与人参加下进行诉讼活动必须遵守的法律规范的总称。

民事诉讼，是指人民法院在双方当事人和其他诉讼参加人参加下，审理和解决民事案件的活动。我国于 1982 年 3 月 8 日第五届全国人大常委会第二十二次会议通过颁布了《民事诉讼法(试行)》，同年 10 月 1 日起试行。经过九年的试行，于 1991 年 4 月 9 日第七届全国人大第四次会议通过修改后的《民事诉讼法》，并于同日公布施行。

二、经济诉讼的基本原则和制度

(一)经济诉讼的基本原则

1. 依法独立行使审判权的原则

我国宪法和人民法院组织法规定：人民法院依照法律规定独立行使审判权，不受行政机关、社会团体和个人的干涉。在司法实践中，审判中发生的错误有的就是受到外界各种非法干预和影响。因此为了保证办案的质量，一定要坚持独立审判的原则。人民法院在审理案件中绝对服从法律。

2. 以事实为依据，以法律为准绳的原则

这项原则是我国司法工作的指导方针和根本原则。以事实为根据要求人民法院在办案过程中，尊重事实，仔细分析案情，收集证据，以此分清案件的是非曲直。以法律为准绳要求在办案中严格依法办事，客观、公正地解决经济纠纷。

3. 当事人在适用法律上一律平等的原则

在审判活动中，无论是原告，还是被告；无论是中国人，还是外国人，其法律地位是平等的享有同等诉讼权利，任何人都没有超越法律之上的特权。

4. 根据自愿和合法进行调解的原则

经济纠纷案件大都发生在我国企业之间、企业和其他经济组织之间，是经济协作过程中暂时的、局部的利益纠纷和矛盾，没有根本的利害冲突。在人民法院的调解下，促使双方和解，进一步发展双方的协作关系。当然，调解必须是双方自愿，不能强迫当事人接受调解，也不能久调不决，影响案件是处理。

5. 辩论原则

辩论原则是建立在当事人诉讼权利平等基础上的。当事人有权就案件的事实和争议的问题，各自陈述自己的主张和理由，互相进行辩驳和论证，以维护自己的合法权益。辩论原则贯穿于经济诉讼的全过程。通过言词辩论和书面辩论的方式，就案件的实质问题展开。通过双方当事人的辩论、质证,使法院了解案件的真实情况,分清是非,并以此为基础,做出正确的判决。

6. 处分原则

处分原则是指当事人有权在法律规定的范围内,处分自己的民事权利和诉讼权利。但这种权利的行使要受到一定的限制的,主要表现在:当事人处分行为不得超越法律规定的范围;不得损害国家、社会、集体的利益;不得损害其他公民的民事权利。

(二)经济诉讼的基本制度

1. 公开审判制度

公开审判制度是指人民法院审理经济案件时,审判过程向社会公开。但下列案件不公开审理:

(1)涉及国家秘密的案件。

(2)个人隐私案件。

(3)涉及商业秘密、当事人申请不公开审理的案件。

2. 回避制度

回避制度是指与本案件有利害关系的审判人员及其他人员,不得参与本案审理等活动的诉讼制度。根据法律规定,案件的审判人员、书记员、翻译人员、鉴定人员及勘验人员有下列情形之一的,应主动回避,当事人也可以在法庭辩论终结前申请上述人员回避:

(1)是本案的当事人或当事人、诉讼代理人的近亲属。

(2)与本案的处理结果有利害关系。

(3)与本案当事人有其他关系,可能影响案件的公正审理。

3. 合议制度

合议制度是指由3人以上审判人员组成合议庭对案件进行审理的制度。根据合议制度,在不同审判阶段,合议庭由不同的审判人员组成。第一审经济案件,除简单案件由审判员一人独任审判外,其余案件都由审判员、陪审员共同组成合议庭或审判员组成合议庭;第二审经济案件由审判员组成合议庭;再审案件由审判员另行组成合议庭。

4. 两审终审制度

两审终审制度是指一个经济案件经过两级人民法院审理即告终结的制度。根据法律规定,除依特别程序、督促程序、公示催告程序和破产还债程序审理的案件实行一审终审外,其他案件均实行两审终审。

三、民事诉讼中的管辖

(一)管辖的含义

管辖是指各级人民法院和同级人民法院之间,受理第一审民事案件的分工和权限。正确确定管辖,可以避免法院在受理案件是相互推诿和争执,也便于当事人进行诉讼。我国民事案件管辖的种类可分为:级别管辖、地域管辖、移送管辖和指定管辖。

(二)管辖的种类

1. 级别管辖

级别管辖,是指划分各级人民法院之间受理第一审民事案件的分工和权限。我国人民法院设置分四级,即基层人民法院、中级人民法院、高级人民法院和最高人民法院。

基层人民法院管辖的第一审案件是一般的经济案件;中级人民法院管辖的第一审案件是重大涉外经济纠纷案件和在本辖区有重大影响的经济纠纷案件;高级人民法院管辖第一审案件是在本辖区有重大影响的经济纠纷案件;最高人民法院管辖在全国有重大影响的经济案件和它认为应当由本院直接审理的第一审经济纠纷案件。

2. 地域管辖

地域管辖是指确定同级人民法院之间在各自辖区受理第一审民事案件的分工和权限。地域管辖分为一般地域管辖、特殊地域管辖、专属管辖、协议管辖。

(1)一般地域管辖。一般地域管辖是指民事案件一般由被告住所地人民法院管辖,即实行原告就被告。被告住所地与经常居住地不一致的,由经常居住地人民法院管辖。对法人或其他经济组织提起的诉讼,由被告住所地人民法院管辖,即由被告的主要营业地或主要办事机构所在地的人民法院管辖。法人的办事机构有两个以上的,由法人的领导机关或管理机关所在地的人民法院管辖。

(2)特殊地域管辖。特殊地域管辖是以被告住所地、诉讼标的物所在地、引起法律关系发生、变更、消灭的法律事实所在地为标准来确定的管辖。适用特殊地域管辖的有:因侵权行为提起的诉讼,由侵权行为地或者被告住所地人民法院管辖;因合同纠纷提起的诉讼,由被告住所地或者合同履行地法院管辖;因票据纠纷提起的诉讼,由票据支付地或被告居住地人民法院管辖;因铁路、公路、水路、航空运输和联合运输合同纠纷提起的诉讼,由运输始发地、目的地或者被告住所地人民法院管辖。

(3)专属管辖。专属管辖是按诉讼标的的特殊性,法律强制规定只能由特定的人民法院管辖,其他法院无管辖权,当事人也不得协议变更管辖。适用专属管辖的案件有:因不动产纠纷提起的诉讼,由不动产所在地人民法院管辖;因港口作业中发生纠纷提起的诉讼,由港口所在地人民法院管辖;因继承遗产纠纷提起的诉讼,由被继承人死亡时住所地或者主要遗产所在地人民法院管辖等。

【案例 8-1】

位于甲区的建筑工程公司与位于乙区的某集团公司签订一份在丙区建筑一栋 5 000m^2 营业用房的建筑工程承包合同。工程竣工并验收后,集团公司仅支付了部分工程款,拖欠 70 万元一直未付。

思考:建筑公司决定起诉,哪个法院有管辖权?

分析:乙区人民法院和丙区人民法院都有管辖权。因为本案属于合同纠纷,而不属于不动产专属管辖,对于建筑工程合同,建筑物所在地是合同履行地。

(4)协议管辖。当事人在协商的基础上，约定选择案件的管辖法院。当事人可以就合同的纠纷以书面的形式选择被告所在地、合同履行地、合同签订地、原告住所地、标的物所在地的人民法院管辖。协议不能违背民事诉讼法关于级别管辖和专属管辖的规定。

3. 移送管辖和指定管辖

(1)移送管辖，指法院受理案件后，发现本院对该案无管辖权，依照法律规定将案件移送给有管辖权的人民法院审理。受移送的法院不得再自行移送案件。

(2)指定管辖，指上级人民法院以裁定方式，指定下级人民法院对某一案件行使管辖权。

四、当事人和诉讼代理人

(一)当事人概述

1. 当事人概念

当事人是指因民事上的权利义务发生纠纷，以自己名义进行诉讼，并受人民法院裁判、调解协议约束的利害关系人。当事人有广义和狭义之分，狭义的当事人仅指原告和被告；广义的当事人，除了原告和被告之外，还包括共同诉讼人、第三人和诉讼代表人。

原告是指因自己或者由其支配的民事权益受到侵害，或者与他人发生权益争执，为维护其合法权益，而以自己名义向人民法院提起诉讼，从而引起诉讼程序的人。被告则是指原告诉称其侵犯原告合法权益，或者与原告发生权益争议，而由法院依法通知应诉的人。可以作为当事人的有公民、法人和其他组织。

2. 当事人的诉讼权利和诉讼义务

根据我国诉讼法的规定，当事人享有广泛的诉讼权利，主要有：①请求司法保护的权利，即原告有起诉权，并可以放弃或变更诉讼请求；被告有应诉权，并可以承认或反驳诉讼请求，有权提起反诉；②用本民族语言文字进行诉讼的权利；③委托代理人进行诉讼的权利；④申请回避的权利；⑤上诉的权利；⑥申请执行的权利；⑦自行和解的权利；⑧查阅本案庭审材料，并复制本案庭审材料和法律文书的权利，但涉及国家机密、商业秘密或者个人隐私的材料除外。当事人的诉讼义务有：①依法行使诉讼权利，不得加以滥用；②遵守诉讼秩序和法庭纪律，履行法律生效的判决、裁定和调解协议。

(二)共同诉讼人

1. 共同诉讼人的概念

共同诉讼是指当事人一方或双方为二人以上，其诉讼标的是共同的或者是同类的，因而合并审理的诉讼。共同诉讼人是以自己名义参加诉讼，他们之间的利害关系是一致的。共同诉讼的设立，简化了诉讼程序，提高办案效率，避免人民法院在同一或同类案件上做出相互矛盾的判决。

2. 共同诉讼人的种类

共同诉讼人分为必要的共同诉讼人和普通的共同诉讼人。必要的共同诉讼人是指当事人一方或双方为二人以上，其诉讼标的是共同的，人民法院合并审理，并作出同一判决。在必要共同诉讼中，共同诉讼人必须一同起诉或一同应诉，彼此有连带关系，其中一人的行为经其他共同诉讼人承认，对其他共同诉讼人发生效力。普通的共同诉讼人是指诉讼标的属于同一种类，人民法院认为可以合并审理并经当事人同意的诉讼。由于普通的共同诉讼人之间没有共同的权利义务，因而，其中一人的行为，对其他共同诉讼人不发生效力。

【案例 8-2】

2000 年 10 月，甲与乙共同投资 210 万元购买一台设备从事个体加工业务。2002 年 3 月，甲与乙将设备租赁给丙从事加工业务，因丙不正当操作致使该设备严重受损。就设备受损后赔偿问题，甲乙丙发生争议。甲乙以丙为被告向人民法院起诉，要求丙赔偿修理该设备所需要的 2 万元。在诉讼进行过程中，甲鉴于与丙多年的同学关系，放弃对丙的诉讼请求。

思考：甲的放弃诉讼请求行为，对乙是否有效？

分析：在必要共同诉讼中，其中一人的诉讼行为经其他共同诉讼人承认，对其他共同诉讼人发生效力。本案中甲放弃对丙的诉讼请求的行为，如果乙同意，则该放弃诉讼请求的行为对乙有效，否则对乙无效。

3. 诉讼代表人

在共同诉讼中，在当事人一方人数众多时，可以由当事人推选代表人进行诉讼，这一诉讼形式称为代表人诉讼。诉讼代表人在诉讼中所实施的行为，视同全体当事人的行为，对所代表的全体当事人发生效力。

(三)第三人

1. 第三人的概念

第三人是指在已经开始的诉讼中，对他人之间争议的诉讼标的有部分的或者全部的独立请求权，或者虽无独立的请求权，但案件的处理结果与其有法律上的利害关系，因而参加他人之间已经开始的诉讼的人。

2. 第三人的种类

第三人依其独立请求权的状况，分为有独立请求权的第三人和无独立请求权的第三人两类。

有独立请求权的第三人，对他人之间争议的标的，享有全部或部分独立请求权，可以以独立的权利人的资格提出诉讼请求而参加诉讼。其在诉讼中地位相当于原告，而以本诉中的原告和被告为共同被告。

无独立请求权的第三人，对他人之间诉讼标的没有独立的请求权，但案件的处理结果与其又有法律上的利害关系。因而，无独立请求权的第三人，只能申请参加诉讼，或依法院的通知而参加诉讼，而不能直接提起诉讼。其在诉讼中地位既不是原告，也不是被告，只能参加到当事人一方进行诉讼。

【案例 8-3】

甲公司和乙公司签订一份化工产品买卖合同。合同约定，甲公司向乙公司提供一批化工产品，如果产品质量存在问题，甲公司承担民事责任。后来乙公司把该批产品卖给了丙公司，丙公司发现这批化工产品存在质量问题，于是以乙公司为被告向法院提起诉讼。

思考：在该案诉讼过程中，能否将甲公司作为无独立请求权的第三人？

分析：由于该案最后的处理结果可能涉及甲公司的利益，可以通知甲公司作为本案的无独立请求权的第三人参加诉讼。

（四）诉讼代理人

1. 诉讼代理人的概念

诉讼代理人是指代理一方当事人并以当事人的名义进行诉讼活动的人。诉讼代理人制度的建立具有重要的意义，它为具有诉讼权利能力而无诉讼行为能力的当事人提供帮助。为那些虽能自己进行诉讼但缺乏法律知识的人提供诉讼上的帮助。

2. 法定代理人

法定代理人，是指根据法律的规定直接代理无诉讼行为能力的当事人实施民事诉讼行为的人。法定代理人的代理权，是根据民法、婚姻法等实体法上规定的亲权和监护权而产生的。法定代理人代为诉讼，不需要向法院提交授权委托书，只需要提交身份证明即可。

3. 委托代理人

根据代理人和被代理人之间的委托协议成立的代理，称为委托代理。根据法律规定，当事人的近亲属、律师、社会团体和当事人所在单位推荐的人，以及经人民法院许可的其他公民，均可作为委托诉讼代理人。

五、证据

（一）证据的概念和特征

证据是指能够证明案件真实情况的事实资料。证据具有三个特征：①客观性；②关联性；③合法性。

（二）证据的种类

(1)书证。是指以文字、符号、图案所反映出来的思想内容来证明案件事实的证据。

(2)物证。物证是指以物品本身所存在的物理性特征来证明案件事实，如物品的长、宽、高、质量、痕迹等特征。

(3)视听资料。是指以录音带、录像带或者电脑所储存的数据资料等证明案件事实所形成的证据。

(4)证人证言。

(5)鉴定结论。是指诉讼进行过程中,就案件所涉及的专门性问题,人民法院聘请的专业人士对该问题经过分析后作出了科学性结论。

(三)举证责任

1.举证责任的概念

举证责任又称证明责任,是指当事人对自己所主张的事实,应当提供证据加以证明,以及不能证明时所承担的不利后果。

2.举证责任负担

(1)举证责任负担的一般原则,谁主张谁举证。即当事人对自己提出的诉讼请求所依据的事实或者反驳对方诉讼请求所依据的事实有责任提供证据加以证明。

(2)举证责任的倒置。虽然我国诉讼法确立了"谁主张,谁举证"的原则,但是在有些特殊案件中,例如,在侵权案件中,由原告举证证明给自己造成损失(或伤害)的事实真相,则可能形成对受害方的不公平、不合理。作为"谁主张,谁举证"原则的例外,应当确立举证责任倒置规则,即原告主张侵权事实,被告否认的,由被告就其否认负担举证责任。

举证责任倒置的法定情形有:①因新产品制造方法发明专利引起的专利侵权诉讼。②高度危险作业致人损害的侵权诉讼。③因环境污染引起的损害赔偿诉讼。④建筑物或者其他设施以及建筑物上的搁置物、悬挂物发生倒塌、脱落、坠地致人损害的侵权诉讼。⑤饲养动物致人损害的侵权诉讼。⑥因缺陷产品致人损害的侵权诉讼。⑦因共同危险行为致人损害的侵权诉讼。⑧因医疗行为引起的侵权诉讼。

六、经济诉讼程序

经济诉讼程序,也叫经济纠纷案件的审判程序,是法律规定的人民法院在进行经济诉讼活动必须遵守的规则和制度。包括第一审程序、第二审程序、审判监督程序及其他非诉程序。

(一)第一审普通程序

第一审普通程序,是人民法院审理第一审民事案件所适用的最基本的程序。它具体包括:起诉和受理;审理前的准备;开庭审理和判决。

1.起诉和受理

起诉是指原告依法向人民法院提出诉讼请求的行为。起诉必须具备的条件是:

(1)原告是与本案有直接利害关系的公民、法人和其他组织。

(2)有明确的被告。

(3)有具体的诉讼请求和事实、理由。

(4)属于人民法院受理的范围和受诉人民法院管辖。原告向人民法院起诉应向人民法院递交起诉状,并按被告人数多少提出与其相同的副本。

起诉状应写明下列事项:

(1)当事人的姓名、性别、年龄、民族、职业、工作单位和住所,法人或者其他组织的名称、住所和法人代表或者主要负责人姓名、职务。

(2)诉讼请求和所根据的事实与理由。

(3)证据和证据来源、证人姓名和住所。

【小知识 8-1】 起诉状格式

起 诉 状

原告:姓名、性别、年龄、民族、职业、工作单位、住址

被告:姓名、性别、年龄、民族、职业、工作单位、住址

请求的事项:
事实和理由:
证据和证据来源,证人姓名和住址

此致

××××× 人民法院

附:1.本状副本:×份
2.物　证:×件
3.书　证:×件

具状人:×××签名或盖章

××××年××月×日

受理是指人民法院经过审查起诉,认为符合法定条件,予以立案的诉讼活动。

人民法院收到诉状或者口头起诉,经审查,符合起诉条件的,应当在 7 日内立案,并及时通知当事人,认为不符合起诉条件的,应当在 7 日内裁定不予受理;原告对裁定不服的,可以提起上诉。

2.审理前的准备

审理前的准备是指人民法院在受理案件后,为了保证案件顺利开庭审判,所进行的各项准备工作。主要有以下几项:

(1)在法定期间内及时送达诉讼文书。人民法院应当在立案之日起 5 日内将诉状副本发送被告,被告在收到之日起 15 日内提出答辩状。被告不提出答辩状的,不影响法院的审理。被告在答辩的同时,有权提出反诉。

【小知识 8-2】 答辩状格式

答　辩　状

答辩人:姓名:　性别:　年龄:　民族:　职业:　工作单位:　住所:

接×××××人民法院转来××××案的诉状副本一份,现提出答辩,事实及理由如下:

此致

××××人民法院

答辩人:×××签名或盖章

××××年×月×日

(2)告知当事人的诉讼权利义务。

(3)组成合议庭并在 3 日内告知当事人。

(4)认真审核诉讼材料,调查收集必要的证据。

(5)追加当事人。法院发现必须共同进行诉讼的当事人没有参加诉讼的,应当通知其参加诉讼。追加的当事人是共同诉讼的原告时,如其明确表示放弃实体权利的,可以不追加;如果既不参加诉讼,又不放弃实体权利的,应追加为原告。追加的当事人是共同诉讼的被告时,则一经法院通知,必须参加诉讼。

(6)进行勘验或委托鉴定。

(7)决定采取诉讼财产保全或先予执行措施。诉讼财产保全,是指人民法院在经济诉讼期间,为防止因当事人一方行为或其他原因,导致将来生效的判决不能执行或者难以执行,根据对方当事人的申请或者依职权,对有关的财产采取的强制性措施。先予执行,是指人民法院对某些经济纠纷案件作出终审判决前,为解决一方当事人的生活或生产经营的急需,裁定另一方当事人先履行一定的给付义务,并立即执行的措施。

3. 开庭审理

开庭审理是人民法院在当事人和其他诉讼参与人的参加下,全面审查案件事实,依法进行调解或作出裁判的活动。开庭审理的方式有公开审理和不公开审理两种方式。除涉及国家机密或者法律另有规定外,一律公开进行。开庭审理的步骤:

(1)庭审准备。人民法院决定开庭审理的案件,应在开庭 3 日前通知当事人和其他诉讼参与人。公开审判的,应当公告当事人的姓名、案由和开庭的时间、地点。

(2)宣布开庭。开庭前,书记员应查明当事人和其他诉讼参与人是否到庭,宣布法庭纪律。审理时由审判长核对当事人,宣布审判人员、书记员名单,告知当事人有关的诉讼权利和义务,询问当事人是否提出回避申请。提出回避申请的经审查如有正当理由可按照有关规定程序更换被申请回避的人员。

(3)法庭调查。审判长报告案情,简要说明原告起诉的要求和理由,被告答辩的内容和根据,双方当事人争执的焦点。接着双方当事人陈述,可以补充审判人员的说明,也可以提出证据,证明自己的请求或者答辩。审判人员认为不明确的,还可以询问当事人、证人、鉴定人,审查书证、物证。

(4)法庭辩论。在辩论中,当事人可以对如何认定案情提出意见,也可以对怎样适用法律和适用什么法律提出意见。当事人在提出自己意见的同时,还可以反驳对方意见,辩论中应当引用法庭调查过的事实和证据。

(5)法庭辩论后的调解。辩论结束后,应最后进行调解,仍达不成协议时,作出公证、合理的判决。

4. 宣告判决

经过开庭审理,审判人员在听取双方当事人辩论意见的基础上,结合有关案件材料,查明事实,正确处理案件并作出判决。人民法院对公开审理或者不公开审理的案件,一律公开宣告判决。案件当庭宣判的,应当在 10 日内发送判决书;定期宣判的,宣判后立即发给判决书。判决书应当写明:①案由、诉讼请求,争议的事实和理由;②判决认定的事实、理由和运用的法律依据;③判决结果和诉讼费用的承担;④上诉期限和上诉法院。最后由审判人员、书记员署名并加盖人民法院印章。

(二)第二审程序

第二审程序是当事人不服第一审判决的,有权在判决书送达之日起 15 日内向上一级人民法院提起上诉。不服一审法院裁定的,有权在裁定送达之日起 10 日内向上一级人民法院提起上诉。逾期不上诉的,一审法院的判决、裁定便发生法律效力。

上诉应当递交上诉状,上诉状应当写明原审法院名称、案件编号和案由及上诉的请求和理由。上诉状可以通过原审人民法院提出,也可以直接向第二审人民法院上诉。

【小知识 8-3】 上诉状格式

上　诉　状

上诉人:×××姓名、性别、年龄、籍贯、职业、工作单位、住址

被上诉人:×××姓名、性别、年龄、籍贯、职业、工作单位、住址

上诉人因××××一案,不服××××人民法院于××××年××月×日××字第××号民事判决(或裁定),现提出上诉,上诉的请求和理由如下:

此致

××××人民法院

上诉人:×××签名或盖章

××××年×月×日

附:1. 本状副本:×份

2. 证　　物:×件

3. 书　　证:×件

第二审人民法院审理上诉案件应当组织合议庭，对第一审人民法院认定事实是否正确，适用法律是否恰当，诉讼程序是否合法，进行全面审理，不受上诉范围和理由的限制。在事实核对清楚后，认为不需要开庭审理的，可进行判决或裁定。二审法院对上诉案件经过审理，分别依照法律规定作出如下判决：①驳回上诉，维持原判；②适用法律错误，依法改判；③事实不清、证据不足或认定事实错误撤销原判发回重审；④原判决违反法定程序，裁定撤销原判决，发回重审。

（三）审判监督程序

审判监督程序是人民法院对已经发生法律效力的判决、裁定认为在认定事实上或者在适用法律上确有错误，对案件依法重新进行审理的一种审判程序。目的是为了纠正已经发生法律效力，但又是确有错误的判决、裁定。它不是每一个案件必经的审判程序，而是在第一审和第二审程序之外的救济程序和特殊程序。

审判监督程序的发生有四种情况：

1.人民法院院长提起再审

原审人民法院院长对自己的生效的判决、裁定发现确有错误的，有权按照审判监督程序提起再审。

2.上级法院决定再审

上级人民法院对下级人民法院的生效判决、裁定；最高人民法院对地方各级人民法院的生效判决、裁定，发现确有错误的，有权按照审判监督程序决定再审。

3.人民检察院抗诉提起再审

抗诉是指人民检察院根据对审判的法律监督权，对人民法院已经生效的判决、裁定，发现确有错误，要求人民法院再行审理，纠正错误的诉讼活动。

人民检察院提出抗诉，必须符合法定情形：

(1)原判决、裁定认定事实的主要证据不足的。

(2)原判决、裁定适用法律有错误。

(3)人民法院违反法定程序，可能影响案件正确判决、裁定的。

(4)审判人员在审判该案件时有贪受贿，徇私舞弊，枉法裁判行为的。

4.当事人申请再审

案件的当事人对已经生效的判决、裁定或调解书，认为确有错误，要求原审人民法院或者上一级人民法院进行再审的诉讼行为。

当事人申请再审，必须符合法定情形：

(1)有新的证据，足以推翻原判决、裁定的。

(2)原判决、裁定认定事实的主要证据不足的。

(3)原判决、裁定适用法律有错误。

(4)人民法院违反法定程序的，可能影响案件正确判决、裁定的。

(5)审判人员在审理该案件时，有贪污受贿，徇私舞弊，枉法裁判行为的。

(6)有证据证明调解违反自愿原则的。

(7)调解协议的内容违反法律的。

当事人申请再审,应当在判决、裁决发生法律效力后两年内向原审法院或者上一级人民法院提出。

按照审判监督程序决定再审的案件,裁定中止原判决的执行。

(四)执行程序

执行程序是指人民法院根据一方当事人的申请或依职权采取法定措施,对已经生效的判决、裁定和调解协议中的财产部分,强制不履行义务一方履行给付义务。执行程序不是诉讼的必经程序,它只是在当事人不主动履行已经生效的法定义务时才发生。

1.执行案件的管辖

判决、裁定生效后,一方不履行的,对方当事人可以向人民法院申请执行,也可以由审判员移送执行员执行。

2.申请执行的期限

双方当事人或一方当事人是公民的,申请执行期限是1年;双方当事人是企业或者其他组织的,申请执行的期限是6个月。时间从法律文书规定履行期限的最后一日起计算。如果法律文书规定分期履行的。则从每次履行期限的最后一日起计算。

3.执行措施

执行员在接到申请执行书或者移交执行书,应当通知被执行人在指定的期限内履行。逾期不履行的,强制执行。执行措施有:

(1)查询、冻结、划拨被执行人的存款。

(2)扣留、提取被执行人的收入。

(3)查封、扣押、冻结、拍卖、变卖被执行人的财产。

(4)搜查被执行人隐匿的财产。

(5)强制被执行人交付法律文书指定的财物和票证。

(6)强制被执行人迁出房屋或退出土地。

(7)强制被执行人完成法律文书指定的行为。

(8)强制被执行人支付迟延履行金或迟延履行期间的债务利息。

(五)督促程序

督促程序是人民法院根据债权人的申请,以支付令的形式,督促债务人限期履行给付义务的特别程序。督促程序是一种解决金钱、有价证券债务的迅速、简易的督促还债程序。

(六)公示催告程序

公示催告程序是人民法院根据申请人的申请,以公示的方式催告不明确的利害关系人在法定期间内申报权利,如无人主张权利,即可作出除权判决的程序。

(七)企业法人破产还债程序

企业法人破产还债程序是企业法人因严重亏损,无力清偿到期债务,人民法院根据债权人或债务人的申请,宣告破产并偿还债务的程序。

七、诉讼时效

(一)诉讼时效的概念

诉讼时效是指法律规定的当事人通过诉讼程序请求法院保护其权利的有效时间。诉讼时效届满除法律有规定外,权利人的请求权就不受法律保护。但债务人自愿履行债务的不受诉讼时效的限制。

(二)诉讼时效期间

1.诉讼时效期间的概念

诉讼时效期间是指权利人请求人民法院保护其权利的法定期间。根据《民法通则》的规定,诉讼时效从知道或者应当知道权利被侵害时起计算。

2.诉讼时效的种类

(1)普通的诉讼时效期间。即向人民法院请求保护民事权利的诉讼时效期间为两年。

(2)特别的诉讼时效期间。只适用特定情况的诉讼时效,如《民法通则》136 条规定:身体受到伤害要求赔偿的、出售质量不合格的商品未声明的、延付或拒付租金的、寄存财物被丢失或损毁的,诉讼时效期间为 1 年。《合同法》第 129 条规定,国际货物买卖合同和技术进出口争议提起诉讼期间为 4 年。

(三)诉讼时效的中止、中断与延长

1.诉讼时效的中止

诉讼时效的中止是指诉讼时效进行中,因发生一定的法定事由而使权利人不能行使请求权,暂时停止计算诉讼时效期间。待阻碍时效的事由消失后,时效继续进行。阻碍诉讼时效进行的法定事由为不可抗力及其他使权利人无法行使请求权的客观情况。

根据《民法通则》的规定,只有在诉讼时效期间的最后 6 个月内发生上述法定事由,才能中止时效的进行。

2.诉讼时效的中断

诉讼时效中断是指在诉讼时效进行中,因发生一定的法定事由,致使已经经过的时效期间统归无效,待时效中断的法定事由消除后,诉讼时效重新计算。引起诉讼时效中断的事由有:权利人提起诉讼;当事人一方向义务人提出履行义务的要求;当事人一方同意履行义务。

3.诉讼时效的延长

诉讼时效的延长是指人民法院对已经完成的诉讼时效,根据特殊情况而予以延长。这是法律赋予司法机关的一种自由裁量权,至于何为特殊情况,则由人民法院判定。

第二节 仲 裁 法

一、仲裁法概述

(一)仲裁的概念及仲裁立法的情况

仲裁是指争议的双方或各方依照事前或事后达成的协议,自愿把争议交给第三方作出裁决,争议的双方执行该裁决,从而解决争议的法律制度。经济仲裁,是指当事人的经济纠纷由仲裁机构居中调解、裁决的活动。通过仲裁方式,解决经济纠纷的范围相当广泛,如物流合同纠纷、商标专利侵权纠纷、国际贸易纠纷等,经济仲裁发挥了重要作用。

仲裁法就是调整仲裁过程中所发生的各种仲裁关系法律规范的总称。1994 年 8 月 31 日第八届全国人大常委会第九次会议通过了《中华人民共和国仲裁法》,1995 年 9 月 1 日起施行。(以下简称《仲裁法》)。立法宗旨是保证公正、及时地仲裁争议,保护当事人的合法权益,保障社会主义市场经济健康发展。

(二)《仲裁法》的适用范围

仲裁法适用于平等主体的公民、法人和其他组织之间发生的合同纠纷和其他财产权益纠纷。

下列纠纷不能仲裁:

(1)与人身相关的婚姻、收养、监护、抚养、继承纠纷不能仲裁。

(2)依法应当由行政机关处理的行政争议不能仲裁。

(3)劳动争议和农业集体经济组织内部的农业承包合同纠纷不同于一般经济纠纷,也不能采取仲裁,而是由法律另行规定。

(三)仲裁法的一般原则

1. 自愿仲裁原则

自愿是仲裁制度的一项基本原则。根据此原则,当事人采用仲裁方式解决纠纷,应由双方自愿达成仲裁协议。没有仲裁协议,一方申请仲裁的,仲裁机构不予受理;当事人有权协商选择向哪个仲裁委员会申请仲裁;当事人有权自主选定仲裁员;仲裁的事项可以由当事人双方约定。

2. 仲裁依法独立原则

仲裁不实行级别管辖和地域管辖,仲裁委不按行政区划层层设立,与行政机关没有隶属关系,仲裁委员会之间也没有隶属关系,由来自民间的法学专家、经济专家、技术专家等有专门知识和实践经验的人担任仲裁员。仲裁依法独立进行,不受任何行政机关、社会团体和个人的干涉。当然,人民法院可以依法对仲裁进行必要的监督。

3. 仲裁一裁终局原则

仲裁一裁终局是指仲裁裁决作出后，当事人就同一纠纷，不能再申请仲裁或者向人民法院起诉。但是，裁决被人民法院依法裁定撤销或者不予执行的，当事人就纠纷可以根据双方重新达成的仲裁协议申请仲裁，也可以向人民法院起诉。

4. 以事实为根据，以法律为准绳的原则

以事实为根据，就是要实事求是，要求在仲裁过程忠于事实真相，查清案情。以法律为准绳，就是在查明事实的基础上，依照法律规定，分清是非曲直，确认当事人的权利与义务。

5. 或裁或审制度

经济纠纷发生后，当事人可以采取仲裁方式或者审判方式加以解决，而不能既采取仲裁，又采取诉讼。当事人达成仲裁协议的，一方向人民法院起诉的，人民法院不予受理，但仲裁协议无效的除外。

【小知识 8-4】 仲裁的来历

最早的仲裁，产生于古罗马商业发展时期，主要用于解决商人之间在经济贸易中发生的纠纷。1697 年仲裁作为解决经济贸易纠纷的方式得到英国议会的正式承认，而后形成制度。

1887 年英国公布了世界上第一部仲裁法，仲裁方式不仅适用于解决国内经济贸易中发生的纠纷，而且适用于解决国际贸易、海事贸易中发生的纠纷，从而使仲裁制度从国内推广到国际间经济贸易领域。20 世纪以后由于世界各国商品生产和相互之间经济贸易和海洋运输的迅速发展，仲裁制度也日趋完善，成为解决国际经济贸易争议的一种通行的制度。

二、仲裁组织和仲裁协议

(一)仲裁委员会

仲裁委员会可以在省、直辖市、自治区人民政府所在地的市设立，也可以根据需要在其他设区的市设立。仲裁组织具有民间性和自治性特点。民间性是指各仲裁组织完全脱离行政机关，与行政机关无隶属关系。自治性是指各仲裁组织之间相互独立，彼此无隶属关系。因此仲裁组织间不存在级别管辖和地域管辖的问题。

仲裁委员会应当具备的条件：有自己的名称；住所和章程；有必要的财产；有该委员会的组成人员；有聘任的、符合条件的仲裁员。

仲裁委员会由主任 1 人、副主任 2～4 人和委员 7～11 人组成。作为仲裁员要符合规定的条件，其中法律、经济贸易专家不得少于 2/3。

(二)中国仲裁协会

中国仲裁协会是社会团体法人。各仲裁委员会是中国仲裁协会会员。中国仲裁协会的章程由全国会员大会制定。根据章程对仲裁委员会及其组成人员、仲裁员的违纪行为进行监督。

中国仲裁协会还有权依照仲裁法和民事诉讼法的有关规定制定仲裁规则。

(三)仲裁协议

1.仲裁协议的概念

仲裁协议是指当事人自愿达成的,决定将纠纷事项提交仲裁的意思表示。包括合同中订立的仲裁条款和以其他书面方式在纠纷发生前或者纠纷发生后达成的请求仲裁的协议。

当事人双方自愿达成的仲裁协议,是提请仲裁的前提。仲裁协议是仲裁制度的基础,如果没有仲裁协议,就不会发生仲裁。

2.仲裁协议的形式和内容

《仲裁法》第 16 条规定:仲裁协议应具备书面形式。仲裁协议应当包括的内容:

(1)提交仲裁事项。

(2)选定的仲裁委员会的名称。

(3)请求仲裁的意思表示。仲裁协议对仲裁事项或仲裁委员会没有约定或约定不明确的,当事人可以补充协议;达不成补充协议的,仲裁协议无效。

3.仲裁协议的效力

仲裁协议一经双方当事人签字即合法成立。

(1)对于当事人来说,仲裁协议生效后,当事人只能把争议提交仲裁,同时不能任意更改、中止或撤销仲裁协议。

(2)对仲裁组织来说,仲裁协议排除了诉讼管辖权,在当事人双方发生协议约定的争议时,任何一方只能将争议提交仲裁,而不应向法院起诉。

(3)仲裁协议独立存在。合同的解除、终止或者无效,不影响仲裁协议的效力。仲裁庭有权确认合同的效力。当事人对仲裁协议的效力有异议,应当在仲裁庭首次开庭前提出。请求仲裁委员会作出决定或者请求人民法院作出裁定。一方请求仲裁委员会作出决定,另一方请求人民法院作出裁定的,由人民法院裁定。

三、仲裁程序

(一)仲裁的申请和受理

1.仲裁的申请

当事人申请仲裁应当符合下列条件:

(1)有仲裁协议。

(2)有具体的仲裁请求和事实、理由。

(3)属于仲裁委员会的受理范围。

当事人申请仲裁应提交的文件:当事人仲裁申请书及副本、提交仲裁协议。仲裁申请书应当载明下列事项:①当事人的姓名、性别、职业、工作单位和住所,法人或者其他组织的名称、住所和法定代表人或者主要负责人的姓名、职务；②仲裁请求和所根据的事实、理由；③证据和证据来源、证人姓名和住所。

【小知识 8-5】 仲裁申请书格式

仲裁申请书[1]

申请人： ××省贸易公司

地址： ××市淮河路350号

法定代理人：夏××

被申请人：××市××××贸易公司

地址： ××市正义路135号

法定代理人：李××

案由：购销合同货款纠纷

仲裁请求：1.付清所欠货款××万元

2.赔偿申请人经济损失××万元

事实和理由：

××年×月×日申请人和被申请人签订了一份钢材购销合同，合同中对钢材的规格、数量、品名、价款、交货地点、付款方式和期限等都有明确的约定，合同签订后，申请人按照合同的约定向被申请人交付×吨钢材，总货款××万元，被申请人收货后仅付款××万元，尚欠××万元。申请人多次催要，被申请人以经济效益不好为借口，至今未付清所欠的货款，由于被申请人的违约行为严重影响了申请人正常的经营活动，给申请人造成了巨大的经济损失。

为维护申请人的合法权益，根据双方的仲裁协议向贵仲裁委员会申请仲裁。

证据和证据来源：

××××年×月×日申请人与被申请人签订的钢材购销合同；×年×月×日被申请人向申请人支付的银行汇票一张。

此致

××仲裁委员会

申请人：××省物资贸易公司

法定代表人：夏××

委托代理人：(签名、盖章)

××××年×月×日

附：1.钢材购销合同×份

2.银行汇票一张

3.本申请人副本×份

[1] 资料来源：韩一夫《经济仲裁案件律师办案指引》，中国检察出版社，2001

2. 仲裁的受理

仲裁委员会收到仲裁申请书之日起 5 日内,认为符合受理条件的,应当受理,并通知当事人;认为不符合受理条件的,应当书面通知当事人不予受理,并说明理由。

仲裁委员会受理仲裁申请后,应当在仲裁规则规定的期限内将仲裁规则和仲裁员名册送达申请人和被申请人。被申请人收到仲裁申请书副本后,应当在仲裁规则规定的期限内向仲裁委员会提交答辩书。也有权提出反请求。仲裁委员会收到答辩书后,应当在仲裁规则规定的期限内将答辩书副本送达申请人。被申请人未提交答辩书的,不影响仲裁程序的进行。

当事人达成仲裁协议,一方向人民法院起诉未声明有仲裁协议,人民法院受理后,另一方在首次开庭前提交仲裁协议的,人民法院应当驳回起诉,但仲裁协议无效的除外;另一方在首次开庭前未对人民法院受理该案提出异议的,视为放弃仲裁协议,人民法院应当继续审理。

【小知识 8-6】 仲裁答辩状格式

仲裁答辩状[1]

答辩人: ××市××贸易公司

地址: ××市沿河路53号

法定代表人:雷×× 职务:总经理

委托代理人:杨×× ××市××律师事务所

答辩人就申请人因与答辩人之间发生的购销合同货款争议向你会提出的仲裁请求提出答辩如下:

答辩人与申请人××年××月×日签订的钢材购销合同,合同对钢材的规格、数量、质量、品名、付款方式及期限作了明确的约定。合同签订后,申请人虽然按照合同约定的期限向答辩人交付了××吨钢材,答辩人验收时发现该批钢材有××吨规格和品名与合同约定不相符合,并且有质量问题。答辩人按照合同约定的期限向申请人支付了合格部分的钢材货款×万,同时要求申请人严格履行双方订立的钢材购销合同,向答辩人提供符合合同约定的钢材,但申请人至今未能向答辩人提供符合约定的钢材。

综上所述,申请人所提的要求和事实不符合双方实际履行合同的状况。答辩人对不符合合同规定的钢材拒绝支付货款合法有据,履行合同过程中无违法行为,依法不承担申请人的经济损失。故提请仲裁委员会驳回申请人的仲裁请求。

此致

××仲裁委员会

答辩人:××市××贸易公司

---

[1] 资料来源:韩一夫《经济仲裁案件律师办案指引》,中国检察出版社,2001

法定代表人:(签名、盖章)

委托代理人:(签名、盖章)

××年×月×日

附:1.钢材购销合同一份

2.质检报告

3.本答辩书副本×份

(二)仲裁庭的组成

仲裁庭可以由三名仲裁员或一名仲裁员组成。由三名仲裁员组成的,设首席仲裁员。

当事人约定由一名仲裁员组成仲裁庭的,应当由当事人共同指定或者共同委托仲裁委员会主任指定仲裁员。

当事人约定由三名仲裁员组成仲裁庭的,应当各自选定或者各自委托仲裁委员会主任指定一名仲裁员,第三名仲裁员由当事人共同选定或者共同委托仲裁委员会主任指定。第三名仲裁员是首席仲裁员。

当事人未在仲裁规则规定的期限内选定仲裁员的,由仲裁委员会主任指定。

仲裁庭组成后,仲裁委员会应当将仲裁庭的组成情况书面通知当事人。

仲裁员有下列情形之一的,必须回避,当事人也有权提出回避申请:①是本案当事人或当事人、代理人的近亲属;②与本案有利害关系;③与本案当事人、代理人有其他关系,可能影响公正仲裁的;④私自会见当事人、代理人或者接受当事人、代理人的请客送礼的。

当事人提出回避申请,应当说明理由,在首次开庭前提出。仲裁员是否回避,由仲裁委员会主任决定;仲裁委员会主任担任仲裁员时,由仲裁委员会集体决定。

(三)仲裁的开庭和裁决

1.开庭

开庭是仲裁庭在双方当事人的法定代表人或委托代理人、律师等参与下,对仲裁请求进行审理和裁决活动。开庭前,按照法律规定,仲裁庭应将开庭的时间、地点用书面形式通知当事人。申请人经两次通知拒不到庭的,视做撤销申请;被申请人经两次通知拒不到庭,可以按缺席仲裁。

仲裁应当开庭进行。当事人协议不开庭的,仲裁庭可以根据仲裁申请书、答辩书以及其他材料作出裁决。

仲裁不公开进行。当事人协议公开的,可以公开进行,但涉及国家秘密的除外。

2.开庭审理

仲裁庭开庭后,在仲裁庭的主持下,按照申请人、被申请人的顺序,各自陈述自己的事实和理由,并对有争议的事实可以当庭辩论。当事人应当对自己的主张提供证据。仲裁庭认为有必要收集的证据,可以自行收集。

在证据可能灭失或者以后难以取得的情况下，当事人可以申请证据保全。当事人申请证据保全的，仲裁委员会应当将当事人的申请提交证据所在地的基层人民法院。

为了避免造成更大的财产损失或保证案件终结后仲裁裁决的执行，仲裁委员会根据当事人的申请，做出保全措施裁定，保全措施包括：中止合同履行、查封或扣押货物、变卖不易保存的货物、保存价款、责令被申请人提供担保以及法律允许采取其他方法。

3.调解

仲裁庭在作出裁决前，可以先行调解。双方当事人如果经调解达成协议的，应制作调解书。调解书经双方当事人签收后，即发生法律效力。

4.裁决

双方当事人如果经调解达不成协议的，或者在调解书签收前当事人反悔的，仲裁庭应当及时作出裁决。裁决应当按照多数仲裁员的意见作出，少数仲裁员的不同意见可以记入笔录。仲裁庭不能形成多数意见时，裁决应当按照首席仲裁员的意见作出。裁决书自作出之日起发生法律效力。调解书和裁决书具有同等法律效力。

【小知识 8-7】 仲裁裁决书格式

仲裁裁决书

××××仲裁委员会裁决书　　××××裁字第××号

申诉方：×××　　被诉方：×××　　（当事人可以委托代理人）

案由：　　……（双方争议的内容）

查明：……（写明仲裁庭查明的事实和认定的证据）　本会认为：……（写明裁决的理由）。依照……（写明裁决所依据的法律条款项目）之规定，裁决如下：
（一）……　　（二）……（写明裁决结果）

本案仲裁费×××元，由×××承担。　本裁决为终局裁决。

首席仲裁员：×××　　仲裁员：×××　　仲裁员：×××　　书记员：×××

×年×月×日（印章）

【案例 8-4】

甲纺织公司依据与乙机械公司纺织设备买卖合同中仲裁条款向约定的仲裁委员会申请仲裁，请求责令乙机械公司赔偿因提供不合格纺织机械给自己造成的原材料损失 65 万元。在仲裁程序进行过程中，双方当事人自行和解，达成由乙机械公司一次性赔偿 60 万元的和解协议，甲公司撤回仲裁申请。此后，乙机械公司后悔，拒不履行和解协议。

思考：甲纺织公司如何实现自己的权利？

分析：甲纺织公司可以按照原合同中的仲裁条款申请仲裁解决，也可以与乙机械公司重新订立仲裁协议后，按照新的仲裁协议申请仲裁。

（四）人民法院对仲裁的支持和监督

根据我国仲裁法的规定，人民法院对仲裁不进行干涉，而是积极地予以支持和进

行必要的监督,人民法院对仲裁的支持和监督分别体现如下:

1.人民法院对仲裁的支持

财产保全和证据保全。在我国,财产保全的管辖权属于人民法院,仲裁机构无权行使。当事人所提出的财产保全、证据保全请求应通过仲裁委员会提交当地基层人民法院,由法院决定是否采取必要的有关措施。

对仲裁裁决的执行。仲裁组织作为民间机构,它没有采取强制执行的权力,仲裁裁决的强制执行权只能专属人民法院。

2.人民法院对仲裁的监督

人民法院对仲裁的监督,主要体现在对违法裁决的不予执行和撤销两个方面。

(1)不予执行的仲裁裁决。仲裁裁决有下列情形之一的,经人民法院组成合议庭审查核实,裁定不予执行:①当事人在合同中没有订立仲裁条款或者没有达成书面仲裁协议的;②裁决事项不属于仲裁协议范围或者仲裁机构无权仲裁的;③仲裁庭的组成或者仲裁程序违反法定程序的;④认定事实的主要证据不足的;⑤适用法律确有错误的;⑥仲裁员在仲裁该案时有贪污受贿、徇私舞弊、枉法裁决行为的。

人民法院认定执行该裁决违背社会公共利益的,裁决不予执行。

(2)撤销仲裁裁决。当事人提出证据证明裁决有下列情形之一的,可以向仲裁委员会所在地的中级人民法院申请撤销裁决:①没有仲裁协议的;②裁决的事项不属于仲裁协议的范围或者仲裁委员会无权仲裁的;③仲裁庭的组成或者仲裁程序违反法定程序的;④裁决所根据的证据是伪造的;⑤对方当事人隐瞒了足以影响公正裁决的证据的;⑥仲裁员在仲裁该案时有索贿受贿、徇私舞弊、枉法裁决行为的。另外人民法院认定该裁决违背社会公共利益的,也应当裁定撤销。

当事人应当在收到裁决书之日起 6 个月内向人民法院提出撤销裁决的申请,经人民法院受理组成合议庭审查核实后,应当在受理撤销裁决申请之日起 2 个月内作出撤销裁决或者驳回申请的裁定。

人民法院受理撤销裁决的申请后,认为可以由仲裁庭重新仲裁的,通知仲裁庭在一定期限内重新仲裁;并裁定中止撤销程序。仲裁庭拒绝重新仲裁的,人民法院应当裁定恢复撤销程序;一方当事人申请执行裁定,另一方当事人申请撤销裁定的,人民法院应当中止执行。人民法院裁定撤销裁决的,应当裁定终结对仲裁裁决的执行。撤销裁定的申请被人民法院驳回的,人民法院应当恢复仲裁裁决的执行。

【案例 8-5】

甲公司与乙公司合作开发住宅小区纠纷一案,由 A 仲裁委员会依据仲裁协议经过审理作出仲裁裁决后。乙公司以该仲裁裁决所依据的证据是伪造的为由向 A 仲裁委员会所在地的中级人民法院申请撤销该裁决。中级人民法院经过审理后撤销仲裁裁决。

思考:甲公司欲解决与乙公司之间的争议,可以行使何种权利?

分析:甲公司可以与乙公司重新达成仲裁协议申请仲裁,也可以向人民法院起诉。

【小知识 8-8】 **撤销仲裁裁决申请书格式**

撤销仲裁裁决申请书[1]

申请人：

法定代表人：

申请撤销的事实和理由：

………………

根据《仲裁法》第 58 条第 1 款的规定，特向××市中级人民法院提出申请，请求撤销××仲裁委员会的仲裁裁决。

此致

××市中级人民法院

申请人：×××

法定代表人：×××

委托代理人：

××年××月×日

附：仲裁裁决书副本一份

(五)涉外仲裁的特别规定

1. 涉外仲裁的含义、种类及法律适用

涉外仲裁是指争议具有涉外因素，当事人之间在涉外经济贸易、运输和海事中发生争议，由仲裁机构调解、裁决的活动。涉外因素包括：

(1)争议主体(包括法人和自然人)属于不同国家。

(2)争议标的物处在国外或者跨越国界。

(3)争议的法律关系的产生、变更或消灭在国外。

《仲裁法》规定，涉外经济贸易、运输和海事中发生的纠纷的仲裁，适用《仲裁法》第七章的规定，该章没有规定的，适用《仲裁法》其他有关规定。

2. 涉外仲裁委员会

涉外仲裁委员会可以由中国国际商会组织设立。委员会由主任 1 人、副主任若干人和委员若干人组成。涉外仲裁委员会的主任、副主任和委员可以由中国国际商会聘任。涉外仲裁员可以从具有法律、经济贸易、科学技术等专门知识的专业人士中聘任。

中国国际商会设立了两个涉外仲裁委员会，中国国际经济贸易仲裁委员会和中国海事仲裁委员会。它们均是属于中国国际商会的民间性的常设仲裁机构。

3. 涉外仲裁的几项特别规定

(1)关于申请证据保全。涉外仲裁的当事人可以向涉外仲裁委员会申请证据保

---

[1] 资料来源：韩一夫《经济仲裁案件律师办案指引》，中国检察出版社，2001

全，涉外仲裁委员会接到当事人证据保全的申请，应当将申请提交证据所在地的中级人民法院，由人民法院作出决定，保全证据。

（2）关于撤销或不执行原裁定的问题。涉外仲裁的当事人提出证据，表明仲裁裁决有《民事诉讼法》第260条第1款规定情形之一时，经人民法院组成合议庭审查核实，可以裁定撤销或者不执行原裁定。

（3）仲裁裁决被执行人或其财产不在境内的情况处理。涉外仲裁委员会作出的发生法律效力的仲裁裁决，当事人请求执行的，如果被执行人或者其财产不在中国境内，应当由当事人直接向有管辖权的外国法院申请承认和执行。

S 本章小结

经济纠纷的解决方式有协商、调解、仲裁和诉讼。其中，仲裁和诉讼是解决经济纠纷的重要途径和方法。

当事人如果选择仲裁解决经济纠纷，首先要有仲裁协议。仲裁协议是申请仲裁的前提和基础。否则仲裁委员会就无管辖权。仲裁委员会是具有民间性、自律性特点的组织，受理平等主体的公民、法人和其他经济组织之间合同纠纷及其他财产权益的纠纷。在仲裁活动中，坚持自愿、协议、公正仲裁原则。人民法院对仲裁给予支持和必要的监督。仲裁一裁终局。

人民法院受理经济纠纷的诉讼。经济纠纷诉讼实行地域管辖、级别管辖、协议管辖和移送管辖。诉讼必须严格按照诉讼程序进行。一件案件经过两级法院的审理即告终结，也就是两审终审制。对已经生效的判决发现有错误，可以启动审判监督程序加以纠正。对当事人一方拒不履行判决的，另一方可以申请人民法院采取执行程序。法院和当事人应根据案件的特点和诉讼的目的，选择适当的程序，以便法院合法准确地依法作出裁判，维护当事人的合法权益。

仲裁与诉讼二者比较如下：

项　　目	仲　　裁	诉　　讼
请求审理的前提	必须有仲裁协议	不需要有约定
审理人员的选择	当事人可以选择仲裁员	当事人不可以选择审判员
终审制度	一裁终局制	二审终审制
法律文书执行	裁决书的执行要通过人民法院，没有自己的执行机构	有自己的执行庭，能够执行生效判决、裁定
审理公开性	不公开审理	一般公开审理（特殊情况不公开）
法律文书的种类	裁决书、调解书	判决书、裁定书、调解书

E 本章实训指导

一、实践训练题

1. 起草一份起诉书

2. 详细阅读下列案例之后，起草上诉状

某市第一服装厂与东方商厦于 2002 年 9 月 10 日签订一份针织衬衣买卖合同。合同约定：由服装厂供给东方商厦 1 万件针织衬衣，总货款 30 万，11 月 10 日交货，由服装厂负责运到东方商厦，商厦验质验数，付总货款的 30%，其余的货款在两个月内付清。11 月 10 日服装厂按时将货物运到商厦，并出具了商检证明书(复印件)。但由于商厦资金不足，不能按时交付货款的 30%，故货物始终未卸车验质验数。服装厂等了 10 天，将货车拉回。商厦于是起诉，要求服装厂偿付违约金 3 万元。法院经过审理认为：服装厂在货到商厦后，仅提供了商检复印件，而未卸车验质验数，违反合同规定，应承担违约责任。该法院于 2003 年 3 月 1 日作出(03)法经字第 12 号判决：原合同有效，第一服装厂支付东方商厦 3 万元违约金，诉讼费用由服装厂承担。服装厂不服一审判决，决定上诉，并请求东方商厦赔偿运费 1.2 万元。根据上述内容，请为服装厂代拟上诉状。

3. 模拟法庭

根据案情同学分成小组，分别扮演法官、原告、被告、证人、代理人，就债权纠纷、损害赔偿等内容进行开庭审理。

二、实训项目设计——模拟法庭或者模拟仲裁庭

(一)项目简介

由学生自行选择案件，分角色组织模拟法庭或者模拟仲裁庭，审理物流纠纷案件。

(二)时间安排

讲完物流争议解决一章以后，让学生准备 3 周(课余时间)，然后占用教学计划内 4 课时。

(三)成果形式

模拟法庭或者模拟仲裁庭法庭笔录和相关书面诉讼资料，包括起诉书(申请书)、答辩书、代理词等。

(四)实训目标

1. 知识目标

(1)了解经济案件的基本审理过程。

(2)掌握解决经济纠纷的基本方法。

2.能力目标

(1)培养学生理论联系实际的能力。

(2)培养学生之间的相互沟通协调能力。

(3)培养学生的口头表达能力、写作能力。

(五)任务内容

(1)分组讨论阶段。由课代表确定组长,由组长选择组员,每组10～12人,大家一起选择要审理的案件。

(2)准备审理阶段。学生根据不同的角色各自准备自己的书面材料,包括审判长发言词,起诉书,答辩状,代理词。

(3)正式开庭阶段。学生按照真实正式的法院一审程序组织开庭,包括法庭调查、法庭辩论、宣判等。

(六)考核标准

模拟法庭成绩分为三部分:(100分)

(1)组长打分(占模拟庭总成绩的30%,总分30分):根据组员在模拟法庭准备过程中的表现和贡献按30分总分给各组员按30、25、20、15的级次打分。组长的分数由教师决定。

(2)现场表现分(占模拟法庭总成绩的50%,总分50分):由教师决定。

各种角色基本分数段:审判长、代理人:20～50分;原告、被告:20～46分;证人、陪审员、书记员:20～42分

(3)上交资料分:(占模拟法庭成绩的20%,总分20分),由教师决定。

①资料装订整齐,资料完备、规范。(20分)

②上述内容缺一项扣5分。

三、学生模拟仲裁庭组织剧本

模拟仲裁庭安排❶

人员安排:

首席仲裁员1人　　仲裁员2人　　书记员1人

申请人法定代表人1人　　申请人代理人2人

被申请人法定代表人1人　　被申请人代理人2人

申请人证人若干　　被申请人证人若干

场景安排:

黑板上用彩色粉笔书写"国际物流案件模拟仲裁庭",仲裁人员的桌子用三张大

❶ 本剧本根据北京信息职业技术学院022511班薛丛晨等同学的模拟仲裁庭庭审记录改编。

的深红色桌。其他人员的桌子分别用稍小的深红色的桌子。仲裁区后面摆放 20 张椅子供旁听同学和证人就座。

仲裁员　首席仲裁员　仲裁员

书记员

申请人　被申请人

代理人　代理人

证人

旁听人	旁听人	旁听人	旁听人	旁听人
旁听人	旁听人	旁听人	旁听人	旁听人

(仲裁员、申请人、被申请人和代理人、书记员、旁听人员均在规定座位上坐好。)

[书记员]:(维持一下纪律然后宣布)各位请肃静。现在×××班国际贸易模拟仲裁庭开始。

[书记员]:(起立)现查明当事人及其仲裁参与人是否到庭。申请人?

[申请人]:到。

[书记员]:申请人代理人?

[申请人代理人]:到。

[书记员]:被申请人?

[被申请人]:到。

[书记员]:被申请人代理人?

[被申请人代理人]:到。

[书记员]:现在庭审开始,请仲裁员上庭。全体起立。(回头向首席仲裁员点头示意表示可以开始)

[首席仲裁员]:现在核对当事人。申请人,单位名称?

[申请人]:马来西亚对外贸易公司

[首席仲裁员]:被申请人,单位名称?

[被申请人]:大连红光建材公司

[首席仲裁员]:现在开始审理马来西亚对外贸易公司诉大连××建材公司一案,由首席仲裁员×××,仲裁员×××、×××组成合议庭,书记员×××负责记录。其中仲裁员×××由申请人指定,仲裁员×××由被申请人指定,首席仲裁员×××由双方共同协商确定。经双方当事人协商同意,本案公开审理。根据仲裁规则的规定,当事人如果认为仲裁员有回避情形的,可以提出回避申请。

[首席仲裁员]:(转向申请人)申请人,你提出回避申请吗?

[申请人]:不提出。

[首席仲裁员]:(转向被申请人)被申请人,你提出回避申请吗?

[被申请人]:不提出。

[首席仲裁员]:现在本庭开始事实调查。请申请人陈述。(申请人宣读仲裁申请书的事实与理由部分)

[申请人]:尊敬的首席仲裁员、仲裁员:请允许我现在向仲裁庭作如下陈述:

1993 年 7 月 12 日,我方马来西亚对外贸易公司与对方大连红光建材公司通过传真签订合同,对方向我方分别购买 5 500[伍千伍佰]m^3 马来西亚胶合板,厚度为 3mm,BB 等级和 CC 等级各占一半,价格为 USD695CBMCIFFO 大连,货款总额 3 822 500[三佰捌拾贰万贰千伍佰]美元,付款方式为信用证付款。

同日,以我方为甲方,对方为乙方,双方签订了一份协议书,约定:"甲方代乙方预付货款共计USD1 446 500,[壹佰肆拾肆万陆千伍佰]乙方保证这笔款项在 1993 年 7 月 20 日之前汇入甲方账户,甲方在收到此笔款项后即行安排装船事宜,否则由此产生的一切责任均由甲方承担。甲方如在 7 月底前不能按期交货,甲方应承担乙方所汇预付货款及信用证项下货款共计 USD2 376 000[贰佰叁拾柒万陆千]和由此产生的一切经济损失。"

乙方于 8 月 25 日货物到港同一日发来传真,提出我方提单是倒签的。后经过我方向供货商了解,马来西亚供货商确认装船日期为 7 月 31 日,ZZ 号船长提供给对方的信息与承运人的代理人签发的装船提单是相互矛盾的。

我方认为对方关于我方倒签提单没有充分证据。纯属无充分事实的臆断。而且对方违反了付款条件在先,按合同一般条款的第 3 条之规定:在买方违反付款条件时,卖方有权推迟装运货物,因此对方无权要求我方按合同规定的时间装船。

另外,对方提出我方所交货物经过商检局检验后不符合合同标准,并且违反了国际行业惯例将 BB 级和 CC 级的货物混装,此外还有破损。后将商检证书传给我方,要求我方赔偿有质量问题货物的全部货款。

我方认为对方要求赔偿全部货款是没有根据的,我方经调查承认所交货物不符合质量规定,但是只愿意按照商业习惯以两个级别的差价来给予赔偿,即按每级 5 美元计算,赔偿 10 美元/CBM。共计 9 240[玖千贰佰肆拾]美元。

对方称,因为我方延迟交货使其造成人民币 5 621 324.80 元[伍佰陆拾贰万壹千叁佰贰拾肆元捌角]损失。这其中我方有三点疑义,以后庭审时将出具证明。

除此以外对方一直拖欠我方货款共计 1 300 413.95 美元[壹伯叁拾万零肆佰壹拾叁点玖伍]。造成我方运营困难。并因为其不负责任的言论对我方造成恶劣影响。我方特提出以下仲裁要求:

1. 要求向我方郑重道歉。

2. 支付剩余货款共计 1 300 413.95 美元[壹佰叁拾万零肆佰壹拾叁点玖伍]。

3. 仲裁及一切费用由被申请人支付。首席仲裁员，我的陈述完毕。

[首席仲裁员]:(面向被申请人)请被申请人陈述。

[被申请人]:(取出仲裁答辩书)

尊敬的首席仲裁员、仲裁员：我现在就申请人向我方提出的申请作出答辩，具体如下：

1. 我方于对方合同中明确规定装船日期为 1993 年 7 月底之前，可该批货物却于 1993 年 8 月 24 日抵达大连港。经我方调查，货物于 1993 年 8 月 13 日装船。而非申请人所说的 7 月 24 日和 7 月 31 日。因此我方认为申请方的提单是倒签的。

2. 1993 年 7 月 24 日货物到港后，我方即请商检局进行检验并出具证明。检验结果证明。对方所交货物是不符合合同所规定的要求的。对方同时还违反了国际行业惯例将 BB 级和 CC 级的货物混装，此外因货物包装不善还有破损情况。我方将商检证书传给对方，要求对方赔偿有质量问题货物的全部货款。

3. 因为申请人迟延交货并且交付不合格的货物致使我方客户 CC 公司和 TT 公司与我方解除了合同。给我方造成价差损失总计为人民币 5 621 324.80 元[伍佰陆拾贰万壹千叁佰贰拾肆元捌角]。鉴于对方恶劣态度和无视国际行业惯例等行为。我方提出反诉，并提出以下几点请求：

(1)要求驳回申请人仲裁请求。

(2)申请人承担因其违反合同而给我方造成的经济损失 8 554 324.80 元[捌佰伍拾伍万肆千叁佰贰拾肆元捌角]人民币和 715 152 美元[柒拾壹万伍千壹佰伍拾贰]美元其中包括：因申请人违反合同造成的价差损失 566 924.80 元[伍佰陆拾贰万壹千叁佰贰拾肆元捌角]人民币；因货物质量问题造成的我方的损失 642 180[陆拾肆万贰千壹佰捌拾]美元及仓储费损失 2 093 000 元[贰佰零玖万叁千元]人民币。

4. 由申请人承担仲裁费用。首席仲裁员，我的陈述完毕。

[申请人代理人]:首席仲裁员，我有问题询问被申请人。

[首席仲裁员]:可以。

[申请人代理人]:请问被申请人，你是通过何种途径得知装船的日期的？

[被申请人]:通过 ZZ 号船长提供的。

[申请人代理人]:那么你是否收到申请人传真的装船提单呢？

[被申请人]:收到了。

[申请人代理人]:那么你能判断这两个日期证据哪个有效哪个无效又或者都无效呢？

[被申请人]:不能。

[申请人代理人]:那么你与申请人签署的合同一般条款第三条是不是有以下规定，在买方违反付款条件时，卖方有权推迟装运货物？

[被申请人]:是。

[申请人代理人]:是不是你与CC和TT公司的贸易中完全没有出现运作错误,完全是由于申请人的延迟交货和质量问题造成你在与CC公司和TT公司的合同中违约以及价差并最终导致损失的吗?

[被申请人]:(思考了半分钟)是的。

[申请人代理人]:是否有按照商业习惯以两个级差的差价来给予赔偿的说法吗?

[被申请人]:是的。但这是商业习惯而非国际惯例或法律规定。

[申请人代理人]:谢谢(面向首席仲裁员)首席仲裁员,我的提问完毕。

[被申请人代理人]:首席仲裁员,我有问题询问申请人。

[首席仲裁员]:可以。

[被申请人代理人]:请问你是否在收到被申请人传真后明确承认过你迟延交货的事实?

[申请人]:是。

[被申请人代理人]:是不是还请被申请人在扣除赔偿金额后,将余款付给你方?

[申请人]:是。但是如按违约先后算的话,对方延迟付款违约在先,我方这样做纯粹是为了作出姿态迎取主动,使对方拿出诚意付清货款以求今后的更多合作,而非是单方的退让和妥协。这是友好真诚的举动。

[被申请人代理人]:好的,那么你是否事先知道货物的质量不符合合同标准,违反了国际行业惯例,将两种等级的货物混装并且包装不善很容易造成损坏呢?

[申请人]:不知道。我是接到被申请人的传真后经调查才得知的,这是供货商和承运人的失误。我事先并不知情。

[被申请人代理人]:那么在得知此情况后,你采取了哪些措施呢?

[申请人]:我们愿意以两个级差的差价来给予赔偿。

[被申请人代理人]:仅此而已吗?没有被申请人参与意见吗?

[申请人]:是的,仅此而已。没有被申请人参与意见。

[被申请人代理人]:那么就是说这只是你们单方的想法,没有询问同样作为当事人的被申请人意见对吗?

[申请人]:(叹气)是的。

[被申请人代理人]:好的,谢谢(面向首席仲裁员)首席仲裁员,我的询问完毕。

[首席仲裁员]:申请人,你有什么证据?

[申请人代理人]:首席仲裁员,我们有一个证人,5份书证。(书记员起立接过书证交给首席仲裁员)首席仲裁员:(面向被申请人)被申请人,你有什么证据?

[被申请人代理人]:首席仲裁员,我们有一个证人,4份书证。(书记员起立接过书证交给首席仲裁员)

[首席仲裁员]:现在开始调查申请人证据。

[申请人代理人]:首席仲裁员,请允许我方证人马来西亚对外贸易公司住大连办事处负责人×××出庭作证。

[首席仲裁员]:证人×××出庭作证。(证人走到证人席上)证人你的姓名?

[证人×××]:×××。

[首席仲裁员]:你的年龄

[证人×××]:××岁。

[首席仲裁员]:你的职业。

[证人×××]:马来西亚对外贸易公司住大连办事处负责人。

[首席仲裁员]:请你将本案的有关情况如实向仲裁庭陈述。

[证人×××]:1993 年 7 月 12 日,马来西亚对外贸易公司与大连红光建材公司通过传真签订合同,其全部过程皆由我办事处代驻马来西亚总公司办理。由对方向我方分别购买 5 500[伍千伍佰]m^3 马来西亚胶合板,厚度为 3mm,BB 等级和 CC 等级各占一半,价格为 USD695CBMCIFFO 大连,货款总额 3 822 500[三佰捌拾贰万贰千伍佰]美元,付款方式为信用证付款。

同日,以我方为甲方,对方为乙方,双方签订了一份协议书,约定:"甲方代乙方预付货款共计 USD1 446 500,[壹佰肆拾肆万陆千伍佰]乙方保证这笔款项在 1993 年 7 月 20 日之前汇入甲方账户,甲方在收到此笔款项后即行安排装船事宜,否则由此产生的一切责任均由甲方承担。甲方如在 7 月底前不能按期交货,甲方应承担乙方所汇预付货款及信用证项下货款共计 USD2 376 000[贰佰叁拾柒万陆千]和由此产生的一切经济损失。"

对方违反付款条件,按合同一般条款的第 3 条之规定:在买方违反付款条件时,卖方有权推迟装运货物,因此对方无权要求我方按合同规定的时间装船。但我办事处承认在到货时间和货物质量等方面存在问题。经过我办事处多次让步和出具证明,对方仍旧拒绝付款。此事造成极为严重影响,我公司因此运营一度出现危机。

[申请人代理人]:(证人陈述完毕后)首席仲裁员,我有问题要询问证人。

[首席仲裁员]:可以。

[申请人代理人]:请问你是否在 8 月 25 日收到申请人的传真?

[证人×××]:是的,上面提到了根据其调查,提单是倒签的。

[申请人代理人]:后来你采取什么措施了呢?

[证人×××]:我给总公司打电话说明情况,让总公司派人去调查装船日期,被申请人货款到达日期,供货商交货日期。承运人代理人签发装船提单日期。

[申请人代理人]:结果如何呢?

[证人×××]:马来西亚供货商确认出货日期为 7 月 31 日。ZZ 号船长却说装船日期为 8 月 13 日。但货款 7 月 20 日未到,直到八月初才收到货款。

[申请人代理人]:你的意思是装船时间不能确定,但被代理人确实是违约在先对吗?

[证人×××]:根据我们双方的合同一般条款第3条来说,确实是这样的。

[申请人代理人]:被申请人曾经告知你方已经将货物的一部分,约100m^2,交货给TT公司,但后来TT公司未支付货款后被申请人终止供货,是吗?

[证人×××]:是的。

[申请人代理人]:被申请人曾经传真告知你方办事处说这批货物原客户订货每张86元,后与原客户解除合同后国内此种进口货物价格降到64.60元,但此价格仍然高于被申请人进口该批货物的成本。对吗?

[证人×××]:是的。

[申请人代理人]:也就是说被申请人仍然可以此价格卖出而获得利润,是吗?

[证人×××]:是的。

[申请人代理人]:好,谢谢。首席仲裁员,我的询问完毕。

[被申请人代理人]:首席仲裁员,我有问题要询问证人。

[首席仲裁员]:可以。

[被申请人代理人]:请问证人,当1993年8月25合同项下货物运抵大连港,被申请人发传真告知你货物质量不符合要求,BB级货物和CC级货物混装。包装不善有破损。并且出示了商检局的商检证书后,你们作何态度,采取了什么做法来弥补。

[证人×××]:我方立即表示愿意以两个货物级差的差价来赔偿。

[被申请人代理人]:那么你们又是依据何种原则呢?

[证人×××]:只是商业习惯。

[被申请人代理人]:国际通用的商业惯例?

[证人×××]:不是。

[被申请人代理人]:你是否承认因你方的延迟交货有可能使被申请人的公司遭受巨大损失,其客户可能会视为其违约而要求赔偿?

[证人×××]:有这个可能。

[被申请人代理人]:在你得知被申请人和CC公司以及TT公司有交易合同,并且因为你方交货延迟而终止,你是否认为应该由被申请人单方承担这一切的损失?

[证人×××]:这……不应该。

[被申请人代理人]:好的,谢谢。(面向首席仲裁员)首席仲裁员我的询问完毕。

[首席仲裁员]:双方还有其他问题要问证人吗?

[申请人、被申请人代理人]:没有了。

[首席仲裁员]:请证人退庭。(证人退下)

[被申请人代理人]:首席仲裁员,请允许我方证人大连红光建材公司运营销售部经理××出庭作证。

[首席仲裁员]:请证人××出庭作证。(证人××上庭)证人,你的姓名?

[证人××]:××。

[首席仲裁员]:你的年龄?

[证人××]:××岁。

[首席仲裁员]:你的职业?

[证人××]:大连红光建材公司运营销售部经理。

[首席仲裁员]:请你将本案的有关情况如实向仲裁庭陈述。

[证人××]:由于申请人延迟交货,我方的客户 CC 公司和 TT 公司与我方订立的合同,后两公司因为我方未按时交货而终止与我方的合作。造成我方巨大损失。

[申请人代理人]:(证人陈述完毕后)首席仲裁员,我有问题要询问证人。

[首席仲裁员]:可以。

[申请人代理人]:你方提供的 CC 公司通知被申请人解除合同拒收货物的通知,日期为 1993 年 9 月 23 日对吗?

[证人××]:是的。

[申请人代理人]:申请人货物到港的日期为 1993 年 8 月 24 日,对吗?

[证人××]:对。

[申请人代理人]:那么就是说在申请人货物到达以后的一个月内被申请人一直未向 CC 公司交货,对吗?

[证人××]:是的。

[申请人代理人]:那么我可不可以说 CC 公司与被申请人之间的合同终止,完全是因为被申请人延迟交货所导致的。在一个月的时间过后,被申请人不履行交货义务与申请人毫无关系,责任应该由被申请人负担,而绝非申请人呢?

[证人××]:(不回答)

[申请人代理人]:我再请问,被申请人向 TT 公司交货 $100m^2$ 后,TT 公司是否付了款呢?

[证人××]:没有。

[申请人代理人]:而后被申请人作出了什么决定呢?

[证人××]:停止交货。

[申请人代理人]:那么因此造成的损失应记在被申请人一方对吗?

[证人××]:(不回答)

[申请人代理人]:请证人回答我的问题。因此造成的损失应记在被申请人一方而非申请人一方对吗?

[证人××]:是的。

[申请人代理人]:好的,谢谢。(面向首席仲裁员)首席仲裁员我的询问完毕。

[被申请人代理人]:首席仲裁员,我有问题要询问证人。

[首席仲裁员]:可以。

[被申请人代理人]:请问被申请人的客户原来定价每张为多少?

[证人××]:每张68元人民币。

[被申请人代理人]:那么后来国内市场出现了变化对吗?

[证人×××]:是的,减低到了每张64.60元。

[被申请人代理人]:那么这差价是否应由卖方即申请人负责呢?

[证人××]:是的。

[被申请人代理人]:申请人是否和你方协商过关于如何赔偿你方关于,其货物延迟和质量等级与合同不符,因包装不善而破损等方面的事宜吗?

[证人××]:没有。

[被申请人代理人]:那么他们提出的赔偿条件在未获得申请人允许后,并没有让申请人提出自己的赔偿方案对吗?

[证人××]:是的。

[被申请人代理人]:好的,谢谢。(面向首席仲裁员)首席仲裁员我的询问完毕。

[首席仲裁员]:双方还有其他问题要问证人吗?

[申请人、被申请人代理人]:没有了。

[首席仲裁员]:请证人退庭。(证人退下)

[首席仲裁员]:现在由仲裁员宣读申请人提交的书证。

[仲裁员×××]:(宣读书证1)

[仲裁员×××]:(宣读书证2)

[仲裁员×××]:(宣读书证3)

[仲裁员×××]:(宣读书证4)

[仲裁员×××]:(宣读书证5)

[首席仲裁员]:请当事人识别书证。(书记员从仲裁员处接过书证拿给被申请人看)(看完后问)被申请人对书证有异议吗?

[被申请人]:没有。

[首席仲裁员]:现在由仲裁员宣读被申请人提交的书证。

[仲裁员×××]:(宣读书证1)

[仲裁员×××]:(宣读书证2)

[仲裁员×××]:(宣读书证3)

[仲裁员×××]:(宣读书证4)

[首席仲裁员]:请当事人识别书证。(书记员从仲裁员处接过书证拿给申请人看)(看完后问)申请人对书证有异议吗?

[申请人]:没有。

[首席仲裁员]:被申请人对书证有异议吗?

[被申请人]:没有。

[首席仲裁员]:双方当事人是否还有其他新的证据?

[申请人、被申请人]:没有了。

[首席仲裁员]:现在法律事实调查结束,双方的证据均真实,本庭予以采纳。现在双方根据认可的事实对如何适用法律进行辩论。请申请人及其仲裁代理人发言。

[申请人代理人]:(念代理词)尊敬的首席仲裁员,仲裁员:

我受马来西亚国立律师事务所的委派,接受申请人的委托,作为申请人的仲裁代理人。我根据法律规定维护申请人的合法权利,依法行使仲裁权利进行代理活动,发表代理词,现发表代理意见如下:

我方当事人认为对方关于我方倒签提单没有充分证据。纯属无充分事实的臆断。而且对方违反了付款条件在先,按合同一般条款的第3条之规定:在买方违反付款条件时,卖方有权推迟装运货物,因此对方无权要求我方按合同规定的时间装船。

另外,对方提出我方所交货物经过商检局检验后不符合合同标准,并且违反了国际行业惯例将BB级和CC级的货物混装,此外还有破损。后将商检证书传给我方,要求我方赔偿有质量问题货物的全部货款。

我方认为对方要求赔偿全部货款是没有根据的,我方经调查承认所交货物不符合质量规定,但是只愿意按照商业习惯以两个级别的差价来给予赔偿,即按每级5美元计算,赔偿10美元/CBM。共计9 240[玖千贰佰肆拾]美元。

对方称,因为我方延迟交货使其造成人民币5 621 324.80元[伍佰陆拾贰万壹千叁佰贰拾肆元捌角]损失。这更是无证可查的。责任都在于被申请人本身,而非申请人延迟交货造成。

除此以外对方一直拖欠我方货款共计1 300 413.95美元[壹佰叁拾万零肆佰壹拾叁点玖伍]。造成我方运营困难。并因为其不负责任的言论对我方造成恶劣影响和极大的经济损失。基于以上几点我希望仲裁庭依法保护我方当事人的合法权利。

代理词完毕

申请人代理人:×××

[首席仲裁员]:请被申请人及其仲裁代理人发言。

[被申请人代理人]:(念代理词)尊敬的首席仲裁员,仲裁员:

我受大连××律师事务所的委派,接受被申请人的委托,作为被申请人的仲裁代理人。我根据法律规定维护被申请人的合法权利,依法行使仲裁权利进行代理活动,发表代理词,现发表代理意见如下:

1.我方于对方合同中明确规定装船日期为1993年7月底之前,可该批货物却于1993年8月24日抵达大连港。经我方调查,货物于1993年8月13日装船。而非申请人所说的7月24日和7月31日。因此我方认为申请方的提单是倒签的。

2.1993年7月24日货物到港后,我方即请商检局进行检验并出具证明。检验结果证明。对方所交货物是不符合合同所规定的要求的。对方同时还违反了国际行业惯例将 BB 级和 CC 级的货物混装,此外因货物包装不善还有破损情况。我方将商检证书传给对方,要求对方赔偿有质量问题货物的全部货款。

3. 因为申请人迟延交货并且交付不合格的货物致使我方客户 CC 公司和 TT 公司与我方解除了合同。给我方造成价差损失总计为人民币 5 621 324.80 元[伍佰陆拾贰万壹千叁佰贰拾肆元捌角]。鉴于对方恶劣态度和无视国际行业惯例等行为。我方提出以下几点请求:

1. 要求驳回申请人仲裁请求。

2. 申请人承担因其违反合同而给我方造成的经济损失 8 554 324.80 元[捌佰伍拾伍万肆千叁佰贰拾肆元捌角]人民币和 715 152 美元[柒拾壹万伍千壹佰伍拾贰]美元其中包括:因申请人违反合同造成的价差损失 566 924.80 元[伍佰陆拾贰万壹千叁佰贰拾肆元捌角]人民币;因货物质量问题造成的我方的损失642 180[陆拾肆万贰千壹佰捌拾]美元及仓储费损失 2 093 000 元[贰佰零玖万叁千元]人民币。

代理词完毕

被申请人代理人:×××

[首席仲裁员]:现在互相辩论。

[申请人代理人]:……

[被申请人代理人]:……

[首席仲裁员]:双方还有其他新的意见吗?

[申请人、被申请人代理人]:没有了。

[首席仲裁员]:现在终止辩论。申请人,你最后还有什么意见?

[申请人]:共有两点:①要求向我方郑重道歉。②付剩余货款共计1 300 413.95 美元[壹佰叁拾万零肆佰壹拾叁点玖伍]。

[首席仲裁员]:被申请人,你最后还有什么意见?

[被申请人]:申请人承担因其违反合同而给我方造成的经济损失 8 554 324.80 元[捌佰伍拾伍万肆千叁佰贰拾肆元捌角]人民币和 715 152 美元[柒拾壹万伍千壹佰伍拾贰]美元其中包括:因申请人违反合同造成的价差损失 566 924.80 元[伍佰陆拾贰万壹千叁佰贰拾肆元捌角]人民币;因货物质量问题造成的我方的损失 642 180[陆拾肆万贰千壹佰捌拾]美元及仓储费损失 2 093 000 元[贰佰零玖万叁千元]人民币。

[首席仲裁员]:现在仲裁庭辩论结束。我们进行调解。申请人,你是否愿意调解?

[申请人]:不愿意。

[首席仲裁员]:现在仲裁庭辩论结束。我们进行调解。被申请人,你是否愿意调解?

[被申请人]:不愿意。

[首席仲裁员]:现在休庭。(仲裁人员及书记员退下)

(两分钟后)(仲裁人员和书记员上台,在原位站立)

[首席仲裁员]:现在宣布仲裁裁决。请当事人起立。(申请人、被申请人、代理人起立)本仲裁庭对马来西亚对外贸易公司诉大连红光建材公司一案,裁决如下:

1.被申请人向申请人支付剩余货款 1 300 413.95 美元[壹佰叁拾万零肆佰壹拾叁点玖伍]。

2.申请人向被申请人支付因申请人交付货物存在质量问题而给被申请人造成的损失 184 800 美元[拾捌万肆千八佰]。

四、真实法庭实录阅读

【法庭实录说明】

该案件是由北京市西城区人民法院于2006 年 5 月 12 日 9 时网上公开审理的案件记录,由于案情比较简单,由审判员一人独任审理。

【法庭实录记录】

托运电脑半路丢失索赔案

[书记员]:请旁听人员保持安静,现在宣布法庭规则:

1.未经法庭允许不得录音、录像、摄影。

2.除本院因工作需要允许进入审判区的人员外,其他人员一律不准进入审判区。

3.不得鼓掌、喧哗、吵闹以及实施其他妨害审判活动的行为,未经审判长许可,不准发言、提问。

4.旁听人员如对法庭的审判活动有意见,可在休庭或闭庭后,口头或书面向法庭提出。

5.对于违反法庭规则的人,审判人员可以口头警告训诫,也可以没收录音、录像和摄影器材,责令退出。

6.对哄闹、冲击法庭、侮辱、诽谤、殴打审判人员等严重扰乱法庭秩序的人,依法追究刑事责任,情节较轻的予以罚款。

7.请关闭随身携带的手机、寻呼机。

[书记员]:法庭规则宣布完毕。全体起立,请审判员入庭(审判员入庭,就座)。

[审判员]:(审判员坐下后)请坐。

[书记员]:报告审判员,双方当事人及其诉讼代理人已到庭,法庭准备工作就绪,请指示开庭。

[审判员]:首先核对双方当事人的情况。

[原告]:金×,男,27 岁,汉族,安徽人,住东城区。

[被告]:北京××快递服务有限公司。

[法定代表人]:郑××,北京××快递服务有限公司总经理。住北京市丰台区。

[委托代理人]:陈××,××快递服务有限公司业务经理。住址同公司。

[审判员]:双方当事人对对方出庭人员有无异议?

[原告]:无异议。

[被告委托代理人]:无异议。

[审判员]:双方出庭人员符合有关法律规定,可以参加本案诉讼。

[审判员]:在本案,双方当事人是否有证人到庭?

[原告]:没有证人出庭。

[被告委托代理人]:没有证人出庭。

[审判员]:(敲击法槌)现在开庭。北京市西城区人民法院今天依法公开审理原告金×诉被告北京××快递服务有限服务公司一案,本案依法适用简易程序审理,由本院代理审判员王翔担任审判员,由书记员汤普一担任法庭记录。下面告知当事人诉讼权利和诉讼义务:

诉讼权利:1.申请回避的权利。

2.提出新的证据的权利。

3.进行辩论和请求法庭给予调解的权利。

4.原告有放弃、变更、增加诉讼请求的权利,被告有对本诉进行反诉及反驳的权利。

5.最后陈述的权利。

诉讼义务:1.依法行使诉讼权利的义务。

2.听从法庭指挥,遵守法庭纪律的义务。

3.如实陈述事实的义务。

[审判员]:诉讼权利及诉讼义务双方当事人是否听清?是否申请回避?

[原告]:听清了,不申请回避。

[被告委托代理人]:听清了,不申请回避。

[审判员]:现在进行法庭调查,法庭调查为双方所争议的事实,双方对自己的主张应提供相应的证据加以证明,反驳对方意见,应说明具体理由。下面先由原告陈述事实经过、诉讼请求及理由。

[原告]:我的诉讼请求是:①按托运单约定,赔付原告货物保价款4 500元;②赔付原告取证、误工费500元。事实和理由:2006年2月14日,我于西城区金融大厦委托被告托运笔记本电脑一台至安徽铜陵,双方签署货运单同意对托运货物保价4 500元,并约定保价费、运费共计288元(其中注明保价金225元),付款方式为货到后由收件人付款。托运货物在2月17日经天天快快递公司确认丢失,我随即向被告提出赔偿要求,但被告以我未在交付时付清保价费为由,拒绝按保价金额赔偿我的损失。由于原告在托运货物时已在运单上注明保价金额及付款方式,被告接受该该托运物并有了投递行为,该快递合同应视为已经生效。因此被告遗失托运货物,应按合

同约定的保价金额赔付全部款项。同时，由于被告未能及时做出赔付，我为此多次与其交涉，占用大量时间，不能全勤投入工作，并为此付出很大的成本。因此，要求被告一并赔偿误工费、电话费及调查取证费用共计500元。希望以上主张得到人民法院的支持。

[审判员]：下面由被告答辩。

[被告委托代理人]：认可原告所述，货物确实丢失。我方认为货物与保价费是两个不同法律关系。运费只能先付。保费我方只是代保险公司收取，而行业中必须先付保费。如果只是和业务员约定后付，我公司是不承担任何责任的。因此，对于原告的诉讼请求我公司不予同意。

[审判员]：现在开始举证、质证，双方当事人要围绕双方的诉讼焦点举证、质证，以证明自己的诉讼主张，首先由原告举证，被告质证。

[原告]：出示证据一，递送货运单。证明双方达成运输合同，送单上注明收件人付款，运费总计288元，其中含225元保价费，均为收件人付款。

[审判员]：被告对证据有无异议？

[被告委托代理人]：对证据真实性无异议。但我公司多年来一直是规定保费先付。

[审判员]：请原告继续出示证据。

[原告]：出示证据二，关于快件丢失的情况说明。证明货物丢失的事实。

[审判员]：被告对证据有无异议？

[被告委托代理人]：对证据真实性无异议。但对业务员的承诺表示怀疑。

[审判员]：请原告继续出示证据。

[原告]：出示证据三，其他货运公司的货运单据。证明其他公司运单上约定的保费必须先付，但原告方运单上无该约定。

[审判员]：被告对证据有无异议？

[被告委托代理人]：对证据真实性无异议。但我方的用户手册上均规定了保费先付。

[原告]：你公司的内部约定且没有对我公开，我没有收到过，所以对我没有约束力。

[审判员]：请原告继续出示证据。

[原告]：出示证据四，运单。证明被告说法有误，我在另一单快递中，是采用货到后付运费及保价费。

[审判员]：被告对证据有无异议？

[被告委托代理人]：对证据真实性不认可。这是违约操作。

[审判员]：请原告继续出示证据。

[原告]：没有其他证据了。

[审判员]:请被告出示证据。

[被告委托代理人]:出示证据一,用户手册。证明公司内部规定保价费必须先付。

[审判员]:原告对证据有无异议?

[原告]:对证据有异议。我没有见过该内部规定,大多数接受保价服务的人都没有见过该手册。

[被告委托代理人]:保价业务不是大多数的服务,且运单不可能详尽的列举用户手册上的内容。

[审判员]:请被告继续出示证据。

[被告委托代理人]:没有其他证据了。

[审判员]:下面由法庭向当事人询问,被告陈述承运货物的状况?

[被告委托代理人]:货物已丢失。

[审判员]:被告请说明营业范围?

[被告委托代理人]:物品递送。

[审判员]:被告,你公司关于保价费需先行支付是否告知原告,并以何种方式告知原告?

[被告委托代理人]:我方业务员提供的运单及用户手册上有规定先付。

[审判员]:原告,关于丢失货物的价值有依据吗?

[原告]:丢失货物的票据随货物已丢失了,但是在货运托运当初,业务员已经验过货物,也验过票据,确定了保价金额和保价费。

[审判员]:原告,关于第二项诉讼请示有相应的证据提交吗?

[原告]:有,现在提交法庭,单位提供的误工证明。

[审判员]:被告方对该证据有无异议?

[被告]:对真实性认可,但该证据与本案无关。

[审判员]:法庭调查结束,下面进行法庭辩论,双方当事人要围绕本案争议的焦点阐明自己的观点和法律依据,首先由原告发表辩论意见。

[原告]:我与被告约定保费及运费后付,被告运单上没有约定保费是否先付。被告在承运前也没有出示其内部管理规定,因此对我无约束力,且在实际操作中,被告并没有按其内部规定先收保价费。被告在签订运单及承运后即视为在事实上接受了保价。

[被告委托代理人]:快递公司在托运单上都以业务员和用户手册说明权利义务,运单功能是提货和分拨服务,不能夸大运单的作用,保价条款实际约定在用户手册中。

[原告]:保费条款是合同的主要条款,印于运单的背后,是有约束力的,你公司没有印在运单背后并告知我保费可以后付,该格式合同应按有利于我的方式解释。

[审判员]:法庭辩论结束,在最后陈述之前,双方当事人是否同意调解?

[原告]:同意。

[被告委托代理人]:同意。

[审判员]:下面休庭10分钟,由双方当事人商谈调解的方案。

[审判员]:继续开庭。

[被告委托代理人]:我方同意于2006年5月20日前给付你方保价费4 000元,并负担诉讼费210元。

[原告]:同意。

[审判员]:双方达成一致意见,请庭后签署调解协议,现在闭庭(敲击法槌)。

课后训练参考答案

第一章　物流法律基础知识

1.(1).王某取得了该水泥船的所有权。根据《物权法》的规定动产物权的设立和转让，自交付时发生效力，但法律另有规定的除外；动产物权转让时，双方又约定由出让人继续占有该动产的，物权自该约定生效时发生效力。在本案中，王某交钱时与孙某已约好“让孙某妥善保管该船”，依据这一约定，该船的所有权自孙某收到王某的钱后就转移给了王某，孙某只有代王某保管该船的义务。

(2)不能。根据《物权法》的规定，只有财产所有权人才依法享有占有、使用、收益和处分的权利，如果无权处分人处分他人财产，只有在受让人善意取得的情况下才能取得所有权。本案中，只有王某才有权将该船出卖给他人，而孙某在未经王某认可的情况下，将船转卖给陈某是没有法律依据的，孙某与陈某的买卖关系无效。陈某在本案中明知孙某已将船售出，却出高价购买，不是善意取得，因此不得以善意取得为由获得该船的所有权。

2.(1)刘乙、李丙之间买卖空调的行为无效。王甲委托刘乙把他的窗式空调卖掉，在王甲和刘乙之间实质上形成了委托代理关系，刘乙是代理人，王甲是被代理人。根据《民法通则》的规定，代理人和第三人串通，损害被代理人的利益的，由代理人和第三人负连带责任，该代理行为对被代理人不发生效力。本案中，刘乙为了和李丙搞好关系，就答应李丙的要求，谎称制冷机坏了，以过低的价格把空调卖给李丙，这实际上是刘乙和李丙恶意串通损害王甲利益的行为，所以，刘乙、李丙买卖空调的行为是无效的。

(2)本案中刘乙、李丙恶意串通，损害王甲的利益，刘乙、李丙应对王甲的损失承担连带责任，王甲要求李丙返还空调，李丙应返还空调，王甲应返还李丙的500元钱，如果王甲还有其他损失，刘乙、李丙应负责赔偿。

第二章　合　同　法

1.(1)甲传真订货行为属于要约邀请。因该传真欠缺价格条款，邀请乙报价，故不具有要约性质。乙报价行为属于要约。乙的报价因同意甲方传真中其他条件，并通过报价使合同条款内容具体确定。甲的回复报价行为的性质属于承诺。

(2)买卖合同成立。根据《合同法》的规定,当事人约定采用书面形式订立合同,当事人未采用书面形式但一方已经履行主要义务,对方接受的,该合同成立。

(3)乙方可以向人民法院提出行使撤销权的请求。撤销甲的放弃到期债权、无偿转让财产的行为,以维护其权益。撤销权的行使应当在债权人知道或者应当知道撤销事由之日起1年内行使。

2.(1)根据《合同法》第68条的规定,乙方在有确切的证据证明甲方有可能丧失履约能力时,乙方有权要求甲方提供担保,且中止履行付款义务。这种权利叫不安抗辩权。在本案中,乙方在行使不安抗辩权,不属于违约。

(2)根据《合同法》第69条规定,在合理的期限内甲方未恢复履行能力且拒不提供适当的担保是,乙方有权解除合同;但乙方在中止履行合同时应及时通知甲方,甲方提供担保时应当恢复履行。

(3)根据《合同法》第116条规定,乙方可以选择适用违约金或定金条款,即有权要求甲方向乙方双倍返还定金或支付10%的违约金。如果甲方双倍返还定金,乙方还可以要求甲方赔偿5万元的损失;如果支付违约金,违约金大于损失,则不再要求赔偿损失,如果违约金小于损失,而只能要求赔偿损失。同时,因为甲方为其债务提供了担保,在甲违约的情况下,可以将其担保物拍卖、变卖。

(4)根据《合同法》第148条规定,乙方可以拒绝接受标的物或解除合同,也有权根据《合同法》第111条的规定要求甲承担退货、更换或减少价款等违约责任。

第三章　货物运输法律法规

承运人不承担责任。根据法律规定,清洁提单是指提单上表明货物表面状况良好的提单。承运人如果签发了清洁提单,就表明所接受的货物表面或包装完好,承运人不得事后以货物包装不良等为由推卸其运送责任。本案中,船方在收货后签发了清洁提单,表明发运时包装良好,货物经在目的港进行的联合检验,无受潮受损迹象,因此可以判定承运人在运输中尽到了谨慎管理货物的义务,货物的变质并非承运人保管不当或包装破损造成的,根据海商法的规定,对于货物的自然特性或者固有缺陷造成的损失,承运人可以免责。而本案货物损失是由于该批货物是在尚未充分干燥或温度过高的情况下进行的包装,以致在运输中发酵造成变质,可以判断出该批货物在装船前就有问题,即货物本身的固有缺陷。因此承运人可以免责。

第四章　仓储配送法律法规

杨某应向速递公司承包的新店营业部请求赔偿,不能向林小龙请求赔偿。根据案情,该合同属于配送服务委托合同,林小龙的义务只是将产品安全送到客户手中,对产品的内在质量问题不承担责任。因此杨某只能向出卖方新店营业部索赔。

第五章　保险法律法规

保险公司不应付赔偿责任。根据法律规定，一方以欺诈、胁迫或乘人之危签订的合同，受害方有权向人民法院提出变更或撤销。但在变更或撤销前，该合同有效。撤销后合同从一开始即无效。本案中，根据案情，保险代理人在宣传单没有明确向胡女士说明保险条款，确实存在误导和欺诈，胡女士可以向人民法院申请撤销。但如果胡女士不申请撤销，该保险合同是有效的，保险公司有权按照合同的规定不承担赔偿责任。如果胡女士向人民法院申请撤销了，则该保险合同是无效的，她就更不能依据保险合同要求保险公司承担赔偿责任了，只能要求保险公司因为存在欺诈行为承担损害赔偿责任。

第六章　对外贸易法

这三个企业应该提供以下证据：

(1)进口的丙烯酸酯存在倾销的证据，即证明其销售价格低于正常价值。

(2)对自己的产业造成损害的证据，可以列举自己公司目前丙烯酸酯销售量减少等情况。

(3)证明倾销与损害结果之间存在因果关系。企业要证明确实是进口丙烯酸酯的倾销给自己的产业造成了损害。

第七章　海　商　法

1.首先应分析各债权人的债权性质：修船人是享有留置权，甲债权人享有抵押权，船员遣返费、港口规费、人身伤亡费、救助费、因侵权产生的财产损害赔偿费则属于具有优先权的请求权。根据海商法的规定，具有优先权请求权的人先于船舶留置权受偿，船舶抵押权后于船舶留置权受偿。则本案的赔偿顺序为：A轮拍卖所得的100万应优先偿还船员遣返费5万、港口规费5万、人身伤亡费5万、救助费5万、因侵权产生的财产损害赔偿费5万；剩余的75万，继续偿还享有留置权的修船人10万；剩余65万用来偿还抵押权人甲80万。

2.共同海损必须是为了共同的安全有意采取合理的措施而直接造成的损失，属于共同海损的部分：

(1)因灌水灭火受损的1 500箱货物；这是为了共同安全救火灌水而导致的损失

(2)雇佣拖船的费用；这是由于救火灌水导致船舶损坏而发生的损失。

(3)额外增加的燃料和船长、船员工资。这是由于救火灌水导致船舶损坏而发生的损失。

属于单独海损的部分。

(1)被火烧毁的500箱货物。

(2)被火烧毁的主机和部分甲板。这两项损失是由于起火烧毁的，不是由于灭火造成的损失。

参考文献

[1] 李玉峰.物流法理论与实务.北京:电子工业出版社,2006.

[2] 周艳军.物流法律法规知识.北京:中国物资出版社,2006.

[3] 伊文嘉,赫荣平.经济法理论与实务.沈阳:辽宁大学出版社,2006.

[4] 李景丽.物权法新论.北京:西苑出版社,1999.

[5] 王利明,崔建运.合同法. 北京:北京大学出版社,1999.

[6] 谢怀拭.合同法原理. 北京:法律出版社,2000.

[7] 魏振赢.民法. 北京:北京大学出版社,2000.

[8] 梁慧星,陈华彬.物权法(第2版).北京:法律出版社,2004.

[9] 夏锦文.法学概论.北京:中国人民大学出版社,2000.

[10] 孙林.运输合同. 北京:法律出版社,1999.

[11] 郝渊晓.现代物流配送管理. 广东:中山大学出版社,2001.

[12] 郝渊晓.现代物流管理学. 广东:中山大学出版社,2001.

[13] 张常青,郑翔.运输合同法.北京:清华大学出版社,北京交通大学出版社,2005.

[14] 张永杰.交通运输法规.北京:人民交通出版社,2004.

[15] 中国法制出版社.票据法配套规定.北京:中国法制出版社,2006.

[16] 中国注册会计师协会.2006年度注册会计师统一考试辅导教材经济法.中国财政经济出版社,2006.

[17] 孟刚.经济法.北京:中国财政经济出版社,2006.

[18] 葛恒云,吴爱成.经济法. 北京:中国统计出版社,2003.

[19] 李正义.经济法概论.辽宁:东北财经大学出版社,2000.

[20] 曾宪义,房绍坤.以案说法.北京:中国人民大学出版社,2005.

[21] 韩一夫.经济仲裁案件律师办案指引.北京:中国检察出版社,2001.

[22] 肖伟,蔡庆辉.国际经济法学案例教程.北京:知识产权出版社,2003.

[23] 张丽英.海商法原理、规则、案例.北京:清华大学出版社,2006.

[24] 王传丽.国际经济法课程随堂测试.北京:法律出版社,2005.

[25] 杨军.海商法案例教程.北京:北京大学出版社,2003.

[26] 沈四宝.中国涉外经贸法.北京:首都经济贸易大学出版社,2006.

[27] 高慧云.实用经济法.北京:化学工业出版社,2006.

[28] 财政部会计资格评价中心.经济法基础.北京:经济科学出版社,2007.

[29] 韩立新.海商法精品课程案例库.大连:大连海事大学精品课程网,2006.

[30] 沈伯明.中国实施保障措施第一案.大经贸,2003年02期.

[31] 直播西城法院"托运电脑半路丢失索赔案". 2006年5月12日9时,中国法院

网 http://www.chinacourt.org/zhibo/index.php? page=4&zb_type=99.

[32] 新闻"商务部合理运用贸易救济措施 维护我国产业安全"http://www.sina.com.cn 2007年01月17日 16:05.

[33] 中国法律网 http://www.eolot.com/a/anli63/6843.html

[34] 中国物流法律网 http://www.wuliulaw.com

[35] 商务部公平贸易局子网站 http://gpj.mofcom.gov.cn

[36] 中国贸易救济信息网 http://www.cacs.gov.cn

[37] 中国法律资源网 http://www.lawbase.com.cn/

[38] 法律教育网 http://www.chinalawedu.com/

[39] 锦程物流网资讯中心 http://info.jctrans.com/huoyun/hycz/2006226220243.shtml

图书在版编目（CIP）数据

物流法律法规知识/高慧云等主编．—北京：人民交通出版社，2007.9

ISBN 978－7－114－06676－4

Ⅰ．物…　Ⅱ．高…　Ⅲ．物流－物资管理－法规－基本知识－中国　Ⅳ．D922.29

中国版本图书馆 CIP 数据核字(2007)第 143032 号

Wuliu Falü Fagui Zhishi

书　　名：物流法律法规知识

著 作 者：高慧云　关　键

责任编辑：陈志敏　高　培

出版发行：人民交通出版社

地　　址：(100011) 北京市朝阳区安定门外外馆斜街 3 号

网　　址：http://www.ccpress.com.cn

销售电话：(010) 59757969，59757973

总 经 销：北京中交盛世书刊有限公司

经　　销：各地新华书店

印　　刷：北京鑫正大印刷有限公司

开　　本：787×960　1/16

印　　张：19.75

字　　数：347 千

版　　次：2007 年 9 月　第 1 版

印　　次：2011 年 1 月　第 3 次印刷

书　　号：ISBN 978-7-114-06676-4

定　　价：28.00 元